**2013 年国家社科基金项目**

"美国对外文化事务机构的历史变迁研究（1917–2006）"最终研究成果

# 美国对外文化事务机构的
# 历史变迁（1917–2010）

## HISTORICAL EVOLUTION OF
## FOREIGN CULTURAL AFFAIRS OF
### AGENCIES USA (1917–2010)

董小川／著

人民出版社

# 目录

# 引　言

作为研究美国对外文化事务机构的历史变迁（1917—2010）的专著，笔者深感仅仅讨论美国对外文化事务机构及其历史变迁是远远不够的。事实上，本书内容所包含的研究领域和范围已经大大超出本书书名。换句话说，本书是一个跨学科研究成果，书中涉及历史、文化、外交、立法等多个领域的问题，因此，有必要在此对本书研究的一些特点加以说明。

## 一、本书从历史视角研究了美国政府对外文化事务机构

长期以来，国内外学界对美国政府对外文化事务机构的研究本来就不多，从历史视角的研究更是凤毛麟角。因此，本研究具有一定的开拓性。

美国政府对外文化事务机构的研究可以从几个完全不同的视角进行：一是从政府事务机构角度的研究，包括这些机构的体制性、内容结构、人员构成等方面的研究，这种研究主要是了解美国政府对外文化事务机构本身的一些特点；二是对某一机构的专门研究，例如对新闻署、国务院教育与文化事务局等机构的研究，这种研究主要是分析某一机构的构成和运行等；三是对

一些机构的功能、作用和运行效果等方面的研究，这种研究主要是针对某些机构在美国对外政策、对外文化关系等方面发挥了怎样的作用、其效果怎样等；四是本研究所做的对美国对外文化事务机构历史变迁过程的研究，这种研究的主要特点是对美国政府对外文化事务机构的历史性进行回顾和分析。

### （一）美国政府对外文化事务机构的历史变迁过程

从美国第一个对外文化事务机构"公共信息委员会"在 1917 年建立到 2010 年战略反恐信息中心的建立，近 100 年的历史变迁过程显现了美国政府对外文化事务机构从无到有、从小到大、从混乱到规范、从忽视到重视、从不重要到重要、从边缘到中心、从民间到政府的一系列变化。在这种变化过程中，渗透着美国国会立法、政治制度、外交战略和政策等重要问题。

1.美国政府对外文化事务机构的历史变迁首先是伴随着历史形势需要而变化的，所谓与时俱进。这中间最为突出的事例是新闻署的建立与撤销。美国新闻署在 1953 年建立的时候主要是为艾森豪威尔总统的对苏冷战需要服务的，1999 年撤销主要是因为 1991 年苏联已经解体，冷战已经结束。另一个突出例证是 1948 年《信息与教育交流法》的颁布和此后不断修正过程，直到现在此问题仍旧没有尘埃落定。第三个突出例证是对外文化事务机构的不断变更，既有更名和改建，又有新建与合并。所有变化都出自于现实需要，这是美国现实主义和实用主义哲学的又一表现。

2.美国政府对外文化事务机构的历史变迁过程反映了美国自身的历史变化过程：在 19 世纪末以前，美国羽翼尚未丰满，政府考虑的主要是在西进运动中如何在北美大陆的扩展问题，如果说考虑对外事务，也仅仅是如何夺取西班牙、英国和法国在北美的殖民地的问题，还没有实力对其他领土的谋求。从 19 世纪末到第一次世界大战时期，美国外交仍旧没有摆脱孤立主义的原则，尽管威尔逊的理想主义外交思想已经开始取代孤立主义，但是在第二次世界大战以前，美国还主要是维护其在美洲的利益。因此，美国在 1938 年以前的对外文化事务还主要是与拉丁美洲各国之间的交往。从第二次世界大战结束和冷战开始以后，美国在国际上的主要对手是苏联，而且双方的对峙主要是冷战而非热战，文化外交在那时就已经开始成为美国对外行动的极为重要的内容。而到了后冷战时期，反恐则成为美国又一个新的战略目标。由此看来，美国对外文化事务及其机构的历史变迁是伴随着美国自身的变化和发展而出现的，或者说，对外文化事务始终是为美国国家整体战略服务的。

3. 美国政府对外文化事务机构的历史变迁过程再现了美国宪政制度的基本特征。如果用一句话说明美国宪政制度，那就是在宪法原则基础上的公民自由，这种自由包括公民参与国家事务的权利。美国宪法规定的三权分立原则主要是行政、立法和司法的相互制约，从美国政府对外文化事务机构的历史变迁过程看，这种制约表现得淋漓尽致：从国会在对外文化事务机构问题上的多次立法到总统在对外文化事务上由不重视到重视的转变，从政府支持公民私人的对外文化活动到国家与非营利组织之间相互配合，都可以看出美国公民在宪法基础上行使权利的特征。

### （二）影响美国政府对外文化事务机构历史变迁的因素

#### 1. 国际形势的变化和美国对外战略需求

在第一次世界大战之前，特别是第二次世界大战以前，美国外交战略还是以孤立主义为主要原则，或者说主要还是在美洲发展。因此，1938年以前，美国政府对外文化事务关系主要体现在与拉丁美洲国家的活动上，特别是通过泛美联盟和美洲国家组织的建立来实现与拉美国家的文化交流。这个时期的一个突出特点是美国基本上没有或者说少有对外文化事务机构，1917年建立的公共信息委员会在1919年就结束使命，一直到1938年文化关系处的建立前，美国政府长期没有专门的对外文化事务机构，这是美国政府不重视对外文化事务的表现，同时也证明了美国外交战略中少有文化事务。

第二次世界大战结束以后，冷战时代的到来和外交需要与手段的变化使得美国对外文化事务越来越重要，特别是针对以苏联为首的社会主义国家和共产主义意识形态的和平攻势在冷战时期成为美国文化外交的主流内容，对外文化事务机构则成为重要的执行部门，加之外交战略的需要，因此才发生了对外文化事务机构的不断建立、更名、改建、解体或者重建和新建。

### 2. 美国自身的不断强大和争霸世界野心的扩大

美国对外活动是随着国家在政治、经济、军事上不断强大而发展和变化的。美国对外扩张和争霸世界的野心也是随着其实力的不断壮大而发展的，其中包括美国文化的输出和传播。

研究美国的人都知道，美国人有一种根深蒂固的思想，那就是美国主义（Americanism），美国主义的核心是认为美利坚民族是世界上最为优秀的民族，美国人的价值观是最为合理的观念，美国方式是最为可取的生活和思维方式，美国人的信仰是最为正确的选择。因此，从公民到总统，都把美国文化的输出看成是天定命运的实践，美国对外扩张，包括对外文化输出和传播，是在执行上帝的使命。因此，美国对外文化事务机构的不断建立、变更和加强都是为对外文化输出和扩张服务的。

## （三）美国政府各个对外文化事务机构之间的历史性关联

### 1. 信息、教育与文化的关联与区别

在20世纪七八十年代以前，美国在对外信息、教育和文化活动管理方面一直混淆在一起，从来没有进行必要的区别和认识，但事实上这三个方面的活动有时具有一致性，有时却完全不同。因此，按照《1948年信息与教育交流法》而建立的对外文化事务机构之间常常出现一些矛盾甚至冲突。在实践过程中，美国政府和国会逐渐发现和认识到信息与教育的区别、长期战略与短期效用的区分、传统外交与公共外交的不同，因此才出现了通过国会立法和总统行政命令将信息与教育和文化交流区别开来，例如，新闻署主要负责美国对外文化输出与扩张，国务院教育与文化事务局主要负责对外教育交流等活动。即使这样，新闻署和国务院教育与文化事务局之间还是有相互重叠与矛盾的地方。

### 2. 对外文化事务机构的混乱与调整

从对外文化事务机构看，美国政府有一个从混乱到调整的过程。例如，在新闻署和国务院教育与文化事务局都存在的时期，二者虽然有所分工，但还是有些事务混杂在一起。比如，新闻署和教育与文化事务局都有对外交流项目，政府其他部门，例如国防部和教育部，又都有自己的对外交流项目。在教育与文化事务局内部，主管各种对外交流事务的部门也多次调整。由此看来，美国对外文化事务机构的历史变迁既具有相互矛盾、又具有相互关联的特点。

从 1953 年新闻署建立到 1999 年新闻署撤销，从 1959 年国务院教育与文化关系局建立到 1960 年更名为教育与文化事务局，再到 1999 年接受新闻署解体后的所有对外文化事务，从 1941 年信息协调局建立到 1945 年临时国际信息局和 1946 年国际文化事务局建立，再到 1952 年国际信息管理局的建立，美国政府为了理顺对外信息、教育与文化事务进行了多次尝试和努力，应该说基本上调整了过往不顺畅的管理问题，但不论机构如何更改，混乱与矛盾始终没有完全解决。

## 二、本书从外交视角重新认识了美国文化

由于美国政府对外文化事务机构的研究主要涉及美国公共外交，按照美国学者的认识和理解，公共外交的主要内容是文化外交（但英国人把文化外交等同于公共外交），所以美国政府对外文化事务机构的研究主要是从外交视角对美国文化的研究。

美国文化研究又有多种视角，其中主要是对美国文化的起源、特征、内容等的研究，而在美国外交战略和政策方面，文化的作用自第二次世界大战结束以来显得十分重要和突出，特别是美国政府利用文化手段对外扩张、从事文化输出、进行文化宣传、对苏文化冷战、对恐怖主义的文化攻击等，都可以视为美国的对外文化攻势，或者说是文化外交。

美国文化从 WASP 文化到熔炉文化再到多元文化的发展过程中所体现出来的主要特点是其政治上的民主与平等、生活上的自由与舒适、经济上的放任与垄断和反垄断、对外关系上的相互了解与理解等，但归根结底，美国文化可以视为一种方式，一种生活和思维方式，美国文化外交本质上是向全世界推销美国方式。

## （一）美国人民与其他国家人民之间的相互了解和理解

1948 年美国《史密斯·蒙特法》（即《信息与教育交流法》）所规定的美国在战后和平时期的信息与教育交流活动原则是："推动其他国家对美国的更好理解，并促进美国人民与其他国家人民之间的相互了解（to enable the Government of the United States to promote a better understanding of the United States in other countries, and to increase mutual understanding between the people of the United States and the people of other countries）。"[1] 该法规定的这一原则成为后来美国政府各种对外文化事务机构行动的基本目标。所谓"美国人民与其他国家人民之间的相互了解"的宗旨是使世界上其他国家人民了解美国政府政策、美国民主与自由、美国人的价值观，简单说，就是了解美国文化。从本质和政策角度说，这正是在从事文化外交。

## （二）文化外交中的"人民对人民"

艾森豪威尔政府期间曾实行的所谓"人民对人民项目（People-to-People Program）"，该项目是在寻求使"每个人都成为大使"，在艾森豪威尔总统的支持下，许多美国公民参与到"草根外交（grassroots diplomacy）"中，邀请外国人到美国来、为国际捐赠而收集图书和杂志、建立"姊妹城市"等一系列推动赞同美国的行动。[2] 用中国人常用的一句话说，这叫做"走出去、请

---

[1]　Kennon H. Nakamura U.S. Public Diplomacy: Background and Current Issues, http://www.fas.org/sgp/crs/row/R40989.pdf.

[2]　http://search.proquest.com.ezproxy.lib.uh.edu/ p.193.

进来"，即把外国民众请进来，让他们到美国留学、访问和旅游，从而了解美国和理解美国文化；派美国人到其他国家去，让他们去向世界其他国家的人民传播美国文化。这种外交本质上是文化外交的一种手段。

### （三）美国文化的传播与输出具有重大的国际影响

从 1938 年建立文化关系处以来，美国文化的对外传播与输出产生了重大的影响和十分明显的效果。或者说，美国的文化外交获得了巨大的成功。这一点从以下几个方面可以得到验证：第二次世界大战以来，美国由一个世界各国人民很少了解的国家成为全世界几乎家喻户晓的国家；美国文化几乎遍及世界各地，从饮食文化（肯德基、麦当劳）到服装文化（牛仔裤、超短裙），从娱乐文化（好莱坞、迪斯尼）到体育文化（NBA、橄榄球），从政治文化（民主、自由）到经济文化（放任、私有），在世界各国落地生根，开花结果。特别是美国政府的对外教育交流活动，包括访问学者、留学生和领导人交流等各种交流项目，不但使众多外国人了解了美国，甚至使很多人喜欢美国、留在美国、为美国所折服乃至为美国服务。这种文化的传播与输出对其他原生文化产生了不可估量的影响乃至摧毁，从而使以美国为代表的西方文化成为当今世界最为流行的文化，这是美国文化外交的重大效果。

## 三、本书从文化视角分析了美国外交战略与政策

国内外有关美国外交战略与政策的研究不胜枚举，从文化视角的研究近年来也不断涌现新成果。但是，从美国政府对外文化事务机构角度对美国外交战略与政策的研究还不多见。

美国外交战略与政策的研究多半是研究其战略与政策的内容与特点、历史形成过程、现实作用和影响等。而美国政府对外文化事务机构应该说是执行其外交战略与政策的部门，本书也论述了美国政府对外文化事务机构在执行其外交战略与政策的过程中所发挥的作用，但更重要的是介绍和分析了对

外文化事务机构所发挥的"第四层面"的作用，或者说用文化手段完成其外交战略与政策。

### （一）文化外交在美国对外战略与政策中地位的不断提升

如果说第二次世界大战结束前美国对外文化外交活动不多，文化外交在美国对外战略与政策中没有什么重要性，因此对外文化事务机构也相应没有重要地位，那么冷战开始以后，文化外交在美国对外战略与政策中的重要性越来越明显，其地位越来越重要，即使在后冷战时期，由于反恐的需要，文化反恐成为美国对外战略的重要内容和手段，对外文化事务机构也伴随着不断得到重视和加强。本书第九章对美国文化外交进行了重点分析，这里需要说明的是，美国文化外交在其整体外交战略政策中的地位有一个不断提升的过程，美国对外文化事务机构的历史变迁过程中显示了这种文化外交历史地位的变化过程，即从不重视到比较重视再到十分重视，20世纪70—90年代随着冷战形势的变化和结束，一度重新走向不重视，21世纪以来，随着恐怖主义威胁的加剧，美国文化外交又有地位提升的趋势。

### （二）美国政府对外文化事务机构在外交战略与政策执行中的作用

美国对外文化事务活动历来是两条腿走路：既有政府行为，又有公民私人活动，二者相互支持与配合。在1917年美国政府第一个对外文化事务机构公共信息委员会建立以前，美国对外文化事务主要是公民私人活动。美国政府不断建立新的对外文化事务机构后，公民私人对外文化活动不但没有减少和结束，反而在政府对外文化事务机构的支持下更加活跃，并成为美国政府文化外交的重要砝码和工具。例如，1938年建立的文化关系处只有很少的专职工作人员和不多的政府投资，但该对外文化事务机构长期发挥了重要作用，其原因就是通过美国公民的对外文化活动来实现政府的目标。这样看来，美国政府对外文化事务机构不仅仅是政府外交政策的执行机构，而且是对外文化事务活动的领导者和组织者。

### （三）如何认识美国文化输出与扩张

对于近百年来美国对外文化输出和扩张的认识与评价在西方和东方历来看法不一，在学界和政界也在认识上存在巨大分歧。

在前者看来，众所周知，西方主流社会历来认为，西方（包括美国）对东方的侵略（包括文化输出与扩张）是在拯救东方社会，他们给东方带去的是福音。但亚非拉国家多数人则认为，西方的侵略给东方社会带来的是灾难，他们掠夺了那里的财产，蹂躏了那里的人民，造成了东方从属于西方。

从后者看，学界人士一般从学理角度对美国文化输出和扩张进行认识，结论也比较客观；而政界的认识和说法则具有浓厚的外交色彩，从国家利益出发的看法更为突出。事实上，从20世纪60年代公共外交流行以来，利用文化作为外交手段早已经人所共知，但真正实现文化外交目的并不是一件容易的事情。笔者认为，美国是实现文化外交目的的国家之一，因为越来越多的国家和人民接受美国方式，全世界到处都可以看到NBA、肯德基和麦当劳、好莱坞和迪士尼、牛仔裤和超短裙，越来越多的国家和人民接受基督教，认可美国文化。从世界各国几乎都直接或者间接、主动或者被动、较多或者较少地接受了美国文化来看，不论接受的是政治文化、经济文化还是其他文化形式，都反映了美国对外文化输出和扩张的成功。

## 四、本书从律法视角体查了美国国会立法对政府事务及其机构的作用

众所周知，美国法律出自于国会，国会与政府是分离的、相互之间不能干涉。或者说，法律一旦由国会通过并经总统批准，所有人都要遵守并由法院裁决。有史以来，美国国会对外交事务的立法主要是由政府的外交部门来执行的，因此，对外事务机构成为法律中的规定是能够得到执行的关键。

美国对外文化事务的第一个最重要的立法是《1948年信息与教育交流法》，该法既作出了美国对外文化事务的原则规定，又将对外文化事务机构

作出了相应的授权与规范，从中足见国会立法在美国政府外交事务及其机构的某种决定性作用。

### （一）国会立法对政府机构设置的作用和影响

在三权分立原则下，美国政府机构的建立一般不需要国会立法，只要行政首脑总统的行政命令即可。但是，前提是新建立的机构要执行法律认可的事务。美国对外文化事务的一些独立机构，例如新闻署，都是在执行《1948年教育与文化交流法》所确立的外交使命才得以建立的。这就是说，国会在1948年通过的《史密斯—蒙特法》是新闻署等对外文化事务机构得以建立的基础。再从《史密斯—蒙特法》自1948年颁布到2012年的多次修正案来看，以及从新闻署自1953年建立到1999年解体来看，历届国会的立法都成为美国对外文化事务机构历史变迁的法律依据。

### （二）国会相关立法的不断辩论、修正与改进

本书对美国国会在对外文化事务机构及其行动目标方面的影响是从美国国会多次辩论、修正和改进法律在对外文化事务机构及其行动方面的规定进行分析的。这种分析主要考虑的是美国依法治国的实现。

当代国际社会各国家之间的一个最大区别是法制国家还是人治国家，一般把法制国家称为民主国家，把人治国家称为专制国家。改革开放以来，中国一直在追求建立法制社会并取得了一定的成效。但是，在对外文化事务及其机构建立方面，中国还没有达到美国那样的以国家立法推动对外文化事务的发展和对外文化事务机构的建立。例如，中国对外文化活动的最突出做法是在其他国家建立孔子学院，但是，如何通过人大立法对孔子学院等我国对外文化传播单位及其活动有所支撑和推动，还是一个需要不断加强和解决的问题。

## 五、本书从民众参与视角再现了美国政治制度特征

美国政府对外文化事务机构是政府事宜，但美国民主确认了人民参政议政的原则。就对外文化事务及其机构而言，也少不得民众的参与。在当今世界，公民参与政府事务十分普遍，但参与的程度、方式、效果等却大相径庭。几乎所有国家政府都说自己是代表人民利益的，但真正的人民政府到底应该是什么样并没有一个人们普遍认可的标准。从美国对外文化事务机构历史变迁过程看，民众参与视角再现了美国政治制度特征。

### （一）政府对外文化事务机构建立以前民间组织的作用

在 1917 年公共信息委员会建立以前，从美国教会指派的传教士到基金会的对外文化活动，基本都属于民间组织行为而非政府行为。可以说，1917年以前美国对外文化事务基本上少有政府参与。因此，民间组织或者说公民私人行为是 1917 年以前美国对外文化活动的主体，他们对美国文化的输出与传播发挥了重要作用，打下了一定的基础。

尽管这些私人对外文化活动没有政府意志，却在客观上实现了美国政府对外文化政策目标，即让世界其他国家的人民了解和认识美国和美国文化。

### （二）非营利组织与政府对外文化事务机构之间的合作

从 1917 年以后，特别是第二次世界大战以后，美国的一些非营利组织在政府支持下大力从事对外文化活动，因此成为美国文化外交的重要补充和支持力量，这种相互支持成为美国文化外交两条腿走路的重要特点。据说，美国的非营利组织达百万之多，许多非营利组织参与了对外文化活动，足见非营利组织在美国公共外交和文化外交中举足轻重的地位和作用。与此同时，政府与民间组织相互合作共同完成美国文化外交使命体现了公民参与的政治特征。

这种公民参与的特征不仅仅表现在非营利组织的对外文化活动方面，还表现在政府对外文化事务机构的构成方面。例如，美国信息与教育咨询委员会和公共外交咨询委员会的成员中都有普通公民代表，他们是来自相关专门领域的专家而非政府官员。这一点充分反映了美国政治制度的特点。

### （三）为了同一个目标的总统和人民

在美国对外文化事务机构的历史变迁过程中，总统在对外文化事务上的看法和行政命令具有决定性作用，这是不言而喻的；但普通民众通过各种方式的参与则具有潜在的价值和支撑作用，这也是不可否认的。因此可以说，在对外文化输出和扩张方面，美国总统和人民是在为了同一个目标而奋斗。

这倒不是说美国总统的行动都得到了人民的支持，也不是说美国人民都了解总统的意志，而是说在对外文化事务上，美国总统与普通民众的目标是一致的，都试图使世界上其他国家的人民了解和理解美国文化，其中的不同是总统是从美国外交政策出发，而普通民众是从人性出发。

# 第一章

## 美国早期对外文化事务机构（1867—1938）

### 一、1917 年以前的美国对外文化事务机构

从 1776 年 7 月 4 日独立到 2016 年，美国仅有 240 年的历史。就文化而言，自殖民地时代开始，WASP 文化曾经长期被认为是美国文化的代表，WASP 是英文 White Anglo-Saxon Protestant 的缩写，意思为"盎格鲁—萨克逊白人新教徒"，其含义是指美国人认定自己的民族是以白人、英裔人、新教徒这 3 个特征为标志的。自 20 世纪 20 年代开始，民族熔炉（Melting Pot）曾经长期被认为是美国文化的基本特征。自 20 世纪 90 年代以来，美国学术界的一个热门话题是认为美国文化以多元主义文化为特征。

在 19 世纪末特纳边疆说产生以前，人们一般都认为美国文化是继承欧洲文化的亚文化。特纳边疆说使许多人秉持美国文化是美国人在西部边疆创造的一种特有文化。特纳边疆说风行了一段时间后，当人们反思美国文化史的时候，还是觉得不能否定其欧洲根源。在独立后 100 多年的时间里，政治体制的确立和经济的发展是美国历届政府考虑的主要问题，而如此纠结的文化问题对美国的生存并没有太大的影响，因此，这很可能是美国建国以后一

直没有设置文化部的主要原因之一。

从对外关系角度看，在 20 世纪以前，美国政府对文化问题，特别是对外文化交流和文化扩张问题考虑较少。美国政府在对外文化事务方面的工作首先是从国际教育问题开始的。就其历史而言，美国政府从 19 世纪开始着手国际教育交流活动，其中包括 1847 年开始有中国学生赴美留学，这些对外教育交流活动主要是要对外传播美国文化、宣传美国生活和思维方式，而少有对外文化扩张色彩，因为当时美国即使在经济和军事上也还谈不上最为强大，且美国仍旧奉行孤立主义外交政策，但那些国际教育交流活动是由政府哪个部门负责的不得而知。①

从美国对外文化事务机构看，最早可以追溯到教育部所属的一个部门。1867 年 3 月 2 日，安德鲁·约翰逊（Andrew Johnson）总统签署命令，建立教育部（Department of Education）。此后，该机构几次改变名称或者更换归属单位。最初，该机构为独立政府机构。从 1869 年至 1939 年间归属内政部，但仅仅作为新建立的联邦安全署中的一个小机构。教育办公室这个称呼第一次作为机构使用是在 1868 年 7 月 2 日的一个法令中。1870 年，该机构更名为教育局（Bureau of Education），该名称一直使用到 1929 年恢复使用教育办公室，尽管国会多次有人提出重建教育部但始终没有做到。最初，教育办公室仅仅是一个研究和报告机构。最初的教育部曾经有一个所属机构叫做国际文化与教育关系局（the Bureau of International Cultural & Educational Relations, BICER），因此，笔者分析，这个时期美国对外教育交流活动很可能是该机构所领导，但没有查到这个国际文化与教育关系局的相关文件证据和资料。②

---

① Nicholas J. Cull, *The Cold War and the United States Information Agency, American Propaganda and Public Diplomacy, 1945-1989,* New York: Cambridge University Press, 2008. p. 5 .

② U.S. Congressional Serial Set Vol. No. 12808-4, Session Vol. No.4-4 90<sup>th</sup> Congress, 2<sup>nd</sup> Session H.Doc. 398. Title: Federal educational policies, programs, and proposals. A survey and handbook. Part I. Background; issues; relevant considerations.Prepared in the Legislative Reference Service of the Library of Congress by Charles A. Quattlebaum.Specialist in Education. December 1968., pp. 49-50. http://infoweb.newsbank.com/.

教育部的国际事务办公室隶属于秘书办公室，国际事务办公室负责向教育部秘书办公室的秘书和高级官员提供可能影响美国教育或教育部政策和项目的国际事务的建议。美国政府内政部、商务部等部门都有国际事务办公室，但该办公室与其他同名办公室不同，其他部的国际事务办公室都是用的 Office of International Affairs，而教育部的则是 International Affairs Office。①教育部的国际教育项目由该部的两个分支机构负责，主要是对一些美国国内的大学在国际教育方面的资金投入予以支持，例如，欧共体与美国高等教育联合集团（the European Community/United States Joint Consortium for Cooperation in Higher Education）和职业教育联合集团（Vocational Education）这两个机构的活动都是以美国和欧共体的名义来进行的。1991 年，老布什总统签署国家安全教育法（the National Security Education Act），依据该法，确立了由教育部负责的国家安全教育项目，该项目搜集和发布重要的信息和资源，这些信息和资源都推动国际教育项目基础设施在美国高等教育中的发展。从 1994 年 5 月到 1998 年 5 月，该项目为 1016 个研究生提供了奖学金，为 511 个本科生提供了助学金。②

美国学者理查德·T. 阿恩特（Richard T. Arndt）认为，第一次世界大战惊醒了美国孤立主义外交的美梦，天定命运的理念早已经越过了西半球。美国人确信自己比别的民族更纯洁、更具有组织纪律性，是更勤奋的劳动者和拥有更多的资源、更明确的民族观念的民族，至少绝大多数美国人都确信，美国不但是与其他民族有区别的，而且是比别的民族更好的民族。20 世纪初期，在美国进入国际社会大国争夺的角斗场的时候，美国例外论、基督教信仰、天定命运论等美国观念在世界上还很少有人知晓，不论美国比别的民族好一些还是差一些，20 世纪这个美国世纪的确是开始了。理查德·T. 阿恩特还认为，第一次世界大战使美国政府开始考虑一些文化方面的问题，包

---

① http://www.ed.gov/edblogs/international/ p. 1.

② Alice Chandler, Paying the Bill for International Education, Programs, Purposes, and Possibilities at the Millennium, Washington D. C.: NAFSA: Association of International Educators, 1999, p. 44.

括如何收集信息、美国教育在外国的作用、与外国人进行交流的价值以及在战争期间如何区分敌我友等等。① 这就是说，威尔逊政府在 1917 年美国参战一周后便建立"公共信息委员会"完全是出于国家利益的需要（详见下文）。

　　19 世纪末 20 世纪初，美国开始世界性的海外扩张。也就是从那个时候开始，有关文化教育方面的问题和事务就摆在了美国政府面前。但是，由于没有相关政府机构可以从事文化教育方面的对外活动，美国政府只好暂时把这项任务交给军方来执行。例如，1898 年美西战争以后，美国在西班牙前殖民地古巴和波多黎各的驻军作为殖民地占领政权就负责安排相关教育活动，当时的主要军方人物有金·惠勒将军（Gen. Wheeler）和伦纳德·伍德将军（Leonard B. Wood），前者与一些大学合作，在 1900 年以前安排 1500 名古巴和波多黎各学生到美国学习；后者与哈佛大学校长共同筹集了 7 万美元支持古巴的 1450 名教师乘美国运兵船去美国进行 6 周观光。②

　　根据美国国会 1968 年 11 月的一个文件，从 1906 年开始，美国政府在国际教育领域采取了一系列行动，其中包括：与其他国家合作进行的双语教育项目、美国政府作为成员参加的国际教育组织的各项活动、第二次世界大战后战败国重建民主社会的项目。③ 但是，笔者并没有找到有关 1917 年以前这些活动的具体历史情况记载。也就是说，在 1917 年以前，美国政府还没有建立专门的对外文化事务机构，对外文化事务主要是由一些私人组织或者公民个人进行的。

---

　　① Richard T. Arndt, *The First Resort of Kings: American Cultural Diplomacy in the Twentieth Century*, Washington, D. C.: Potomac Books, Inc., 2005. p. 25.

　　② Richard T. Arndt, *The First Resort of Kings: American Cultural Diplomacy in the Twentieth Century*, Washington, D. C.: Potomac Books, Inc., 2005. p. 20.

　　③ U.S. Congressional Serial Set Vol. No. 12808-4, Session Vol. No. 4-4 90th Congress, 2nd Session H.Doc. 398. Title: Federal educational policies, programs, and proposals. A survey and handbook .Part I. Background; issues; relevant considerations.Prepared in the Legislative Reference Service of the Library of Congress by Charles A. Quattlebaum.Specialist in Education. December 1968. p. 158. http://infoweb.newsbank.com/.

## 二、美国第一个对外文化事务机构——公共信息委员会
## （1917—1919）

事实上，1917 年 4 月始建的美国"公共信息委员会（the Committee on Public Information, CPI）"并不是一个专门从事对外文化事务的机构，而是一个兼管国内外各种公共信息事务的政府机构。但是，从历史角度看，就美国对外文化事务而言，美国学者约翰·伦乔夫斯基（John Lenczowski）认为，"公共信息委员会"是美国政府官方第一个对外信息政策的机构，[①] 另一个美国学者艾米丽·罗斯伯格（Emily S. Rosenberg）认为，该委员会是美国官方第一个试图将世界转变为在美国引领之下的机构。[②] 笔者认为，从美国学者定论的"该机构是美国政府对外文化事务的第一个官方机构"看，公共信息委员会本质上是美国对外文化事务的第一个管理机构的尝试，并为后来多个文化事务机构树立了榜样。因此，该机构在美国对外文化事务机构变迁的历史上具有重要的地位和价值。

### （一）公共信息委员会的建立与解体

1917 年 4 月 14 日，托马斯·伍德罗·威尔逊（Thomas Woodrow Wilson）总统签署第 2594 号行政命令，建立"公共信息委员会"。该委员会由主席乔治·克里尔（George Creel）和 3 个成员组成，3 个成员是在任的国务卿罗伯特·蓝欣（Robert Lansing），陆军部长牛顿·D. 贝克尔（Newton D. Baker），海军部长约瑟夫斯·丹尼尔斯（Josephus Daniels）。该机构的任务是在第一次世界大战期间发布政府信息，鼓舞士气，掌管相关新闻业务，通

---

①　John Lenczowski, *Full Spectrum Diplomacy and Grand Strategy : Reforming the Structure and Culture of U.S. Foreign Policy*, New York: Lexington Books, 2011. p.27.

②　Emily S. Rosenberg, *Spreading the American Dream, American Economic and Cultural Expansion 1890-1945,* New York: Hill and Wang, 1982, p. 79.

常又被称为"克里尔委员会"。①

自第一次世界大战前后美国将外交活动从美洲扩展到世界其他地区开始，美国文化和价值观的对外传播与扩张在很大程度上都是在政府直接引导下发生的。"公共信息委员会"作为美国官方第一个正式对外文化事务机构具有引领的价值和作用。按照该委员会第一任主席乔治·克里尔的说法，公共信息委员会的目的就是要给全世界送去"美国精神的福音"（The Gospel of Americanism）。克里尔曾经说："来自美国的信息不是宣传，而是彻头彻尾的教育和知识。"在 20 世纪前 25 年的美国对外文化事务中，该委员会发挥了重要作用。②

但是，鉴于公共信息委员会建立在第一次世界大战期间，主要为战时服务的特点使得该机构寿命很短。1918 年 7 月 1 日以后，该机构的工作大为减少。1918 年 11 月 11 日，该机构在国内的活动停止；1919 年 6 月 30 日，该机构在国外的活动停止。 1919 年 8 月 21 日，威尔逊总统签署第 3514 号行政命令，按照该行政命令第 4 款有关 1920 年 6 月 30 日前该财年各种国内政府花费拨款的规定，美国政府停止向该委员会的拨款，公共信息委员会主席职责结束并移交给国防委员会，公共信息委员会使命结束。③

尽管威尔逊政府建立的第一个官方外交信息政策机构"公共信息委员会"在很大程度上着眼于为战争服务，但事实上并不是仅此而已，有美国学者认为，美国政府是从长久和平出发来考虑美国对外文化事务的。例如，在1919 年，曾经作为卡内基基金委员会第一任主席与后来曾任美国国务卿的伊莱休·鲁特以及曾经建立了"国际教育协会（the Institute of International Education, IIE）"的尼古拉斯·默里·巴特勒（Nicholas Murray Butler）都认

① National archives of USA, No. 63.Records of the Committee on Public Information http://www.archives.gov/.

② Emily S. Rosenberg, *Spreading the American Dream, American Economic and Cultural Expansion 1890-1945,* New York: Hill and Wang, 1982, p. 79.

③ National archives of USA, No. 63.Records of the Committee on Public Information http://www.archives.gov/.

为，没有国际间的相互理解就没有持久和平可言，而国际间的相互理解可以通过国际教育交换活动得到最好的实现。①

从 1917 年 4 月 14 日始建到 1919 年 6 月 30 日全部活动停止，尽管仅仅 2 年多的时间就结束了使命，但美国公共信息委员会开创了美国对外文化事务的一个时代：如果说此前美国政府也曾经对对外文化事务有所考虑但并没有相应机构进行实际操作，那么从公共信息委员会建立伊始美国政府就正式迈出了建立对外文化事务机构的步伐。

### （二）公共信息委员会的分支机构及其职能

根据 1918 年 6 月 13 日美国第 65 届国会第二次会议通过的、财政部提交的有关美国公共信息委员会工资与花费拨款的统计数据，该委员会共有 21 个处，其中包括：行政处（Executive）、新闻处（News）、演讲处（Speaking）、四分钟人演讲处（Division of Four Minute Men）、电影处（Films）、参考服务处（Service Bureau Reference）、广告处（Advertising）、国家会展处（State Fair Exhibits）、公民与教育出版处（Civic and Educational Publication）、生产处（Production）、派遣处（Distribution）、绘画艺术宣传处（Pictorial / Art Publicity（Art）、战时妇女工作处（Woman's War Work）、产业处（Industrial）、商业管理总会计处（Business Management / General Committee Accounts）、图片处（Pictures）、联合作品专项处（Syndicate Features）、政府公告处（Official Bulletin）、外国出生者处（Foreign Born）、同盟国战争博览处（Allied War Expositions）等。

这些分支机构的最突出特点是专职人员很少，绝大多数为公共信息委员会工作的人都是志愿者。大体看来，公共信息委员会的主要分支机构的主要工作如下：

---

① John Lenczowski, *Full Spectrum Diplomacy and Grand Strategy: Reforming the Structure and Culture of U.S. Foreign Policy*, New York: Lexington Books, 2011. p. 27.

公民与教育出版处指挥"历史服务全国委员会"（the National Board of Historical Service）的 3000 名志愿者，33 种出版物，25 万份宣传品，这些宣传品要翻译成 7 种外文。

演讲处有 9000 名讲演者，分别在 45 个司（bureau）工作，该处还在 37 个国家设立了 43 个战时会议，使该机构更有效地工作。

四分钟人演讲处由唐纳德·瑞尔森（Donald Ryerson）在芝加哥创建，该机构招募大量的志愿演讲人，主要在电影院利用中场休息时间（当时电影画轴切换约 4 分钟）对观众发表爱国演讲，因此这些演讲人被称为"四分钟演讲人"。唐纳德在芝加哥一家电影院发表了第一篇时长四分钟的演讲。四分钟演讲人主要在电影院、歌剧院、天主教堂、犹太教堂以及其他公共场所发表爱国性质的演讲。这些演讲人的演讲主题都来源于 CPI。除了安排演讲的时间，规定演讲主题以及提供大量的演讲材料，CPI 还就如何演讲给演讲人提出详细的建议。

新闻处负责所有志愿者的具有法律效力的审查工作，并与陆军部、海军部、战时贸易部、战时产业部、全国战时劳工部、空军部、白宫以及司法部等政府部门相互联系，准备并发布每日新闻。该处还有 12000 人负责每周发布战争消息。该处是一个为报纸和杂志提供信息的部门，为他们搜集资料，并为新闻界提供 24 小时不间断服务。

联合作品专项处有 100 位美国最好的作家，全部提供无偿作品服务，他们所写的文章囊括战争的各个方面，并被翻译为所需要的外语文本。

电影处负责战时对外电影宣传，在美国参战的前 6 周，电影处主要发行了系列战争片"潘兴十字军"（Pershing's Crusaders）。

战时妇女工作处集中一些女性作家和组织者，为全国女性报纸提供新闻和图片，并通过各类学校和教会从事妇女组织工作。

参考服务处是公共信息办公室，对政府工作和个人行为的相关信息提供快捷准确的回应。

派遣处负责调配该委员会的文献。

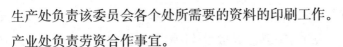
生产处负责该委员会各个处所需要的资料的印刷工作。

产业处负责劳资合作事宜。

广告处负责动员美国的广告专家们积极作为志愿者参与战时宣传工作。

国家会展处准备了在 24 个国家进行 35 场大规模战争展览，据估计有 1200 万人参观了他们的展览，使这些人对美国政府在战争中的行为有了新的了解。

同盟国战争博览处负责与同盟国家联系并计划在波士顿、芝加哥、堪萨斯、丹佛和旧金山举行博览会。

外国出生者处有来自出生在 23 个不同国家的美国人，从事包括对他们群体的报纸发行等工作，举行群众集会和发行电影等。这些工作不但是要加强美国不同民族间的团结，而且使数以百万计的外国出生的美国人理解了美国政府参战的行为。[①]

从上述材料可以看出，公共信息委员会下设的这些机构中有一些与对外文化事务毫无关联，例如战时妇女工作处、产业处和商业管理总会计处等，但绝大多数下属机构都与对外文化事务密切相关。其中，新闻处、电影处、参考服务处、广告处、公民与教育出版处、绘画艺术宣传处、图片处、联合作品专项处、政府公告处、同盟国博览处都具有对外文化事务职能。

另外，按照美国学者尼古拉斯·J. 卡尔（Nicholas J. Cull）的说法，公共信息委员会还建立了一个对外部（Foreign Section），该部有 3 个处：无线电与电报处（the Wireless and Cable Service）、对外新闻处（或者叫做邮政处）（the Foreign Press Bureau / Mail Feature Service）和对外电影处（the Foreign Films Division）。无线电与电报处负责提供美国政府对盟军新闻机构如路透社和哈瓦斯通讯社的回应，叫做"Compub"。对外新闻处负责通过邮政方式提供介绍美国法律、文化和社会等信息的工作。该学者还提到，公共信息委员会下属的"对外图片处（Foreign Picture Service）"，专门为相关部门提供

---

① http://infoweb.newsbank.com/.

新闻图片。同时，该委员会还安排大量外国记者团访问美国和参观最新美国军事和工业实体，克里尔认为这是驳斥德国宣传说美国实力薄弱的"最有效思想之一"。对外电影处管理该委员会对外出口的宣传影片并与好莱坞签订合同。另外，除了主要针对德国的政治宣传攻势以外，该委员会还利用红十字会和基督教青年会等组织在中国、俄国和拉美国家进行各种文化活动。①

另外，根据美国学者理查德·T.阿恩特的说法，公共信息委员会还设有一个专门负责对外文化事务的机构叫做文化处（United States Information Service, USIS），但其他美国学者则认为美国文化处是 1934 年才开始建立的（见本书第三章）。②

### （三）公共信息委员会的对外文化事务活动

美国公共信息委员会对外文化事务活动可以从如下几个方面来考察：

#### 1. 从战争出发的活动

在战争期间，公共信息委员会的国际部负责鼓舞同盟国军队士气，运输宣传资料，发布相关信息，包括出版物和其他一些相关新闻审查活动，发放报纸，公布新闻，对陆军部军事新闻处编辑的宣传材料进行宣传。该处国际部在巴黎、罗马、马德里、海牙、伦敦、圣地亚哥、布宜诺斯艾利斯和利马有特派员，在莫斯科和符拉迪沃斯托克有代表。③ 这些文化活动简单看来仅仅是为战争服务，但其实际和结果则远远超出了战争需要。这些军事方面的宣传活动除了战争目标而外，更重要的是其政治影响和文化扩散效果。如果说在第一次世界大战以前世界上了解美国的人并不多，特别是了解美国文化的人不多，那么在第一次世界大战之后，美国文化真正走向世界并揭开了其扩张的历史新篇章。

---

① Nicholas J. Cull, *The Cold War and the United States Information Agency, American Propaganda and Public Diplomacy, 1945-1989*, New York: Cambridge University Press, 2008. pp. 7-8.

② Richard T. Arndt, *The First Resort of Kings: American Cultural Diplomacy in the Twentieth Century*, Washington, D. C.: Potomac Books, Inc., 2005, p. 30.

③ National archives of USA, No. 63.Records of the Committee on Public Information, http://www.archives.gov/.

### 2. 文化教育活动

第一次世界大战时期美国对外文化教育活动并不多，其中主要在墨西哥城，克里尔委员会建立了图书室，专门为墨西哥人提供美国图书和杂志，并建立了免费学习英语的班级，墨西哥人正是通过这种学习了解了美国参加第一次世界大战的情况。在中国，该组织号召基督教青年会（YMCA）为政府提供信息。①

### 3. 新闻传播活动

克里尔用各种手段使外国报业编者相信美国人的新闻和观点。最初，他建立了一个由政府操纵的为外国读者免费服务的报纸新闻服务机构，叫做Cumpub。由于在第一次世界大战之前美国两家最大的国内通讯社，联合通讯社（The Associated Press）和合众社（the United Press）的广播基本上没有对外服务内容，克里尔建立的机构开辟了美国为许多外国新闻机构提供美国信息的渠道。②

### 4. 电影图片等艺术活动

根据美国学者的看法，公共信息委员会不但在报纸等新闻业方面为政府服务，在其他文化领域也是美国政府的代言人。例如，好莱坞电影出口时，要考虑是否符合公共信息委员会的对外教育内容，所有美国私人文化组织必须认识到公共信息委员会是美国形象代表，该组织还操纵基督教青年会、红十字会在俄国向农民放映反布尔什维克的电影，第一次世界大战以后，该委员会及其Cumpub都结束了使命，但为美国后来政府支持信息机构提供了宝贵的经验。③

---

① Emily S. Rosenberg, *Spreading the American Dream, American Economic and Cultural Expansion 1890-1945,* New York: Hill and Wang, 1982, p. 79.

② Emily S. Rosenberg, *Spreading the American Dream, American Economic and Cultural Expansion 1890-1945,* New York: Hill and Wang, 1982, p.80.（联合通讯社即后来的美联社，合众社后来衰落被美联社吞并。——本书作者注释）

③ Emily S. Rosenberg, *Spreading the American Dream, American Economic and Cultural Expansion 1890-1945,* New York: Hill and Wang, 1982, p. 81.

美国学者理查德·T.阿恩特介绍说，克里尔雇用大批学者、制作影片、举办博览会、发行出版物、向国外派出了 650 名美国行业官员，在公共信息领域发明了"散发材料（handout）"的方式从事宣传，发展了图片宣传、卡通宣传以及令人难忘的海报宣传，他把历史学家和各类知识分子联合在一起选举了劳工领袖等。① 可见，克里尔的公共信息委员会在美国文化扩张上已经尽了最大努力，利用了当时所有可以使用的手段和宣传方式，因此成为当时美国政府最重要的、唯一的对外文化事务机构。

### （四）公共信息委员会评价

美国政府对外文化事务是从教育领域开始的。早在 19 世纪美国就开始了教育交流活动，这种教育交流活动对非欧洲国家来说不是简单的"推力（thrust upon）"，在很多情况下完全是一种积极的寻求（actively sought）。例如，美国与中国之间的宗教情结，最早在 1847 年就有中国学生由美国传教士引领到美国大学读书，这也是中国寻求现代化和军事技术的需求。1871 年到美国去的一个中国教育使团直到 1881 年才回国。在进步主义时代，美国出现正规私人性质的文化外交机构，即各种私人基金会，其中包括 1910 年建立的卡内基国际和平基金会（the Carnegie Endowment for International Peace）和洛克菲勒基金会（the Rockefeller Foundation），这些组织以自由国际主义的名义从事学术交流活动。在这些基金会中，泛美联盟基金会（the Foundation of the Pan-American Union）取得了十分显著的成就，该基金会还建立了自己的"知识交流处（Division of Intellectual Exchange）"②

美国学者理查德·T.阿恩特认为，美国的"第一位宣传部长"就是公共信息委员会第一任主席乔治·克里尔，克里尔为美国新闻署领导人树立了

---

① Richard T. Arndt, *The First Resort of Kings: American Cultural Diplomacy in the Twentieth Century*, Washington, D. C.: Potomac Books, Inc., 2005. p. 29.

② Nicholas J. Cull, *The Cold War and the United States Information Agency, American Propaganda and Public Diplomacy, 1945-1989*, New York: Cambridge University Press, 2008. pp. 4-6.

一个形象，尽管他在 1953 年美国新闻署建立前就已经去世，而且在 1919 年就离开了官场，但他的形象对于后来美国新闻署的领导人具有重要的导向作用。其实，早在美国参战前 6 个月，威尔逊就请克里尔组建公共信息委员会。在公共信息委员会存在的 2 年多时间里，它给美国带来的变化并不比第一次世界大战所产生的后果少，在战后一些年间，它的一些分支机构帮助美国转变了自己的一些观念，公共信息委员会是美国政府文化信息与政治外交宣传的正式结合体，触及美国生活的方方面面。①

但是，由于第一次世界大战期间欧洲国家特别是德国和苏维埃俄国的对外宣传被看成是一种政治活动，而且据说其中很多宣传内容是虚假的甚至是捏造的谎言，因此，美国政府上下都有人反对这种宣传，对公共信息委员会的工作当然有褒有贬。1939 年，詹姆斯·莫克和塞德里克·拉尔森（James Mock & Cedric Larsen）作为学者对公共信息委员会进行了深入的调查，特别是对克里尔的著作《我们是怎样宣传美国的》（*How We Advertised America*）进行了研究。这两位学者在其著作《用语言赢得那场战争：公共信息委员会的故事》（*Words That Won the War: The Story of the Committee on Public Information, 1917-1919*）中对公共信息委员会进行了评价。他们把公共信息委员会看成为"一种好人的舆论"，那些为公共信息委员会工作的人把本职工作做得很好，使人信服，使人舒心。②

克里尔之所以用信息（information）而没有用当时欧洲乃至非欧洲国家都使用的宣传（propaganda）这个词来命名他的委员会主要是因为宣传常常被认为是在说谎，而信息则带有情报（intelligence）的含义。了解公共信息委员会的人都知道，该委员会具有美国两个大领域的功能：一个是广告业，

---

① Richard T. Arndt, *The First Resort of Kings: American Cultural Diplomacy in the Twentieth Century*, Washington, D. C.: Potomac Books, Inc., 2005. pp. 27-28.

② James Mock and Cedric Larsen, *Words That Won the War: The Story of the Committee on Public Information, 1917-1919*），转引自 Richard T. Arndt, *The First Resort of Kings: American Cultural Diplomacy in the Twentieth Century*, pp. 27-28.

另一个是公共关系，二者事实上都把说谎合法化了。①

有关公共信息委员会的评价更为重要的是美国政府的信息工作效率如何、是否应该对某些信息进行限制的问题。当时，国会众议院政府运作委员会（the House Committee on Government Operations）下设一个"政府信息专门附属委员会（The Special Subcommittee on Government Information）"，由主席威廉·L.道森（Hon. William L. Dawson）直接领导。1955 年 6 月 9 日，道森下令政府信息专门附属委员会调查有关信息工作的花销及其效率问题并解决对信息不必要的限制问题。1956 年 7 月 20 日，国会政府运作委员会一致通过了第 84 届国会第二次全体会议的第 2947 号决议，该报告包括了政府信息专门附属委员会提出的所有问题。由于美国国务院对一些涉及军事问题的信息控制严格，美国军事安全与国际政治问题的信息被一些人认为有必要进行区分，这些人抱怨国务院的行为要么延误了信息传播，要么无效，有时还拒绝接受一些信息。信息问题还涉及国防部。政府信息专门委员会提出解除信息限制的立法建议。由于第 2947 号决议已经通过，一些行政部门和机构开始采取行动解除一些对信息的不必要限制。② 也就是说，政府信息是否应该向公民公开的问题从公共信息委员会存在的 1917 年就已经存在了，但直到 1966 年美国才颁布了信息自由法。

需要说明的是，公共信息委员会各个处的公共信息专职工作人员很少，绝大多数人是志愿者，这些志愿者来自各种领域，公共信息委员会的对外文化扩张可谓是全方位的、全民性的。例如，该委员会雇用了当时美国由查尔斯·达纳·吉布森（Charles Dana Gibson）领衔的纽约最好的商务作家从事广告业务，其中包括以调查性新闻而著名的塞缪尔·霍普金斯·亚当斯（Samuel Hopkins Adams）、曾经获得诺贝尔文学奖的著名小说家布斯·塔金顿（Booth Tarkington）、著名影星西达·巴拉（Theda Bara）、好莱坞明星格

---

① Richard T. Arndt, *The First Resort of Kings: American Cultural Diplomacy in the Twentieth Century*, Washington, D. C.: Potomac Books, Inc., 2005. p. 28.

② http://infoweb.newsbank.com/.

里菲斯（Griffith）、福克斯（Fox）、勒夫（Loew）等。该委员会还协助美国驻各国大使馆从事美国形象宣传工作，公共信息委员会的思想和态度以及其管理结构成为当时乃至后来美国文化与信息外交的榜样、典型的宣传工具。该委员会在美国内外报纸上发表政治卡通片，安排美国意大利籍的伤兵在意大利医院救治，组织"美国社会主义爱国者"出国旅游，借此向其他国家的左派宣传美国参战的原因，在国外建立图书馆，这成为美国政府的第一个公共信息通道，在所有拉丁美洲国家建立了免费英语学校。可以说，正是公共信息委员会发明了美国式的宣传方式。根据美国学者理查德·T.阿恩特的说法，公共信息委员会对外宣传工作的前哨站是美国文化处（US Information Service, USIS），由一个公共事务官员负责。该委员会对外大量发行好莱坞流行影片，开始对外无线电广播，为美国之音开辟了道路。①

1919 年公共信息委员会结束使命以后，美国政府并没有马上建立新的文化事务机构，而一些私人组织却不断建立，例如，1919 年卡内基基金会建立了国际教育协会（the Institute of International Education）、1928 年由布宜诺斯艾利斯扶轮社（the Rotary Club of Buenos Aires）建立的阿根廷—美国文化协会（the Instituto Cultural Argentine-Norteamericano, ICANA）等，在英语教育等方面对许多拉美国家发挥了重要作用。②

## 三、美国海外主要文化事务机构——美国文化处（1917—   ）

### （一）美国文化处的英文表述

本书所说的美国文化处最初是 The United States Information Service（USIS）。从 1917 年公共信息委员会建立开始，其文化处使用的名称就是 USIS。在

---

① Richard T. Arndt, *The First Resort of Kings: American Cultural Diplomacy in the Twentieth Century*, Washington, D. C.: Potomac Books, Inc., 2005. pp. 29-32.

② Nicholas J. Cull, *The Cold War and the United States Information Agency, American Propaganda and Public Diplomacy, 1945-1989*, New York: Cambridge University Press, 2008. p. 10.

1999 年新闻署解体以前，美国的那些从事对外文化事务的机构基本上不使用英文 cultural affairs 这个词汇，而是使用 information，该词既有信息搜集与发布、新闻广播与报道、政治宣传等含义，也有教育交流、艺术展览等文化活动等意味，因此，information 这个词所含内容要比 culture 更广泛，正因为如此，在这里也不能把这个英文词翻译为新闻或者信息。但是，1938年建立的美国文化关系处（Division of Cultural Relations,DCR）则没有使用 information 这个英文词汇。在 1953 年美国新闻署（The United States Information Agency,USIA）建立以前，USIS 在很长时间内一直作为美国在海外的官方对外文化事务机构，且归属并不确定，或者说，国务院以及其他政府部门都曾经设有文化处负责对外文化事务工作。1953 年美国新闻署建立以后，国务院所属的驻海外的所有管理文化事务的部门仍旧称为 USIS，因此，文化处成为美国在外国的新闻署代名词，这也成为多名美国国会议员多次主张将新闻署的英文名称 The United States Information Agency 改为 The United States Information Service 的原因，因为许多外国人无法区分 USIA 和 USIS。又由于美国对外文化事务还有许多归属国务院，这种情况导致美国海外文化事务机构长期处于分散状态，但是在冷战背景下的意识形态宣传活动基本目标一致的情况下仍可以运行。1991 年苏联解体以后，美国各界认为社会主义已经失败，冷战已经结束，对外文化事务已经从反共意识形态改变为文明间的对峙，特别是反对恐怖主义。因此，1999 年美国新闻署结束使命，对外文化事务全部归属国务院，美国驻外国使领馆的文化管理机构名称也发生了变化，一般称之为 Public Affairs Section，就字面而言，该机构应该翻译为公共事务处，但在美国外交中，该机构一般也翻译为美国文化处。

### （二）美国文化处的中文翻译

The United States Information Service（USIS）一般翻译为美国文化处，但也可以翻译为美国信息局、美国新闻局，或者美国新闻处。美国对外文化

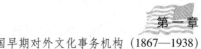

事务主要包含 3 个内容：一是纯粹意义上的对外文化事务，即英文中的 for-
eign cultural affairs，指的是美国政府对外文化活动，诸如对外文化交流、文
化输出、文化扩张等；二是信息事务，即英文中的 information，指的是美国
政府对外信息活动，诸如信息搜集与发布、信息交流与互通、对外广播与
电视演播、互联网信息等；三是教育活动，即英文中的 education，指的是
美国政府在教育领域的对外活动，诸如教育交流、图书馆和阅览室等项目，
政府支持的大学间的往来等。但是，并非所有的美国对外文化事务机构中
的 information 一词都可以翻译为文化。例如，The Office of War Informa-
tion（OWI）一般翻译为战时信息处，The United States Information Agency
（USIA）一般翻译为新闻署。1999 年新闻署解体以后，美国对外文化事务
机构的英文名称使用 Public Affairs Section 是与现实国际关系中有一个十
分普遍而又重要的说法直接相关的，即公共外交（public diplomacy），而
在英国等国家，公共外交这个概念一般使用文化外交来表述，即英文中的
cultural diplomacy。这样，公共外交与文化外交就成为同一个概念的两种不
同说法。因此，Public Affairs Section 一般翻译为文化处，也有人翻译为新
闻处。

需要进一步说明的是，美国对外文化事务机构历来比较分散，例如，文
化处（USIS）从属于新闻署，主管对外信息活动，但信息（information）以
外的几乎所有对外文化事务却原则上归属国务院，国务院所属的教育与文化
关系局（the Bureau of Educational and Cultural Relations, BECR）和教育与文
化事务局（the Bureau of Educational and Cultural Affairs, BECA）实际上是美
国对外文化事务的主管部门。

### （三）美国文化处的历史变更过程

根据美国学者理查德·T.阿恩特的说法，美国文化处（USIS）早在
1917 年就存在，是为公共信息委员会（The Committee on Public Information,
CPI）下属的一个对外机构，领导人为公共事务官员（the Public Affairs Of-

ficers, PAO）。① 这就是说，美国文化处是从 1917 年开始工作的，此后一直是美国负责海外文化、信息与教育交流活动的主要机构。但是，另一位美国学者理查德·W. 斯蒂尔认为，1934 年 3 月，美国政府建立了美国文化处（USIS），归属国家行政委员会（the National Executive Council），帮助公布新政。从 1939 年 7 月开始，该文化处纳入新建立的政府报告办公室（the Office of Government Reports）。② 美国学者尼古拉斯·J. 库尔也认为美国文化处是 1934 年建立的。③ 如果按后一种说法，美国文化处应该是从 1934 年开始工作的。

　　1941 年 7 月 11 日，罗斯福总统建立了信息协调局（the Office of the Coordinator of Information, COI），该局下设一个外国信息处（the Foreign Information Service, FIS）。外国信息处在纽约的总部由罗伯特·舍伍德（Robert Sherwood）任处长。舍伍德曾经强调："所有的美国信息必须是总统反复强调的内容。"④ 外国信息处在全世界设有 10 个信息办公室，其名称都叫做美国文化处（USIS），这些文化机构负责外国信息处的对外宣传工作。1942 年 2 月 24 日，外国信息处首建美国之音（Voices of America）广播站，该广播站不久成为著名的美国之音广播电台（VOA）。1942 年 6 月 13 日战时信息处建立后，美国之音归属战时信息处，外国信息处从此也开始成为战时信息处的海外部。⑤ 一般认为，舍伍德的对外信息局及其在外国的信息办公室都

---

　　① Richard T. Arndt, *The First Resort of Kings: American Cultural Diplomacy in the Twentieth Century*, Washington, D. C.: Potomac Books, Inc., 2005, p. 30.

　　② Richard W. Steele, *Propaganda in an Open Society: The Rosevelt Administration and the Media, 1933-1941,* Westport,CT: Greenwood,1985,esp. pp. 10-15.

　　③ Nicholas J. Cull, *The Cold War and the United States Information Agency, American Propaganda and Public Diplomacy, 1945-1989,* New York: Cambridge University Press, 2008. p.11.

　　④ Allan M. Winkler, *The Politics of Propaganda: The Office of War Information, 1942-1945*, New Haven, CT: Yale University Press, 1978. p. 27.

　　⑤ Nicholas J. Cull, *The Cold War and the United States Information Agency, American Propaganda and Public Diplomacy, 1945-1989,* New York: Cambridge University Press, 2008. pp. 13-15.

可以叫做美国文化处（USIS）。①

第二次世界大战结束以后，美国先后还建立了一些其他类似的对外文化事务机构，其中包括 1945 年的国际信息与文化事务局（Office of International Information and Cultural Affairs, OIICA）、1946 年的国际文化事务局（the Office of International Cultural Affairs, OICA）、1947 年的国际信息与教育交流局（the Office of International Information and Educational Exchange, OIIEE）、1948 年的国际信息局（the Office of International Information, OII）、1952 年的国际信息管理局（the International Information Administration, IIA）、1953 年的国际信息行动委员会（the Committee on International Information Activities, CIIA）、1959 年的教育与文化关系局（the Bureau of Educational and Cultural Relations, BECR）、1960 年的教育与文化事务局（the Bureau of Educational and Cultural Affairs, BECA）、1961 年的国际文化关系局（the Bureau of International Cultural Relations, BICR）等。但这些机构的建立并没有影响美国文化处（USIS）的存在，只是到了 1999 年美国新闻署结束使命以后，美国驻外国使领馆的文化管理机构名称发生了变化，一般称之为 Public Affairs Section，该机构一般也翻译为美国文化处。

### （四）美国文化处的功能和行动目标

从历史看，美国文化处自诞生之日起就是美国对外文化事务的主管部门，所谓文化事务既有教育与文化交流活动，也有信息情报活动。在美国新闻署驻外机构即美国文化处（USIS）中，设有专门负责各种文化事务的官员，其中包括公共事务官员（Public Affairs Officer）、信息官员（Information Officer）、文化事务官员（Cultural Affairs Officer）、外国雇员（Foreign Service Nationals），对内还有设在华盛顿的国民教育处（Civic Education）。上

---

① Nicholas J. Cull, *The Cold War and the United States Information Agency, American Propaganda and Public Diplomacy, 1945-1989*, New York: Cambridge University Press, 2008. p. 14.

述对外文化事务官员通常是政府指派的，统称为外事官员（Foreign Service Officers），一般都在美国驻各国使领馆或者代表团来执行其职责。其中，公共事务官员的职责是管理使馆的信息和文化行动，在履行美国政府政策和其他使领馆行动过程中，公共事务官员在公共事务战略方面是大使和其他使领馆官员在公共外交、媒体、教育问题以及文化事务等方面的高级参赞。信息官员是美国驻外大使馆和领事馆与驻在国和国际信息问题方面的发言人，对一些公共利益问题具有政策导向作用，并负责安排新闻发布等活动。文化事务官员负责教育与文化交流项目，并负责安排学者讲学和研讨会等活动，管理美国信息或者文化中心，组织美国对外文化活动。[①]

1948 年 1 月 30 日，在美国国会参议院外交关系委员会向国会提交的"美国欧洲文化处"第 161 号报告中，就国务院的一些活动的有效性做出调查报告。报告指出：美国文化处（USIS）必须是美国的声音和向全世界阐述美国观点的工具，它必须做到：第一，讲真话；第二，解释美国的目标；第三，鼓舞士气和提高希望；第四，提供一个真实的可信的美国人生活方式和理想目标的形象；第五，揭穿谬误和谎言；第六，积极地解释和支持美国外交政策。[②]

上述内容说明，美国文化处的主要功能有 3 个：第一，对外宣传和传播美国文化；第二，对外宣传和传播美国意识形态；第三，解释和支持美国外交。可以认定，美国政府花大量人力物力于各个文化处并不仅仅是一种文化宣传，更不像美国人自己说的那样是增进美国人与其他国家人民的相互了解

---

① http://dosfan.lib.uic.edu/.

② U.S. Congressional Serial Set Vol. No. 11205, Session Vol. No.180th Congress, 2nd Session, S.Rpt. 855 pt. 1 & 2, Title: The United States Information Service in Europe. Report of the Committee on Foreign Relations pursuant to S. Res. 161, a resolution authorizing the Committee on Foreign Relations to make an investigation of the effects of certain State Department activities. (The detailed appendix is printed separately.) January 30 (legislative day, January 26), 1948. – Ordered to be printed., p.3. http://infoweb.newsbank.com/.

和理解，而是实现美国全球战略的重要手段。①

根据美国政府网站的介绍，1999 年新闻署解体之前在 142 个国家设有 190 个美国文化处（USIS），雇佣 2521 个外国雇员。美国文化处设有 6 个大区办事处：非洲事务处、美洲事务处、西欧与加拿大事务处、东亚和太平洋事务处、东欧和网络信息服务（NIS）事务处、北非近东和南亚事务处。这一年新闻署得到的拨款大约为 11.2 亿美元。② 由此可见文化处在新闻署中的重要地位。更为重要的是，新闻署解体以后，文化处并没有随之解体，而是并入国务院教育与文化事务局。

美国文化处的职责大体上可以分为如下几个方面：

### 1. 宣传工作

如果说公共信息委员会中就有一个机构叫做文化处，其主要功能是从事宣传活动，那么 1919 年公共信息委员会解散一直到 1939 年第二次世界大战爆发时，纳粹德国、苏联、意大利和日本以及英国都有自己的宣传机构，唯独美国还没有建立这种宣传本国政策的文化事务机构。因此，建立一个从事文化传播、信息发布、甚至干扰敌国的假信息的散布等活动受到美国政府的高度重视，这是美国文化处再次问世并进行文化宣传工作的主要缘由。

西蒙娜·托比亚博士（Simona Tobia）在《为美国做广告，美国驻意大利文化处（1945—1956）》（*Advertising America The United States Information Service in Italy, 1945—1956*) 一文中对美国文化处进行了比较详尽的说明。文章指出，在 1945—1953 年间，在美国新闻署 1953 年 8 月 3 日作为独立机构建立以前，美国文化处是为负责国务院国际文化与信息政策的各种办公室的

---

① U.S. Congressional Serial Set Vol. No. 11205, Session Vol. No.1, 80th Congress, 2nd Session. S.Rpt. 855 pt. 1 & 2. Title: The United States Information Service in Europe. Report of the Committee on Foreign Relations pursuant to S. Res. 161, a resolution authorizing the Committee on Foreign Relations to make an investigation of the effects of certain State Department activities. (The detailed appendix is printed separately.) January 30 (legislative day, January 26), 1948 . – Ordered to be printed., pp . 4-5. http://infoweb.newsbank.com/.

② http://www.fas.org/.

网络中心。在新闻署成立之后，其海外机构仍旧称为美国文化处，由美国驻各国大使馆与领事馆负责管理。1943年，美国文化处的官员们作为战时信息处和心理战分部的成员到达意大利，意大利解放以后他们开始独立工作。美国驻意大利文化处的行动目标就是促使意大利人相信美国政策的主要目标是和平，这种和平是建立在自由与安全基础上的和平。

美国文化处的工作由各个分支机构负责，其中包括：美国图书馆和文化中心、新闻出版局、电影部、国际广播部（即美国之音），以及负责文化交流项目的部门。他们出版了大量的印刷品、发行电影、从事广播，也组织艺术展览、音乐演出、举行会议以及科学、经济、特别是文化合作方面的活动。美国驻意大利文化处的主要行动目标是宣传美国形象和美国生活方式，即"为美国做广告，或者翻译为宣传美国（advertising America）"。他们的使命是使意大利人感觉到自己需要美国式的幸福、安康与财富，这种幸福、安康与财富是与民主与自由紧密联系在一起的，而这种民主与自由又是建立在意大利人选择西方的基础之上的。这种说法是因为当时意大利共产党具有很强大的势力。①

当然，在第一次世界大战和第二次世界大战期间，美国文化处的工作主要是为战争服务。进入冷战时期以后，在对外宣传方面，美国驻各国的文化处则主要以反共为主。进入后冷战时期以后，则以反对恐怖主义为主要目标，这种情况本书将在后面的内容中进行分析。

### 2. 信息搜集与发布工作

从1917年公共信息委员会到1942年战时信息处，以及此后的战略信息局和中央信息局等机构基本上都是以战争时期信息收集与信息发布为主要目的，或者说主要是为战争服务。第二次世界大战以后，虽说中央信息局是信息机构，但也参与对外文化事务，中情局人员有时也在文化处任职以便从事信息活动。进入20世纪以后，美国领导人十分重视对外文化活动，但长

---

① http://www.google.com.hk/.

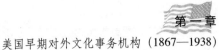
期以来各个政府部门之间的信息共享和互通工作十分不利，美国文化处的一个重要作用就是信息发布、工作经验与教训总结，这些工作一般由美国信息咨询委员会每年向国会报告，进而实现对外文化事务工作取得更好的效果。

### 3. 对外教育与文化交流活动

第二次世界大战以后，美国文化处最重要的工作是从事对外教育与文化交流活动，包括政府拨款支持的项目、非营利组织的项目与活动等。美国文化处所管理的这些活动，包括美国与其他国家互派留学生、互派访问学者、资助外国领导人访问美国、在外国建立图书馆和阅览室、举办艺术活动和各种展览会等等，根本目标十分明确，那就是《1948 年美国信息与教育交流法》，即《史密斯—蒙特法》所规定的美国在战后和平时期的信息与教育交流活动原则："推动其他国家对美国的更好理解，并促进美国人民与其他国家人民之间的相互了解（to enable the Government of the United States to promote a better understanding of the United States in other countries, and to increase mutual understanding between the people of the United States and the people of other countries）。"从字面上看，美国政府的这些对外文化活动没有任何政治色彩和偏向，完全是互利与平等的。但从其运行过程与效果来看，本质上是在对外传播美国文化，是美国全球战略中文化扩张的组成部分。

其实，美国人也没有隐瞒自己的行动目标。1994 年美国国际广播法规定，广播管理委员会从事非军事内容的国际广播活动，其 9 个成员由总统任命，管理美国之音和古巴广播局以及其他所有美国对外广播活动。广播管理委员会的使命是"通过广播的准确性、客观性和向国外听众提供公平的有关美国与世界新闻与信息，以此推动自由与民主"。美国的国际广播包括：1. 一贯可靠而又权威、准确、客观、全面的新闻；2. 公平而又全面地介绍美国思想和制度，反映美国文化与社会的多样化；3. 清楚而又有效地描述美国政策，包括由美国之音广播和编辑的呈现美国政府观点和对这些政策的负责任的讨论；4. 具有在国外危机情况下支持美国外交政策的能力；5. 在地方媒体不足的国家满足当地人民的需要。[①] 可以看出，要世界其他国家的人民了解和认识美国，接受美国生活方式和制度，理解美国意识形态，正是美国文化处的行动目标。

### （五）美国文化处评价

从 1917 年公共信息委员会下设文化处到目前为止已经有 100 年的历史了。在这一个世纪的时间里，美国文化处做了多少对外文化事务工作无人知晓，但有一点是可以肯定的，那就是在美国所有从事对外文化事务的机构中，文化处的历史是最长的。

本书前面已经说明，美国文化处使用的并不是一般意义上的文化这个概念，而是意义更加深远的信息这个词。从美国文化处的历史可以看出，在信息收集和交流（包括信息活动）、教育与文化事业交流方面，文化处发挥了其他对外事务机构无法替代的作用。

从其行政归属来看，美国文化处曾经在公共信息委员会、文化关系处、新闻署、国务院教育与文化事务局等部门管辖之下，而这些部门一直是美国对外文化事务机构中最主要也是重要的机构。特别是 20 世纪 60 年代公共外交这个词盛行以来，美国文化处几乎成为美国公共外交中文化外交的主要执行机构。如果说 20 世纪是美国世纪，如果说苏联解体与美国对苏联公共外交的成功不可分割，如果说美国至今在全世界仍然具有最大的影响力和最强的实力，那么就可以说美国文化处具有不可忽略的作用和价值。

## 四、文化关系处（1938—1944）

### （一）文化关系处建立的背景及其更名

自 19 世纪末跨越太平洋开始全球性政治、经济和军事扩张以后，美国

---

① http://congressional.proquest.com.ezproxy.lib.uh.edu/.

就开始着手对外文化扩张。但是，鉴于此前美国一直奉行孤立主义外交原则，其文化事务活动也主要在美洲进行，政府主要是支持美国一些私人组织或者教会组织在世界其他地区的文化扩张活动，没有一个专门领导对外文化事务的机构。这种情况到第一次世界大战时期开始发生变化。1917 年以后，公共信息委员会下属的文化处成为其对外文化扩张的主要机构，该机构所从事的对外文化事务成为这种文化扩张的主要手段。

1919 年 6 月 30 日公共信息委员会停止活动后，美国政府暂时没有建立新的对外文化事务机构。在第一次世界大战期间，当时在伦敦任工程师并在欧洲组织"救济委员会"的赫伯特·胡佛（Herbert Hoover），即后来的美国第 31 届总统胡佛，组织建立了一个援助比利时的机构，叫做比利时援助委员会（the Committee for Relief in Belgium），该委员会又建立了比利时—美国教育基金会（the Belgian-American Educational Foundation），这是美国历史上开先河的举措。在 1955 年给参议员富布赖特的一封信中胡佛指出："1920 年，将战后补偿资金中的一部分给予比利时救援委员会（the Belgian Relief Commission），建立了比利时—美国教育基金会，目的就是你所要达到的目标。25 年来，有 700 多人，包括 477 名比利时人和 225 名美国人，在两次世界大战之间进行交流，多项重要成果已经显现。……我毫不怀疑地认为，欧洲没有一个国家像比利时那样对美国人民的理想和愿望那么好地理解。"[1] 1948 年 10 月 8 日，美国为一方、比利时和卢森堡为另一方签订协议，双方表示愿意推动美国人民与比利时人民之间、比利时国会以及卢森堡之间通过在教育领域的广泛交流实现相互理解，并将建立一个被美国、比利时和卢森堡政府所认可的美国比利时教育基金会（the United States Educational

---

[1] http://www.baef.be/documents/home.xml?lang=en，另见：U.S. Congressional Serial Set Vol. No. 11921, Session Vol. No.1 84th Congress, 2nd Session H.Doc. 374. Title: Report on the operations of the Department of State (under Public Law 584). A report by the Secretary of State on the operations of the Department of State during calendar year 1955, pursuant to section 2 of Public Law 584, 79th Congress. Referred to the Committee on Government Operations and ordered to be printed. pp. 1-3. http://infoweb.newsbank.com/.

Foundation in Belgium）。1946 年 5 月 28 日，又建立美国法国教育委员会（the United States Educational Commission for France），此后美国又与希腊、意大利、新西兰、英国、菲律宾等国签署类似协议。① 这些活动应该是公共信息委员会结束使命以后美国政府官方对外文化事务的重要活动。

尽管美国政府还在 1934 年 3 月重新建立了文化处，在 1938 年 5 月建立了各行政部门与独立机构委员会（the Committee of Executive Departments and Independent Agencies,CEDIA），但这些机构都没有正式开展对外文化活动。因此，从 1929—1933 年经济大萧条中走出困境并面临着法西斯和新的世界大战威胁的情况下，美国政府开始酝酿建立一个新的对外文化事务机构。

在没有文化部又没有政府直接领导的文化机构的情况下，美国对外文化活动都是由一些私人文化机构、大学或者公民个人进行的，其中包括著名的洛克菲勒基金会、卡内基国际和平基金会、国际邮政联盟（the International Postal Union）、伯尔尼著作权联盟（the Berne Copyright Union）等。这些私人组织大都得到美国政府的支持或者资助，但在美国政府支持和资助的私人组织中最重要的是史密森学会。

史密森学会（The Smithsonian Institution）是美国独立不久后由一个叫做詹姆斯·史密森（James Smithson）的英国科学家建立的，但他从来没有到过美国。该学会是一个从事教育和研究的学会，拥有 19 座博物馆，一个动物园和位于华盛顿的 9 个研究中心，由美国政府进行管理和资助，但许多资金来自各种捐赠及各种相关活动。仅在 2011 年，该学会就从美国国会获得 7 亿 9760 万美元的资助，可见美国政府对该学会的支持力度。1846 年 8 月 10 日，美国国会立法建立史密森学会大厦以供该学会董事会用来从事该学会的日常管理活动，董事会的 17 个成员每年至少召开 4 次会议，参会的还有美国副总统和司法部首脑。17 个成员中，美国国会参议院和众议院议

① http://congressional.proquest.com.ezproxy.lib.uh.edu/ pp. 8-13.

员各有 3 名。①

类似洛克菲勒基金会和史密森学会的私人组织至今仍在美国大量存在，一般称为非营利组织，其中许多组织建有自己的网站，应该说它们为美国对外文化事务做出了许多努力和贡献。但是，20 世纪 30 年代后期，美国政府政策制定者们越发感到美国私人机构进行的文化扩张不够强大，他们不得不亲自动手。肯尼迪总统时期的助理国务卿菲利普·库姆斯（Philip Coombs）在其回忆录中这样回忆道："1938 年以后，美国政府被迫放弃了不插手做法，开始采取支持和鼓励私人组织在文化方面进行对外交往活动。此后，在第二次世界大战期间所产生的结果几乎都是联邦政府的教育、科学、文化、技术援助以及信息计划的成就。"从 20 世纪 30 年代后期开始，美国政府发展了库姆斯所说的"外交政策第四层面（the fourth dimension of foreign policy），那就是极力发展和引导国际文化交流"。②

但是，仅仅支持和鼓励那些私人组织的对外文化活动还是难以满足和实现美国对外文化扩张的目的和需求，建立一个政府控制的文化事务机构迫在眉睫。于是，1938 年 7 月 27 日，根据国务院第 367 号令，建立了国务院属下的文化关系处（Division of Cultural Relations）。

最初，文化关系处仅仅是作为布宜诺斯艾利斯美国国家会议（inter-American conference）的工具，或者说，该文化关系处主要从事美国在美洲的文化事务。鉴于该处人员短缺、预算资金少，该处对美国现有的几个机构依赖性很大，特别是"国际教育协会（the Institute of International Education, IIE）"、"美国教育理事会（the American Council of Education, ACE）"、"美国图书馆协会（the American Library Association, ALA）"以及"美国学术协会理事会（the American Council of Learned Societies, ACLS）"。该处第一任处长本·彻林顿（Ben Cherrington）说，他希望"政府和私人机构能成为伙伴

① http://en.wikipedia.org/.

② Emily S. Rosenberg, *Spreading the American Dream, American Economic and Cultural Expansion 1890-1945,* New York: Hill and Wang, 1982, p.203.

但以私人机构为主"。因此，该机构成立后主要是依靠一些私人海外机构从事文化活动，其中包括鼓励学者和学生交流、美国人到外国办学、到国外兴办图书馆以及在海外发行美国电影和发展广播事业。从一开始，该机构就处在一种尴尬地位，那就是到底代表美国官方还是私人从事文化活动的问题，彻林顿认为，他的部门在国际政治问题上与国务院毫不相干，但事实上该处的文化项目与美国外交政策密切相连。[①]

此外，美国基督新教的一些传教士或者教会组织，例如基督教青年会（Young Men's Christian Association, YMCA）也积极地、不断地在政府帮助和支持下从事对外文化活动。[②] 因此，文化关系处在活动内容、运作范围、扩张效果等方面显得十分不足。

鉴于文化关系处从建立伊始就存在诸多问题，其中包括资金不足、人手不足、对其他机构严重依赖、基本上依靠私人组织进行对外文化扩张活动、职能存在争议等，为了加强对外文化扩张工作并使这一机构发挥更大的作用，该处多次更名：1944 年，该处被重新命名为科学、教育与艺术处（the Division of Science, Education and Art），后又由一个新建的机构公共信息局（the Office of Public Information）所取代。根据国务院第 1301 号命令，该机构又被重新命名为公共事务局（the Office of Public Affairs, OPA）。也就是从这个时候开始，美国对外信息与教育和文化事务第一次由同一个机构来管理。根据国务院第 1281 号命令，该机构又被更名为文化合作局（the Division of Cultural Cooperation, DCC）。1945 年，新建立的临时国际信息局（the Interim International Information Service, IIIS）取代了当时美国存在的各种战时信息、教育与文化机构。1946 年 1 月 1 日，根据国务院第 1336 号命令，取代文化关系处的临时国际信息局更名为国际信息与文化事务局（the

---

① Emily S. Rosenberg, *Spreading the American Dream, American Economic and Cultural Expansion 1890-1945*, New York: Hill and Wang, 1982, p.205. Paul J. Braisted, ed. *Cultural Affairs and Foreign Relations*, Washington, D. C.: Columbia Books, Publishers, 1968, p. 2.

② http://en.wikipedia.org/.

Office of International Information and Cultural Affairs, OIICA）。国际信息与文化事务局负责 5 个方面工作，因此设有 5 个处：国际广播处、国际新闻出版处、图书馆和协会处、国际人员交流处和国际电影处。尽管该局此时已经从原有 3000 名雇员减少到 1100 名，但国际信息活动并没有停止。1946 年初，国际信息与文化事务局用战时信息处剩余的款项购买了 79 幅名画并进行了巡回展出，用来展现先进的美国艺术。[1]1947 年，国务院的国际信息与文化事务局更名为国际信息与教育交流局（the Office of International Information and Educational Exchange, OIIEE）。[2] 1959 年，国务院的国际文化关系局（the Bureau of International Cultural Relations, BIIR）取代了国际信息与教育交流局，1960 年 4 月 17 日，国际文化关系局更名为教育与文化事务局（the Bureau of Educational and Cultural Affairs, BECA）。1978 年，该局的工作归属新闻署。1999 年新闻署取消后其对外教育与文化工作重新归属国务院。[3]

### （二）文化关系处的职责和功能

美国学者罗伯特·布路姆（Robert Blum）认为，从美国在文化关系方面的公共政策来看，1938 年是有决定意义的一年。从那年开始，美国公共外交政策的形成和运作可以分为这样几个阶段：一，筹建文化关系处；二，在战争期间和战后把文化活动和宣传协调起来；三，美国进入国际合作的领域，1945 年联合国教科文组织的建立就是标志；四，此后努力保证相互友好的气氛并提高活动的质量。该学者还指出，文化关系处的工作代表美国执行1937 年在布宜诺斯艾利斯签订的美洲各国文化活动，促进大会各项条例的执行，主要是人员交流。但是，随着时间的推移，中国、非洲和近东也成了

---

① Nicholas J. Cull, *The Cold War and the United States Information Agency, American Propaganda and Public Diplomacy, 1945-1989,* New York: Cambridge University Press, 2008. pp. 27-28, 33.

② Middlebrook, Geoffrey Cole , "The Bureau of Educational and Cultural Affairs and American public diplomacy during the Reagan years: Purpose, policy, program, and performance", University of Hawai'i at Manoa, Ph.D. 1995，数据库：ProQuest Digital Dissertations, ISBN：9532610，pp. 42-45.

③ http://www.allgov.com/.

文化关系处所关心的对象。后来，该处还考虑了如何帮助德国教育事业摆脱纳粹主义羁绊的问题。他认为，文化关系处建立的行动目标是我们要考察的主要问题。第一，尽管该处强调主要从事人员交流活动，但是，该处到底安排了多少交流人员却不得而知，因为事实上除了由国务院和国际开发署（the Agency for International Development）赞助的这种人员交流以外还有武装部队、国家科学发展基金会、中央信息局以及美国政府其他部门也从事人员交流活动；第二，该文化处引起了长期有时甚至十分激烈的争论，所争论的问题有该处所从事的文化关系活动是否公正、是否应该为宣传目的服务等；第三，当文化关系处 1941 年设置文化关系官（后来改名为"文化官员"）这个职位时，它要求这类官员具备的条件如下：他们应当具有适当的性格，以保证他们能够发挥自己的能力，在驻在国的人民中有效地进行工作；他们应当有广泛的文化兴趣，对那些他们也许没有专门知识的事物应当能够了解和欣赏；他们应当具有积极的想象力和热情；他们的观点应当是一个成熟的、有教养的人的观点；他们应当有很强的判断力和丰富的常识。毋庸多言，美国公民中几乎没有人能够满足这一系列的要求；第四，总咨询委员会（the General Advisory Committee）基于对拉美国家和近东国家感兴趣的原因主张在国外建立图书馆，例如在墨西哥城建立的富兰克林图书馆，还考虑在国外建立一些中学和大学，其中多数由传教士完成并得到美国政府的支持，这些主张和行动并不是文化关系处想做的交流项目。①

　　从上述说法看，美国文化关系处的首要职责是在拉美国家从事文化交流活动。但是，当时从事这种人员交流活动的还有美国政府的其他一些部门，而且我们也没有查到该文化处活动的详细资料记载，因此，文化关系处的职责或者说功能并不十分明确。

---

① Robert Blum, *Cultural affairs and Foreign Relations,* Prentice-Hall, Englewood, Cliffs, N.J.: 1963, pp. 10-11. 另见：Paul J. Braisted, ed. *Cultural Affairs and Foreign Relations,* Washington, D. C.: Columbia Books, Publishers, 1968, pp. 4-5. 罗伯特·布路姆主编：《美国文化事务与对外关系》，世界知识出版社 1965 年版，第 12—13 页。

美国学者亨利·勒曼（Henry J. Kellermann）认为，文化关系处从一开始就强调，该处所从事的项目主要是从对外文化交流的长远目标出发去推动美国与拉美国家之间的相互理解，而没有政治目的。①

这中间有 3 个问题值得澄清：第一，按照规定，文化关系处主要从事与其他美洲国家间的文化关系事宜，包括文化协议、互派留学生和访问学者以及图书馆建设等等，但事实上文化关系处负责的文化扩张任务并不是最初设计的仅负责与拉美国家的文化交往，而是不断扩大经营范围。美国参加第一次世界大战以后，政府的文化扩张活动逐渐扩大到全球规模。1942年，国务院的文化关系处将其活动扩大到中国，资助许多中国学生到美国留学，并派一些技术专家到中国工作。1943 年，该处的活动扩大到中东等其他地区。第二，文化关系处的活动并不是像美国学者亨利·勒曼所说的那样没有政治目的，恰恰相反，它的文化活动具有十分明显的政治性，例如，它与拉美国家的文化交往在很大程度上是维护"美洲是美洲人的美洲"这种美国人一直追求的目标。第三，文化关系处第一任处长本·彻林顿所说的文化关系处工作的互惠性倒是可以肯定，但是，这种互惠性主要体现在美国在帮助其他国家文化建设的同时达到了他们这种帮助的目的，即使世界上其他国家和人们更多地了解和接受美国文化，包括美国生活、思维和教育方式等。

根据 1939 年 4 月 26 日美国第 76 届国会众议院第一次会议的决议，美国文化关系处是作为一个与其他国家的各级学校、基金会、各种学术团体以及其他文化机构进行学术和文化交流的机构而建立的，该机构初创的目的之一就是在不干涉其原初的和独立的活动基础上推动各种私人机构间的合作。为达到此目的，文化关系处必须得到现有私人组织的真正支持与合作。为确保这种支持与合作，文化关系处首先要得到那些有经验的私人建议，这些人

---

① Henry J. Kellermann, *Cultural Relations as an Instrument of U. S. Foreign Policy, The Educational Program Between the United States and Germany, 1945-1954*. Washington: Bureau of Educational and Cultural Affairs U.S. Department of States, 1978, pp. 5-6.

了解类似组织的工作并知道美国学术和文化生活的差别。这种联系性使建立一个咨询委员会很有必要。对于文化关系处来说，现在，咨询委员会的筹划是当务之急，同时，一个专门负责教授和学生交流项目以及从事图书、图书馆、翻译工作和教育影片等工作的专门咨询委员会也很有必要。此外，有关音乐交流和妇女活动咨询委员会的问题也正在研究中。[①]

但是，文化关系处并没有很好地完成国会决议所要求的任务，该处与私人组织之间的合作倒是比较明显，这恰恰说明文化关系处本身的对外文化扩张活动在很大程度上是依赖那些私人组织的。

### （三）文化关系处与其他政府机构及私人组织的关系

国务院文化关系处的建立与国际教育协会密切相关。该协会是 1919 年由诺贝尔和平奖获得者、哥伦比亚大学校长尼古拉斯·莫里·巴特勒（Nicholas Murray Butler），美国前国务卿伊莱休·鲁特（Elihu Root）和纽约城市学院政治学教授史蒂芬·杜根（Stephen Duggan）共同建立的，杜根为第一任会长。其目的是促进美国人民与世界其他各国人民之间的相互了解和理解，活动主要是从事教育领域的交流以满足美国和其他国家高等教育的需求。在 20 世纪 20 年代，该协会主要从事学者和学生交流项目，30 年代建立了援助德国无家可归学者紧急委员会（The Institute established the Emergency Committee to Aid Displaced German Scholars）帮助了数百名欧洲流亡学者，40 年代开始与美国国务院的一些机构合作从事对德国宣传活动。第二次世界大战以后，协会帮助建立了国际教育家联合会（Association of International Educators）和国际教育交流理事会（the Council on International Educational Exchange, CIEE），并帮助 4000 多名学生到美国学习。20 世纪

---

① U.S. Congressional Serial Set Vol. No. 10298, Session Vol. No. 3, 76th Congress, 1st Session, H. Rpt. 508, "Authorizing the President To Render Closer and More Effective the Relationship between American Republices." April 26. 1939._Committed to the Committee of the Whole House on the State of the Union and ordered to be printed. p. 2. http://infoweb.newsbank.com/.

50 年代以来主要帮助非洲、亚洲和拉丁美洲一些欠发达国家学生到美国学习，并协助美国驻各国文化处从事国际访问学者活动。①

杜根的代表爱德华·R. 穆罗（Edward R. Murrow）曾经写道："国际教育协会是美国非官方教育大使。"因为在该机构建立之初几年中，它几乎在国际文化关系方面成为美国所有对外官方机构的代表。但是，随着美国政府开始准备建立文化关系处，杜根的日子越来越不好过了。1938 年国务院文化关系处的建立终于使杜根的国际教育协会让位于政府的文化机构。1938 年，美国政府还建立了两个机构，一个是私人性质的文化关系处咨询委员会，叫做总咨询委员会（the General Advisory Commission, GAC），另一个是专门从事美国与拉丁美洲国家进行教育交流项目的部门间合作委员会。②

与文化关系处同时存在又同时归属国务院领导的还有一些其他文化事务机构，其中主要有战时信息处和国际通讯处等。③

1942 年，鉴于第二次世界大战的需要，美国政府同时建立的两个为战时服务的文化事务机构，一个是战时信息处，另一个是战略情报局。简单说，这两个机构有所分工，前者主要从事信息收集，后者主要从事情报工作。战时信息处的工作与纳尔逊·洛克菲勒（Nelson Rockefeller）的"美洲国家事务局（OIAA）"相近，但后者主要从事电影业务。战时信息处虽然出版《胜利》（Victory）杂志，从事"美国之音"电台广播，但其主要任务是推进当时美国大众媒体所需资料信息的数量和分布范围的扩大，为此，该机构在全世界建立了 28 个外国代办处，还举行展览、出版杂志和报刊等。1945 年以后，由于一些国会议员的指责以及战争的结束，战时信息处和美

———————

① http://www.iie.org/.

② Richard T. Arndt, *The First Resort of Kings: American Cultural Diplomacy in the Twentieth Century*, Washington, D. C.: Potomac Books, Inc., 2005, pp. 44, 59-60.

③ 上文引用的美国学者罗伯特·布路姆所说的国际开发署（The Agency for International Development）是 1961 年建立的，1938 年文化关系处建立时还没有该署，不知道该美国作者是否搞错了。

洲国家事务局被撤销，其成员及职责被并入文化关系处。① 战略情报局也结束了自己的使命，该局的任务由 1947 年 9 月 18 日建立的中央情报局所承担。

战时信息处与文化关系处一样，同属于国务院，战略情报局为独立机构。从其任务和相互关联角度说，战时信息处与文化关系处是在同一管辖机构领导下的分工不同的两个部门，而战略情报局则主要是从事战争期间的情报工作，但就战时工作性质而言，这 3 个部门都是为信息工作服务的机构。

1938 年 8 月，国务院又建立了国际通讯处（the Division of International Communication, DIC），该处的职能与文化关系处有所不同。国际通讯处负责处理国际海事、航空、广播以及其他通讯方式的所有问题。按照规定，国际通讯处主要有两个任务：一个是该处的翻译办公室（Translating Office）负责西班牙语、葡萄牙语和法语的翻译工作，以将美国政府出版物翻译出版提供给其他需要此类文献的拉美国家，其中包括数量不多的政府报告、宣传品和有关科学技术和管理、公共卫生、农业、商业等方面的公告。该办公室只负责翻译而不负责出版，每年度拨款 54760 美元；另一个是该处负责出版拉美国家有史以来的边界问题的文献，包括相关条约、会议、仲裁决议（arbitral awards）、教皇敕令（papal bulls）、证件（cedulas）和命令（orders）等。部门间与拉美国家合作委员会认为，这一工作对那些感兴趣的学者、历史学家以及政府官员都有一定价值，每年度拨款 7000 美元，加上其他费用共拨款 61760 美元。② 这就是说，国际通讯处负责翻译、出版和信息宣传等国务院文化关系处不涉及的一些文化扩张事务。

当时，文化关系处主要负责各种教育与文化活动，其规划包括：用西班牙语和葡萄牙语公布一个"研究机会公告（Study Opportunity Bulletin）"；对

① Emily S. Rosenberg, *Spreading the American Dream, American Economic and Cultural Expansion 1890-1945,* New York: Hill and Wang, 1982, pp. 208-209.

② U.S. Congressional Serial Set Vol. No. 10298, Session Vol. No. 3, 76th Congress, 1st Session, H. Rpt. 508, "Authorizing the President To Render Closer and More Effective the Relationship between American Republics." April 26. 1939._Committed to the Committee of the Whole House on the State of the Union and ordered to be printed. pp. 17-18. http://infoweb.newsbank.com/.

其他美洲国家的学位证书进行评估；准备并参与美洲国家间教育与文化联合活动；调查美国文学的西班牙文和葡萄牙文版以及伊比里亚—美国文学英文版的可行性，以鼓励私人出版商增加相关出版物；与在美国的拉美国家作家和学生进行合作；鼓励在美国建立拉美事务研究中心；调查美国教科书和课程中有关拉美国家的内容；参与文化展览；鼓励美国的高中和大学的泛美俱乐部的活动；准备并渗透无线电教育节目，例如由美国学生用西班牙语和葡萄牙语编排的美好新世界系列节目（Brave New World）和良好愿望信息录音（the recording of goodwill messages）等，这些项目共需经费 23500 美元。在美洲各国从事讲学、开设图书馆、图书馆馆员和相关援助拉美国家的专家费用，根据第 75 届国会第 545 号决议，包括讲学和差旅费需要 5000 美元，给个人贷款 22200 美元。为帮助拉美国家图书馆馆员来美国国会图书馆参加"图书馆项目"，每人 6 个月费用平均每月 166.66 美元，共有来自拉美 20 个国家的 20 位此类人员，每人 1000 美元，共计 20000 美元。另外还有相关组织和管理费用 5600 美元。除了这些交流学者费用外，还有墨西哥、阿根廷和巴西民间音乐收集工作费用、为拉美 20 个国家提供美国基本文献拷贝和报纸复印费等。美国电影局（The United States Film Service）为拉美 20 个国家提供的电影费用更是惊人，达到 120000 美元。[1]

由此看来，国际通讯处与文化关系处是同属于国务院的两个分工不同的部门，二者没有横向关系，但所负责的文化扩张目标和内容有所区别。

文化关系处与受美国政府支持和资助的私人文化组织既有联系又互为补充。例如，该处与史密森学会就有很密切的联系。根据国际交流的相关条约，1939 年美国政府要向史密森学会提供大量资金以帮助该学会从事一些对外文化扩张活动，其中包括：1.该学会与国外相关组织的国际出版交流工

---

① U.S. Congressional Serial Set Vol. No. 10298, Session Vol. No. 3, 76th Congress, 1st Session, H. Rpt. 508, "Authorizing the President To Render Closer and More Effective the Relationship between American Republics." April 26. 1939._Committed to the Committee of the Whole House on the State of the Union and ordered to be printed. pp. 11-13. http://infoweb.newsbank.com/.

作，每年度 2000 美元；2. 来自拉美国家的科学家参观美国国家博物馆以及美国与这些国家间的相关合作项目费用每年度 5000 美元；3. 美国人种学局（the Bureau of American Ethnology）资助出版南美印第安人手册、南美和西印度群岛土著人研究成为美国与拉美和中美各国之间科学友好的象征，此项工作大约需要 5 年时间，每年度拨款 12000 美元，此项还有翻译和印刷费用（其中英文 5000 卷需要 17000 美元、西班牙文 3000 卷包括翻译费用共需要 18000 美元、葡萄牙文 1000 卷包括翻译费用共需要 12000 美元）；4. 美国天文台（Astrophysical Observatory）在阿根廷和墨西哥各建立一个天文台，其他拉美国家也从中受益，还将在智利建立两个天文台，这项工作第一年安装和维修就需要 40000 美元，以后为人员和管理每年度需要 20000 美元费用；5. 为史密森学会翻译拉美国家出版物印刷费用每年度 2000 美元，1939—1940 年为史密森学会支出费用 61000 美元，每年度该学会各种其他费用为 41000 美元。美国文化关系处直接归国务院领导，各种文化和学术交流活动都由国务院负责，但有关教育领域的活动，包括留学生和访问学者活动等，使得文化关系处与美国国内教育局和史密森学会以及国会图书馆的关系密切起来。① 这样看来，美国政府在文化关系处的人力和财力投入没有对那些私人组织的支持力度大，难怪文化关系处没有长期存在下来。

## （四）文化关系处评价

学界许多人认为，1938 年建立的文化关系处是美国对外文化事务的第一个官方机构。这是因为，1917 年建立的公共信息委员会仅存在两年就结束了使命而且没有一个继承的机构或者部门，该机构主要是为第一次世界大战的战时需要服务，它的一些对外文化事务活动并没有引起人们的足够重

---

① U.S. Congressional Serial Set Vol. No. 10298, Session Vol. No. 3, 76th Congress, 1st Session, H. Rpt. 508, "Authorizing the President To Render Closer and More Effective the Relationship between American Republices." April 26. 1939._Committed to the Committee of the Whole House on the State of the Union and ordered to be printed. pp. 15-16. http://infoweb.newsbank.com/.

视。而1938年建立的文化关系处则完全不同：该机构经过多次更名或者由新机构所继承，最终在1960年演变成国务院最重要的对外文化事务机构教育与文化事务局。

文化关系处在1938年建立的时候并没有引起美国政府的足够重视，因此，1939年第二次世界大战爆发以后美国政府又建立了战时信息处和战略情报局等也从事对外文化事务的情报机构。但是，这并不能说明文化关系处在美国对外文化事务机构变迁的历史上不具有重要地位。仅就对华教育与文化交流来看，文化关系处就曾经发挥过十分重要的作用。

# 美国与拉美国家合作的文化事务机构
## （1936—1946）

在第一次世界大战以前，美国政府对外文化事务机构本来只有教育部所属的国际文化与教育关系局，而该机构基本上没有领导美国的对外文化事务。1917年建立的公共信息委员会存在的时间又很短，1938年建立的文化关系处后来几经更改名称，所以其对外文化事务在管理方面比较混乱，所进行的有效活动也不多。但是，第二次世界大战前美国与拉美国家进行合作的文化事务机构却比较突出。

美国之所以在两次世界大战之间重视与拉丁美洲国家的文化事务，其原因主要有两个：其一是美国自华盛顿告别演说以来奉行"美洲是美洲人的美洲（America is American's America）"的原则，这一原则后来发展成为著名的"孤立主义外交原则"，本着这一原则，美国很少过问欧洲事务，但时刻提防欧洲国家插手美洲事务，但这一原则自19世纪末20世纪初美国走向全球开始发生了改变，外交原则也逐渐从孤立主义走向理想主义和现实主义；其二是在第一次世界大战期间德国和意大利都表现出对美洲的野心，特别是对拉丁美洲国家进行全方位的宣传和渗透，美国不得不加强与拉丁美洲国家的文化交流与往来。

## 一、美国与拉丁美洲国家合作关系回顾

### （一）美洲国家组织的缘起

在 1776 年 7 月 4 日美国宣布独立时，拉丁美洲各国还属于西班牙的殖民地。但 1810—1826 年的拉丁美洲独立战争使拉美各国（除古巴外）都取得独立（巴西在 1822 年脱离葡萄牙而独立），美洲国家均称为共和国。美洲各共和国国家之间的关系也成为包括美国在内的各国领导人十分重视的问题，美洲国家组织作为世界上最早的地区性组织应运而生。

根据马里兰道森大学（Towson University）网站的说法，美洲国家组织（Organization of American States）是 1826 年巴拿马会议（the Congress of Panama of 1826）的产物，西蒙·玻利瓦尔参加了那次会议并打算建立一个美洲国家联合组织。1889 年美洲共和国国际联盟（The International Union of American Republics, IUAR）得以建立，1910 年，该组织更名为泛美联盟（The Pan American Union, PAU）。1910—1945 年间，该组织多次召开有关美洲国家间商务问题、互不侵犯问题和相互合作问题的会议。1947 年，该组织各成员国签署《里约热内卢协议》（the Rio Treaty），决定建立一个美洲国家集体安全体系，1 年以后，即 1948 年，在哥伦比亚首都波哥大建立了美洲国家组织。①

### （二）泛美联盟的最终形成

根据吉尔默·贝尔特（Guillermo Belt）的说法，1824 年 11 月 7 日，玻利瓦尔写信给哥伦比亚、墨西哥、中美洲共和国、智利、巴西和布宜诺斯艾利斯联合省政府，邀请他们到利马参加会议，准备建立一个拉丁美洲国家联合组织。会议在 1826 年 6 月 22 日至 7 月 15 日举行。1881 年 11 月 29

---

① Organization of American States, See: http://www.towson.edu/.

日，美国国务卿詹姆斯·G. 布莱恩（James G. Blaine）给南北美各独立国代表写信，邀请他们在 1882 年 11 月 24 日来美国华盛顿参加一个会议，讨论防止美洲国家间发生战争事宜，但实质上布莱恩的目的是想讨论太平洋地区争端问题，包括争端仲裁问题。除古巴还是西班牙殖民地、巴拿马仍然是哥伦比亚的一部分没有参加外，其他拉美国家都同意出席会议。1882 年 8 月，美国考虑南美不稳定因素，决定推迟会议举行时间。1888 年 7 月 13 日，美国国务卿再次发出新的邀请，1889 年 10 月 2 日至 1890 年 4 月 19 日，会议在华盛顿举行并决定建立美洲共和国国际联盟，总部设在华盛顿，名为美洲国家商务局（the Commercial Bureau of the American Republics, CBAR），1901—1902 年，该组织的第二次（墨西哥）会议上决定更名为美洲国家国际办公室（the International Office of the American Republics, IOAR），1910 年第 4 次会议上决定更名为泛美联盟（Pan American Union, PAU）。1928 年该组织在哈瓦那召开的第 6 次会议上决定更名为美洲国家联盟（Union of the American States, UAS）。由于第二次世界大战，该组织此后很长时间没有实质性活动，直到 1945 年第二次世界大战结束，尽管在 1936 年、1938 年、1939 年、1940 年和 1942 年曾召开会议讨论和平问题。1948 年 4 月 30 日，在波哥大召开的第 9 次美洲国家会议上签署了美洲国家组织宪章（the Charter of the Organization of American States），宪章第 32 款确定美洲国家组织下属各个部门名称为：美洲国家会议（the Inter-American Conference）、外交事务部长咨询会议（the Meeting of Consultation of Ministers of Foreign Affairs）、理事会（the Council）、泛美联盟（the Pan American Union）、专门会议（the Specialized Conferences）、专门组织（the Specialized Organizations），但直到 1951 年 12 月 13 日哥伦比亚政府批准后该宪章才正式生效，因此，可以说美洲国家组织是 1948 年成立的，但应该说该组织正式诞生是在 1951 年。[①]

---

① The Organization of American States: An Introduction, Guillermo Belt, June 2002, Washington, DC, http://www.educoas.org/.

## 二、美国与拉美国家文化合作与交流的机构（1936—1938）

### （一）1936 年布宜诺斯艾利斯会议及其决议

多年以来，美国各届政府就与拉丁美洲国家开会讨论共同利益问题，并寻求各国政府和人民在外交事务中加强联系，这种情况在很多会议、决议、条约和美洲国家组织中都有所表现。在 1936 年布宜诺斯艾利斯维持和平会议和 1938 年利马美洲国家第 8 次国际会议上，21 个美洲国家正式宣布，希望加强相互之间的科学、技术、文化和教育知识与技术合作。美国与拉美国家第一个官方教育与文化领域的项目是 1936 年 12 月 23 日签订的布宜诺斯艾利斯条约，该条约的一些条款规定了美国与其他签约国家之间每年进行的学生和访问学者交流。①

1936 年布宜诺斯艾利斯会议推动美洲国家文化关系的努力最后在 17 个美洲国家得到认可，美国国会在 1938 年通过合作法，并在国务院建立文化关系处以从事美国与拉丁美洲国家间的教育交流与文化合作。当时规定，交流项目的目标是：1. 增进相互理解；2. 推动教育与文化发展的国际合作；3. 寻求在经济和社会现代化上与美国合作的国家；4. 提高美国应对国际事务的能力；5. 支持美国基本外交政策。1963 年 4 月，美国国际教育与文化事务咨询委员会提交给国会的报告指出：1. 证据显示交流项目整体上是有效的，作为美国整体国际活动是有价值的；2. 证据表明交流项目增加了相互理解；3. 证据显示交流项目在关于美国人民很多方面的努力还很欠缺；4. 交流项目还没有产生改变其他国家人民对美国印象方面的成果；5. 资助访问美国的项目对其母国也有益处，有将近 3/4 的受资助者在实践其在美国得到的思想；6. 交流项目有效地建立了美国与其他国家人民之间的沟通；7. 交流项目已经支持

---

① History of the Educational Exchange Program. pp.2-4. http://libinfo.uark.edu/specialcollections/findingaids/cuaid/index.html, Box 308.

了美国最基本的国际行动目标，有助于支持和加强自由社会共同发展，相互信任和理解。①很明显，到了 20 世纪 60 年代，美国与拉丁美洲国家的教育交流与文化合作项目目标与 30 年代相比已经有很大变化。

从上面资料看，美国与拉美国家的关系是从 1889 年开始的，但从文化事务来看，应该说 1936 年是十分值得注意的，因为在那一年，美国与拉美国家的实质性交往开始了。

### （二）1938 年设立的美洲国家合作机构

前文已经说明，在第二次世界大战之前，美国在与其他国家间的文化交往中主要关注与美洲各共和国之间的往来，应该说，自 1898 年美西战争之后美国已经正式开始了其世界战略，或者说已经把对外军事行为扩大到东半球，但仅就文化交往来说，除了一些教会组织如基督教青年会等以及一些美国公民个人行为外，美国政府还没有完全或者说十分重视与欧洲、亚洲以及非洲国家间的交往。例如，O.W. 里格尔（Riegel, O.W.）在《通讯的渠道》(Channels of Communication) 一文中引用了文化关系处处长彻林顿·M. 本在《文化关系处》一文中的说法指出，1938 年 8 月 19 日，国务卿宣布建立国际通讯处（the Division of International Communications, DIC），该处负责处理涉及广播、有线电信、电报、电话、航空、海运等国际方面的问题，以形成统一管理。②1938 年 5 月设立了行政部门与独立机构委员会（the Committee of Executive Departments and Independent Agencies, CEDIA），负责处理与拉丁美洲国家在科学与文化交流等方面相互合作的问题，1938 年 10 月，该组织更名为美洲国家合作委员会（the Committee on Cooperation with the American Republics, CCAR），后又更名为美洲国家跨部门合作委员会(the

---

① History of the Educational Exchange Program. p.2. http://libinfo.uark.edu/specialcollections/findingaids/cuaid/index.html, Box 308.

② Cherrington, Ben M.The Division of Cultural Relations,pp. 136-137.http://www.jstor.org/stable/2744750.

Interdepartmental Committee on Cooperation with the American Republics, IC-CAR），1946 年又更名为跨部门科学与文化合作委员会（the Interdepartmental Committee on Scientific and Cultural Cooperation, ICSCC），1950 年再次改为跨部门技术合作咨询委员会（the Interdepartmental Advisory Council on Technological Cooperation, IACTC）。1938—1953 年间，该委员会负责美国与拉美国家间技术合作等一系列事宜，其中包括文化交流。该委员会在 1944—1945 年间设有信息委员会、信息与会议委员会、安全与军事事务委员会、社会政策和文化事务委员会、运输与通讯委员会、全国信息调查委员会等机构。①

1938 年 5 月 25 日，美国国会批准与其他美洲国家以及利比里亚和菲律宾之间的文化技术合作项目。同样在 1938 年 5 月，根据罗斯福总统（Franklin D. Roosevelt）行政命令建立了美洲国家跨部门合作委员会，由副国务卿任主席，委员会由联邦政府 13 个机构组成，以推动美国与拉丁美洲国家之间的科学与文化交流项目。1938 年 11 月，该委员会向总统提交报告指出，深入研究的结果显示，美国与拉美国家的合作还有很大空间。1938 年 7 月 27 日，根据国务院第 367 号令建立文化关系处，但开始时该处活动仅限西半球。1938 年，希特勒和墨索里尼寻求将教育与文化作为国家权力政策的工具，所以，美国决定向世界展示民主与专制国家教育部与宣传所做事情的基本区别。这就是说，美国在国务院建立的文化关系处是作为美国信息自由和教育交流合为一体的代表性组织。建设中的项目有两个基本原则：第一是美国的文化行动将是相互的，不能把某一国家人民的文化强加给另一个国家人民；第二是文化利益的交流将是人民和相关组织参与的而不是已有的文化部门进行的，第二项原则很快导致美国国务院和私人组织进行空前的合作行动。1938 年启动的项目基本框架在 1939 年 5 月 3 日第 76 届国会通过的第 63 号公法和 1939 年 8 月 9 日第 76 届国会批准的第 355 号公法中确认。1939 年 8 月 9 日的公法授权总统实行美洲国家间更亲近和更有效的关

① http://www.archives.gov/.

系，使每个与美洲国家的合作具有合法地位，并指定联邦的一些机构从事政府的这一事务，其中主要是前面提到的与美洲国家合作的跨部门委员会。这时，美国全国性的组织纷纷建立自己的与政府对外文化关系项目合作的委员会。在这一合作项目中，国务院主管的行动包括人员和图书交流、援助美国各个文化中心和美国赞助的学校、维持美国的图书馆以及文献影片等等。国务院政策指导下的其他美国政府机构也纳入该项目之下，例如，农业部在一些国家（的）农业生产发展实验基地建设等。针对轴心国在美洲的活动，1940 年 8 月 16 日，美国总统罗斯福任命纳尔逊·洛克菲勒为美洲国家商务与文化关系局协调员，1941 年 7 月 30 日，该机构更名为美洲国家事务协调局，并放在总统行政办公室紧急事务办公室（the Office of Emergency Management of the Executive Office of the President）之内。该机构是从事信息交流和环境卫生、食品供应以及教育方面的长期的基本经济活动。[1]

1938 年 5 月，由美国政府的 13 个部门和机构的代表组成一个委员会，从事与美洲国家的合作项目。这 13 个部门和机构包括：国务院、财政部、内政部、农业部、商业部、劳工部、国会图书馆、史密森学会、联邦通讯委员会、美国海事委员会（maritime commission）、进出口银行、全国紧急事态委员会和国内航空局（the Civil Aeronautics Authority）。该委员会与其他美洲国家的合作项目相当广泛，其中包括文化合作项目。该委员会在 1938 年 11 月 10 日经由国务院向总统提交了有关合作项目详细情节的审批报告，包括与美洲国家合作的条约、决议、声明以及由 21 个美洲国家于 1936 年在布宜诺斯艾利斯召开的美洲国家间维持和平会议签署的报告，还有 1938 年在秘鲁首都利马举行的美洲国家第八次国际会议的报告。1938 年 10 月 10 日，国务院再次向总统提交了部门间与拉美国家合作委员会的报告。1938 年 11 月 10 日，部门间与拉美国家合作委员会和该委员会授权的合作项目一起经

---

[1]　History of the Educational Exchange Program. pp.2-4. http://libinfo.uark.edu/specialcollections/findingaids/cuaid/index.html, Box 308.

由时任国务卿科德尔·赫尔（Cordell Hull）向罗斯福总统提交了一个报告，这个报告又由罗斯福总统交由国会讨论。[1]

上述情况表明，1938 年美国在与拉丁美洲各共和国之间文化交往中十分注意建立相应的机构，那些机构所从事的文化事务包括美国到一些国家建立图书馆（例如在墨西哥）、促使一些拉美国家学者到美国访问、吸引拉美洲国家留学生去美国留学、美国与拉美国家技术合作等等。这些文化事务基本都是在业已建立的相关机构管理之下进行的。在第二次世界大战期间和战后初期，美国更加重视与欧洲国家以及亚非国家的文化交往，而与拉美国家的文化交往逐渐减少了。

1939 年 8 月 9 日，美国第 70 届国会第 1 次会议通过"授权总统实施美洲共和国之间更加亲近和更加有效的关系"（To authorize the President to render closer and more effective the relationship between the American republics），是为第 355 号公法，授权总统拨款用于国务院、各个部门和独立机构与 21 个拉丁美洲国家在 1936 年阿根廷布宜诺斯艾利斯维持和平会议以及 1938 年在秘鲁利马举行的第 8 次美洲国家会议上缔结的条约、决议、宣言和建议等，总统被授权建立咨询委员会以帮助实行这些条约、决议、宣言和建议。[2] 此举可以看出，到 1939 年，美国政府仍旧十分重视与拉丁美洲国家之间的文化交流活动。

## 三、美洲国家事务局（1945—1946）

根据美国学者的看法，美国人预计第二次世界大战造成的经济破坏将会带来政治动乱，因此，担心这种政治混乱会给轴心国的干预创造机会和"第五纵队"的行动。简单说，在很多美国观察家看来，拉丁美洲国家很可能面

①　U.S. Congressional Serial Set Vol. No. 10298, Session Vol. No. 3, 76th Congress, 1st Session, H. Rpt. 508, p.3. http://infoweb.newsbank.com/.

②　http://www.constitution.org/ p.291.

临着纳粹德国及其盟国的政治、经济和文化渗透。这几个相继建立与更名的机构就是要应对美国国家安全所面临的威胁。① 因此，美国政府十分注意保持长期以来与拉丁美洲各国的商务与文化事务关系，这是美国政府建立与拉美国家进行文化合作机构的主要原因。而在美国与拉美国家的多个教育与文化合作机构中，美洲国家事务局是最为重要的一个。该局不仅在第二次世界大战期间美国与拉美国家进行教育与文化合作方面做了许多工作，而且在战后初期继续发挥其作用。

### （一）美洲国家事务局的形成

1940 年末，美国一个少年冰球队访问拉丁美洲国家，国务院在这个时期表示支持更高一级的优秀运动队出访。1956 年第 860 号公法即《国际文化交流与贸易展览会参与法》（the International Cultural Exchange and Trade Fair Participation Act of 1956）以及后来的《富布赖特—海斯法》都包括授权体育和球队的交流。② 也就是说，美国对拉丁美洲国家早已经开始了体育外交。

1940 年 8 月 16 日，按照美国国防委员会的命令，政府建立了美洲国家商务与文化关系协调局（the Office for Coordination of Commercial and Cultural Relations between the American Republics, OCCCRAR），该局在 1941 年 7 月更名为美洲国家事务协调局（the Office of the Coordinator of Inter-American Affairs, OCIAA），1945 年 3 月又更名为美洲国家事务局（the Office of Inter-American Affairs, OIAA）。③ 该机构所从事的商务与文化活动在第二次

---

① Gisela Cramer and Ursula Prutsch, Nelson A. Rockefeller's Office of Inter-American Affairs (1940–1946) and Record Group 229, Hispanic American Historical Review, 2006 - utm.utoronto.ca, pp.786-788. http://scholar.google.com.hk/.

② Sports in the Department of State's Cultural Exchange Program. p.1. http://libinfo.uark.edu/specialcollections/findingaids/cuaid/index.html, Box 308.

③ Gisela Cramer and Ursula Prutsch, Nelson A. Rockefeller's Office of Inter-American Affairs (1940–1946) and Record Group 229, Hispanic American Historical Review, 2006 - utm.utoronto.ca, pp. 788-789. http://scholar.google.com.hk/.

世界大战期间发挥了重要作用，可以说，在战时信息处建立以前，美国与拉美国家的文化关系主要是该机构领导进行的。笔者认为，虽然第二次世界大战使得美国开始把战略重心从美洲转向欧洲和亚太地区，但美国从来没有放弃在拉丁美洲的活动。1945年得名的美洲国家事务局后来发挥的重要作用不仅仅表现在文化事务上，还包括在战争期间美国与拉丁美洲国家之间的相互合作等事务。特别是德国在第二次世界大战初期曾经对拉丁美洲虎视眈眈，这引起了美国的高度重视，笔者认为，1940年美国之所以建立美洲国家间商务与文化关系协调局与此直接相关。

早在1941年4月，美国国务院就已经开始全权负责美国对外政策的相关问题，当时还没有更名为美洲国家事务局的美洲国家商务与文化关系协调局的绝大多数行动在国务院的监管之下。1946年4月10日，按照杜鲁门总统行政命令，美洲国家事务局撤销，该局的功能要么终止，要么被归属到联邦政府其他机构，主要是归国务院。在其活动高峰期，该局在美国国内的雇员有1100人，在拉丁美洲各个工作站的技术人员和专家有300人。在1944年以前，该局各种委员会共有59个，雇用690个副手和助理。美洲国家事务局还建立了5家公司，这些公司促进了美国与拉丁美洲国家间的合作关系。1946年，这5家公司都归属国务院。[①]

**（二）美洲国家事务局的功能**

美洲国家事务局的主要活动领域是经济福利事业、经济协调、交通运输、健康卫生、食品供应、信息与宣传以及文化和教育活动。该局建立之初主要从事经济活动，后来发展到交通运输，包括水陆运输两种。从1942年起注重的是健康与卫生问题。在整个战争期间，信息与宣传活动是该局最明显、最重要的活动目标之一。该局所属的最大的从事信息和宣传活动的机构

① Gisela Cramer and Ursula Prutsch, Nelson A. Rockefeller's Office of Inter-American Affairs (1940–1946) and Record Group 229, Hispanic American Historical Review, 2006 - utm.utoronto.ca, p. 790. http://scholar.google.com.hk/.

是出版与发行部（the Department of Press and Publications），该部雇用了大约200名记者、编辑、翻译、视觉艺术家、摄影师和文秘人员，出版了大量文字材料，包括宣传海报、小册子、漫画、学术期刊和杂志，还为报刊准备了大量的文章发表。该部还有自己的广播电台处，从事短波广播活动。此外，该处还与一些大广播网络和较小的教育电台共同用西班牙语和葡萄牙语进行广播。1942年11月，美国政府官方开始控制全国的短波广播以后，美洲国家事务局负责对拉丁美洲的广播节目。在战争期间，美国对外短波广播节目中1/3是由美洲国家事务局的广播处从事的对拉丁美洲广播，余下的2/3由战时信息处对世界其他国家广播。该局还有一个电影处，该处与好莱坞和迪斯尼等合作发行美国电影和各种文化产品。但在战争最后阶段，美洲国家事务局的对外信息和宣传活动，包括新闻、广播和电影等都不断削减，并合并到国务院的临时信息局（the Interim Information Service of the State Department）。在整个战争期间，洛克菲勒的宣传部门一直寻求通过描述一个虚构的泛美英雄形象来推动美洲国家的团结与认同。美洲国家事务局的文化与教育活动与国务院的文化事务局的活动共同展开，成为美国文化外交的执行机构，其中包括文化与教育交流、举行音乐会、艺术展览会、巡游演讲以及图书展销等等。二者的不同在于，国务院的文化事务局的活动一般比较谨慎，主要限定在文化和学术内容方面，而美洲国家事务局的活动则比较大胆、比较广泛，相比之下更公开地从事美国外交政策的宣传。从1943年起，该局的文化与教育活动绝大多数都归属国务院文化事务局。[①]

美洲国家事务协调局协调员洛克菲勒在任期间组建了5个公司，分别是美洲国家事务协会、美洲国家教育基金有限公司、美洲国家运输协会、美洲国家航海公司和普林辛拉迪奥公司。依据国会赋予的权限，这5个公司可以在拉丁美洲实行其项目。根据1945年3月23日的总统第9532号行政命令，

---

① Gisela Cramer and Ursula Prutsch, Nelson A. Rockefeller's Office of Inter-American Affairs (1940–1946) and Record Group 229, Hispanic American Historical Review, 2006 - utm.utoronto.ca, pp. 793-795. http://scholar.google.com.hk/.

美洲国家事务局正式接替美洲国家事务协调局，并将这 5 家公司全部归属国务院。虽然这 5 个公司的总部都在华盛顿特区宾夕法尼亚大街 499 号，但其活动都在拉丁美洲。下面对这 5 个公司进行简单的介绍。

1. 美洲国家事务协会（the Institute of Inter-American Affairs, IIAA）是 1942 年 3 月 31 日组建的，该机构最初就隶属于国务院。[①] 美洲国家事务协会组建的目的是与拉丁美洲国家政府合作在西半球实行健康与基本福利项目，其中环境卫生项目在 18 个国家，食品供应项目在 10 个国家，突发应急项目在 2 个国家得以建立。根据 1947 年 8 月 5 日在第 80 届国会通过的第 369 号公法，该协会在美国联邦政府重新注册运营 3 年，但不久就由于国会的一个新法令的颁布而解散。

2. 美洲国家教育基金有限公司（the Inter-American Educational Foundation, Inc.）是 1943 年 9 月 25 日注册的，目的是从事拉丁美洲国家间的教育项目，共在 12 个国家实施。

3. 美洲国家航海公司（the Inter-American Navigation Corporation）是在 1942 年 7 月 14 日组建的，目的是通过援助和提高西半球国家间水上交通运输的方式与方法以提高战争效果。其行动限定在巴西和加勒比地区国家间小型木制航行器的购买、建造和运行。1943 年 4 月，该合作行动实际上结束，其船舶全部归属战时海运管理局（the War Shipping Administration），1944 年 2 月该公司解体，1947 年 2 月 25 日，该公司完全解散。

4. 普林辛拉迪奥公司（Prencinradio, Inc.）是 1942 年 7 月 20 日组建的，目的是在西半球传播和交流知识与信息。其行动主要在乌拉圭进行，该公司在那里建立了两个广播站，另外还在墨西哥从事一项电影项目。1946 年该公司结束使命。

5. 美洲国家运输协会（the Institute of Inter-American Transportation）是在 1943 年 6 月 26 日组建的，目的是通过援助和提高西半球国家间陆路交通

---

① http://www.archives.gov/.

运输的方式与方法。其行动限定在帮助墨西哥国家铁路的修复和提高，实际运作在 1946 年 6 月 30 日结束，1946 年 8 月 21 日正式解散。

到 1946 年 6 月 30 日，美洲国家事务局所属的公司对美洲国家协调局及其后继者美洲国家事务局做出了很大贡献，共收入 80457211 美元。其中有 1639020 美元用于美国在拉丁美洲的活动，另外，该协调局还有一些其他收入共 924914 美元。①

从历史上看，美洲国家事务局及其前身都曾经得到美国政府的高度重视，美洲国家商务与文化关系合作局通过文化与商务交流加强美国与拉丁美洲国家的关系。根据 1941 年 7 月 30 日总统第 8840 号行政命令，美洲国家事务协调局的协调员必须由总统任命。洛克菲勒曾任商务与文化关系协调员，现在成为美洲国家事务协调局的协调员，那些从事美洲国家事务的公司就是他在任的时期建立的，建立的目的就是从事美国与拉丁美洲国家间的合作项目。根据 1945 年 3 月 23 日的总统第 9532 号行政命令，总统将该权力移交美洲国家事务局掌管，在随后的 1946 年 4 月 10 日的总统第 9710 号行政命令中，又将该权力移交国务卿。国会对美洲国家事务协调局的拨款依据 3 个法令：1941 年 12 月 17 日通过的 1942 年第三次国家防御补充拨款法（Third Supplemental National Defense Appropriation Act, 1942）、1942 年 7 月 25 日通过的 1943 年第一次国家防御补充拨款法和 1943 年 7 月 12 日通过的 1943 年国家战时机构拨款法。②

---

① U.S. Congressional Serial Set Vol. No. 11242, Session Vol. No.20 80th Congress, 2nd Session H.Doc. 747Title: Audit report on Inter-American Affairs Corporations. Letter from the Comptroller General of the United States transmitting report on audit of Inter-American Affairs Corporations for the fiscal years ended June 30, 1945, and June 30, 1946, and including in this report the audit of Inter-American Navigation Corporation... September 24, 1948. – Referred to the Committee on Expenditures in the Executive Departments and ordered to be printed. pp.1-2. http://infoweb.newsbank.com/.

② U.S. Congressional Serial Set Vol. No. 11242, Session Vol. No.20 80th Congress, 2nd Session H.Doc. 747Title: Audit report on Inter-American Affairs Corporations. Letter from the Comptroller General of the United States transmitting report on audit of Inter-American Affairs Corporations for the fiscal years ended June 30, 1945, and June 30, 1946, and including in this report the audit of Inter-American Navigation Corporation... September 24, 1948. – Referred to the Committee on Expenditures in the Executive Departments and ordered to be printed. pp.4-5. http://infoweb.newsbank.com/.

负责美国与拉丁美洲国家事务合作行动的 5 个公司全部都是非营利组织，其中美洲国家事务协会、美洲国家间教育基金有限公司和普林辛拉迪奥公司这 3 个为会员公司（membership corporations），美洲国家间运输协会和美洲国家间航海公司为资本股份公司（capital stock）。其中，前 3 个公司由美洲国家事务协调局的协调员通过由他任命的公司成员控制。这一任命权依据 1946 年 4 月 10 日的总统第 9710 号行政命令转交国务卿。公司执行董事会由公司成员在其成员中选举产生，在运行过程中，实际上所有成员都成为董事会成员。该组织的合作官员由董事选举产生。1946 年 6 月 30 日，这些公司的 10 个成员被选为美洲国家事务协会董事会和美洲国家间教育基金有限公司董事。每个公司还有一个由 9 人组成的行政委员会。普林辛拉迪奥公司有一个由 5 人组成的董事会。后两个公司的所有未偿付股份都由国务卿掌管，后续事务由美洲国家间协调局和美洲国家事务局负责，但所有权归美国财政部。①

　　美国学者莫尼卡·蓝金（Monica Rankin）认为，在第二次世界大战期间美国奉行"睦邻政策（the Good Neighbor Policy）"，美洲国家事务协调局在美国外交中发挥了无可替代的作用。该机构在美国政府机构历史上前所未有、后无来者，即使世界其他地区也从来没有那样一个包罗万象地致力于美国外交问题的监督活动，该机构开创了美国政府将文化纳入外交战略中具有重要意义的一步。《全部美洲人：第二次世界大战时期的睦邻文化外交》（*Americans All: Good Neighbor Cultural Diplomacy in World War II*）的作者赛德丽尔（Darlene J. Sadlier）提议把"文化产业"这个概念作为理解美洲国家事务协调局的建立和运作的框架，各种形式的文化产品，包括电影、广播

　　①　U.S. Congressional Serial Set Vol. No. 11242, Session Vol. No.20 80th Congress, 2nd Session H.Doc. 747Title: Audit report on Inter-American Affairs Corporations. Letter from the Comptroller General of the United States transmitting report on audit of Inter-American Affairs Corporations for the fiscal years ended June 30, 1945, and June 30, 1946, and including in this report the audit of Inter-American Navigation Corporation... September 24, 1948. – Referred to the Committee on Expenditures in the Executive Departments and ordered to be printed. pp.6-8. http://infoweb.newsbank.com/.

和印刷品，都成为大公司和政府之间合作伙伴体系中标准的和固定的产品。罗斯福总统在 1938 年建立的归属国务院的文化关系处成为 20 世纪初期私人主导的慈善性的文化外交举措和冷战时期才出现的政府主导的更加体制化的努力之间的桥梁。那些文化产品也成为美洲国家事务协调局战略性地描绘美国与其南部邻居友好关系的有机组成部分。美洲国家事务局之所以会结束使命，是因为第二次世界大战结束后美国外交政策从美洲地区转向国际，所以人们对睦邻政策深表怀念。①

　　第二次世界大战爆发前，仍旧奉行孤立主义外交原则的罗斯福政府在对外文化扩张方面并不重视，即便是 1938 年文化关系处建立以后，该处的人员和拨款都很少。但是，就在这个时期，来自外国的宣传在美国国内引起很多人的不满，特别是纳粹德国和苏联的宣传对美国社会产生很大冲击。1938年颁布的外国间谍注册法（the Foreign Agents Registration Act, FARA）是一个由美国国家安全局的反间谍部注册处具体执行的法令，专门揭露那些作为外国政治或者准政治代表而从事活动的人、活动以及支持这种间谍活动的各种收支。所揭露的相关信息可以帮助美国政府和相关人员了解外国间谍的活动。② 根据所得到的外国间谍活动情况，特别是宣传活动，罗斯福政府感到美国已经很难置身于国际大环境之外，信息工作已经到了非抓不可的地步，因此开始鼓励私人组织"为自由而战"。从 1940 年夏季开始，罗斯福政府开始强调海外信息工作对美国的重要性，这才有了美洲国家事务局。③

---

　　① 　Book Review, Monica Rankin, *Americans All: Good Neighbor Cultural Diplomacy in World War II*. By Darlene J. Sadlier,Register of the Kentucky Historical Society, Volume 112, Number 1,Winter 2014, pp. 145-147. http://muse.jhu.edu.ezproxy.lib.uh.edu/.

　　② 　美国财政部网站，http://www.fara.gov/.

　　③ 　Nicholas J. Cull, *The Cold War and the United States Information Agency, American Propaganda and Public Diplomacy, 1945-1989*, New York: Cambridge University Press, 2008. pp. 11-12.

# 第二章

## 第二次世界大战期间的美国对外文化事务机构
（1941—1947）

从第二次世界大战开始，美国对外文化事务不断加强，对外文化事务机构也不断增加。由于战争的爆发，美国政府被迫主要考虑对外文化事务机构为战争服务的问题。因此，在第二次世界大战期间，美国的对外文化事务机构有两个突出特点：

第一，对外文化事务与国家安全紧密地结合在一起。同时，那些对外文化事务机构与对外情报机构密切配合，不但一些专门从事情报活动的机构参与对外文化事务，一些不从事官方情报活动的机构也从事情报活动。这样一来，美国对外文化事务机构的研究就不能不谈美国那些参与对外文化事务的情报机构。

第二，此时期美国对外文化事务机构以战时需求为主，以情报活动为主，因此这个时期美国对外文化事务活动中教育与文化交流的内容不多。

# 一、信息协调局（1941—1942）

## （一）信息协调局的建立

1941 年 7 月 11 日，罗斯福总统下令建立信息协调局（the Office of the Coordinator of Information, OCI），并任命以"疯狂的比尔（Wild Bill）"著称的威廉·约瑟夫·多诺万（William Joseph Donovan）为局长。该局从事文化和一些专门运作行动，并下设一个外国信息处（the Foreign Information Service, FIS）。外国信息处在纽约的总部由罗伯特·舍伍德（Robert Sherwood）任处长。舍伍德之所以被委以此任，源于他的中间偏左(left-of-center)和反法西斯的"人民阵线"（Popular Front）政治态度。[①]

外国信息处在全世界设有 10 个信息办公室，其名称都叫做美国文化处（USIS），这些文化机构负责外国信息处的对外宣传工作。前文已经说明，一般认为，舍伍德的对外信息局及其在外国的信息办公室都可以叫做美国文化处，该文化处的对外无线电宣传从 1942 年 1 月开始，1942 年 2 月 24 日，该处的广播站很快成为著名的"美国之音（the Voices of America）"广播站，美国之音的第一次对外广播是用德语进行的，广播承诺：不论我们的新闻好与不好，但我们将告诉你事实。[②]1942 年 6 月 13 日战时信息处建立后，美国之音归属战时信息处，外国信息处也成为战时信息处的海外部。[③]

仅就对外文化事务活动而言，信息协调局外国信息处的活动主要表现为美国之音的对外广播。美国信息咨询委员会在 1968 年第 23 次报告中指出，美国之音在世界许多地方对外文化扩张方面取得了极大的成功，给许多人留

---

① Allan M. Winkler, *The Politics of Propaganda: The Office of War Information, 1942-1945*, New Haven, CT: Yale University Press, 1978. p. 27.

② Nicholas J. Cull, *The Cold War and the United States Information Agency, American Propaganda and Public Diplomacy, 1945-1989*, New York: Cambridge University Press, 2008. p. 14.

③ Nicholas J. Cull, *The Cold War and the United States Information Agency, American Propaganda and Public Diplomacy, 1945-1989,* New York: Cambridge University Press, 2008. pp. 13-15.

下了难忘的记忆。现在，美国之音不能只靠短波广播，我们不是说这种方式已经过时，而是说要充分利用已有设备向东欧、苏联和中国为代表的第三世界发展，新的尝试必须增加。有两点需要注意的是：第一，所有来自美国的新闻都是需要的，外国人在美国教育、科学、技术、文化和艺术收益方面的信息要在美国之音的广播中不断增加；第二，本咨询委员会了解青年人对国际社会和政治的冲击有多大，但有一点可以肯定：那就是这种冲击是直接的、潜在的，今天新的流行时尚和新思想明天就可能是他们那些步履蹒跚的领袖们所面对的现实。那些领袖们可能对当今年轻人说在他们的辞典中或者在他们的思维结构中不但没有一个新世界，也没有一个新的音乐世界存在，因此，对美国之音来说，在这方面不要太急功近利，要它的听众多品味一下更容易一些。①

### （二）信息协调局的功能

美国历史学界托马斯·F.特洛伊（Thomas F. Troy）认为，信息协调局是美国历史上试图在现代战争中组织研究、信息、宣传、颠覆和突击行动的机构，是美国海陆空三军之外的"第四军"。②

如果说信息协调局是"第四军"，那么，除了其为战争提供相关信息外，主要是战争期间的对外广播宣传活动，特别是美国之音的对外广播。如果说美国之音的广播从一开始就具有宣传美国文化、传播美国方式的目标和功能，那么信息协调局作为一个情报机构的对外文化活动并不亚于美国对外文化事务机构。

① U.S. Congressional Serial Set Vol. No. 12812, Session Vol. No. 8, 90th Congress, 2nd Session, H. dOC. 289 Title: The 23nd report United States Advisory Commission on information, February 1968. pp. 27-28. http://infoweb.newsbank.com/.

② Central Intelligence Agency, Home page https://www.cia.gov/.

## 二、战时信息处（1942—1945）

### （一）战时信息处的建立

一般认为，1939年第二次世界大战爆发的重要原因是1929—1933年资本主义经济危机带来了主要资本主义国家的政治危机。1941年12月7日日本偷袭珍珠港事件成为美国参战的直接原因。也就是说，在1942年战时信息处建立之前，该处的一些职责已经存在，例如经济复苏、处理紧急事态等等。

根据罗斯福总统第6202-A号行政命令，1933年7月11日建立了行政委员会（Executive Council）负责新政府各机构间协商经济复苏工作；根据罗斯福总统第6433-A号命令，1933年11月17日建立了国家紧急事态委员会（National Emergency Council），对行政委员会实行后勤支持；根据罗斯福总统第6770号行政命令，1934年6月30日建立了工业突发事件委员会（the Industrial Emergency Committee）对一些救济、公共工程、劳工纠纷以及工业复兴等问题对总统提出建议；根据罗斯福总统第6889-A号行政命令，行政委员会和工业突发事件委员会合并到国家突发事件委员会；国家突发事件委员会在1934年3月建立了美国文化处，专门负责政府各个时期信息清理工作；根据1939年重组计划第11条（Reorganization Plan No. II of 1939）的规定撤销了国家突发事件委员会，1939年7月1日开始执行，其人员和工作转入总统行政办公室下属的政府报告办公室。

根据罗斯福总统第8248号行政命令，1939年9月8日，政府报告办公室并入总统行政办公室；1940年5月25日，总统行政办公室设立突发事件管理局，负责各部门间有关防务问题的联络工作；根据1941年2月28日总统信件的意见，突发事件管理局设立信息处负责有关防务的公共信息工作；根据罗斯福总统第8922号行政命令，1941年10月24日突发事件管理局设立事实与数据办公室，负责发布美国有关防务措施和政策的信息；根据1941

年7月11日罗斯福总统命令建立了信息协调局，该局后来成为战略情报局，负责收集和分析有关国家安全的信息，并确定应该采取的行动，信息协调局对外信息活动主要是收集外国情报。

1942年6月13日，根据罗斯福总统第9182号行政命令建立了战时信息处（the Office of War Information, OWI），该信息处合并了最初建立的突发事件管理局的信息处，并接管了原来属于信息处和突发事件管理局的事实和数据办公室的机构、政府报告办公室和信息协调局的外国信息工作，有关人员和功能全部归属新建立的战时信息处。[①]

### （二）战时信息处的下属部门

从整体看，战时信息处由两个部门组成，一个是国内运行部，另一个为国外运行部，此外，该处还有一个行政处，归处长办公室领导。该处管理的还有后来建立的美国之音和电影局（the Bureau of Motion Pictures）。

但具体来说，战时信息处内设有多个部门，其中包括安全办公室、安全咨询委员会、战争信息委员会、国内运行部、主任办公室、战争规划办公室、无线电广播处、新闻处、图表处、扫描操作处、电影处、图书杂志处、外国新闻处、海外信息处、通讯控制处、通讯设施处、部队服役处、新闻人物处、广播节目处、海外出版处、海外电影处、分析研究处、运行处等等。[②]

### （三）战时信息处的功能

战时信息处是美国政府在第二次世界大战期间的一个工具，属下的美国

---

① U.S. Congressional Serial Set Vol. No. 10695, Session Vol. No. 16, 77th Congress, 2nd Session, H. Doc. 862, Title: Supplemental Estimate of Appropriations, Office for Emergency Management, Office of War Information, October 1. 1942,–Referred to the Committee on Appropriations and ordered to be printed. pp.2-3. http://infoweb.newsbank.com/.

② National archives of USA，No.208.2.Records of the Office of War Information, http://www.archives.gov/.

之音要向世界人民讲述这次战争的真实情况、美国在战争中的地位、美国的实力，使德国和日本人民了解他们的失败是不可避免的，鼓励被占领区国家的人民坚持抵抗，并敦促敌方士兵投降。该机构要做的工作有很多，包括对外广播、散发传单和小册子、发放动画片、明信片以及各种对海外人民能够产生影响的资料，而且所有内容都要真实可靠，因此，1945 年该处所需经费相当多。作为一个合作和联络机构，战时信息处有 4 项基本工作：第一，向美国人民公布战争信息，包括国内前方信息和战场信息；第二，解决美国政府各个战争机构之间合作中的信息混乱问题；第三，通过与政府的其他战时机构的合作消除混乱思想，采取各种措施争取民众对战争的支持，包括不乱说话、节省花销、坚守岗位和保证后勤供应；第四，扩大政府各个行政部门领导人的讲话、声明以及政府信息印刷品的影响。1945 年 9 月，由于国会对该处在美国国内的宣传活动不满，战时信息处被撤销，其对外宣传工作转交国务院。①

### （四）文化合作局、公共信息局、公共事务局、公共与文化事务处、 国际信息与文化事务局、临时国际信息局（1944—1945）

珍珠港事件和日本与德国对美国宣战以后，美国认为涉及美国生计的总体战已经开始，并认为文化成为美国战胜敌人的工具，其中最重要的行动是 1942 年 6 月 13 日战时信息处的建立。1944 年 1 月 15 日，根据国务院第 1218 号令，文化合作局（the Division of Cultural Cooperation, DCC）取代文化关系处，国务院对外文化行动由新建立的公共信息局（the Office of Public Information, OPI）执行。根据国务院第 1301 号令，1944 年 11 月 20 日，公共信息局更名为公共事务局（the Office of Public Affairs, OPA）。

---

① U.S. Congressional Serial Set Vol. No. 10846, Session Vol. No.3. 78th Congress, 2nd Session, H.Rpt. 1511, Title: National war agencies appropriation bill, 1945. May 25, 1944. – Committed to the Committee of the Whole House on the State of the Union and ordered to be printed, pp. 21-23. http://infoweb.newsbank.com/.

1944年12月20日，国务院建立助理国务卿负责的公共与文化事务处（Assistant Secretary of State in Charge of Public and Cultural Affairs），但信息和心理战活动仍旧由战时信息处负责。在战争行将结束时，1945年8月31日，杜鲁门总统颁布第9608号行政命令，公共事务局执行的政府所有信息项目和国际文化关系项目最后统一归属新建立的国际信息与文化事务局（the Office of International Information and Cultural Affairs, OIICA），在负责公共事务的助理国务卿领导之下。① 该行政命令同时停止战时信息处工作，其功能转交临时国际信息局（the Interim International Information Service, IIIS）。②

## 三、中央新闻署、战略情报局、战略情报团和中央情报局

### （一）中央新闻署、战略情报局和战略情报团（1941—1946）

在第二次世界大战期间，各国都十分重视宣传活动和情报工作，而且一般都是把宣传与情报活动结合到一起来进行，其中宣传不但是在进行心理攻势，而且一些虚假情报和信息的宣传具有某种特殊的效用。1939年第二次世界大战爆发时，纳粹德国、苏联、意大利和日本以及英国都有自己的宣传机构，唯独美国还没有建立这种宣传本国政策的文化事务机构。因此，美国参加第一次世界大战的时候，威尔逊总统在1917年建立的公共信息委员会，即众所周知的克里尔委员会仅仅是为取得战争胜利而进行了一些宣传活动，但并没有投入很大精力和资金，且在1919年就解散了。1939—1941年间，罗斯福总统曾经建立了一系列的机构以宣传美国政府政策，其中第一个是为1939年底建立的政府报告办公室，该办公室专门负责信息宣传工作，不但进行公共防御宣传，也从事引导公众舆论支持政府的工作。1940年，罗斯

---

① Office of International Information and Cultural Affairs, pp.3-6. http://libinfo.uark.edu/special-collections/findingaids/cuaid/index.html, Box 308.

② http://www.google.com.hk/ .

福总统建立了由洛克菲勒为协调员的美洲国家事务协调局。

1941 年 3 月 20 日，罗斯福总统建立公民防御办公室（the Office of Civilian Defence, OCD），该办公室有一个专门负责战争宣传的部门。1941 年 7 月 11 日，罗斯福总统建立了信息协调局，该局不但从事常规宣传工作，而且进行心理战。信息协调局的活动实际上属于秘密活动，因为该局还负责美国与其他国家间的军事合作问题，还负责从事所谓"肮脏的宣传"活动，即使用谣言来制造敌国的混乱和失败。因此，该局活动既有"公开信息活动"，也有"隐蔽信息活动"。

1941 年秋，罗斯福总统建立事实与数据办公室，以便实现各个机构间信息传播的相互协调，但这仅仅是美国参加战争宣传活动的开始。为了完成美国对外文化信息工作，1941 年 7 月，罗斯福总统决定建立外国信息局（the Foreign Information Service, FIS）。美国外国信息局建立以后从事大量的对外宣传活动，

最初，美国外国信息局（FIS）是罗斯福总统在 1941 年 7 月 11 日建立的由多诺万负责的中央新闻署（the Central Office of Information, COI）的一个分支，这个中央新闻署不但负责信息政策和宣传工作，而且从事间谍和信息活动。但该机构很快就结束使命，由 1942 年 6 月 13 日新建立的战时信息处取代其功能。

被认为是"美国情报之父（Father of American Intelligence）"的威廉·约瑟夫·多诺万在 1941 年被任命为信息协调局协调员。1942 年 6 月 13 日该协调局更名为美国战略信息局（the Office of Strategic Service, OSS），多诺万成为该局负责人，并成为美国重要的对外宣传者，专门从事文化工作。1917 年以后，信息（information）这个词作为文化意义上的一个词正式进入美国对外文化事务中，尽管 USIA 被翻译为新闻署，按照美国中央情报局网站的说法，新闻署所从事的主要是对外文化事务，但这种说法不是很清楚，因为事实上美国对外文化事务主要有两个方面，而且由两个不同机构来执行：一个是国务院教育与文化事务局所从事的文化事务，主要是教育与文化交流

等事务，另一个是新闻署所从事的文化事务，主要是信息事务。① 1945 年 9 月 20 日，杜鲁门总统颁布第 9621 号行政命令，从 10 月 1 日起战略情报局解体，其研究与分析处归属国务院，其他事宜归属陆军部。原战略情报局主要领导人组成了战略情报团（the Strategic Services Unit, SSU）。②

根据美国国家档案战略情报局档案，战略情报局的功能是获取公开的与隐蔽的信息以支持反对轴心国的战争，并分析原始信息和公布最新的信息以支持政府各个部门的军事行动。根据美国国家档案中央情报局档案，美国战略情报局在 1945 年 9 月 22 日解体，从 10 月 1 日起生效，取代该机构的是助理陆军部长属下的战略情报团，一直到 1946 年。1946—1947 年，该机构的功能由国家情报局的总情报组负责。1947 年 7 月 26 日，根据国家安全法，在国家安全委员会属下设立中央情报局，从 1947 年 9 月 18 日起生效。

## （二）中央情报组、中央情报局（1946—1947）

从中央情报组到中央情报局的具体发展过程如下：在 1946—1947 年间，美国政府进行了多次协商以后，根据杜鲁门总统 1946 年 1 月 22 日的一封信件建立了中央情报组（the Central Intelligence Group, CIG）作为国家情报局（the National Intelligence Authority）的协调机构，负责协调国务院、陆军部和海军部之间的关系，组长由总统任命，经费由国家情报局提供。中央情报组第一任组长是西尼·W. 索尔斯（Sidney W. Souers），其手下有两个官员，一个负责协调事宜，另一个负责情报统计与评估。由于中央情报组在经费和人员上都依靠国家情报局，所以实际上该机构并没有真正的官员和资源管理。1946 年 6 月 10 日，经总统任命，霍伊特·范登堡（Hoyt S. Vandenberg）接任中央情报组组长，范登堡建立了部门间协调与计划参谋部（the Interdepartmental Coordinating and Planning Staff），其成员由国家情报局各

---

① Richard T. Arndt, *The First Resort of Kings: American Cultural Diplomacy in the Twentieth Century*, Washington, D. C.: Potomac Books, Inc., 2005, p. 28.

② Central Intelligence Agency, Home page https://www.cia.gov/, p.1.

个情报组织的代表和国务院任命的一个主席组成。范登堡还建立了一个研究组织叫做报告与评估办公室（the Office of Reports and Estimates, ORE），负责全国当前情报、情报评估、基本情报和3个部门之间的情报协调。根据1947年7月26日国家安全法，中央情报组成为一个局，这就是中央情报局（the Central Intelligence Agency, CIA），取代国家情报局的国家安全局（the National Security Council, NEC）。1949年1月1日，该组织由情报咨询委员会（the Intelligence Advisory Committee）建议的局长、一个咨询团和6名官员组成，负责收集与散发、系统信息、报告与评估、运作、专门操作和政策协调。[①]

中央情报局不但继承了战略情报局在第二次世界大战期间服务于战争的工作，更重要的是从事战后针对苏联为首的社会主义国家的情报活动，主要活动是与苏联对抗，从事情报收集、研究和分析活动。但是，正如中国的费正清和在伊朗的杨（Young）等长期从事美国对外文化活动的专家的看法，中情局进行信息（intelligence）研究和分析无可非议，但文化（culture）工作也在其中。实际上，中情局在与苏联进行情报与反情报对抗宣传中，既有情报活动也有文化活动。当然，中情局的文化活动属于政治活动。换句话说，只要能够发挥政治作用的文化活动，中情局就不惜花血本予以支持。例如，1947年威斯康星大学建立的学生奖学金项目等就得到中情局的资金支持。在1961年以前，中情局在美国文化处的投入虽然不多，但还是有一些文化官员属于中情局人员。1961年爱德华·莫罗（Edward Murrow）担任新闻署署长以后，新闻署中就不再有中情局人员了。[②]

从其功能看，从信息协调局到战略情报局再到中央情报局，基本上都是针对外国进行情报收集和宣传的机构。如果说1941年信息协调局的建立主要是针对纳粹德国的宣传机器，那么到1947年中情局建立则主要是针对苏联的反共情报机构。

---

① http://nsarchive.chadwyck.com. pp.1-4.

② Richard T. Arndt, *The First Resort of Kings: American Cultural Diplomacy in the Twentieth Century*, Washington, D. C.: Potomac Books, Inc., 2005, pp. 219-223.

# 第四章
## 冷战时期反共目标下的美国对外文化事务机构
（1945—1999）

### 一、战后初期的美国对外文化事务机构（1945—1948）

第二次世界大战结束和冷战开始以后，美国对外信息与教育交流的形势发生了重大变化，美国对外意识形态面临着如何对付以苏联为首的社会主义国家的任务，杜鲁门总统的"心理战战略"开始主导美国对外信息与教育交流活动。在这种情况下，美国政府相继建立了一些主管对外信息与教育交流活动的机构和部门，其他相关部门也参与进来。

在 1945—1952 年间，国会至少在 11 个不同的国际人员交流项目上采取了行动，这说明美国明显对文化问题更加重视了。为这些项目的拨款从 1946 年的 913 项到 1952 年增加到 16409 项。但是，这个时期美国在对外交流项目上的扩大主要表现在私人组织和基金会的增加。例如，根据国际教育协会对 1951—1952 年即将来美国学习的外国学生的统计，在 31000 名外国学生中有 2/3 得到美国私人组织和机构的资助。政府希望已有的基金会，例如福特基金会和柯德尔·赫尔基金会（the Cordell Hull Foundation），多做一些工作。需要说明的是，很少有人知晓的柯德尔·赫尔基金会也是一个非营利性国际教育基金组织，取名为柯德尔·赫尔基金会是表示该组织要继承1945 年以"国际联盟之父"名义获得诺贝尔和平奖的柯德尔·赫尔的事业，他在罗斯福总统任职期间任国务卿 12 年，是美国历史上担任国务卿时间最长的人。1951 年以后，该组织主要从事教育与文化交流项目。[①]

### （一）众议院外事委员会关于建立国际教育局的报告（1945）

众所周知，第二次世界大战以后，以美国为首的资本主义阵营和以苏联为首的社会主义阵营之间的较量开始了，美国对外文化事务机构的活动也相应地开始以反对苏联为首的社会主义国家为主要目标。1947 年"冷战"铁幕拉下以后，美国对外文化事务机构便成为美国冷战意识形态的工具，在美国对外信息、教育与文化事务中发挥重要作用。美国国务院是领导国家对外事务的主要部门，其属下的对外文化事务机构最早是 1938 年建立的文化关系处，此后是 1940 年建立的美洲国家间商务与文化关系协调局（后更名为美洲国家事务局）、1942 年建立的美洲国家事务协会（IIAA）和战时信息处（OWI）、1944 年建立的科学、教育与艺术处和文化合作处，以及接替战时信息处和美洲国家事务协调局的工作的 1945 年建立的临时国际信息局。

但是，上述机构都是第二次世界大战期间或者第二次世界大战以前建立的，而且主要从事信息或者情报活动，对于在国际上从事教育和文化交流的活动并不熟悉。因此，美国政府决定重新建立一个专门从事对外教育与文化事务的机构并由国务院领导。

1945 年 3 月 17 日，美国第 79 届国会众议院批准了由外事委员会提出的建立国际教育局（the International Office of Education, IOE）的第 588 号报告，并作出决议修正案。修正案主要内容为：将第 2 页第 3—4 行原来的"国际教育局组织"改为"建立一个国际教育与文化组织"；将第 2 页第 9 行"学生与学者"改为"学生、学者和其他教育与文化领导人等"。杜鲁门总统在

---

① 柯德尔·赫尔国际教育基金会网站，http://cordellhull.org/.

国际联盟旧金山会议上的讲话中曾经强调这样一点："正义依然是地球上最强大的力量（Justice remains the greatest power on earth）"。该报告强调指出，国会第 215 号决议就是要表示国会议员们的这种思想，那就是美国将参与建立一个国际教育与文化组织，这样一个组织的建立将成为正义的有力工具。决议修正案提出了将来自全世界的教育与文化领导人集聚到一起，其目的就是使所有国家的人民都能够较好理解维持和平的良好国际愿望。该修正案的其他款项规定还鼓励留学生、学者以及其他领导人等的交流活动，这必将推动全世界教育标准和教育水平大学化的实现，必将对国际良好行为标准的提高提供领导典范，必将帮助各地人民欣赏并实践好公民和正当国际关系概念。决议修正案对该组织的要求如下：第一，该组织不得干涉教育制度或者不同国家及其管理部门的项目；第二，该组织没有对敌国的再教育问题的管辖权；第三，该组织不负责那些战争期间被毁国家的教育设施的修复工作。[①]

根据笔者掌握的情况，该报告并没有得到参议院的批准，因此，众议院外事委员会关于建立国际教育局的报告没有达到目的。本书将此问题列在这里的目的是要人们注意，美国政府从第二次世界大战结束开始就准备建立专门的负责对外教育活动的机构。

### （二）国际信息与文化事务局、国际信息与教育交流局（1946—1947）

1946 年，国务院建立了国际信息与文化事务局（the Office of International Information and Cultural Affairs, OIC）和国际人员交流处（the Division of International Exchange of Persons, IEP），但这两个机构并没有太大的作为，其工作和行动在美国官方文献中也很少有记载。

1947 年，国务院的国际信息与文化事务局更名为国际信息与教育交流

---

① U.S. Congressional Serial Set Vol. No. 10933, Session Vol. No.3 79th Congress, 1st Session H.Rpt. 588 Title: Urging formation of an organization to be known as International Office of Education. May 17, 1945. – Referred to the House Calendar and ordered to be printed., pp. 2-3. http://infoweb. newsbank.com/.

局(the Office of International Information and Educational Exchange, OIIEE)。[1] 该局在 1948 年并入国际信息局（the Office of International Information, OII），国际信息局在美国对外信息与教育交流方面做了大量工作，主要是该局负责人所说的"快速媒体"如广播、新闻出版和电影等。当时与之并行存在的教育交流局（the Office of Educational Exchange, OEX）负责所谓"慢速媒体"如人员交流、图书馆建设以及在世界上建立相关协会等。[2] 该局的职责为：1. 外国教育体系基础研究的准备与出版；2. 希望来美国学习的外国学生凭证评估；3. 美国与其他国家互派留学生和教师项目运行；4. 在美国外语学校寻求工作的教师登记管理；5. 准备和交流资料；6. 推动美国学生与外国学生之间为相互了解而进行的课外活动；7. 帮助外国访问学者；8. 与联合国教科文组织合作从事该组织的教育项目。[3] 根据美国教育部网站的介绍，该处主要有4个分支：1.负责国际学术、教育与文化交流；2.负责国际会议、国际组织、促进官方语言和外派学校；3.指导政府奖学金的国外学习、为国外学习贷款、组织国外学习和安排外国政府所需奖学金；4.负责协议事务、国际青年志愿者、国际教育旅行者、为外语中心雇用外籍教师。[4]

国务院的国际信息与文化事务局，即后来更名为国际信息与教育交流局，是 1948 年《史密斯—蒙特法》颁布以前最重要的对外文化事务机构，该机构做了大量工作。或者说，在国会众议院有关建立国际教育局的报告没有得到立法以后美国主要负责对外文化事务的机构。但是，由于多种原因，特别是信息与教育交流事务应该由哪个部门负责和这两个方面的问题是否应

---

① http://eca.state.gov/.

② Nicholas J. Cull, *The Cold War and the United States Information Agency, American Propaganda and Public Diplomacy, 1945-1989,* New York: Cambridge University Press, 2008. p. 40.

③ U.S. Congressional Serial Set , Serial Set Vol. No. 11606, Swssion Vol. No. 10, 82$^{nd}$ Congress, 2$^{nd}$ Session H. Doc. 423, Title: Federal educational activities and edcatioanl issues before Congress. A report prepared in the Legistative Reference Service of the Library of Congress by Charles A. Quattlebaum. Edcatioanl research analyst. p. 62. http://infoweb.newsbank.com/.

④ http://english.moe.gov.tw/.

该由一个部门负责的问题在国会一直存在争议，有关对外信息与教育交流问题的立法一拖再拖。

### （三）国际信息局（1948）

1948 年建立的国务院所属的国际信息局是 1959 年国务院教育与文化事务局建立以前的最重要的对外教育与文化交流活动的机构。

1948 年 1 月 30 日，美国参议院外交关系委员会向总统提交了一个报告，全面说明了美国国际信息局及其文化宣传的重要性。报告指出，根据参议院 1947 年 7 月 26 日决议的授权，外交关系委员会任命了一个附属委员会对国务院或者其他美国政府机构涉及外国人及其行动的问题进行了全面研究和调查，下面是以"美国文化处在欧洲（the United States Information Service in Europe）"为题的调研报告：美国文化处必须是美国的声音，必须清楚地了解世界其他国家人民对美国的看法，必须做到：1. 讲真话；2. 说明美国的目的；3. 鼓舞士气和增强希望；4. 真实而又生动地反映美国人的生活、思维方式和理想目标；5. 反对造谣和歪曲事实；6. 强有力地解释和捍卫美国外交政策。问题十分清楚，如果不能强有力地增加和扩张信息（情报）工作，我们就不能赢得与苏联的口水战并取得欧洲的信任。也可以说，只有赢得了这场口头战争我们才能保卫和平。国会和美国人民现在都清楚地认识到，为了复兴欧洲和对抗共产主义，我们必须花费数十亿美元，即便是雄心勃勃的美国信息与教育项目没有任何意义的浪费，但与重建欧洲的数十亿美元巨大支出相比也是小巫见大巫。正如瑞士著名经济学家拉帕德（W. E. Rappard）所说的那样，"如果你把对欧洲援助的花费中的 1% 中的 1/10 用在宣传上，你将得到百分之百的回报"。同时，为了提高欧洲人的信心，我们扩大信息与教育项目无疑将为欧洲重建计划作出必要的贡献。有一份法国报纸的编辑曾经说："你到处都可以听到美国人没有为法国做任何事情，但你同时也到处都可以听到谁都不相信的共产主义宣传。"因此，我们的信息工作必须说明美国的真正动机并揭穿谎言，告诉他们欧洲复兴计划是：1. 该计划是竭尽全力避免一场美国经济衰退并把我们的产品剩余供应欧洲；2. 该计划是试图优先援助德国侵略铁蹄下的受害者；3. 该计划是极力恢复德国军事力量以便作为我们控制欧洲的工具；4. 该计划是美国重建欧洲所依赖的帝国主义工具。如果我们的宣传机器得到扩张和提高，我们确信一定能做到，那么美国就可以用这架机器为欧洲所有国家的复兴计划服务而无需再建别的类似机构。但事实上现在我们的信息宣传仅仅还是一种十分弱小的声音。苏联用于宣传的花费达数百万，英国在负债累累的情况下还要花钱雇佣 8700 人从事宣传工作，而我们美国却只有 1400 人从事宣传活动，花费不及英国的 1/3。甚至弱小的荷兰今年用于宣传的费用还将近 25 万美元。①

　　该报告指出，美国国际信息局需要考虑的工作如下：1. 在国务院直接领导下把对欧洲的宣传工作放在两个领域：教育与信息，尽管教育活动没有信息宣传那么直接，但可以吸引更多的人了解美国；2. 公共事务官员们在纯粹行政管理方面做了大量工作，但一些部门却没有认识到一个正式外交官对信息工作的重要性，事实上对欧洲信息宣传工作十分重要，需要全体人员的密切合作并要在对外信息局的统一领导下，现在外交关系已经被纳入公共关系事务的思考之中；3. 信息局的各项使命与国务院密切相关，但二者之间的联系很少，即使有联系也是要么时间不对、要么效果不佳，他们仅仅注意与华盛顿联系的重要性；4. 要充分利用人力和物力；5. 要将工作向农村地区发展；6. 美国信息局的服务和资料应该向国外民众扩展；7. 充分利用那些有一定经验的年长一些的志愿人员从事美国对外信息与教育交流活动；8. 为了吸引他们，要给他们加薪；9. 信息局的器具有时显得不够充足，要加强设备建设；10. 充分利用所在国家的各种资金来源；11. 有关为欧洲复兴需提高资金和信息方面帮助的立法应该在不久的将来就提出并得到批准；12. 为了保持拨款委员会的正当性，

---

① U.S. Congressional Serial Set Vol. No. 11205, Session Vol. No. 1, 80th Congress, 2nd Session, S. Rpt. 855 pt. 1&2, The United States Information Service in Europe Report of the Committee On Foreign Relations pursuant to S. Res. 161. pp.3-8. http://infoweb.newsbank.com/.

国务院要向所在国通过项目和媒体呈现信息局工作的合法性。①

按照《1948 年史密斯—蒙特法》的规定，国际信息与教育交流局分为两个责任机构：一个是教育交流局（the Office of Educational Exchange, OEX），另一个为国际信息局（the Office of International Information, OII）。1949 年，国务院建立国际信息与教育交流项目局（the United States International Information and Educational Exchange Program, USIE），国务院另外两个相关机构国际信息局和教育交流局成为该局的附属机构。②

1952 年，国务院又重新建立了国际信息局、国际信息管理局（the International Information Administration, IIA）和国际教育交流处（the International Educational Exchange Service, IES 1952）（属于国际信息管理局 5 个处之一）。这些机构在职责分工、工作范围等许多问题上都比较混乱，1953 年，国际信息管理局活动转归新建立的新闻署。③

从上面的情况看，《1948 年信息与教育交流法》颁布以后，到底应该由哪个部门管理信息与教育交流活动的问题一直没有得到解决。

## 二、国际信息与教育交流正式纳入美国国家对外战略（1950—1953）

### （一）心理战略委员会（1951—1953）

1947 年 12 月，美国国家安全委员会制定了 NSC 4 号文件，决定在全球范围内对苏联展开以信息宣传为主要形式的心理战。1950 年 3 月 9 日，杜鲁门总统批准 NSC 59/1 号文件，为加强、协调和平时期对外信息活动和心

---

①　U.S. Congressional Serial Set Vol. No. 11205, Session Vol. No. 1, 80th Congress, 2nd Session, S. Rpt. 855 pt. 1&2 , The United States Information Service in Europe Report of the Committee on Foreign Relations pursuant to S. Res. 161. pp.3-8. http://infoweb.newsbank.com/.

②　Nicholas J. Cull, *The Cold War and the United States Information Agency, American Propaganda and Public Diplomacy, 1945-1989,* New York: Cambridge University Press, 2008. p.48.

③　Department of State Chronological Outline of the Orgnazation and Ranking Officers of CU, pp. 1-3. http://libinfo.uark.edu/specialcollections/findingaids/cuaid/index.html, CU Box 308.

理战行动准备建立一个组织负责该项行动。1951 年 4 月 4 日，杜鲁门总统下达建立心理战略委员会（the Psychological Strategy Board, PSB）的秘密指令，其成员由国防部副部长、中央情报局局长和国务院副国务卿组成。该委员会的工作目标是"以规划和宣传作为各部门和机构心理战运作责任的导向，指导全国心理战和项目，以及全国心理战工作的合作与评估"。该委员会由 75 人组成。[①]1951 年 6 月 20 日，杜鲁门总统的指令到达国务院、国防部和中情局，心理战略委员会正式成立。

　　心理战略委员会继承了 1944 年建立的三部协调委员会（State-War-Navy Coordinating Committee, SWNCC）的职责与功能。所谓三部指的是国务院、陆军部和海军部。第二次世界大战期间，这 3 个部门之间的协调与合作主要是在罗斯福总统领导下非正式地进行的，当时各方面就觉得应该进一步加强合作，国务卿、陆军部长和海军部长 3 人当时每星期举行一次例会商讨共同关心的问题，但是这个所谓的"3 人委员会"并没有得到专门的任命和授权。1944 年 11 月，爱德华斯·特蒂纽斯（Edward Stettinius）就任国务卿不久便向陆军部长亨利·史汀生（Henry Stimson）和海军部长詹姆斯·福莱斯特（James Forrestal）写信，建议成立一个负责欧洲和日本占领区事务的联合秘书处，该秘书处成立后由陆军部副部长约翰·麦克罗伊（John J. McCloy）负责。按照心理战略委员会历史学家爱德华·丽莉（Edward P. Lilly）的说法，该委员会的基本功能是防止当时参与心理战的美国各个部门之间的相互竞争，到了艾森豪威尔政府时期，该委员会成为一个纯粹的协调机构，杜鲁门总统时期的规划全部停止执行。根据 1953 年 9 月 3 日美国总统第 10483 号行政命令，心理战略委员会的所有功能转交行动协调委员会。[②]

　　由此看来，心理战略委员会并没有实质性地执行对外心理战，而主要是

---

① 　Nicholas J. Cull, *The Cold War and the United States Information Agency, American Propaganda and Public Diplomacy, 1945-1989*, New York: Cambridge University Press, 2008. p. 68. FRUS 1951, VOL. 1, Truman, directive, 4 April 1951, p. 58.

② 　http://www.trumanlibrary.org/hstpaper/physc.htm.

协调各部门间的行动，到了艾森豪威尔总统时期则正式由行动协调委员会所取代。

## （二）行动协调委员会（1952—1961）

1952 年 9 月 2 日，艾森豪威尔总统签署 10483 号行政命令，成立行动协调委员会（the Operations Coordinating Board, OCB）取代心理战略委员会。该行政命令第一部分（b）指出，该委员会由下列人员组成：副国务卿（主席）、国防部副部长、对外行动管理局局长、中情局局长、总统代表。同时决定 60 天内撤销心理战略委员会。行动协调委员会是国家安全委员会的附属组织。该委员会每周三下午在国务院召开例行会议，参加者有负责政治事务的副国务卿、国防部副部长、中情局局长、新闻署署长、国际信息署署长以及负责国家安全事务和安全运行协调工作的总统助理。该委员会全面负责美国国家安全工作的协调与执行事宜，直接对国家安全委员会负责。[①] 从上述组成人员看，行动协调委员会成员都是美国国家重要机构负责人；从其工作性质看，行动协调委员会主要是协调政府各重要部门之间涉及国家安全的问题；从国务院、新闻署、中情局和国际信息署负责人的参加看，行动协调委员会在美国对外文化事务方面具有重要作用。

行动协调委员会 1959 年 10 月 14 日召开会议，审议了由国务卿特别助理就国际教育与文化关系合作问题提出的简报，其中包括：（1）国务卿特别助理罗伯特·泰勒提交的关于"国际教育与文化关系协调"事宜所做的介绍，内容有国务院与美国其他政府相关部门以及私人组织之间就国际文化关系问题相互协作行动、国务院与国际文化关系相关的项目和组织等；（2）国务院国际文化关系事务局（the Bureau of International Cultural Relations of the Department of State, BICA）正在建立一个信息清理室（clearing house of information），以便对美国政府所有的与国际文化关系有关的行动进行清理，鼓

---

① http://www.sourcewatch.org/index.php?title=Operations_Coordinating_Board, p.1. 2012, 7, 31.

励私人组织在该领域为该局提供他们的活动信息以使美国的对外文化活动一体化；（3）泰勒还谈到一些有助于行动协调委员会工作的事宜，其中包括美国政府资助下外国领导人和专家赴美项目的资金缺乏问题、选派美国教授赴阿拉伯联合共和国从事专项协作项目资金的缺乏以及美国在联合国教科文组织地位的下降等问题。①

1960 年 1 月 13 日，行动协调委员会提出了关于拉丁美洲国家学生项目计划报告。该报告指出，尽管拉美国家学生领袖在促进美国与拉美国家之间关系上仅仅具有边缘性影响，但美国还是要努力促使短期的学生项目更加有效，其中包括有 9 个拉美国家 39 所大学的学生领袖参加的短训班、拉美国家 18 所大学签署的聘请美国 13 所大学的教授和 15 名拉美国家的教授、学者和本科生到美国参加研究项目、在拉美国家建立美国与所在拉美国家的"两国研究中心"、投资 16 万美元发行学生读物、教师交流项目等，这些计划由中央情报局、新闻署、国际合作管理局等对外文化事务机构领导实施并由行动协调委员会负责协调。②

第二次世界大战后，美国认为有必要将世界范围的信息与教育交流活动作为外交关系的永久性武器。一些国家在战后实行广泛的、在某种情况下具有攻击性的信息项目，因此美国政府特别强调信息功能与文化合作的区别。战后美国仅仅保留着与拉丁美洲国家的合作项目，因此，国际信息与文化事

---

① DDRS-223117-i1-3.pdf Minutes of 10/14/59 OCB meeting: briefing by the Special Assistant to the Secretary of State for the coordination of international educational and cultural relations; settlement of the lend lease claims against the U.S.S.R.; Eisenhower's speech on the U.S. outer space program. Miscellaneous.WHITE HOUSE.SECRET. Issue Date: Oct 16, 1959. Date Declassified: Apr 01, 1984. Unsanitized.Incomplete.3 page（s）. Reproduced in *Declassified Documents Reference System*. Farmington Hills, Mich.: Gale, 2013. Document Number: CK3100200281 http://galenet.galegroup.com/ p.1.

② DDRS-212667-i1-44.pdf Status of Latin American student program in U.S., of educational programs in Latin America generally. Report.WHITE HOUSE.SECRET. Issue Date: Jan 13, 1960. Date Declassified: Jul 09, 1982. Unsanitized.Incomplete.44 page（s）. Reproduced in *Declassified Documents Reference System*. Farmington Hills, Mich.: Gale, 2013. Document Number: CK3100452116. http://galenet.galegroup.com/ pp. 1-2.

务局的项目从 1945 年到 1948 年在西半球以外的国家开始实行。早在 1944 年，美国就立法发起授权实行一个永久性全球项目，但直到 1948 年 1 月 28 日，该项立法才真正实现，即《1948 年信息与教育交流法》，或者叫《史密斯—蒙特法》，所谓永久性全球项目才真正得到实施，本书将在后面专门论述。

　　1948 年 3 月 31 日，乔治·V. 艾伦（George V. Allen）被任命为国务院负责公共事务的主助理国务卿。[1] 艾伦上任后马上开始执行《史密斯—蒙特法》，第一件事就是解散 1945 年 8 月 31 日建立的国际信息与文化事务局，其在 1948 年 1 月 9 日更名为信息与教育交流局（the Office of Information and Educational Exchange），国际信息与教育交流功能分开并重新组合为两个办公室：国际信息办公室和教育交流办公室。1948 年 5 月 17 日，劳埃德·莱尔波斯（Lloyd A. Lehrbas）被任命为信息办公室主任；1948 年 7 月 1 日，前华盛顿特区乔治华盛顿大学主任威廉·约翰斯通（William C. Johnstone）被任命为教育交流办公室主任。国际信息办公室主管：国际广播处、国际电影处、国际新闻出版处，由信息自由专门助理和美国信息咨询委员会秘书负责。教育交流办公室主管：人员交流处，图书馆、学会和文化资料处，由科学和文化合作跨部门委员会和美国教育交流咨询委员会秘书负责。1950 年 1 月建立总经理办公室（the Office of General Manager），1950 年 1 月 4 日，查理·赫尔顿（Charles Hulten）被任命为该办公室总经理。

　　1961 年，肯尼迪总统上任不久发布第 10920 号行政命令，撤销了行动协调委员会。[2]

### （三）国际信息管理局（1952—1953）

　　从 1950 年到 1951 年，有许多人建议将信息与教育交流项目从国务院转

---

　　① 　History of the Government's Educational Exchange and Cultural Relations Programs, Post World War II- International Educational Exchange as a Permanent Arm for Foreign Relations, pp. 8-9. http://libinfo.uark.edu/specialcollections/findingaids/cuaid/index.html, Box 308.

　　② 　http://www.presidency.ucsb.edu/.

移出去，两个咨询委员会也都讨论了这些建议。但是，两个咨询委员会一致认为，如果两个项目保留在国务院，美国信息与教育交流目标可能会取得更好的效果。教育交流咨询委员会还提出，教育交流项目应该保留在国务院，但国务院的运行机构本身应该加以调整。于是，1952年1月作了又一次重组。1952年1月16日，国务院发布第4号公告，在国务院内建立美国国际信息管理局（the United States International Information Administration, IIA）。同一天，威尔逊·康普顿（Wilson Compton）被任命为局长。从这次重组的目的看，负责公共事务的助理国务卿有3项工作：第一项是国务卿的最高政策建议者；第二项是实际从事信息与交流项目的人；第三项是通常所说的"第一线"办公室工作，包括向国会解释国务院掌握的项目工作，这中间包括大量的人员参与和国会接触等事务，还有向美国人民解释国务院政策目标问题。这对于一个人来说工作太过于繁重。国务院保留了项目管辖权，有人认为这样做破坏了项目与美国对外政策不断变化的灵活性，因此也破坏了项目的有效性。1953年3月3日，罗伯特·L. 约翰逊（Robert L. Johnson）被任命为国际信息管理局局长。3月18日，他建议教育交流咨询委员会将整个国际信息管理局的项目和正在分离当中的美国之音与国务院分开，并说明他想做教育交流项目，包括国外的图书馆和信息中心。美国之音分开后，其他要求还要看咨询委员会的意见。咨询委员会的意见是，从其在过去几年间的地位看，只要教育交流项目与政府的宣传运行的心理战分开，这是没有问题的，但该咨询委员会反对把教育交流项目从国务院转移出去，因为从过去几年的运作看，国务院在教育交流项目方面做得不错。①

1953年8月1日，艾森豪威尔总统发布第8号重组计划和10477号行政命令，建立了新闻署，该重组计划第2款"功能转换"规定：按照《1948年信息与教育交流法》第5项规定的属于国务卿的有关信息的权力和功能全

---

① History of the Government's Educational Exchange and Cultural Relations Programs, Reorganization of the International Information, Educational Exchange and Cultural Programs, pp.10-11. http://libinfo.uark.edu/specialcollections/findingaids/cuaid/index.html, Box 308.

部归属新闻署署长。① 这样一来，国务院原来国际信息管理局所负责的信息项目和活动都归属新闻署，仅仅海外人员交流项目仍旧归国务院。② 本书作者认为，尽管美国官方并没有在此声明国际信息管理局解散，但在这种情况下该机构继续存在已经没有意义。所以，国际信息管理局应该是在1953年8月1日以后解体。

### （四）对外行动管理局（1953—1955）

1943年，美洲国家教育基金会（the Inter-American Education Foundation）建立，这是一个在美洲国家事务协调局属下的一个政府教育运行的合作机构，该机构当时主要从事美国与拉丁美洲国家间的教育与文化交流事务。1946年，该基金会解体并成为美洲国家事务协会教育处（the Education Division of the Institute of Inter-American Affairs），仍旧归属美洲国家事务协调局，是政府合作机构，主要从事教育与文化合作事务。1953年，美洲国家事务协调局的所有运行处解体。③ 根据1953年6月1日第7号总统重组计划，对美国所有对外事务机构进行重组，美洲国家事务协会更名为对外行动管理局(the Foreign Operations Administration, KOA)，1953年8月1日生效。该机构的主要任务是统筹、控制和引导美国所有对外援助和相关经济行动，并保证各部门间的相互协调和安全行动。以前归属共同安全局（the Mutual Security Agency）及其局长的权力，包括共同防务援助控制法下的功能，统统归属对外行动管理局。为了集中管理，其他一些权力也从国务卿转归对外行动管理局局长，其中包括：1.国际开发法的执行；2.帮助私人对外援助组

①　http://www.gpo.gov/fdsys/pkg/STATUTE-67/pdf/STATUTE-67-Pg642.pdf.

②　http://www.archives.gov/research/foreign-policy/related-records/rg-306.html.

③　U.S. CongressionalSerial Set Vol. No. 12808-4, Session Vol. No.4-4 90th Congress, 2nd Session H.Doc. 398 Title: Federal educational policies, programs, and proposals. A survey and handbook. Part II, Survey of Federal Educational Activities.Prepared in the Legislative Reference Service of the Library of Congress by Charles A. Quattlebaum. Specialist in Education.December 1968. p.14. http://infoweb.newsbank.com/.

织；3.帮助从共产党国家逃亡的个人项目；4.美国参与联合国技术援助项目、联合国国际儿童紧急基金项目等；5.美洲国家事务协会的行动。这样，美国的两个相关对外援助项目，国务院的对外技术合作管理局（the Technical Cooperation Administration, TCA）和共同安全局的中央援助项目都归属到对外行动管理局。[①]

1955年5月9日，根据总统第10610号行政命令，对外行动管理局被撤销，其功能归属国际合作管理局。[②]

### （五）国际合作管理局（1955—1961）

根据1955年5月9日的总统第10610号行政命令，1955年6月30日，国务院以第85号授权令建立了国际合作管理局（the International Cooperation Administration, ICA），同时对外行动管理局被撤销。该局是一个从属于国务院的半独立性的机构，该局是管理对外教育技术援助项目的重要机构，这种技术援助很快为美国和国外数以千计的人提供各种训练。[③]

1955年，总统行政命令建立国际合作管理局的时候曾经说："该机构的建立不但是要从事经济行为，而且要使国务院实现美国政府在该领域政策，因此我们为国际合作建立这个平台。美国的安全与福祉与经济和全体人民的社会进步直接相关，正是美国人民与我们一样关心自由、尊严和个人意志。"

———————————

①　U.S. Congressional Serial Set Vol. No. 12808-4, Session Vol. No.4-4 90th Congress, 2nd Session H.Doc. 398 Title: Federal educational policies, programs, and proposals. A survey and handbook. Part I. Background; issues; relevant considerations.Prepared in the Legislative Reference Service of the Library of Congress by Charles A. Quattlebaum.Specialist in Education. December 1968. p.35. http://infoweb.newsbank.com.

②　http://www.archives.gov/research/guide-fed-records/groups/469.html.

③　U.S. Congressional Serial Set Vol. No. 12808-4, Session Vol. No.4-4 90th Congress, 2nd Session H.Doc. 398 Title: Federal educational policies, programs, and proposals. A survey and handbook. Part I. Background; issues; relevant considerations.Prepared in the Legislative Reference Service of the Library of Congress by Charles A. Quattlebaum.Specialist in Education. December 1968. p.35. http://infoweb.newsbank.com.

国会每年为国际合作管理局拨款，用来购买武器装备，购买商品和仪器，也为该局工作人员支付工资。国际合作管理局的任务有：第一，调整所有多边安全项目的发展与管理，确保美国外交政策的每一部分得到满意执行，并与美国政府的其他项目合作执行，保证经济、政治和军事需求平衡发展以利于美国国家安全；第二，管理所有对外经济援助项目，其中有些是支持其他国家对自由世界防卫的努力，还有一些是帮助一些地区的经济发展；第三，管理对外技术合作项目；第四，按照多边防务援助控制法管理与其他国家的物质贸易并控制不使其流入苏联集团和中国；第五，执行由总统直接领导的对外紧急项目。该局项目中还有在国外建立教师训练和技术培训学校等。①

美国国际合作管理局的项目主要是帮助美国大学生了解美国在世界事务中的作用，使美国大学利用一些外国高等教育制度，例如课程安排等，国际合作管理局的大学与大学接触体制还有力地推动了美国与外国大学之间的相互关系。美国国际教育交流协会和国际合作管理局的区别主要在于：按照《史密斯—蒙特法》和富布赖特项目而确立的美国国际教育交流协会的初始目标是通过外国人对美国文化和外交政策的了解来增进外国对美国的理解，因此既有美国派出的人员也有美国接受的外来人员；而美国国际合作管理局的初始目标是增进美国与外国的特殊技能合作，主要从事美国的专业技术人员和外国相关人员的相互交流活动。根据美国教育交流咨询委员会提交给第85届国会的第19次年度报告，有证据表明，美国的大学校长们确信，教育交流项目对美国高等教育产生了重要的、有价值的冲击。他们确认：第一，高标准地选择外国学生和学者已经取得巨大成效；第二，外国学生对美国校园和社区生活做出了重要贡献，例如向美国人民说明其文化特征；第三，他们出现在美国校园推动了学生团体和教职员工们对国际事务的兴趣。根据国际教育协会建立的教育互换政策委员会1957年的一个研究，在美国各类大

---

①　Joseph M. Stokes, The International Cooperation AdministrationWorld Affairs, Vol. 119, No. 2, Summer, 1956, http://www.jstor.org/.

学的外国学生是对美国学生作用的一个补充，而这种补充是无可替代的。该报告指出：外国学生帮助扩大了美国学生的视野，外国学生在美国校园的价值在一定程度上消除了美国学生目光短浅的弊端。美国国际合作管理局每年的合作项目中都有来自外国的 600 多名专业技术人员到美国从事合作研究，这些人对美国在世界事务中的作用和地位都有了新的了解。国际合作管理局对与美国从事高等教育合作项目的国家的影响既有直接的也有间接的：最重要的直接影响是通过大学与大学之间的合作机制，国际合作管理局帮助外国大学建立新专业或者推动与扩大教材、仪器和教学方法改革；就间接影响而言，主要是来自其他国家的数千名人员在美国受到新理念和新观点的熏陶并接受美国教育。①

根据 1961 年 9 月 4 日颁布的 1961 年对外援助法（the Foreign Assistance Act of 1961），即第 87—195 号公法，第 3 部分第 621 款（d）规定，撤销国际合作管理局，其功能归属新建立的国际开发署。②

## 三、美国最重要的对外文化事务机构新闻署（1953—1999）

### （一）新闻署的建立及其与其他对外文化事务机构的继承关系

根据总统国际信息行动委员会，即杰克逊委员会和参议院海外信息项目专门委员会，即西垦路皮尔委员会的建议，1953 年 8 月 1 日，艾森豪威尔总统发布第 8 号重组计划和 10477 号行政命令，建立了新闻署（the United States Information Agency, USIA），其目的是将美国政府所有对外信息行动纳入一个部门统一管理，掌管着过去由国务院国际信息管理局、技术合作管理

---

① U.S. Congressional Serial Set Vol. No. 12077, Session Vol. No.6, 85th Congress, 2nd Session, H.Rpt. 2712. Title: Government programs in international education (a survey and handbook). Forty-second report by the Committee on Government Operations. January 3, 1959. – Committed to the Committee of the Whole House on the State of the Union and ordered to be printed. pp. 8-11. http://infoweb.newsbank.com/.

② http://www.archives.gov/research/guide-fed-records/groups/469.html.

局、共同安全署掌管的对外信息行动，同时，海外所有美国文化处都收归新闻署领导，这样，国务院原来国际信息管理局负责的海外人员交流项目仍旧归国务院以外，国务院对美国外交政策仅起导向作用。①

1953—1978 年，新闻署由 5 个部门组成：1. 新闻署指导处，其中包括署长办公室、政策规划办公室、研究室 3 个机构；2. 行政人员处，包括行政事务管理办公室和法律事务办公室；3. 媒体中心，包括广播中心、信息服务中心、动画和电视中心、新闻出版中心和私人合作办公室等；4. 地区分类处，其中包括非洲处、东南亚和太平洋地区处、欧洲处、拉美处、北非处、近东和南亚处等；5. 美国信息咨询委员会。②

按照 1977 年 12 月 13 日卡特总统发布的第 2 号重组计划和 1978 年 3 月 27 日卡特总统发布的第 12048 号行政命令，新闻署与国务院教育与文化事务局合并，并从 1978 年 10 月开始更名为国际交流署（the International Communications Agency, ICA）。1978 年 10 月 7 日，美国第 95 届国会通过第 95—426 号公法，是为《1979 财年对外关系授权法》，法律第 1 部分第 102 款规定，对外关系拨款由 426,686,000 美元减少到 389,412,000 美元。法律规定：国际交流署的任务是通过加强美国与其他国家关系进一步维护国家利益，尽最大可能向其他国家人民展示美国的思想、信息、教育和文化活动。为执行该使命，国际交流署要做好下面一些工作：1. 实现政府资助的信息、教育和文化活动所期望的结果，其中包括：（1）向外国民众提供使其更好地理解美国政策、价值观、制度和文化的信息；（2）在法定限制国内行动的情况下，提高美国政府和美国人民对其他国家历史、文化、态度、观念和愿望的了解；2. 鼓励美国国内的私人机构发展自己的交流行动，并为那些能够赢得重大国家利益的交流行动提供帮助；3. 协调由美国政府机构和部门从事或者规划的国际信息、教育或者文化行动；4. 帮助国家在国际交流政策的全面发展；5. 推

① http://www.archives.gov/research/foreign-policy/related-records/rg-306.html.

② http://www.archives.gov/research/foreign-policy/related-records/rg-306.html.

动美国参与与国际交流署相关的国际活动。第 203 款规定，总统将通过逐渐扩展的程序在从 1979 年 10 月 1 日开始的未来 4 年内增加国际交流署的人员交流活动的财力来源，总统将准备尽早制订一个年度调整计划，经国会讨论后予以拨款。第 204 款规定，本法律命名为"通过加强和改善美国新闻署的对外服务人员制度、建立一个对外服务信息官员团推动美国外交政策法（An Act to promote the foreign policy of the United States by strengthening and improving the Foreign Service personnel system of the United States Information Agency through establishment of a Foreign Service Information Officer Corps）"。①

根据美国教育部教育科学所的"教育资源信息中心"的说法，国际交流署组建的目的是促进美国与其他国家的关系发展，其主要功能是为加强相互理解而使各国人民之间的信息更加丰富。国际交流署的主要任务是揭示各国人民认识上的一致性和相互理解的必要性。国际交流署将继续进行各种信息的传播，对过去新闻署和国务院教育与文化事务局两个机构的交流项目继续执行，但也有一些新的重要内容，包括信息在对外关系中的功能、使用对话劝导的方式应对外国对美国的不友好行为等。国际信息署所面临的主要问题是如何克服那些陈旧的、人为的界定"信息"与"文化"之间的区别，需要为其自身发展制定一个框架，需要将自己的工作向美国人民公布。②

1982 年 8 月 24 日，第 97 届国会第 2 次会议通过并经里根总统批准"1982—1983 财年国务院、国际交流署和国际广播委员会授权法"（An Act to Authorize Appropriations for Fiscal Years 1982 and 1983 for th Department of State, the International Communication Agency, and the Board for International Broadcasting, and for other Purposes），是为第 97—241 号公法，该法在第 3 部分"美国新闻署"大标题下、小标题"国际交流署恢复为美国新闻署"中第 302 款规定：根据 1977 年第 2 号重组计划建立的国际通讯署从此恢复叫

---

① 　http://www.constitution.org/uslaw/sal/092_statutes_at_large.pdf.

② 　Bray, Charles W., IIIOn the New International CommunicationAgency.p.1.http://eric.ed.gov/?id=ED154447.

做美国新闻署。①

根据 1998 年外交事务机构合并法（the Foreign Affairs Agencies Consoli-dation Act of 1998），1999 年新闻署解体，全部工作归属国务院的教育与文化交流局，从此确立了副国务卿主管公共外交事务的地位。最初，新闻署的信息项目局（the Bureau of Information Programs）和国务院的教育与文化事务局（the Bureau of Educational and Cultural Affairs）被合并到国务院新建的信息项目与国际交流局（the Bureau of Information Programs and International Exchanges），该局负责教育与文化事务和信息项目产品以支持美国政府政策。原新闻署的那些运行的外国新闻中心的工作合并到国务院的公共事务局（the Bureau of Public Affairs, BPA），原新闻署的地理区域办公室（the Geographic Area Offices, GAO）成为国务院相关地区局的组成部分，原新闻署的研究室被合并到国务院的情报与研究局（the Bureau of Intelligence and Research），情报与研究局的主要使命是为美国外交掌管情报，借助于来自各个方面的情报，该局为国务院政策制定者提供对事件的有独特价值的独立分析。同时，该局还对地理和国际边境问题进行分析。实际上，情报与研究局是国务院与其他情报部门之间的一个协调机构，它负责将来自美国各个不同情报机构的情报进行整合和分析，以供国务院在制订美国外交政策的时候参考和使用。② 国务院的信息项目与国际交流局很快分成两个局，一个是国际信息项目局（the Bureau for International Information Programs, BIIP），另一个为教育与文化交流局（the Bureau for Educational and Cultural Exchanges, BECE）。

新闻署结束使命的原因为：第一，冷战的结束意味着反对苏联的意识形态斗争业已结束，美国已经成为唯一的超级大国，许多人认为，美国和自由世界已经取得了那场意识形态斗争的胜利，新闻署已经变成了"冷战遗产

① http://www.constitution.org/uslaw/sal/096_statutes_at_large.pdf.

② http://www.state.gov/s/inr/，http://www.state.gov/documents/organization/208961.pdf.

（Cold War relic）"，新闻署这样的强有力的公共外交机构已经失去了存在的意义；第二，在一些人认为公共外交投入需要大量减少的同时，还有一些人认为，由新闻署代表的独立公共外交机构现在由国务院运作显得十分薄弱。正如一个评论员所说，美国公共外交有两种类型的行动：一个是支持美国外交政策，另一个是在美国人民与其他国家人民之间构建一座相互理解的桥梁。国务院通常关注的是发展与其他国家人民之间的长期友谊，而将这些短期支持行动置于国务院传统外交框架中很可能会使其长期使命的重要性失去效用；第三，国会一些议员和政府行政部门领导人一直寻求改组政府流程，特别是减少美国外交政策机构的规模和投资，他们关心的是美国的国家债务问题、年度预算问题和政府机构的规模问题。现在，新闻署也归属国务院，1997 年克林顿政府为了把对外事务统筹管理，已经将武器控制与裁军署（the Arms Control and Disarmament Agency, ACDA）和国际开发署（the Agency for International Development, USAID）归属国务院，武器控制与裁军署和新闻署被撤销，国际开发署在国务院内进行了改组。[①]

## （二）新闻署的使命、官员和具体工作

根据笔者 2012 年 9 月 29 日从新闻署网站 http://dosfan.lib.uic.edu/usia/ usiahome/overview.pdf 下载的"美国新闻署：综述"的说法，美国新闻署的使命是：

1.作为美国政府的一个外交政策执行机构，新闻署是华盛顿政府的行政事务和政府代表的顾问，同时是美国外交政策和对外项目在国外的确定解释者；

2.作为一个信息机构，它要通过一切可行的交流媒体渠道向政府提供准确的信息；

3.作为一个与国际共产主义相抗衡的宣传机构，它要反对和纠正共产党

---

① Matthew C. Weed, Kennon H. Nakamura U.S. Public Diplomacy: Background and Current Issues. http://www.fas.org/.

宣传中对美国外交政策和目标的谎言与歪曲；

4.作为国务院在该领域中负责文化与教育的机构，它是文化与教育交流项目的执行者。

用一句话表示新闻署的职责，应该说它是一个主管美国对外信息事务的机构，其最终的工作目标是保持和发展美国在冷战背景下西方世界的领导地位。美国政府认为，新闻署需要继续努力推动和发展的目标是使外国人了解美国经济、欣赏美国文化、相信美国军事实力、对美国教育感兴趣、认可美国的和平努力、感谢美国的经济援助、敬重美国的科学进步、认识到美国的农业繁荣发展、公平地了解美国的种族问题及其进步、知道美国的空间成就。此外，新闻署还推动美国的对外贸易、吸引和鼓励外国游客到美国旅游、促进多边合作与进步等。

具体说，新闻署的主要工作包括：

1.新闻署的教育与文化交流项目有：富布赖特项目，与俄国、新独立的国家以及中欧和东欧国家的学术交流项目、各种学术交流与服务项目，美国研究项目、英语项目、国际访问者项目、公民交流项目、民众制度建设项目、文化遗产保护项目。

2.新闻署的信息活动有：互联网服务、华盛顿档案文件、电子期刊、讲演者和专家、电话会议和数字化视频会议、印刷品、CD光盘、对外新闻中心、信息资源中心和图书馆、出版物翻译项目。

3.新闻署负责的国际广播有：美国之音、全球电视与电影网、全球视频节目、古巴广播局、收音机市场、电视机市场、媒体联合局、商业发展局。新闻署负责的研究和分析领域包括：外国民意测验、外国新闻评论等。

4.新闻署工作还包括监督美国公民服务、公共联络和媒体关系，该署受国会各个委员会、广播管理委员会、美国公共外交咨询委员会、富布赖特外国学者董事会、文化遗产咨询委员会、古巴广播总统咨询委员会的监督。①

---

① http://dosfan.lib.uic.edu/.

5.新闻署负责的其他项目主要有：（1）通过各种信息和双边合作中心为其他国家提供高等教育资助，包括图书馆、博览会、授课以及学生导读等；（2）在教育领域从事服务，包括发放读本、杂志、复印等；（3）管理美国之音广播，经常进行有关教育的内容；（4）为海外提供动画片，其中许多涉及美国教育；（5）推动美国与外国教育机构的信息关系发展。①

但是，根据笔者2015年8月29日从同一网站下载的相同题目下的说法，美国新闻署的使命则变成了：使外国公众理解、向外国公众发布和影响外国公众什么是美国国家利益，扩大美国人民与美国各级政府部门之间、海外对手之间的对话。

新闻署的专门工作包括：

1.从对外文化角度解释和支持美国政策的可信度和含义；

2.（向世界）提供有关美国官方政策以及在这些政策影响下的美国人民、美国价值观和美国制度的信息；

3.将国际活动的好处带给美国公民，并帮助他们建立一条与外国对手之间强大的长期的关系纽带；

4.向直接感受美国政策效力和面对外国对美国有看法的总统和美国政府政策制定者提出建议。②

该网站还介绍，新闻署对外活动机构为美国信息局（文化处USIS），具体人员有公共事务官员（Public Affairs Officer）、信息官员（Information Officer）、文化事务官员（Cultural Affairs Officer）、外国雇员（Foreign Service Nationals），对内还有设在华盛顿的国民教育处（Civic Education）。新闻署的工作由指派的在美国驻各国大使馆或者代表团的外事官员来执行。公共事

---

② U. S. Congressional Serial Set Vol. No. 12077, Session Vol. No.6, 85th Congress, 2nd Session, H.Rpt. 2712. Title: Government programs in international education（a survey and handbook）. Forty-second report by the Committee on Government Operations. January 3, 1959. – Committed to the Committee of the Whole House on the State of the Union and ordered to be printed. p.39. http://infoweb. newsbank.com/.

③ http://dosfan.lib.uic.edu/usia/usiahome/overview.pdf.

务官员的职责是管理使馆的信息和文化行动，在履行美国政府政策和其他使馆行动过程中，公共事务官员在公共事务战略方面是大使和其他使馆官员在公共外交、媒体、教育问题以及文化事务等方面的高级参赞。信息官员（Information Officer, IO）是美国驻外大使馆与驻在国和国际信息问题方面的发言人，对一些公共利益问题具有政策导向作用，并负责安排新闻发布等活动。文化事务官员（Cultural Affairs Officer, CAO）负责教育与文化交流项目，负责安排学者讲学和研讨会等活动，管理美国信息或者文化中心，组织美国对外文化活动。①

新闻署解体之前的具体工作包括 5 个方面：教育与文化交流（富布赖特项目、与苏联、苏联解体后新独立的国家，以及中东欧国家的学术交流、专项学术交流和服务、美国研究、英语教学、国际防务学者指导办公室、公民交流、建立民主制度项目和文化遗产保护）；信息行动（互联网服务、华盛顿档案、电子期刊、发言人和专家、电子资料和数字化参考资料、纸质出版物、CD 光盘、外国新闻中心、信息资源中心和图书馆、出版物翻译项目）；国际广播（美国之音、全球电视网和视频服务、全球网、古巴广播电台办公室、马蒂广播电台、马蒂电视台、隶属关系和媒体训练办公室、商务发展办公室）；研究与分析（外国民意测验、外国新闻评论）；扩展和监管（公共联络和媒体关系、国会委员会、广播管理委员会、美国公共外交咨询委员会、富布赖特奖学金委员会、文化产业咨询委员会、古巴广播总统咨询委员会）。②

众所周知，美国新闻署早在 1999 年就已经解体，但该网站一直在运作并在不断修改过去新闻署的资料。笔者认为，这正说明新闻署及其活动在美国外交中的重要性。

---

① http://dosfan.lib.uic.edu/.

② U.S. Congressional Serial Set Vol. No. 12077, Session Vol. No.6, 85th Congress, 2nd Session, H.Rpt. 2712. Title: Government programs in international education (a survey and handbook). Forty-second report by the Committee on Government Operations. January 3, 1959. Committed to the Committee of the Whole House on the State of the Union and ordered to be printed. p.39. http://infoweb.newsbank.com/.

### （三）新闻署在外国的办事机构

1964 年美国信息咨询委员会给国会第 19 次报告中指出，新闻署在 106 个国家从事公共信息工作，在 86 个国家建立了 180 个图书馆或者信息中心，在 34 个国家建立了 70 个阅览室，在 33 个国家建立了 149 个双语中心，成为美国的形象和代表。新闻署在海外的代表是公共事务官员，其手下的文化事务官员负责对外文化关系和教育交流项目。

1995 年以前，新闻署在 125 个国家设有大约 200 多个机构，所管辖的范围分为 5 个地区：非洲地区，欧洲地区，东亚与太平洋地区，美洲地区，北非、近东和南亚地区。在海外，新闻署机构一般称为美国信息局（文化处 USIS）。新闻署的活动可以分为两类：信息活动和教育与文化项目。简单说，所谓信息活动是指新闻署利用诸如新闻、出版物、广播、电影、电视、光盘等新闻媒体方式进行对外宣传活动以对美国外交实行短期的"快速"支持活动；所谓教育与文化项目是指在海外建立图书馆、阅览室、双边文化中心、图书项目、演讲和办班、文化介绍、英语和美国研究教学以及各种人员交流项目等长期的"慢速"支持活动。[1]

1999 年，新闻署在 142 个国家设有 190 个美国文化处（USIS），雇佣 2521 个外国雇员。美国文化处设有 6 个大区办事处：非洲事务处、美洲事务处、西欧与加拿大事务处、东亚和太平洋事务处、东欧和网络信息服务事务处、北非近东和南亚事务处。美国文化处设有文化事务官员（the Cultural Affairs Officer），负责管理教育与文化交流项目。1999 年，新闻署拨款大约为 11.2 亿美元。[2]

---

① Middlebrook, Geoffrey Cole , "The Bureau of Educational and Cultural Affairs and American public diplomacy during the Reagan years: Purpose, policy, program, and performance", University of Hawai'i at Manoa, Ph.D. 1995, 数据库：Pro Quest Digital Dissertations, ISBN：9532610, pp.1-3.

① Matthew C. Weed, Kennon H. Nakamura U.S. Public Diplomacy: Background and Current Issues. http://www.fas.org/.

### （四）信息咨询委员会对新闻署工作的建议与总结

从 1953 年新闻署建立开始，其工作就由信息咨询委员会进行检查、监督、建议和总结，一直到 1977 年该委员会并入国际交流、文化和教育事务咨询委员会。在此期间，信息咨询委员会的每一次年度报告都要对新闻署的工作提出建议与总结。

美国信息咨询委员会给国会第 19 次报告中对新闻署今后的工作提出了15 个建议，这些建议既反映了国会对新闻署工作的不满，也说明了美国官方对文化扩张的政策指向。这 15 个建议是：1. 加强内部管理、交流与合作，报告指出，作为一个运作复杂而又繁琐的机构，新闻署由 5 个媒体中心、6个地区办公室、一个政策办公室、一个研究室、一个管理办公室、一个安全办公室、一个 4 人合作办公室和一个总顾问处组成，这些机构之间必须相互配合，但这中间存在的一些问题至今没有得到解决；2. 减少那些不必要的出版物的发行；3. 印刷品与广播的满意回顾；4. 新闻署在华盛顿的专用大楼只需要一幢；5. 加强新闻署工作的计划性；6. 加强研究性以及研究结果的更好利用；7. 加强新闻署的立法工作，如工作条件、工资待遇以及退休制度等；8. 加强大众文化交流中的专家交流工作；9.1953 年新闻署作为一个独立机构建立的时候，有关人员交流项目的管理与规划工作仍旧在国务院，但事实上交流项目的执行工作却在新闻署，在新闻署从事该项具体工作的是文化事务官员，而该文化事务官员却要在公共事务官员的直接领导之下，而且新闻署的文化事务官员工作职权范围越来越大，因此总咨询委员会建议对文化事务官员及其工作进行研究以使之发挥更大的作用；10. 美国文化处西欧分处计划取消一些在西欧的信息中心和图书馆以减少开支，委员会对此表示质疑；11. 新闻署强调信息比文化与教育事务更重要，但总咨询委员会认为文化与教育行动是美国外交政策目标的重要手段之一，因此必须加强；12. 为支持美国外交政策而在近 6—7 年由新闻署兴办的商品交易会展出项目得到国会的肯定；13. 上面提到的一系列事务，包括商品交易会、文化渗透、文化交流、图书出版发行与翻译、英语教育以及国际广播等，都需要政府各个部门间相互合作；14. 发挥泛美联盟的积极作用；15. 虽然新闻署是一个从事海外事务的机构，但该机构必须向国会和美国人民汇报自己在国内公共关系事务中的活动。[①]

1965 年召开的美国信息咨询委员会给国会第 20 次报告中对第 19 次报告中提出的 15 个建议进行了总结：1. 在加强新闻署行政管理方面，提出设立一个专职行政管理人员但与负责行政事务的副署长的职责不同；2. 将新闻署在华盛顿的办公大楼从 11 座减少为 1 座；3. 长期规划还没有到位；4. 对文化事务官员工作提出 4 点建议：（1）检查和研究文化事务官员的作用问题；（2）大众文化交流中的外国专家安排和训练项目协调并集中到政府项目当中；（3）重新考虑新闻署减少在西欧的图书馆数量问题；（4）恢复新闻署各种文化项目之间的平衡；5. 新闻署承担总统安排的商品贸易展览会项目的职责；6. 新闻署印刷和广播项目要寻求向外扩展；7. 扩大研究项目以使新闻署工作更有成效；8. 考虑需要将美国政府的信息、教育与文化工作纳入一个机构领导之下，但这 3 个方面的工作需要广泛地开展起来；9. 寻求现实中泛美联盟为推动美国与拉美国家之间的大众文化交流工作的实践者对这方面提出建议和引导性意见；10. 限定新闻署在国内的出版物数量到最小程度，并使其媒体产品分布范围在国会允许范围之内。[②]

① U.S. Congressional Serial Set Vol. No. 12643, Session Vol. No. 13, 88th Congress, 2nd Session, H. Doc. 211 Title: The nineteenth report of the United States Advisory Commission of Information pp.1-3.7-15. http://infoweb.newsbank.com/.

② U.S. Congressional Serial Set Vol. No. 12707, Session Vol. No. 31, 98th Congress, 1st Session, H. Doc. 140 Title: The twentieth report of the United States Advisory Commission of Information pp.3-9. http://infoweb.newsbank.com/.

## 四、美国最重要的对外文化与教育交流机构——国务院教育与文化事务局（1959— ）

### （一）教育与文化事务局的历史沿革

根据美国国务院教育与文化事务局档案，该局的历史沿革可以追溯到1938年建立的文化关系处，此后是1944年建立的科学、教育与艺术处和文化合作处、1945年建立的临时国际信息局、1946年建立的信息与文化事务局和国际人员交流处、1947年建立的国际信息与教育交流局、1948年建立的教育交流局和国际信息局、1952年建立的信息管理局和国际教育交流处。1953年国际信息管理局活动转归新建立的新闻署。①

根据美国国务院教育与文化事务局网站，1946年战时信息处解体的时候，其中一部分人并入国务院的国际信息与文化事务局，该局在全世界有76个分支机构。1947年，该局更名为国际信息与教育交流局，从此，美国外交中那句著名的话"推动其他国家对美国的更好理解，增进相互谅解"（promote a better understanding of the United States in other countries, and to increase mutual understanding）开始由国务院来执行。1953年新闻署成立后，美国之音归属新闻署，但教育与文化交流项目仍旧属于国务院的公共事务局，1959年，从公共事务局分离出教育与文化关系局，专门负责教育与文化交流项目。1978年，新闻署更名为美国国际交流署，该署吞并了教育与文化关系局。② 但是，同样在1959年，国务院又建立了国际文化关系局，不久，国际文化关系局重组并命名教育与文化事务局。从1961年起，第一助理国务卿负责教育与文化事务。③

根据总统1962年6月25日的第11034号行政命令授权，国务院在

---

① Department of State Chronological Outline of the Orgnazation and Ranking Officers of CU, pp. 1-3. http://libinfo.uark.edu/specialcollections/findingaids/cuaid/index.html, CU Box 308.

② http://eca.state.gov/ivlp/about-ivlp/program-history.

③ Department of States Bureau of Educatinal and Cultural Affairs （CU）Landmarks in the History of the Cultural Relations Program of the U.S. Department of States, pp.1-22. http://libinfo.uark.edu/specialcollections/findingaids/cuaid/index.html, CU Box 308.

1964 年 1 月 20 日建立了国际教育与文化事务委员会（the Council on International Educational and Cultural Affairs），该委员会成员由国务院、国际开发署、国防部、卫生、教育与福利部、和平队和新闻署代表组成。① 从这种情况看，美国政府在对外教育与文化事务管理方面还存在比较混乱的状态，由于新闻署建立以后美国对外文化事务中有些项目和活动继续由国务院掌管，有些则转归新闻署，同时还有一些部门也有对外文化活动，国际教育与文化事务委员会的建立正说明，美国政府有意统筹管理对外文化事务。有一点是可以肯定的，那就是在这些都从事对外信息、教育与文化交流活动的政府机构中，独立的新闻署是对外信息活动的主要机构，国务院下属的教育与文化事务局是负责对外教育与文化交流活动最重要的机构。

### （二）教育与文化事务局的设置及其办公机构

国务院有一个公共事务局（the Bureau of Public Affairs, BPA），由助理国务卿领导从事有助于美国国家安全利益、外交政策和宣传美国价值观的国内外媒体通讯机构，通过各种渠道向美国人民和世界其他国家人民进行宣传。该局的使命是：1. 从事美国外交利益的战略战术规划；2. 为美国国内外媒体制作新闻节目；3. 追求媒体效果，要使所有美国人不论在什么地方都能通过当地、本区和全国媒体直接听到国家核心部门的声音；4. 以国家名义管理国务院网站并发表介绍有关美国外交的最新信息；5. 使用社会媒体和其他现代技术影响公众；6. 监督国务院所属的 6 个国际地区的媒体组织，使之成为通过印刷品、网络和广播影响外国民众的海外平台；7. 通过电话、电子邮件或社会媒体回答公众对美国外交政策提出的问题；8. 安排城镇会议，定期

---

① U.S. Congressional Serial Set Vol. No. 12808-4, Session Vol. No.4-4 90th Congress, 2nd Session H.Doc. 398. Title: Federal educational policies, programs, and proposals. A survey and handbook. Part I. Background; issues; relevant considerations.Prepared in the Legislative Reference Service of the Library of Congress by Charles A. Quattlebaum.Specialist in Education. December 1968. p.107. http://infoweb.newsbank.com/.

向大学人员、商界人士和各个社区讨论美国外交政策并说明这种政策为什么对所有美国人都那么重要；9. 生产和合作生产语言视频产品为美国和国外公众、新闻媒体、国务卿、国务院和本局官员服务；10. 为美国外交和外交事务进行历史研究。[①] 公共事务局下设公共外交与公共事务分部，教育与文化事务局是该分部的组成部分。教育与文化事务局下设的办公室有：

1. 学术交流项目办公室（the Office of Academic Exchange Programs, OAEP），为从本科到博士后的国际学生和学者研究项目提供机会；

2. 英语语言项目办公室（the Office of English Language Programs, OELP），在各国推动英语语言学习和英语教学项目；

3. 全球教育项目办公室（the Office of Global Educational Programs, OGEP），支持和推动教师、学生和非专业性的人员交流项目；

4. 国际访问者办公室（the Office of International Visitors, OIV），把全世界各国职业人员请到美国与其相对应的人员面对面交流经验；

5. 政策与评估办公室（the Office of Policy and Evaluation, OPE），对该局各个项目的工作质量和状况进行检查和评估；

6. 私人部门交流办公室（the Office of Private Sector Exchange, OPSE），与美国的学术界、教育界和各种文化团体以及政府其他各个部门合作共同从事人员交流项目。[②]

新闻署结束使命以后，如同新闻署的部门一样，国务院的教育与文化事务局的使命是通过教育与文化交流等措施加强美国人民与世界其他国家人民之间的相互理解。

### （三）教育与文化事务局负责的项目与活动

根据美国国务院外交事务手册第一卷，教育与文化事务局的使命是通过

---

① http://www.state.gov/r/pa/index.htm.

② http://eca.state.gov/about-bureau-0/organizational-structure, p.1.

国际教育与文化交流和训练项目增进美国与其他国家之间的相互了解以发展相互间友好、同情和和睦关系。该局要通过推动美国公民在国外的私人和组织以及在国外民众面前呈现美国历史、社会、艺术和文化，加强美国与其他国家之间人员、职业和系统之间的联系纽带。①国务院所属的教育与文化事务局从事的国际教育交流项目是美国对外政策目标的组成部分，其目的是通过教育与文化交流加强美国人民与其他国家人民之间的相互了解，通过展现教育与文化利益、发展和美国与其他国家人民的成果来加强美国与其他国家的友谊，推动教育与文化发展的国际合作，帮助世界上与美国友好、同情、和平相处的国家的发展。教育与文化事务局的项目主要有：1.美国专家项目；2.国际访问者项目；3.文化展现项目；4.美国资助的海外学校项目；5.特殊教育与文化项目；6.与国际组织之间相互关系项目；7.资助基金项目；8.接待中心项目；9.访问学者项目；10.志愿者项目。②

在1999年撤销以前，新闻署也负责一些教育与文化事务项目，教育与文化事务局负责的对外教育与文化交流的项目主要有：富布赖特项目、公民交流、国际访问者、汉弗莱奖学金、海外访问者、英语教学、美国学习、大学联盟项目等。③

## （四）历史办公室

### 1. 历史办公室的设立及其预定工作

1972年，美国国务院教育与文化事务局成立历史办公室，开始了该局历史上唯一的一次十分重要的编写工作，名为"教育与文化事务历史工程

---

① http://www.state.gov/documents/organization/84186.pdf.

② U.S. Congressional Serial Set Vol. No. 12808-4, Session Vol. No.4-4 90th Congress, 2nd Session H.Doc. 398.Title: Federal educational policies, programs, and proposals. A survey and handbook. Part I. Background; issues; relevant considerations.Prepared in the Legislative Reference Service of the Library of Congress by Charles A. Quattlebaum.Specialist in Education. December 1968. pp. 5-6. http://infoweb.newsbank.com/.

③ http://dosfan.lib.uic.edu/usia/p.1.

(Educational and Cultural Affairs History Project)"。1978 年，由于卡特总统将美国新闻署更名为国际通讯署，并将国务院教育与文化事务局的一些功能并入新建的国际通讯署，教育与文化事务局历史办公室基本完成了使命，历史工程的工作基本完结。那么，美国国务院教育与文化事务局为什么要成立历史办公室并组织一项历史工程？该工程内容有哪些？工程的目的和最后目标是什么？我们应该如何评价和认识该项工程？这些问题是美国文化外交的重要内容，也是我们了解美国对外文化政策的重要侧面。这些问题的回答对于我们重新认识美国外交政策具有重要的学术价值和现实意义。

根据美国国务院教育与文化事务局（CU）档案，国务院在 1938 年建立文化关系处（Division of Cultural Relations）的时候就已经开始考虑建立一个写作教育与文化交流项目史的机构。但之所以从 1972 年才开始成立历史办公室并写教育与文化事务局的历史，是考虑该项工作在此阶段是比较有利的，因为那些曾经一开始就从事文化交流项目的人还都健在并积累了丰富的工作经验。

事实上，该局的历史写作在 1944 年就开始了。当时，国务院联络官 J. 曼纽尔·埃斯皮诺萨（J. Manuel Espinosa）开始负责协调文化交流项目，1957—1962 年他是外国奖学金委员会执行秘书，后来被任命为美洲国家项目办公室副主任。当时，有 3 项工程已经启动：第一个是在国务院教育与文化事务局组织一个官方资助的有关国际交流项目的永久性历史档案；第二个是交流项目史的写作；第三个是准备该项目的一系列深入研究的重要内容。教育与文化事务局欢迎个人对那些鲜为人知的有关美国国际人员交流活动的报告和研究。

根据 J. 曼纽尔·埃斯皮诺萨在美国对外关系历史学家协会 1976 年 12 月 27 日会议上的评论，在 1972 年秋天，约翰·小理查德逊（John Richardson, Jr.），当时负责教育与文化事务的助理国务卿，考虑在教育与文化事务局建立一个历史办公室，以协调国务院文化交流项目史的写作。约翰·小理查德逊被任命为该办公室主任并参与后来由项目办公室秘书詹姆斯·A. 小

多诺万（James A. Donovan jr.）主持的几个月的历史工程工作，该项工程有
3 项基本任务：

第一个任务是开始一系列的有关国务院在国际文化关系项目史各个主要
方面的专题著作，第一个专题著作在去年夏季发表，那就是威尔玛·法尔班
科（Wilma Fairbank）的《美国在中国的文化经历，1942—1950》；第二个专
题著作将由我本人来完成但现在还不能确定何时完成，此专著题目为《美
国与拉丁美洲国家的文化外交，1936—1948》（*Inter-American Beginnings of
U.S. Cultural Diplomacy, 1936–1948*）。现在已经到了准备第三个专题著作的
阶段，该专著将是关系德国再定位项目，集中在 1945—1954 年间的教育与
文化交流方面，初期阶段将由亨利·J. 克里尔曼（Henry J. Kellermann）撰
写，还有几个人在进行早期阶段写作的准备工作，各个卷宗都将由政府印刷
局出版。

历史办公室第二个任务是建立和管理教育与文化事务局的档案。美国早
期对外关系中可以用来撰写教育与文化事务局历史的原始档案在过去几年中
被毁坏了，而且在继续毁坏，因此对我们专著的写作是巨大损失。

历史办公室第三个任务是开始教育与文化事务局的非正规口述史，记录
了过去 30—35 年间有关教育与文化事务的大约 25 种会面谈话记录，许多人
现在已经退休，多数人提供了有价值的在任何档案中都没有的个人经历。①

从国务院教育与文化事务局历史办公室的准备情况看，该历史工程包括
3 个方面的内容：一是组织撰写美国国务院教育与文化事务局有史以来所从
事的教育与文化交流活动专著共 8 本；二是编写教育与文化事务档案；三是
通过面谈录音收集在以往教育与文化交流活动中的美国相关人员经历。

国务院教育与文化事务局历史办公室的任务就是完成设定中的历史工
程，即上面所说的 3 项任务。从最后的结果看，这 3 项任务中只有第一项即

---

① State Department's Bureau of Rducational and Cultural Affairs Initeates Writing the History
of the Cultural Exchange Program. pp.1-3. http://libinfo.uark.edu/specialcollections/findingaids/cuaid/
index.html, CU Box 308.

历史专著写作的 8 本书只完成出版了两本，教育与文化事务局档案材料收集后集中交由阿肯色大学图书馆专项收藏，至于面谈录音的情况没有记载。

### 2. 历史办公室的具体工作及其内容

美国国务院教育与文化事务局历史办公室所从事的历史工程是一个庞大的、意义深远的项目，如果说从 1938 年就开始准备，笔者认为那只是美国从事文化外交的人的一种自我标榜，因为在 1938 年国务院文化关系处建立以后，对于该机构的任务和功能一直存在争议。美国学者亨利·勒曼（Henry Leman）认为，文化关系处从一开始就强调，该处所从事的项目主要是从对外文化交流的长远目标出发去推动美国与拉美国家之间的相互理解而没有政治目的。① 文化关系处的第一任处长本·彻林顿（Ben Cherrington）将美国国际教育与文化交流项目的政府原则归结为两条："第一，我国的对外文化关系活动应该是互惠的，绝不能将某个民族的文化强加给另一个民族；第二，文化利益交流应该是广大人民群众参与，相关国家政府机构关注，也就是说，文化交流项目应该是那些参与国家固有文化之间的交往。"② 特别是 1938 年 7 月 27 日该处在国务院建立以后不久二战就开始了，战争期间该处主要从事的战时宣传和信息活动。因此，从文化关系处的历史看，是没有从事教育与文化事务历史写作的，更何况当时国务院还没有教育与文化事务局。

尽管 1972 年情况有所不同，但准备实现的工作还是没有按计划完成。例如，1972 年 11 月 6 日，埃斯皮诺萨在给教育与文化事务局官员的备忘录中针对教育与文化事务局历史工程的准备工作做出了说明，他指出，为公开出版专著的准备有：曼纽尔·埃斯皮诺萨本人的《为国际相互理解开通道

---

① Henry J. Kellermann, Cultural Relations as an Instrument of U. S. Foreign Policy, The Educational Program Between the United States and Germany, 1945-1954. Washington: Bureau of Educational and Cultural Affairs U.S. Department of States, 1978. pp. 5-6.

② Ben M. Cherrington, "Ten Years After," Association of American Colleges Bulletin, XXIV (Dec. 1948). p. 2.

路：美国政府文化关系项目在美洲的开始，1936—1948》；迪恩·马鑫（Dean Mahin）的《1950年以来的国际访问者项目》；亨利·J.克里尔曼的《1946—1954年美国与德国的教育再定位交流项目》；芭芭拉·J.沃尔顿（Barbara J. Walton）的《国务院的作用——学生交流》；詹姆斯·A.小多诺万的《国务院的作用——国外文化展现》；拉尔夫·H.沃格尔（Ralph H. Vogel）的《国外富布赖特双边委员会——建立国际学者委员会的作用》。① 但是这些准备出版的专著基本上没有按计划出版。在该备忘录中，J.曼纽尔·埃斯皮诺萨还列出了一系列研究和写作工作，其中包括：1.美国政府赞助的与中国的教育与文化项目官方历史，这些项目有：（1）庚子赔款奖学金，（2）1942—1949年美国政府与中国大陆第一次交流项目，（3）1949—1955年对中国学生的紧急援助，（d）中美双边项目史；2.教育与文化事务局赞助的对交流项目的研究；3.美国咨询委员会及其在交流项目政策中的作用史；4.美国国际研究项目的现状；5.（1）教育与文化事务局在埃及英语教学发展中的作用，（2）教育与文化事务局赞助的国外英语教学项目史；6.东西方研究中心史；7.教育与文化事务局努力增加全美国小型大专院校之间交流项目史；8.教育与文化事务局在援助非政府赞助的在美国的学生历史；9.教育与文化事务局联合国奖学金项目。② 这些准备的研究和写作项目也基本上没有按时完成。

　　应该说历史办公室对历史工程的工作很积极并做了大量准备，例如，1972年10月13日，J.曼纽尔·埃斯皮诺萨在给教育与文化事务局官员理查德·K.小佛克斯（Richard K. Fox, Jr.）和约翰·小理查德逊的备忘录中指出：本备忘录告诉你们我的最近行动：第一，全部工程的预备工作包括：1.已经开始列出题目基本框架和可以找到的背景数据和相关信息基本文献索引；

---

① November 6, 1972, Memorandum. pp.1-2. http://libinfo.uark.edu/specialcollections/findingaids/cuaid/index.html, CU Box 308.

② November 6, 1972, Memorandum. pp.1-2. http://libinfo.uark.edu/specialcollections/findingaids/cuaid/index.html, CU Box 308.

2.已经开始收集和整理政府的一贯政策、项目、行动、在教育与文化事务局项目管理程序和实践效果历史的基本数据；3.已经建立了一个临时磋商小委员会帮助我思考教育与文化事务局历史工程的形成。第二，基本管理；已经开始公开和未公开的教育与文化事务局项目信息卡片档案目录；已经开始检查档案陈列柜橱中的教育与文化事务局数据在陈列柜橱中资料的放置位置；通过国务院管理中心档案已经检查了在记的书籍693种和一些有用的过期档案。第三，原始资料源搜寻；已经与罗斯先生讨论了该工程，罗斯从一开始就支持该工程，一些掌握教育与文化事务局原始资料的人还健在，他们从一开始就从事交流项目工作；已经开始就国务院和新闻署关键卡片档案进行选择，包括曾经与该项目有关联的原先国务院和新闻署两个部门的一些机构和政府其他机构人员，磋商他们直接从事的一些事务，如果他们愿意，请他们选择写教育与文化事务局历史；已经开始初步讨论更大范围的教育与文化事务局的一些过去的官员与合作机构的考察并初步交流了思想。第四，就教育与文化事务局历史专门出版物设想；就教育与文化事务局历史中有意义的题目出版一系列专门论著；教育与文化事务局历史项目的主题、历史视角，呈现教育与文化事务局历史的全部主要方面。①这些工作和准备有的已经完成，但有些还是没有按计划实现。

1973年6月15日，J.曼纽尔·埃斯皮诺萨给约翰·小理查德逊一份备忘录，报告了教育与文化事务局历史工程现状：1.关于教育与文化事务局历史重要题目系列专著：本工程运行良好，现在，两本专著正在准备中，一本是由威尔玛·法尔班科在1973年4月3日签名同意准备的有关美国与中国大陆第一个官方交流项目的著作。同样在1973年4月3日，我们与迪恩·马鑫签署了由他准备有关国务院国际访问者项目历史的协议并已经在进行中，他将在8月初之前交出部分手稿并在年底之前完成。经过与鲁斯和福克斯商

① October 13, 1972, Memorandum. pp.1-2. http://libinfo.uark.edu/specialcollections/findingaids/cuaid/index.html, CU Box 308.

量，1974 财年还没有新的专著安排但将出版上述两部著作。2. 关于教育与文化事务局永久性记录文稿：这些正在整理中的文稿将作为教育与文化事务局历史写作的基础的、严格挑选的文献，作为其他有兴趣研究教育与文化事务局史的人的文献，期望成为教育与文化事务局现行题目、问题和重大发展领域管理者有用的"记忆银行"背景资源。多诺万先生已经为这方面的进展做了最初的准备工作。3. 关于 5 月 29 日教育与文化事务局团队：根据马里恩·泰里尔（Marion Terrell）的 5 月 29 日的就职报告，所有面临的事务进展比预计的要快，她在基本历史数据组织方面起关键作用，将帮助我们的专题研究、数据索引和历史大纲发挥作用。4. 关于教育与文化事务局官员和其他人的专题研究：为了填补我们历史数据的欠缺，我们让教育与文化事务局官员准备该工程或他们曾经参与并扮演中心角色的项目大纲。多诺万还发起了一系列的与该项目历史有关的重要人物的会面。5. 继续磋商：在该工程进行当中我们发现，有必要请一些对此有兴趣的人就一些特别的和系统基本问题提出意见或者建议。（1）我们和教育与文化事务局的鲁斯等保持联系，使他们非正式地利用他们的看法完成我们的计划；（2）我们这里有一些非正式的"教育与文化事务局旧有人员"，我们组织他们开会讨论一些特殊题目并获得他们的建议和看法；（3）有 4 个不同学科的学者与我们接触并就教育与文化事务局历史工程进行磋商。[①] 这些情况说明，历史办公室为历史工程付出了巨大的努力并取得了一定的成效。但历史工程还是面临一系列的问题。

　　1974 年 12 月 31 日，教育与文化事务局詹姆斯·A. 小多诺万给 J. 曼纽尔·埃斯皮诺萨的信中谈了有关"历史工程面临的问题思考"。他认为，现在教育与文化事务局历史工程各个阶段共有 8 本专著要完成：1. 迪恩·马鑫已经完成了一本；2. 威尔玛·法尔班科的书稿仅剩 1—2 章也将完成；3. 埃

---

　　① United States Government Memorandum, June 15, 1973. pp. 1-3. http://libinfo.uark.edu/specialcollections/findingaids/cuaid/index.html, CU Box 308.

斯皮诺斯先生您本人的书稿已经在修改中；4. 我们已经与芭芭拉·J. 沃尔顿沟通，请她写一本有关学生交流的著作，她可能已经在完成当中；5. 拉尔夫·H. 沃格尔现在已经准备好几个月后开始写有关双边委员会内容的著作，我相信将在 1976 年完成；6. 罗伯特·佛理（Robert Forrey）正在就美国研究写一本著作；7. 我本人正在就美国的文化展示写一本书；8. 我们刚刚收到理查德逊（Richardson）的承诺，他将与亨利·克里尔曼合写一本有关美国与德国交流项目的著作。我相信如果我们加快工作，1975 年 6 月 30 日前可出版 3 本，1977 年 8 本可全部完成出版。我从哈里·凯佩尔（Harry Keiper）那里得知，他将把我去年录制的厄尔·丹尼斯（Earl Dennis）与哈罗·德豪兰 (Harold Howland) 会面的 7 英寸录音带转给我，这样就可以将这盘录音带与其他录音带共同保存起来，作为口头史的记录。同时，在您的允许下我将开始与其他教育与文化事务局历史相关的人会面，例如鲁克·巴特尔（Luke Battle）和卡迪·露克黑姆（Katie Louchheim）等。一当取代马里恩·泰洛尔的人和档案管理员到位，我们将制作出文档、图书和研究索引，这样就有了教育与文化事务局历史编辑信息源目录。①

1974 年 12 月 16 日，詹姆斯·A. 小多诺万给 J. 曼纽尔·埃斯皮诺斯的信中指出，第一，为了使我们的著作更加专业化，将找一些外边的人先来分别阅读已经完成的著作手稿并给他们一些报酬；第二，我强烈呼吁不用大学出版社而在约翰斯霍普金斯出版社出版；第三，我认为我们将坚持找一个编辑代替马里恩·泰洛尔；第四，我进而认为，我们应该让鲁斯接替马里恩·泰洛尔。② 历史学教授马里奥·罗德里格斯(Mario Rodriguez) 在给 J. 曼纽尔·埃斯皮诺萨的信中指出，我刚刚看完了整个手稿，前 3 章采纳了您的意见，一切已经就绪，我已经没有什么再修改的了。您在本书背景的章节中写得很

① Thoughts on Problems Confronting the History Project. pp. 1-4. http://libinfo.uark.edu/special-collections/findingaids/cuaid/index.html, CU Box 308.

② Points to be Taken Up with Mr. Roth as Concerns the History Project. pp. 1-2. http://libinfo. uark.edu/specialcollections/findingaids/cuaid/index.html, CU Box 308.

好，但我发现其中有些错误的地方，这将对您以后的说明有些影响，您可以用1—2页来补救。我将就1889年以来的"泛美主义"特征补充一些段落。另外，泛美主义并不是在真空中发展的，这是一个与法国的泛拉丁主义（Pan Latinism）和西班牙的泛西班牙主义（Pan Hispanism）等相论争的运动。①

J. 曼纽尔·埃斯皮诺萨在1975年12月有关"美国国务院教育与文化交流项目历史系列著作"的通报中指出，现在完成的专著有两本：一本是威尔玛·法尔班科的《美国在中国的文化经历，1942—1949》，（America's Cultural Experiment in China, 1942–1949），另一本是J. 曼纽尔·埃斯皮诺萨的《为国际理解开通道路：美国政府文化关系项目在拉丁美洲的开端，1936—1948》（Opening a Road to International Understanding: The Inter-American Beginnings of the U.S. Government's Cultural Relations Program, 1936–1948），正在写作当中的著作有6本：迪恩·马鑫的《1950年以来的国际访问者项目》（The International Visitor Program Since 1950）、芭芭拉·沃尔顿的《学生交流——国务院的作用》（Student Interchange —The Role of the Department of State）、罗伯特·佛理的《国外的美国研究——教育交流的作用》（American Studies Abroad — The Role of Educational Exchange）、亨利·J. 克里尔曼的《与德国教育再定位项目下的交流，1946—1954》（Exchange under the "Educational Reorientation" Program with Germany, 1946–1954）、詹姆斯·A. 小多诺万的《国外的文化展现——国务院的作用》（Cultural Presentations Abroad —The Role of the Department of State）、拉尔夫·H. 沃格尔的《国外的双边富布赖特委员会——其在构建国际学者协会中的作用》（The Binational Fulbtight Commissins Abroad —Their Role in Buiding An International Community of Schoolars）。②

---

① Points to be Taken Up with Mr. Roth as Concerns the History Project. pp. 1-2. http://libinfo. uark.edu/specialcollections/findingaids/cuaid/index.html, CU Box 308.

② The Historical Series on the Educational and Cultural Exchange Program of the U.S. Department of State. p. 2.http://libinfo.uark.edu/specialcollections/findingaids/cuaid/index.html, CU Box 308.

从上述情况可以看出，历史办公室的工作既有一些成效，又有许多不尽人意的地方。其中较有成果的是教育与文化事务局历史办公室的历史工程中最重要的想出版的 8 本书准备相当充分，不但分工明确，而且要由一些专家来审读后才能出版，并对出版社有明确的选择，当然，后来又有机构的变更而没有实现全部出版的目标；存在的问题主要是许多计划中的工作并没有按计划展开和实现。

### 3. 历史办公室评价

1977 年卡特接任美国总统以后，对美国外交活动机构进行了大规模的改组，其中最重要的是将新闻署（United States Information Agency）改组为国际通讯署（International Communication Agency），并将原来国务院教育与文化事务局所属机构的一些功能转归到新组建的国际通讯署，这样，国务院教育与文化事务局历史办公室基本上结束了使命，历史工程基本上停止，所设想的 8 本书仅正式出版了 2 本，其他专题著作是否出版不得而知。

尽管历史工程没有按计划继续进行，但该工程的初始目的基本达到了。

之所以说初始目标基本达到了，是因为该历史办公室建立的时候所设想的任务目标在 1977—1978 年间该办公室完成使命的时候基本实现了。1972 年 10 月 13 日，J.曼纽尔·埃斯皮诺萨在给教育与文化事务局官员理查德·K.小佛克斯和约翰·小理查德逊的备忘录中还说明了该工程的目的和计划。他指出，本工程的目的是收集和编辑系统的教育与文化事务局数据集，该数据集能够作为一贯政策和政策行动、各种类型的项目和行动的基本的和完整的可靠记录，反映教育与文化事务局管理、运作和行动的过程和做法；同时，人们一致认为在教育与文化事务局的监督和项目执行上会有更多的人员更换，因此该工程的主要目的是现在就把所收集到的曾经在该项目中工作过的还活着的人的经验呈现在后来到教育与文化事务局工作的人们面前，提供一个永久的、深刻的历史记录和阶段性的文献档案；他提出的编写计划包括：1.收集和整理上面所提到的基本资料；2.准备上述资料的索引，说明主要数据和信息所在位置；3.准备一个题目清单；4.出版一系列的教育与文化事务局题目的专门论著；5 准备出版教育与文化事务局项目史。①

　　1976 年 4 月 15 日，詹姆斯·A.小多诺万在给 J.曼纽尔·埃斯皮诺萨的备忘录中就教育与文化事务局档案的使用问题进行说明的时候再次强调了历史工程的目的。他指出，教育与文化事务局历史办公室建立时的几个承诺之一是建立基本档案和历史文档，我们已经利用国务院分类手册记录作为指南开始工作。教育与文化事务局档案将有几个目的：第一，档案必须成为组织、编撰、索引和相互对照成为有用的管理工具；第二，教育与文化事务局历史文档的组织应该使之有助于本部门之外的人员和组织了解教育与文化事务局以往行动信息；第三，档案所提供的任何组织、政府或者个人的长期记忆资料应该需要和保持最新内容。②

　　J.曼纽尔·埃斯皮诺斯在 1977 年 11 月给希柯克（Hichcock）和鲁斯(Roth) 的备忘录中指出，教育与文化事务局历史办公室建立有两个目的：一个是撰写教育与文化事务局历史，给人们提供一个教育与文化交流项目在外交事务中的作用的历史视角；第二个是建立一个档案文献中心。美国新闻署在几年前也有一个历史办公室，但主管该办公室的历史学家去世了而又没有一个新的历史学家接替，现在新闻署的档案由一个研究办公室在新闻署图书馆指导下来管理。考虑到不久国务院的教育与文化事务局和新闻署将合并，教育与文化事务局历史办公室的地位出现问题，很可能保留在教育与文化事务局之内，那么合并后的工作，包括档案文献的归属等问题都需要解决。③

　　1977 年 12 月，国务院历史办公室主任 J.曼纽尔·埃斯皮诺萨就教育与文化事务局就历史办公室做出说明时又一次强调了历史办公室创建的目的和从事教育与文化事务机构历史写作的目的，他指出：该历史办公室在 1972

---

①　CU History Project–Basic Purpose and Plan. p. 1. http://libinfo.uark.edu/specialcollections/findingaids/cuaid/index.html, CU Box 308.

②　Educational and Cultural Exchange with Germany-Background. p. 1. http://libinfo.uark.edu/specialcollections/findingaids/cuaid/index.html, CU Box 308.

③　J. Manuel Espinosa to Hichcock and Roth, 1977, November 7. pp. 1-2. http://libinfo.uark.edu/specialcollections/findingaids/cuaid/index.html, CU Box 308.

年秋建立的目的有两个：一个是写教育与文化事务局史，通过发表的历史研究著作为项目管理者与计划者和感兴趣的教师、研究人员、学生和其他人提供一个历史的视角；第二个是为教育与文化事务局建立档案文献中心，该档案既可以为管理者和操作者提供直接的短期用途，也可以为政府之外的一些感兴趣的人提供长期的参考。1976 年已经发表了《美国在中国的文化经历，1942—1949》和《美国在拉丁美洲的文化外交开端，1936—1948》，第三部著作已经交到出版社和国务院复制处（Reproduction Division），可望在 1978 年春季出版，书名为《美国与德国的教育交流项目，1945—1954》。教育与文化事务局档案由一些重要政策和项目发展的文献组成，该档案的组织和编目正在进行阶段。①

美国联邦政府资源组主席理查德·G. 休利特（Richard G. Hewlett）代表"推动历史管理办公室全国合作委员会（National Coordinating Committee for the Promotion of History Administrative Office）"在 1978 年 2 月向各个政府部门发布文告，题目为"联邦政府历史办公室和项目咨询与概览（Directory and Survey of Historical Offices and Programs in the Federal Goverment）"，该文告说明了从事历史研究工作的人员应该注意的问题。该文告在序言中指出，"推动历史管理办公室全国合作委员会"在 1977 年已经建立，目的是推动通过更多地利用专门视角和历史学家的技能更好地理解过去。该项由美国历史学家协会和美国历史学家组织发起的行动现在包括 17 个职业协会和团体，其中包括国务院公共事务局历史学家办公室。②

1978 年 1 月 16 日，詹姆斯·A. 小多诺万在给米里德尔德·马尔西（Mildred Marcy）的备忘录中指出，教育与文化事务局的历史办公室是要向对美国外交关系史有兴趣的人提供事实、人物和文献证据。已经发表的两卷

① The CU History Office. p. 1. http://libinfo.uark.edu/specialcollections/findingaids/cuaid/index. html, CU Box 308.

② Directory and Survey of Historical Offices and Programs in the Federal Goverment. pp. 1-10. http://libinfo.uark.edu/specialcollections/findingaids/cuaid/index.html, CU Box 308.

著作和即将发表的另一本著作都展现了那些文献的有用性，该项工作要达到的研究目的就是提供更加广泛的国务院支持项目史对于推动美国人民与其他国家人民之间的相互理解与合作。

从上面历史资料可以看出，美国国务院教育与文化事务局历史办公室的历史工程包括下面一些内容：

第一，建立教育与文化事务局历史文档，记录和体现美国政府一贯的外交政策和政策行动、各种类型的项目和行动的基本的和完整的可靠记录，反映教育与文化事务局管理、运作和行动的过程和做法。这是美国各个政府部门普遍重视的一项工作，几乎所有的美国政府部门都有本机构的历史记录；

第二．通过档案向相关人员提供更加广泛的国务院支持项目史对于推动美国人民与其他国家人民之间的相互理解与合作的作用，强调国务院对外教育与文化交流项目的重要性；

第三，编撰教育与文化事务局历史文档，记录以往工作人员的谈话的一个重要目的是为以后在该局工作的政府官员及其他政府部门工作人员提供参考；

第四，撰写多本反映美国对外教育与文化交流历史的专著，既可以总结该项外交工作的经验与教训，也可以通过这些著作向世人展示美国文化外交的成果，还为美国相关人员提供了可以参考的历史文献；

第五，根据美国国务院教育与文化事务局（CU）档案，教育与文化事务局历史办公室的建立和教育与文化事务局历史编撰工作是美国政府官方外交关系行动的组成部分，教育与文化事务局历史工程建立了基本文献的档案文献中心，通过与一些人员的面谈录音内容建立口头历史档案，通过一系列专著开始其历史写作，这些做法的目的是为美国政府官方外交关系提供一个更加广阔的、被忽略了的历史视角。[①] 可见，编写教育与文化事务局历史文

---

① The U.S. State Department's Program of Cultural Relations in Historical Perspective. p. 1. http://libinfo.uark.edu/specialcollections/findingaids/cuaid/index.html, CU Box 308.

档的重要目的是要给相关工作人员提供一个重要的"历史视角"，即教育与文化事务局的工作不仅仅是一项现实工作，更重要的是一项历史工作，他们的工作是针对外国民众的公共外交活动，具有长期的历史的效用。

美国教育与文化事务局历史办公室的历史工程及其运作过程和最后结果给我们提供了十分重要的参考意义：

第一，作为一个政府对外活动机构，教育与文化事务局建立历史办公室并运作历史工程，不但具有资料收集、经验总结、档案整理的价值，更为后来该局的工作改善、官员具有历史视角提供了可靠的参考文献。

第二，由于政府换届而发生的机构变迁导致历史工程没有按初始计划完成说明，政府对外文化事务的机构不宜经常变动，应该相对稳定才有利于工作的开展。

第三，即使机构发生变动，此前的一些工作也应该具有连续性，不应该将此前的一些工作废弃，这样才能保证政府对外文化事务工作取得更大的成效。

## 五、美国对外教育与文化交流的得力组织——和平队（1961—　）

### （一）和平队的建立

1961 年 1 月 20 日，肯尼迪总统在其就职演说中号召美国新一代参加"伟大而又光荣联盟"以参加反暴政、反贫穷、反饥饿和反战争的战斗。他说："政府将尽最大努力帮助他们，他们也要帮助自己。"

1961 年 3 月 1 日，肯尼迪总统签署行政命令建立和平队（The Peace Corps, PC）。根据该行政命令，和平队归属国务院，其使命是：负责美国援助其他国家和地区的新项目中的人员训练和服务，给予美国、联合国和其他国际组织现有经济援助项目以支持或者联系。[1]

---

① http://media.nara.gov/ p.1.

　　1961 年 7 月，和平队作出了向加纳、坦桑尼亚、哥伦比亚、菲律宾、智利和圣卢西亚派遣 5000 名申请者的决定，这是和平队第一次向海外派遣志愿者行动。1961 年 9 月 22 日，美国第 87 届国会第 1 次会议通过并取得肯尼迪总统批准"和平队法（Peace Corps Act）"，是为第 87—293 号公法。该法首先明确："和平队是帮助受益国人民满足他们对技术人员的需求。"第 1 部分第 2 款规定：美国国会宣布，通过和平队推动世界和平和友谊既是美国的政策，也是该法的目的，也将对在一些受益国家和地区工作的人员提高在国外的服务质量有所帮助，期望对那些条件艰苦的地区，如果有必要也将满足类似情况的国家和地区的人员训练以有助于那里人民与美国人民之间的相互更好的理解。该法主要对和平队志愿者的一系列问题进行了规定，包括：志愿者的选拔、待遇、保险、领导人等等，还包括外国人加入和平队的条件。该法另一个重要内容是授予总统对和平队的一系列权力。①

　　1961 年 9 月 22 日，国会正式授权和平队通过 3 个目标"推动和平与友谊"：1. 帮助相关国家和地区的人们通过训练劳工满足自己的需求；2. 帮助美国人民对其他国家的人民的更好理解；3. 帮助其他国家人民对美国人民的更好理解。到 1963 年年底，已经有 7000 名和平队队员在 44 个国家服务。1964 年 4 月，和平队伙伴工程（the Peace Corps Partnership Project）启动，该项目是要美国国内人民支持海外的志愿者项目。1966 年，和平队人员已经超过 15000 名。1974 年，和平队志愿者已经在 69 个国家服务，志愿者的素质也有很大提高。1981 年，国会立法确认和平队为独立的联邦政府机构。1981 年 6 月 2 日庆祝和平队成立 20 周年的时候，已经有 98000 名志愿者在 88 个国家服务。1993 年 6 月 12 日，第一批和平队志愿者到达中国从事英语教学工作。② 建立和平队的思想早在肯尼迪时代以前很长时间就存在。在 20 世纪以前，美国的宗教组织派传教团到世界上一些偏远地区的历史已经有几

---

　　① http://www.constitution.org/ pp.612, 513-617.

　　② Teaching With Documents: Founding Documents of the Peace Corps. p.1. http://www.peacecorps.gov/.

个世纪了。1904 年，美国哲学家威廉·詹姆斯阐述了派遣由青年人组成的和平队出国服务而不是派遣军队去作战。

1970 年，由和平队、祖父母抚养者组织（the Foster Grandparents）、退休参议员志愿者组织（Retired and Senior Volunteer）和参议员联谊项目组织（Senior Companion Programs）组成的行动委员会建立，为美国政府机构，被认为是"美国联邦政府国内志愿者机构"。1993 年，由行动委员会与全国和社区服务委员会合并组成了全国和社区服务公司。①

1917 年以来，美国公益服务委员会就在派遣美国人去难民营工作，富兰克林·罗斯福总统在 1933 年成立的美国地方资源保护队也曾经派年轻人出国工作，第二次世界大战以后，美国许多类似国际志愿服务队的私人组织也曾经出资支持国际青少年劳动夏令营。② 和平队诞生在冷战时期，和平队的建立对不结盟的发展中国家人们的思想和观念都造成了极大的冲击，甚至在美国国内也带来了巨大的影响。2004 年，美国政府给和平队的资金预算为 35900 万美元，这个数字占布什政府当年财政预算的 1.5%。因此，可以说，和平队还是最划算的实现美国对外政策的工具。一个和平队队员一年的支出仅 2700 美元，而一个美国士兵的一年费用则达 15480 美元。1982 年，和平队脱离行动委员会取得完全独立机构的地位。③ 肯尼迪总统曾经指出："苏联已经准备好派遣数百名科学家、物理学家、教师、医生和护士出国为社会主义国家服务"，但美国还没有这种项目，因此，肯尼迪总统希望美国人在世界民主、和平、发展与自由事业中采取更多的行动。国会批准和平队作为国务院的一个永久性机构存在，但肯尼迪总统在 1961 年 9 月 22 日签署的法律则使和平队成为一个独立机构。自从和平队建立到 2012 年，该组织已经向世界上 139 个国家派遣了 20000 名志愿者，他们也学会了 200 种语言

① http://www.nationalservice.gov/.

② http://www.archives.gov/.

③ http://www.brookings.edu/.

和方言。①

## （二）和平队的对外文化活动

奥多明尼昂大学史蒂芬·M.马古（Stephen Macharia Magu）在其2013年博士学位论文中认为，进入21世纪以后，美国继续其双边、多边、体制途径与战略维持发展自己的实力及影响，其中，最持久的双边关系途径之一是和平队。这个由美国政府投资的组织每年向国外派遣数千名志愿者，到一些国家帮助在某些领域训练人力，其中包括教育、卫生、预防和治疗艾滋病等等，每年和平队志愿者项目的支出大约为4亿美元，而实际上如果再加上志愿者所花费的时间和各种友好行动，实际支出还要更多。和平队网站认为，和平队的第2个目标是"帮助推动美国人对他们所服务的那些人的更好地相互了解"，一般人并不知道这种情况，这是公民外交的一个延伸的成果。按照马古的说法，所谓公民外交还没有一个学界都认可的共识，现在的3种说法有公民的外交（citizen's diplomacy）、公民外交（citizen diplomacy）和公共外交(public diplomacy)，而马古在其博士论文中所说的这种"公民外交"就是把公民派出去的外交。按照小约瑟夫·奈（Joseph S. Nye, Jr.）的概念，公共外交是作为一种"政府用来动员各种资源与其他国家公众交流或者吸引他们参加交流而不仅仅是与其政府交流的工具"。奈认为，公共外交有两种：一是"文化外交的慢速媒体（slow media of cultural diplomacy）"，包括艺术、书籍和交流；另一个是"快速信息媒体（fast information media）"，包括广播、电影和新闻汇集以及毫无疑问包括在内的现代交流方式。公民外交网站为公民外交下的定义是"推动国际理解和跨文化友谊"，美国国务院基本接受这些概念。②

---

① http://www.jfklibrary.org/.

② Stephen Macharia Magu, Soft Power Strategies in US Foreign Policy: Assessing the Impact of Citizen Diplomacy on Foreign States' Behavior, pp. 10-16. http://search.proquest.com.ezproxy.lib.uh.edu/dissertations/docview/1508332215/fulltextPDF/1B440F04D0CE47B0PQ/1?accountid=7107.

## 六、美国对外文化事务的辅助机构——国际开发署（1961— ）

### （一）国际开发署的建立

从历史上看，国际开发署的沿革可以从 1943 年开始。

1943 年，美洲国家教育基金会（the Inter-American Education Founda-tion, IEF）建立，这是美洲国家事务协调局属下的一个运行教育的政府合作机构，该机构当时主要从事美国与拉丁美洲国家间的教育与文化交流事务。1946 年，该基金会解体并成为美洲国家事务协会教育处，仍旧归属美洲国家事务协调局，是政府合作机构，主要从事教育与文化合作事务。1953 年，美洲国家事务协调局的所有运行处解体，结果美洲国家事务协会成为对外行动管理局。1955 年，该机构更名为国际合作管理局。1961 年，国际合作管理局被合并到开发贷款基金会，该基金会成为国际开发署的前身。国际开发署设有东亚局、拉美局、近东南亚局和非洲局。该局所属的教育与人力资源开发处负责相关事宜的协调、研究与政策导向。①

1961 年 9 月 4 日，国会颁布《1961 年对外援助法》（the Foreign Assis-tance Act of 1961），是为第 87—195 号公法。该法第一部分名为《国际开发法》（Act for International Development of 1961），对国际开发活动作出了十分详尽而又明确的规定，该法是美国建立国际开发署的法律基础。②1961 年 11月 3 日，根据第 10973 号总统行政命令建立国际开发署（the Agency for Inter-national Development, AID），归属国务院。该组织是国际合作管理局的继承

---

① U.S. CongressionalSerial Set Vol. No. 12808-4, Session Vol. No.4-4 90th Congress, 2nd Session H.Doc. 398 Title: Federal educational policies, programs, and proposals. A survey and handbook. Part II, Survey of Federal Educational Activities.Prepared in the Legislative Reference Service of the Library of Congress by Charles A. Quattlebaum. Specialist in Education.December 1968.pp. 14. http://infoweb.newsbank.com/.

② http://www.constitution.org/uslaw/sal/075_statutes_at_large.pdf.

机构，① 负责美国对外援助中非军事项目，并依照 1961 年对外援助法统领和监管所有美国对外援助。国际开发署署长报告直接送交国务卿和总统。国际开发署负责发展拨款和技术合作，其中包括有关国际教育事业的拨款。该署下设的国际培训处负责各个方面的人员培训，其中包括教育事业人员。②

## （二）国际开发署的对外文化活动

国际开发署在教育方面的技术合作项目目标是帮助自由世界国家开发人力资源以发展经济与社会事业。从睦邻政策下建立的美洲国家事务协调局开始，在国际开发署中，教育历来具有重要的地位。

早在 1951 年，国际开发署的经济合作管理局就与康奈尔大学和菲律宾大学签署了农业协议。同时美洲国家事务协会还与阿肯色大学签署了开发巴拿马协议，国际开发署的技术合作管理局还与俄克拉荷马农业机械学院签署了在埃塞俄比亚从事开发的协议。到 1967 年 6 月 30 日，该署已经与 39 个国家签署了 134 个开发协议，另有 171 个训练、研究和技术服务协议签署。国际开发署的国际教育活动是依据 1961 年对外援助法而展开的。③ 这些协议虽然都是经济合作的协议，但却都是与美国的一些大学进行的合作项目，也就是说，国际开发署的经济合作项目与教育交流不可分割。

肯尼迪总统在建立国际开发署时曾经指出："我国的下述义务与责任是无可回避的：在自由国家相互依存的社会中，美国作为一个明智的领导者和睦邻国家，是有道义的责任人；在一个绝大多数还是穷人的世界上，美国作

---

① http://history.state.gov/departmenthistory/people/principalofficers/director-intl-cooperation-administration.

② Bureau of Educational and Cultural Affairs, 1963 Some U. S. Government agencies engaged in international activities.pp.7-10. http://primo-pmtna01.hosted.exlibrisgroup.com/.

③ U.S. Congressional Serial Set Vol. No. 12808-4, Session Vol. No.4-4 90th Congress, 2nd Session H.Doc. 398. Title: Federal educational policies, programs, and proposals. A survey and handbook.Part I. Background; issues; relevant considerations.Prepared in the Legislative Reference Service of the Library of Congress by Charles A. Quattlebaum.Specialist in Education. December 1968. pp.13-16. http://infoweb.newsbank.com/.

为一个最富有的国度，具有经济上的责任；作为一个不再依靠外来贷款的国家，我们没有忘记那些贷款曾经帮助美国的经济发展；作为唯一的最强大国家，对外宣传自由是我们的政治责任。"①从肯尼迪的这段话看，国际开发署不仅仅是美国的一个对外经济援助或者输出的机构，它的一些具有文化输出意味的项目也同样不可忽略。

在国际开发署建立以前，美国政府已经建立了共同安全局、对外行动管理局和国际合作管理局等机构，那些机构与国际开发署一样具有对外教育与文化事务活动的意义。从20世纪70年代开始，美国国际开发署的活动重心从对外经济与技术援助转为强调"人的基本需求（basic human needs）"，其中包括：食品和营养、人口规划、健康、教育、人力资源发展。在20世纪80年代，国际开发署的工作重心又转为市场经济问题，主要寻求货币和金融体制的稳定。到了20世纪90年代，其工作重心主要在可持续发展和民主制度问题上，其中包括对发展中国家的综合援助、对过渡性国家发生危机时期的援助、对一些国际开发署无法援助的国家通过支持一些非政府组织进行援助，国际开发署扮演领导者的角色。1989年以后，国际开发署对民主国家的援助主要在经济体制和社会稳定方面。2000年以来，主要是战争与战后重建问题。良好的教育是一个具有良好生活和较强经济国家的关键。但当今世界还有许多国家没有解决教育问题。因此，国际开发署在这方面要做的主要有：通过教学方法、教材、课程和实验设备的加强在基础教育中提高阅读能力；加强高等教育和劳动力发展项目，使年轻人，特别是贫困社会的年轻人和妇女，能够找到好工作并为自己国家的发展做出贡献；在确有危机和冲突的地区扩大教育面，以便我们能够控制局面；支持教育改革。过去，美国已经帮助77个国家发展了高等教育；训练了数以千计的医生、经济学家和科学家，受教育者达数百万计。②

---

① http://www.usaid.gov/.
② http://www.usaid.gov/.

　　国际开发署的功能除了对外资金援助外，主要是在前工业化国家进行基本建设、技术援助和人力资源开发。此外，国际开发署还与美国文化处等机构合作从事教育与文化交流活动。例如，在 20 世纪 60 年代，国际开发署与美国文化处、和平队，以及福特基金会等合作在印度进行教育调查并设立教育项目。该署还在伊朗等国家培训科技人员以及当地政府公务员的训练工作等。①

　　2003 年，美国国务院与国际开发署共同建立了一个“新国家与国际开发署联合政策理事会”(the New State-USAID Joint Policy Council）属下的“公共外交政策团（Public Diplomacy Policy Group)”。该理事会保证，只要在美国外交政策原则下，美国的任何对外援助都被认为是美国人民对外赠送的礼物，并保证，国际开发署的任何项目、工程和行动都明确地属于美国人民的资助。美国公共外交咨询委员会 2004 年的报告认为，国际开发署虽然不能打消一些人对美国的敌对情绪，但他们的工程将美国人民生动的人性面孔展现在外国观众、领导人、记者和受益者面前，美国公共外交咨询委员会建议国务院继续与国际开发署合作，共同将美国对国际社会的贡献更好地展现在世人面前。②

　　美国俄亥俄肯特州立大学教授杰拉尔德·里德（Gerald Read）在《1966年国际教育法》一文中指出，1966 年 2 月 2 日，美国总统就教育领域中的 4 个问题向国会提出改进建议：第一，就国际教育活动开辟新的领域并付出更大努力；第二，进行更多的学生和教师交流活动；第三，作为国际开发署的项目开展多方面的努力；第四，在国际教育方面鼓励为建立国际理解开辟新活动。在同一天，两个新国际教育法案被提交到国会，提出拨款 5 亿美元从事国际教育活动。目的十分明确，那就是要联邦政府建立新的国际教育交流

---

　　① Richard T. Arndt, *The First Resort of Kings: American Cultural Diplomacy in the Twentieth Century*, Washington, D. C.: Potomac Books, Inc., 2005, p. 218.

　　② United States Advisory Commission on Public Diplomacy 2004 Report pp.22-23. http://www. state.gov/.

桥梁，在国际教育方面开辟更为宽阔的道路。美国负责教育和文化事务的副国务卿查理·弗兰克尔（Charles Frankel）曾经说："为了世界和平，我们必须在教育领域建立与其他国家联系的桥梁，我们已经低估了教育，现在必须加强美国在国际关系中的教育活动。"为了理顺国际教育活动，美国国务院和联邦卫生、教育、福利部建立了一个机制，双方合作处理有关国际教育项目的政策和决定，并决定凡是海外相关项目都由国务院负责，而国内的相关项目由联邦卫生、教育、福利部负责。1966年国际教育法特别强调了国际开发署在国际教师培训方面的活动，主要是职业和技术类的活动，包括建立学校、地方教育领导人培养和教科书等。联邦卫生、教育、福利部将与国际开发署合作从事驾驶员培训项目和相关技术研究活动。①

## 七、冷战时期的美国其他对外文化事务机构

### （一）公共事务联合办公室（1965—1975）

出于越南战争的需要，1965年7月1日，美国建立公共事务联合办公室（the Joint U.S. Public Affairs Office, JUSPAO），该机构是美国心理行动"革命性的发展"的表现。公共事务联合办公室由约翰逊政府建立，驻越南西贡的前新闻署公共事务官员为指导，新闻署、国际开发署和美国驻越军队司令部的人员组成，雇佣人员达659名，每年费用1000万美元，正式雇员245名美国人，其中来自军方的116人，另有450名越南人在该机构中充当翻译、调查人员和现场支持人员，主要负责人是在西贡的前海军陆战队军人和《纽约时报》撰稿人佐西安（Barry Zorthian）。该机构的主要职责是向美国国内和世界上所有想了解越南情况的人提供越南战场的信息。罗伯特·科朵斯基（Robert Kodosky）2005年在其博士学位论文《真理与宣传的后果：美国

---

① Gerald Read, The International Educational Act of 1966, *The Phi Delta Kappan*, Vol. 47, No. 8. Apr. 1966, pp. 407-410. http://www.jstor.org/.

在越南的心理战行动》（*The consequences of truth and propaganda: American psychological operations in Vietnam*）中认为，新闻署通过美国公共事务联合办公室赢得越南和其他一些国家的心理和思想，这是美国在东南亚政策的需要。① 由此看来，美国军事上还有对越心理战的存在。

### （二）副国务卿公共外交与公共事务办公室（1999—　）

1999 年，克林顿政府建立了副国务卿公共外交与公共事务办公室（the Office of the Under Secretary of State for Public Diplomacy and Public Affairs, OUSSPDPA），该办公室的工作在当年新闻署撤销时由国务院统一管理。②

根据美国国务院网站，负责公共外交与公共事务的副国务卿主管 5 个局：教育与文化事务局（the Bureau of Educational and Cultural Affairs, BECA）、国际信息项目局（the Bureau of International Information Programs, BIIP）、公共事务局（the Bureau of Public Affairs, BPA）、战略反恐通讯中心（the Center for Strategic Counterterrorism Communications, CSCC）、计划与资源政策办公室（the Office of Policy, Planning and Resources, OPPR）。③

---

① http://search.proquest.com.pp.2-25.

② http://www.state.gov/.

③ Under Secretary for Public Diplomacy and Public Affairs, http://www.state.gov/r/.

# 第五章

## 后冷战时期反恐背景下的美国对外文化事务机构
（1999—2010）

　　1991 年苏联解体以后，国际形势发生重大变化，长期以来以意识形态斗争为主的冷战时期结束，美国冷战战略开始改变。从某种角度说，一时间美国的国际战略似乎失去了目标。但是，事实上从 20 世纪后半期开始，恐怖主义威胁已经引起了包括美国在内的许多国家的注意。特别是 2001 年 9.11 事件以后，反对恐怖主义成为美国外交战略的十分重要的内容。在反恐斗争中，美国除了发动对伊拉克战争等行动以外，特别注重在信息、教育与文化交流方面的针对恐怖主义的宣传和交流活动。此前，美国政府已经在这方面做了一些工作；此后，又建立了一些与反恐行动相关的机构。这些机构及其活动成为美国在后冷战时期对外信息、教育与文化交流活动的主旋律。

　　需要说明的是，在反恐背景下，美国对外信息、教育与文化交流活动以通讯和广播宣传为最重要手段，所以，本章介绍的主要是该领域的文化事务机构。

## 一、美国对外广播宣传的基础——联邦通讯委员会（1934—　）

1934年6月4日，美国第73届国会第2次会议通过《1934年通讯法》（the Communications Act of 1934），经总统批准于6月19日成为法律，是为第416号公法，即美国各州之间、美国与外国之间通过无线电或者电台进行联系及其他目的的活动规则（to provide for the regulation of interstate and foreign communication by wire or radio, and for other purposes）。法律规定，建立联邦通讯委员会（the Federal Communications Commission, FCC）负责执行该法规定的各项条款。委员会由总统任命的7人组成，总部设在哥伦比亚特区，但如果有必要，该委员会可以在美国任何地方举行会议，每年向国会提交报告一次。该委员会有权批准或禁止无线电广播及电台活动体的活动。在本法公布60天内，所有无线电团体、个人和官员都必须经该委员会核定批准，否则视为非法。1934年联邦通讯委员会建立以后，按照1888年8月7日州际间商务法（the Interstate Commerce, Act）建立的州际间商务委员会（the Interstate Commerce Commission, ICC）、建国以来就存在的邮政局长（the Postmaster General）和按照1927年2月23日广播电台法（the Radio Act of 1927）成立的联邦广播电台委员会（the Federal Radio Commission, FRC）的权力全部归属联邦通讯委员会。[①] 1941年2月26日，总统下令建立外国广播监听处（Foreign Broadcast Monitoring Service, FBMS），归属于联邦通讯委员会。监听处的各个台站负责对交战国、敌占区和中立国的新闻广播、相关信息或者政治宣传的监听、记录、编译和分析，并向有关机构报告。1942年7月28日，联邦通讯委员会将外国广播监听处更名为联邦通讯委员会外国广播信息处（Federal Broadcast Intelligence Service, FBIS）。1945年外国广

① http://www.constitution.org/ uslaw/sal/048_statutes_at_large.pdf pp.1062-1076,1101-1104. Communication act of 1934. http://congressional.proquest.com.ezproxy.lib.uh.edu/congressional/result/pqpresultpage.gispdfhitspanel.pdflink/.

播信息处归属美国陆军部，1945 年 12 月 30 日，根据美国陆军部长的命令，外国广播信息处归属陆军总参谋部军事信息处（the Military Intelligence Division, War Department General Staff, MID），1946 年 8 月 5 日，联邦通讯委员会和陆军部协商将其归属到全国信息局中央信息组。此后的变化是：1946 年 11—12 月，继续从属于中央信息组并仍然叫做外国广播信息处，1947 年 1—9 月继续从属于中央信息组并更名为外国广播信息分部（Foreign Broadcast Information Branch, FBIB），1947 年开始归属中央情报局，仍然叫做外国广播信息处。[①]

## 二、美国对外宣传喉舌的控制机构——广播管理委员会（1994—  ）

### （一）广播管理委员会的历史沿革及其建立

1973 年 9 月 19 日，美国第 93 届国会第 1 次会议通过《1973 年国际广播法》（the International Broadcasting Act of 1973），经总统批准后于 10 月 19 日生效，是为第 93—129 号公法，该法规定，本法律为《1973 年国际广播委员会法》（the Board for International Broadcasting Act of 1973），该法第 2 款第 1 项规定：美国的政策是推动言论和表达自由权，包括"通过任何媒体并不论国界去寻求、接受和传播信息和思想（to seek, receive, and impart information and ideas through any media and regardless of frontiers）"的自由；第 4 款第 1 项规定：国会授权该委员会资助自由欧洲广播电台（Radio Free Europe）和自由广播电台（Radio Liberty）以执行该法第 2 款规定的针对苏联和东欧国家的宣传任务目标，评估这两家电台运行和使命执行情况，评估的内容包括质量、效果及其在美国广泛的外交政策框架中的特殊地位，鼓励这两家电台资源利用率达到最佳程度；第 5 款规定：该委员会应要求这两家电台保留记录，并检

---

① http://www.archives.gov/ p.1. 另见：http://nixon.archives.gov/ p.1.

查它们的所有书籍、文件、报纸和电台记录。①

这就是说，1973 年 10 月 19 日美国建立了"国际广播委员会"，该委员会的功能就是支持和保证自由欧洲广播电台和自由广播电台针对苏联和东欧的宣传活动。

1994 年 4 月 30 日，美国第 103 届国会第 2 次会议通过并经克林顿总统签署《1994—1995 财年对外关系授权法》，是为第 103—236 法。该法决定在新闻署内建立国际广播局（the International Broadcasting Bureau, IBB），同时成立广播管理委员会（Broadcasting Board of Governors, BBG），对美国政府控制的所有非军事性广播进行监督，包括新闻署的国际广播局。广播管理委员会由 9 人组成，其中 8 个有投票权的人由总统任命。职责如下：1. 负责指导和监督所有为《古巴电台广播法》和《古巴电视广播法》为行动目标的广播行为；2. 评论和评估美国对外广播事业行动和目标的质量、成效和职业性执行得如何；3. 确保美国国际广播按照本法第 303 款规定的标准执行；4. 至少每年对各种语言广播的状况进行一次评论、监督和确定；5. 按照本法 308 和 309 款监督相关广播活动情况；6. 有效地将资金用于国际广播；7. 保证工程活动保质保量，资金花费得当；8. 在上述研究基础上尽量保证广播活动更有效更节俭；9. 通过新闻署署长将广播管理委员会监管下的《古巴广播电台法》和《古巴电视广播法》所执行的行动的总结和估价递交国会和总统；10. 必须考虑执行该广播管理委员会功能、收获、服务和其他个人资产等。②

1994 年广播管理委员会建立以后，1973 年建立的国际广播委员会取消。广播管理委员会建立之初归属美国新闻署。③

1998 年 10 月 21 日，第 105 届国会第 2 次会议通过并经总统批准《1999

---

① http://www.constitution.org/uslaw/sal/087_statutes_at_large.pdf pp.457-459.the Board for International Broadcasting Act of 1973. http://congressional.proquest.com.ezproxy.lib.uh.edu/congressional/result/pqpresultpage.gispdfhitspanel.pdflink/.

② http://www.constitution.org/ pp.434-436, 437.

③ http://www.google.com/.

年综合加强和紧急追加拨款法》（Omnibus Consolidated and Emergency Sup-
plemental Appropriations Act, 1999），是为第 105—277 号公法，该法规定：
废除美国新闻署，但不包括广播管理委员会和国际广播局。广播管理委员会
作为政府的一个分支机构继续存在，成为一个独立机构，过去由新闻署主管
的对外广播事务，包括美国之音、古巴广播电台等，一律归属广播管理委
员会。①

从历史上说，广播管理委员会有一个发展的过程：在 1950 年，自由
欧洲广播电台和自由广播电台在 1947 年建立的中央情报局资助下开始广
播，1973 年建立的国际广播委员会（the Board for International Broadcasting,
BIB）开始资助这两家电台的运作，这两家电台从此成为受政府资助的私有
非营利的正式广播电台，并成为中央情报局针对苏联和东欧实施广播宣传的
防火墙。而这两家电台之所以与美国政府分开是考虑非政府机构的可信度更
大一些。1977 年第 2 号重组计划将国务院的教育与文化事务局和新闻署的
国际信息与广播行动局合并到国际交流署。1999 年广播管理委员会成为独
立机构以后，新闻署的国际广播局随着新闻署的解体而取消。在 2004 年，
由国会、商务部、司法部和国务院组成的拨款听证会小组委员会上，该委员
会主席弗兰克·沃尔夫（Frank Wolf）说："我们撤销新闻署很可能是个错误，
我怀疑是不是应该重组新闻署，如果真的是错了就应该重建一个这样的组
织，我们曾经用来战胜苏联的那个体制真的不错，我们完全可以用来有效地
解决恐怖主义问题。"②

### （二）广播管理委员会的使命

广播管理委员会的使命是推动自由与民主并通过为听众提供准确的、客

---

① Omnibus Consolidated and Emergency Supplemental Appropriations Act, 1999. http://www.
constitution.org/uslaw/sal/112_statutes_at_large.pdf, pp. 2681-776, 2681-777, 2681-781.

② Susan B. Epstein U.S. Public Diplomacy: Background and the 9/11 Commission Recommen-
dations, pp. 3-5. http://fpc.state.gov/pdf.

观的和公平的新闻与信息促进其对美国和世界的了解。1999 年 10 月 1 日，依据 1998 年对外事务改革与调整法，该组织成为独立机构。该组织负责美国对外非军事广播节目，用 56 种语言通过广播、电视和互联网对外提供节目，包括美国之音、古巴广播局、自由欧洲电台、自由亚洲电台和中东广播网。该组织的所有服务完全按照 1994 年国际广播法的标准和原则来进行，包括节目的可信性、准确性和新闻的全面性，对美国思想、制度和政策以及对其政策研究的公平与广泛，关于世界的发展信息以及世界各个国家的观点。①

### （三）广播管理委员会下属部门

广播管理委员会的下属部门包括：理事会（Board of Governors）、副总监室（Associate Director for Management）、古巴部（Office of Cuba）、广播副总监室（Broadcasting Associate Director）、美国之音支持项目室（Program Support Voice of America）、自由欧洲广播电台（Radio Free Europe）、自由广播电台（Radio Liberty）、自由亚洲广播电台（Radio Free Asia）、中东广播网（Middle East Broadcasting Network）、财务总监室（Chief Financial Officer）、法律咨询办公室（Office of the General Counsel）、总信息办公室（Chief Information Office）、国际广播局（International Broadcasting Bureau）、人权办公室（Office of Civil Rights）、政策监察员室（Ombudsman Policy）、工程与技术处（Engineering and Technical Services）、总技术办公室（Chief Technology Office）、人力资源合同室（Contracts Human Resources）、安全管理室（Administration Security）、马蒂电视台和马蒂信息中心（Radio Marti TV Marti Information Center）、性能管理室（Administration Performance）、市场与项目评估室（Review Marketing and Program）、公共事务室（Placement Public Affairs）、语言项目运作室（Language Programming Operations）、总设

---

① http://www.google.com.

计室（Central Programming）、信息技术部（Information Technology Director-
ate）、技术部（Technical Directorate）、运行部（Operations Directorate）、资源
部（Resource Directorate）、技术处（Technician Services）。①

### （四）广播管理委员会的职能

按照《1994 年美国国际广播法》，美国国际广播事业的所有部门全部归
属新建立的新闻署领导下的广播管理委员会。1998 年，国会通过立法将广
播管理委员会作为一个独立机构而存在，同时在 1999 年解散新闻署。广播
管理委员会独立于国务院，国务卿是作为依据职权和提高外交政策信息与导
向的有投票权的委员会成员。为保证该委员会不受国务卿左右，美国国际广
播在对外受众观点和支持美国外交政策目标方面公平处理。该委员会其他 8
名成员由总统任命，参议院确认，任期 3 年。广播管理委员会负责监督、引
导和审查国际广播局的运作，该局局长由广播管理委员会任命，国际广播局
负责监督美国之音、世界电视广播网、古巴广播局、工程与技术运行办公室
等部门的工作。②广播管理委员会在呈交国会的 2005 年年度报告中总结指出，
美国的国际非军事行动广播有：美国之音、自由欧洲广播电台、自由亚洲广
播电台、中东广播网、古巴广播办公室和国际广播局。

该委员会主席曾经指出，2005 年美国的广播事业在反恐战争上增加了
力度：新近调查表明，在中东，2004 年以来听众和观众人数明显增加。我们
的目标和标准是一致的，那就是讲真话。我们不用美国是否是老大来判断事
务，而是用是否人民为真理而转到美国一边来判断。1999 年 10 月以来，广
播管理委员会以非军事国际广播为己任，通过对国外听众准确、客观而又公
正的关于美国和世界的新闻及信息的广播推动了自由和民主，提高了美国人
民与其他国家人民之间的相互理解。它的听众在全世界已经超过 1 亿 4000

---

① http://www.google.com.

② Kennon H. Nakamura, Matthew C. Weed, *U.S. Public Diplomacy: Background and Current,*
Issues December 18, 2009, pp.26-27. http://www.fas.org/.

万，纠正了那些对美国及其政策的歪曲，为听众提供了准确的新闻和信息，并听到了通过他们本国电台无法听到的知识性讨论和论证。根据 ACNielsen 的调查，广播管理委员会所属的中东地区的自由电视台和萨瓦电台的受众已经达到每周 3500 万。该调查还显示，尽管那里持有反美情绪的人比例还很高，但是自由电视台和萨瓦电台的受众一致相信新闻和信息的来源可靠。①

### 三、美国对外信息项目的管理机构——国际信息项目局（1999— ）

#### （一）国际信息项目局的历史沿革与建立

美国公共外交项目可以追溯到 1942 年建立的战时信息处，该处就是通过新闻、宣传画报、广播节目以及在国内外大规模的宣传活动来实现其目标。1946 年战时信息处结束使命后，美国政府并没有马上建立一个和平时期的相应机构，直到 1953 年美国新闻署的建立。到 20 世纪 60 年代，该署宣称是世界上最大的非商业性信息部门，它在世界上的受众估计在 3000 万以上。同时，该署还管理富布赖特项目，经营自由欧洲广播电台和自由广播电台等。20 世纪 70—80 年代，美国新闻署的作用有所下滑，因此卡特政府将其更名为美国国际交流署，更强调其推动国际人权和个性自由等问题。1982 年，里根政府恢复了美国新闻署的名称。1999 年，按照《外交事务重组法》（the Foreign Affairs Restructuring Act），新闻署并入国务院，原来所属的美国之音和自由广播电台节目归属独立的广播管理委员会，信息和交流项目纳入国务卿属下的国际信息项目局。

从历史角度看，国际信息项目局作为隶属于国务院的公共外交信息机构最早是 1944 年建立的公共事务局（the Bureau of Public Affairs）。1999 年 10 月 1 日，国务院进行重组，新闻署合并到国务院，设立负责公共外交和公共事务的副国务卿一职，这样就出现了副国务卿公共外交与公共事务办公室。

---

① http://www.bbg.gov/wp-content/media/2011/12/05anrprt.pdf pp.1-2.

该副国务卿负责就公共外交和公共事务向国务卿提出建议，并为国务院公共事务局和新闻署解散前相当于两个局级单位功能的机构提供政策监督，那两个机构一个是国务院原来就有的公共事务局（即新闻署的教育事务局和重组前国务院的教育与文化事务局），负责交流和学术与文化项目；另一个是国际信息项目局，该局继承了原新闻署负责为外国民众提供信息变化和信息产品以及政策宣传项目的信息局的工作。第一任负责公共外交和公共事务的副国务卿是利伯曼（Evelyn S. Lieberman），她认为，自己的工作目标是扩大文化外交和使文化项目更加集中到全部外交政策当中，最大限度地使用技术，使国务院充分进入重要的通讯领域之中，促使公共外交得到成功的效果，并建立牢固的组织基础。①

　　2000 年 10 月 31 日，负责政治事务的副国务卿与负责公共外交和公共事务的副国务卿联名给美国驻外国所有大使馆发送信息指出："我们外交政策的成功不但要依靠政府的直接影响，还要有公众、媒体、社会精英、非政府组织、有共同信仰的组织，以及其他宣传组织等等共同迎接信息时代的挑战，我们都需要思考我们自己新的工作途径，要知道你们在公共外交中具有使命主体负责人和创立者的地位，实际上，公共外交必须是政策形成过程中的重要因素，直到政策开始实施了，我们才能不再考虑公共外交的问题。"公共事务局是国务院里的"美国的编辑部（America desk）"，其职责就是向商人、旅行者、媒体、学生、教师以及美国普通公众解释他们所关心的问题。美国前国务卿奥尔布赖特（Madeleine Albright）认为，公共事务局就是要"将外国人领出外国政策（to take the foreign out of foreign policy）"。1995年，公共事务局建立国务院的主要网站 www.state.gov.，到 2000 年，该网站平均每个月投入 450 万美元。2000 年，公共信息局（the Office of Public Communication）更名为电子信息局（the Office of Electronic Information）并开始重新设置网络，该网站散发的信息从 1989 年的 30000 份到 1997 年发展

---

　　①　http://www.clintonlibrary.gov/ p. 131.

为数百万份。①1998 年 10 月，公共外交咨询委员会呼吁克林顿发布总统决定，以形成"在美国外交政策中理解、鼓舞（informing）和影响外国公众的核心作用"，并确保外国公众的支持成为国家优势，为了美国的政策目标得以实现，美国政府行动不能仅仅对其他国家的政府，还应该面对其他国家的民众。1999 年 8 月，克林顿政府宣布在国务院建立国际公共信息团。②

1999 年 10 月 1 日，国际信息项目局（the Bureau of International Information Programs, BIIP）正式建立，是为国务院属下的公共外交交流局，引领国务院对美国驻外使领馆的公共外交活动，同时，该局还负责对国外受众的指导，即国际信息项目局负责对外国人宣传美国外交政策，向美国驻外使领馆相关人员提供资料以便使其胜任文化事务工作。③

### （二）国际信息项目局的机构

国务院国际信息项目局下设战略通讯办公室（the Office of Strategic Communication, OSC），专门从事对伊拉克战争中的战略规划、评估该局内各个部门间的合作事宜，同时负责进行反对错误信息和假信息的工作。④

国际信息项目局利用新技术工具，并致力于发展新的、有效的、该领域需要的数字化产品，公共事务局应该负责外国媒体中心的工作，并参与电视节目。

### （三）国际信息项目局的作用与战略目标

国际信息项目局的作用是通过发言人项目和各种出版物向外国公众传播

---

① http://www.clintonlibrary.gov/assets/DigitalLibrary/AdminHistories/Box%20071-080/Box%20074/1729131-history-department-state-information-education-cultural-affairs-programs.pdf pp. 132-134.

② Walter Alan Levin, The Efficacy of Propaganda in Global Conflict During the Twentieth Century: When Is Propaganda Likely to Be Effective ? . http://search.proquest.com.ezproxy.lib.uh.edu/ p.417.

③ http://www.state.gov/.

④ http://www.sourcewatch.org/.

关于美国"政策、社会和价值观"，这些项目和出版物都翻译成当地语言，可以最好地传播给当地公众。该机构还通过数字化延伸团队发展新信息工具（例如网站）传播信息。同时，该机构还访问波斯语、乌尔都语和阿拉伯语博客、聊天室和网站，与访问者接触，运作美国政府发言人项目、美国人交流角和信息资料中心，书写各种出版物，训练信息资源办公室官员"向国际民众发送研究、训练和跨文化项目"。①

国际信息项目局有 3 个主要战略目标：1. 向全世界人民描述美国的美好形象；2. 与残暴的极端主义相抗衡；3. 培育美国人民与世界其他国家人民之间的共同利益和价值观。为实现这些目标，该局用 7 种语言（英语、阿拉伯语、汉语、法语、波斯语、俄语和西班牙语）印刷出版电子媒体出版物和纸制资料。该局还在 140 多个国家为美国驻外使领馆提供信息。自 2001 年以来，该局集中精力对恐怖主义开展活动。②

国际信息项目局是隶属于美国国务院的公共外交信息机构，作用是引领国务院所管辖的美国驻外使领馆对外国人的工作，包括与外国人的对话、支撑这种对话的邮寄资料以及相关设施的管理等，其项目目标是保证美国外交目标在国际社会得到实现。③ 1999 年，在美国新闻署被并入国务院时，余下的人员组成了国际信息项目局，力图建成一个高科技的现代官方机构。该局现有一个公开网络系统，其局长直接对国务院负责公共外交和公共事务的副国务卿负责。

新闻署合并到国务院对公共事务局产生很大影响，或者说使该局的工作更加重要，该局的人员从原有的 95 人增加到 186 人。所以，该局增加了 4 个办公室：外国媒体中心（Foreign Press Centers）、广播中心（Broadcast Services）、媒体扩展中心（Media Outreach）和一个行政办公室（Executive Office）。新闻署的合并还影响到公共事务局的战略通讯工作，因为该局有一

---

① http://www.state.gov/ p. 15.

② http://www.allgov.com/.

③ http://www.state.gov/.

个战略通讯办公室（Office of Strategic Communications），该办公室在公共外交协调活动中与一些地区办公室合作。①

## 四、以互联网为核心的美国对外通讯管理机构——全球通讯局（2003— ）

### （一）联合信息中心（2001）

2001 年 2 月，白宫决定将过去那些临时性的战时通讯机构转变成一个永久性的全球外交活动机构，以便与世界上一切反对美国的势力进行对抗，同时树立一个良好的美国形象。2001 年 9.11 事件发生后，美国政府曾经建立了一个临时机构叫做联合信息中心（the Coalition Information Center, CIC），建立该中心的主要目的是为了美国遭到袭击时各方能够做出联合反应。白宫发言人弗莱舍（Ari Fleischer）在 2001 年 11 月 2 日曾经说："联合信息中心将在华盛顿、伦敦和巴基斯坦全天候行动以阻止塔利班的宣传。"

### （二）全球通讯局（2003— ）

2003 年 1 月 21 日，布什总统发布第 13283 号行政命令，建立全球通讯局（the Office of Global Communications, OGC），从 1 月 24 日起开始执行。该行政命令第 1 款规定：全球通讯局直接隶属于白宫办公室，由总统国家安全助理负责；第 2 款规定：全球通讯局的使命是为总统、总统行政办公室相关负责人和相关行政部门和机构领导人提出政策建议，建议的内容包括推动增强美国全球利益、防止错误、支持美国与合作伙伴之间的关系和向国际社会提供信息。② 其实，早在 2002 年 7 月，布什政府就决定建立全球通讯局。全球通讯局的一个重要职责是针对伊拉克进行反宣传和反假信息，而其前身联合信息中心则主要是针对阿富汗塔利班。③

---

① http://www.clintonlibrary.gov/.

② http://nodis3.gsfc.nasa.gov/displayEO.cfm?id=EO_13283_.

③ http://georgewbush-whitehouse.archives.gov/.

白宫官方网站认为，布什总统知道向世界输送美国信息的重要性，2002年全球通讯局的创建就是要实现总统目标与美国政府管理政策有机结合的海外传播合作战略，由于美国的国际传播活动的较好合作将有助于把美国及其目标真实地传送给世界各地的人们，总统才通过行政命令建立全球通讯局。全球通讯局告诫总统及其重要代表们，美国政府的战略趋向和政策目标应该使外国人了解，该办公室帮助传播事业的发展，将美国人民及其政府的情况准确而又有效地传播给世界人民。全球通讯局要与许多独立机构和美国公民合作，以向外传播简要而又有力的信息。进行反宣传和揭露假信息是全球通讯局的一项重要任务。2003 年 5 月 31 日，布什总统指出："从反对恐怖主义到缓解疾病与灾害，再到人类自由的扩展，都是美国在国际事务中的日常工作，我们欢迎并需要来自朋友与伙伴的支持、建议和才智。同时，从安全角度出发，我们寻求防御、保护和加强和平。"总统的战略已经清楚地表明，和平要通过与恐怖主义和专制主义的斗争来实现，和平要通过大国之间建立友好关系来实现，和平要通过鼓励自由和开放社会得以延伸。全球通讯局的工作主要有 3 个方面：一是日常信息传播，二是通过将各种事件与问题整合到一起以支持总统的目标，三是与政府其他部门合作向世界传播美国信息。①

## 五、美国其他对外文化事务机构（2001—2011）

### （一）战略影响局（2001—　　）

2001 年 10 月 30 日，美国政府建立了战略影响局（the Office of Strategic Influence, OSI），该局归属国防部，由负责政策制订的国防部副部长直接监管，专门应对伊斯兰国家的恐怖主义。该局不仅从事对外媒体和网络工作，而且从事隐蔽战，这些对外文化活动主要是宣传，其中包括反对虚假信息的所谓"黑色活动"和公布新闻的所谓"白色公共事务"。该局在世界范

---

① http://georgewbush-whitehouse.archives.gov/.

围内的专家分析和民意测验基础上向国防部提交了一系列信息政策选择和项目规划，还首创了一些反对美国及其盟国的外国敌对宣传、虚假信息和错误信息的项目。可能是出于担心战略影响局会把一些虚假的或者错误的信息传递给美国相关部门，2002年2月26日，该局被解散，仅仅留下一个很小的机构叫做"信息行动办公室（the Office of Information Activities, OIA）"，由助理国防部长负责从事一些海外军事信息工作。①

2003年正式开展工作的全球通讯局接替了战略影响局的职责，全球通讯局又称信息意识局（Information Awareness Office, IAO）。②

## （二）战略通讯政策协调委员会（2002—　　）

2002年，美国国家安全委员会建立了战略通讯政策协调委员会（Strategic Communication Policy Coordinating Committee, SCPCC），归属国务院负责公共外交的副国务卿管辖。2006年，战略通讯政策协调委员会又更名为战略通讯和公共外交政策协调委员会（the Strategic Communication and Public Diplomacy Policy Coordinating Committee, SCPDPCC），同年，国防部又建立了两个与战略通讯相关的办公室：联合通讯办公室和战略通讯合作组。③

## （三）公共外交和战略通讯政策协调委员会（2006—　　）

2006年4月，美国总统国家安全顾问斯蒂芬·哈德利授权建立了一个新的机构，叫做公共外交和战略通讯政策协调委员会（Policy Coordinating Committee for Public Diplomacy and Strategic Communication），由负责公共外交和公共事务的副国务卿掌管，由负责战略通讯和全球拓展服务范围的代理国家安全顾问协助。该协调委员会成员由国务院、国防部、财政部、国家安全委员会、信息界和其他一些机构的代表组成，过去的由负责公共外

---

① http://www.carlisle.army.mil/,pp. 7-8.

② http://www.sourcewatch.org/.

③ http://www.sourcewatch.org/.

交和公共事务的副国务卿掌管的全球战略约定中心成为该委员会的主要咨询机构。

2007年，公共外交和战略通讯政策协调委员会发布公共外交和战略通讯国家战略，明确了美国政府与外国公共受众之间通讯活动的3个战略目标：1.美国必须提供一种积极的、深植于美国最基本价值观当中的期望和机遇；2.美国寻求的是与自己的伙伴国家一起，孤立和消灭那些暴力的激进主义者，因为他们威胁各个民族的文化和信仰，威胁文明国家人民所寻求的自由与和平；3.美国必须为培植美国人民与其他国家、不同文化和信仰的人民的共同利益和价值观而工作。这样就限定了3个受众目标：1.关键的有影响力的人，即能够有效地引导外国社会与美国站在同一利益战线的人；2.容易受到攻击的人群，包括年轻人、妇女和儿童以及少数族裔；3.大众群体，即与美国和世界信息联系更紧密的人。根据这种受众目标，该委员会确定了美国公共外交顺序：扩大教育和交流项目"可能是最近50年里唯一最有效的公共外交手段"；通讯手段现代化，包括提供美国在外国媒体中的地位，增加美国外交官的外语能力训练，使用互联网、博客和互交式网站等网络媒体，促进"行为外交（diplomacy of deeds）"，宣传美国通过人道主义援助、卫生与教育项目和经济发展等行为会使外国民众得到实惠。①

### （四）战略交战中心（2008—　　）

2008年，战略交战中心（the Strategic Engagement Center, SEC）建立，不久更名为全球战略交战中心（the Global Strategic Engagement Center, GSEC），归属国务院。国务院负责公共外交和公共事务的副国务卿属下有3个局和2个办公室：教育与文化事务局，国际信息项目局，公共事务局，政策、规划和资源办公室（the Office of Police, Planning and Resources, OPPR）

---

① Kennon H. Nakamura, Matthew C. Weed, *U.S. Public Diplomacy: Background and Current*, Issues December 18, 2009, pp.32-33. http://www.fas.org/.

和私有部门扩大办公室（the Office of Private Sector Outreach, OPSO）。其中，三个局都是负责公共外交的机构。全球战略交战中心也要向负责公共外交和公共事务的副国务卿报告相关的公共外交和公共事务信息。公共事务局的功能是向美国公众提供美国外交政策的信息。政策、规划与资源办公室向国务卿提供战略规划和公共外交和公共事务可行性评估意见，以满足国家安全目标的需要。该局中设有 2004 年建立的评估测量团，负责对所有华盛顿公共外交项目的一些数据进行程序分析。私有部门扩大办公室负责发展国务卿与美国各个公司、大学和基金会等私人部门的领导人之间的关系。①

### （五）战略反恐通讯中心（2010—　　）

2010 年 9 月，国务院又建立了战略反恐通讯中心（the Center for Strategic Counterterrorism Communications, CSCC），也归属负责公共外交和公共事务的副国务卿。这样一来，国务院的对外文化事务越来越多，因此美国政府的拨款也不断增加：2008 年，美国政府对国务院的拨款为 10 亿美元，其中 5.1 亿用于教育交流和文化事务项目；2009 年，国务院用于公共外交的资金达 11 亿美元，所以，国务院请求 2010 年政府拨款为 12.5 亿美元。②

根据反对极端主义组织网站的说法，战略反恐通讯中心建立于 2010 年，是一个以国务院为基础的跨部门机构，协调、定位和通告政府在国外的反对极端主义暴力的战略通讯行动。③

根据美国国务院网站，2011 年 9 月 9 日，奥巴马总统签署第 13584 号行政命令，该行政命令宣布：本行政命令是要发起形成一个相互协调战略行

---

① Kennon H. Nakamura, Matthew C. Weed, *U.S. Public Diplomacy: Background and Current Issues December 18, 2009, pp.24-25.*http://www.fas.org/.

② Christopher Paul, *Strategic Communication: Origins, Concepts, and Current Debates (Contemporary Military, Strategic, and Security Issues)*, California, Santa Barbara: Praeger, 2011, pp.72-86.

③ https://www.counterextremism.org/resources/details/id/404/center-for-strategic-counterterrorism-communications-cscc.

动，并建立一个临时组织以支持政府范围内在国外的通讯活动。所建立的临时组织叫做反恐通讯支持办公室（the Counterterrorism Communications Support Office, CCSO），归属国务院。[1]

## 六、美国通讯业对外文化事务机构评析

### （一）通讯业概念阐释

在英文中，communication 主要是通讯的意思，但同时又有交流、通信等含义。例如，卡特总统以国际交流署取代新闻署，英文就是 International Communication Agency。在美国历史上，通讯业（communication industry）最初主要指电信业务，包括有线电（cable）、无线电（radio）、电报（telegram）、电信（telecommunications）等等，后来才有了电视（television）、互联网（internet）等等。按照美国法律规定，通讯业是完全自由的，最初也基本上都是私有的，即便是有国际业务的通讯公司，其工作目标基本没有政治色彩，完全是以营利为目的的。例如，按照 1927 年 2 月 23 日颁布的广播电台法成立的联邦广播电台委员会就是管理广播业的活动，而基本上没有对外文化事务的业务。

### （二）美国通讯业对外文化事务机构的历史沿革

美国通讯业正式开始具有国家政府意志的机构是从第二次世界大战开始的美国之音。本书前面已经交代，国务院下属的文化处从 1942 年 1 月开始对外无线电宣传，1942 年 2 月 24 日，该处的广播站很快成为著名的"美国之音（the Voices of America）"广播站。也就是说，美国之音是美国第一个

---

① Executive Order 13584 – Developing an Integrated Strategic Counterterrorism Communications Initiativehttps://www.whitehouse.gov/the-press-office/2011/09/09/executive-order-13584-developing-integrated-strategic-counterterrorism-c Center for Strategic Counterterrorism Communications, http://www.state.gov/r/cscc/.

通讯业的对外文化事务机构。

美国政府在 1927 年颁布了《1927 年广播电台法》并建立了广播电台委员会，1934 年颁布了《1934 年通讯法》并建立了联邦通讯委员会，1941 年 2 月 26 日，总统下令建立外国广播监听处，但这些机构还基本没有发挥美国对外文化事务机构的功能。这是因为这些机构的成立都有其特定的背景，也基本没有对外文化事务的内容。1927 年广播电台委员会的主要任务是管理国内各个州建立广播电台事宜，特别是地区划分问题；《1934 年通讯法》是罗斯福新政的组成部分，联邦通讯委员会的任务也主要是协调国内的通讯业务，尽管第二次世界大战期间曾经参与对敌国的广播活动；而外国广播监听处的任务是监听而非对外广播。因此，美国通讯业的对外文化事务机构除了 1942 年开始广播的美国之音，第二个就是 1973 年建立的国际广播委员会。因为国际广播委员会接替中央情报局开始资助和支持自由欧洲广播电台和自由广播电台的运作，这两家电台从此成为受政府资助的私有非营利的正式广播电台，并成为美国政府针对苏联和东欧政治宣传的工具。1999 年广播管理委员会独立以后，该机构成为第三个从事对外文化事务的通讯业机构。2003 年建立的全球通讯局则是第四个类似机构。

## （三）美国通讯业现实对外文化事务机构问题

从冷战结束并进入反恐时代以来，特别是进入 21 世纪以后，美国对外文化事务机构进行了重大调整，不但新闻署被取消，国务院所属的对外文化事务机构的经费也大量减少，针对恐怖主义的文化事务活动开始主要以通讯业为主，特别是广播电台业务较多。

目前，随着网络时代的到来，互联网的作用非同小可，美国政府大规模使用互联网技术从事公共外交，其中包括对恐怖主义猖狂的地区如中东地区等进行的网络宣传。但是由于恐怖主义分子往往躲在比较偏僻的地区，互联网有时无法实现目的，因此才使得电台广播更为重要。

目前，奥巴马政府加快与古巴的接触并改善美古关系，2015 年 7 月

20 日，美国恢复了与古巴中断 54 年的外交关系，互派大使；同时尽量减少与朝鲜的摩擦，甚至对伊朗的态度也有所变化，伊核谈判也取得实质性进展。这些情况说明美国公共外交政策正在发生变化，也有可能发生重大变化。如果这样，美国现有的对外文化事务机构还将做出调整，我们拭目以待。

# 美国对外文化事务机构创建与变更的原因

20 世纪初期以前，美国对外文化交往主要是一些公民的私人行为而少有政府行为，也没有一个专门机构对涉外文化事务进行管理。但是，从 19 世纪末 20 世纪初开始，伴随着工业化的完成和资本主义经济的迅速发展，美国跨出美洲走向世界，开始了全球扩张主义的道路。为了实现自己的国际战略目标，美国不仅在政治上为所欲为、经济上扩展势力、军事上横行霸道，而且在文化上开始向世界范围宣传美国方式，传播美国文化。因此，从 20 世纪初开始，美国不断建立对外文化事务机构。

但是，由于没有经验，美国对外文化事务机构在创建过程中几经摸索，多次变更，在 20 世纪至 21 世纪初的百余年间出现了上百个负责对外文化事务的机构，这种创建与变更的过程及其原因不但蕴含着美国对外文化事务的战略内容和目标，而且渗透着美国公共外交的基本特征。

## 一、国际形势与美国对外文化事务目标变化的需要

从 20 世纪初期开始到 21 世纪初期，国际形势的变化决定了美国对外文

化战略目标的变化。这种变化又决定了美国对外文化事务机构的变迁。

简单来说，在这一百多年间，国际形势和美国对外文化战略目标大体可以分为四个阶段。

### （一）第一次世界大战及战后初期（1917—1919）

在第一次世界大战以前，美国对外文化事务主要是一些公民自行在外国进行的活动，其中包括传教士在外国建立教会学校、在拉丁美洲国家的文化交往等等，且美国政府很少过问这些活动。

在第一次世界大战时期，德国积极从事对外宣传活动，特别是对拉丁美洲地区的宣传，直接威胁到美国的利益。正是在这种情况下，威尔逊总统建立公共信息委员会，该委员会的活动是美国第一次具有历史意义的积极广泛地对国内外公众进行信息传播。最初，公共信息委员会的官方任务是与德国的宣传相抗衡，所以战争一结束该委员会就解散了。可以看出，此阶段美国的对外文化事务机构仅有公共信息委员会。

但是，在美国对外文化事务机构的历史上，公共信息委员会具有十分重要的意义：首先，该机构是美国历史上第一个正式的对外文化事务机构，尽管许多人都认为1938年建立的文化关系处是美国第一个对外文化事务机构，但根据笔者的考证，公共信息委员会才是第一个。也就是说，美国对外文化事务机构的建立要提前20余年。

由于美国在1917年参加第一次世界大战，1919年公共信息委员会解散，此间的对外文化事务不是很多，对外文化事务机构及其活动并没有像后来那样重要，效果也不很明显。（有关公共信息委员会及其活动情况，请见本书第一章）

### （二）第二次世界大战及战后初期（1938—1947）

从20世纪20年代开始，美国十分重视与拉丁美洲国家之间的文化事务交往，并且开始与拉美国家订立了一系列的文化和教育交流协定。第二次世界大战开始以后，美国对外文化事务主要围绕战争考虑，其中包括 1941 年 7 月 11 日建立信息协调局、1942 年 6 月 13 日建立战时信息处、1942 年 6 月 13 日建立战略情报局、1945—1946 年建立战略情报团、1946—1947 年建立中央情报组和全国信息局、1947—1949 年建立中央情报局和全国安全委员会等。[①] 这些机构的主要职责是向美国国内外民众提供信息，包括美国的政策和行动信息，其主要目的是激励美国人的战斗意志，由战时信息处建立的美国之音是美国从事对外宣传的最长久的机构。

需要说明的是，在第二次世界大战期间和战后初期，这些对外文化事务机构所从事的主要是信息活动，或者叫情报工作，即英语当中的 information，对外文化活动以宣传为主要手段，即英语当中的 propaganda。从根本上来讲，与第一次世界大战时期一样，这种情报和宣传活动与后来美国对外文化传播与输出具有完全不同的特点和意义。

应该说，1938 年以后，美国对外文化事务曾经以对拉丁美洲国家为重心，前文已经说明，这种情况一方面是针对德国向拉丁美洲的渗透所进行的活动，另一方面是维护"美洲是美洲人的美洲"的原则。同时，美国在拉丁美洲的这些活动为后来美国在全世界的文化活动打下了基础，积累了经验。

但是，可以肯定地说，自从 19 世纪末美国走出美洲向全世界扩展开始，美国外交的孤立主义原则就基本上被自己的行动所打破。从对外文化活动角度看，美国人在全世界的文化行动十分发达，特别是这个时期的一些私人基金会、传教士等在世界各地都在进行活动。（详见本书第三章和第九章）

### （三）冷战时期（1947—1991）

冷战开始以后，美国对外文化事务机构的建立进入高潮时期，先后建立了心理战略委员会、行动协调委员会、国际信息管理局、对外行动管理

---

① Records of the Office of Strategic Services, 226.2, history, p.1. http://www.archives.gov/.

局、国际合作管理局等等。但是，从对外文化事务机构角度看，最重要的是1953年建立的新闻署和1959年开始形成的国务院教育与文化事务局。此外，还有一些并不是专门从事对外文化事务的机构参与文化交往，例如1961年建立的和平队和国际开发署等。

这些机构的职责和任务十分明确，那就是主要从事针对苏联为首的社会主义国家的意识形态工作和政治宣传。但是，这种任务目标并不是直接的政治宣传，而是通过对外宣传美国文化的方式来完成的。（有关冷战时期的对外文化事务机构详见本书第四章）

冷战时期不但是美国对外文化事务机构建立最为活跃的时期，同时也是美国对外文化事务机构变动最多、所建立的机构最为重要、文化事务机构活动最为频繁、取得效果最为明显的时期。

第一，在这将近半个世纪的时间里，美国对外文化事务机构的各个部门从事多种多样的对外文化事务，其中包括：

1. 对外文化项目的设立，例如富布赖特项目等等；

2. 对外图书馆项目的建设，此时期美国在外国建立了许多图书馆；

3. 对外学生、学者项目，例如吸引大批外国留学生赴美留学等等；

4. 对外各种文艺体育团队的派出和引进，例如与中国的乒乓外交；

5. 对外领导人项目及其各种活动；

6. 对外教育交流活动，例如各个大学之间的教育往来。

第二，20世纪以来美国所建立的对外文化事务机构有近100个，此时期建立的占绝大多数，许多机构不断更名或者重建（详见本书附录"美国对外文化事务机构表"）

第三，此时期建立的新闻署、国务院教育与文化事务局等成为美国长期对外文化事务的主管机构，这种情况与此前大不一样。或者说，此前的一些对外文化事务机构，例如公共信息委员会、战时信息处等，不但寿命短，具有临时性，而且所取得的实效也很有限。

第四，此时期的对外文化事务机构积极从事各种活动，包括信息、教育与文化交流，乃至心理战等意识形态活动。

第五，所有这些活动实现了美国人的多种愿望：

1. 实现了美国人所谓"使美国人与世界其他国家的人民相互了解和理解"；

2. 实现了美国向全世界推销"美国方式（Americanism）"；

3. 实现了帮助推翻苏联等社会主义国家的政治目标；

4. 实现了与中国友好关系的重建。

此时期美国对外文化事务机构活动的最突出特点是从事冷战当中的反共意识形态活动，特别是针对苏联的颠覆活动。在这期间，新闻署和国务院教育与文化事务局发挥了最为重要的作用。

### （四）反恐时期（2001—2010）

进入 21 世纪以后，或者说在后冷战时期，美国对外文化事务机构及其活动发生了重大变化，主要表现在这样几个方面：

1. 由于冷战期间的反共意识形态工作已经完成或者说告一段落，美国对外文化事务机构需要与时俱进地调整，这才发生了 1999 年新闻署的撤销和其他对外文化事务机构的建立。

2. 由于此时期反恐任务比较突出，美国对外文化事务机构的任务一般都是围绕反对恐怖主义而进行的，对外文化事务机构也主要围绕反对恐怖主义来建立的，包括 1994 年建立的广播管理委员会、1999 年建立的国际信息项目局、2002 年建立的全球通讯局等等。

3. 这个时期的美国对外文化事务在反恐目标下主要进行了通讯事业的建设，就在 9.11 事件发生后不久，国防部建立了战略影响局，2002 年 2 月，由于五角大楼公共事务官员对战略影响局的存在不满而把此事泄露给媒体，导致该局基本没有开展工作就结束了使命。2002 年，又建立了战略通讯政策协调委员会（the Strategic Communication Policy Coordinating Committee），归属国务院负责公共外交的副国务卿管辖。2006 年，战略通讯政策协调委

员会又更名为战略通讯和公共外交政策协调委员会（the Strategic Communi-cation and Public Diplomacy Policy Coordinating Committee），同年，国防部又建立了两个与战略通讯相关的办公室：联合通讯办公室（the Office of Joint Communication, OJC）和战略通讯合作组（the Strategic Communication Inte-gration Group, SCIG）。2008 年，又建立了战略预案中心（the Strategic Engagement Center, SEC），不久更名为全球战略预案中心（the Global Strategic Engagement Center, GSEC），归属国务院。① 2010 年 9 月，国务院又建立了战略反恐信息中心（the Center for Strategic Counterterrorism Communications, CSCC），也归属负责公共外交和公共事务的副国务卿。

9.11 事件使美国人发现，公共外交并没有因为苏联解体而结束。这种公共外交主要是如何处理美国人与穆斯林世界的关系问题。但美国人确信，全球化、自由市场模式和民主的理想已经为世界各个角落的人们所接受，穆斯林世界绝大多数人都拥有民主的渴望。2003 年，美国国务院负责公共外交和公共事务的副国务卿办公室建立，并开始准备新的"公共外交战略"，该战略的目标就是反对恐怖主义。当时，广播管理委员会拟定了一个战略计划叫作"将反恐使命纳入市场（Marrying the Mission to the Market）"，主要是强调反恐要路人皆知，却低估了精英人物的作用，并描绘冷战已经过时了。广播管理委员会还宣布计划建立一个可以覆盖中东的电视网，并得到国会拨款 3000 万美元。但是，当时最初讨论的公共外交主要集中在机构安排和设施建设上，基本没有关顾项目内容的特殊性，所以，参议院外交关系委员会主席鲁格（Richard G. Lugar）说这是"思想意识的变化"。②

① Christopher Paul, *Strategic Communication: Origins, Concepts, and Current Debates (Contemporary Military, Strategic, and Security Issues)*, California, Santa Barbara: Praeger, 2011, p.77.

② James Critchlow, *Public Diplomacy during the Cold War the Record and Its Implications Journal of Cold War Studies*, Volume 6, Number 1, Winter 2004, p. 76. http://muse.jhu.edu.ezproxy.lib.uh.edu/ pp. 77-89.

## 二、权衡政治宣传和教育与文化交流目标的过程

从本质和行动目标角度看，美国对外文化事务的任务主要有两个：一是对外政治宣传，这主要涉及美国在不同时期针对德国、苏联和中国的政治宣传；二是对外教育与文化交流，这主要是美国对外文化扩张和宣传的问题。

由于这是两个完全不同的任务与目标，但又要由相同的对外文化事务机构来完成，因此美国政府面临着如何权衡政治宣传与教育交流的问题。同时，各个对外文化事务机构及其分工也是一个较大问题。

总体来说，从分工角度看，美国对外文化事务中的信息活动主要由新闻署执行，教育与文化交流主要由国务院教育与文化事务局执行。美国人一般认为，信息活动属于政治活动，是政府的事；而教育与文化交流则属于文化活动，政府要管，但民间也有交往。对于美国政府对外文化事务机构来说，二者都要进行，但以谁为主、哪个更重要等问题却长期存在争议而没有得到解决。即使同样是政治宣传，在不同时期还有一个不同目标的问题。

### （一）针对德国、苏联和中国的政治宣传目标的变化

在第一次世界大战期间，美国既有针对德国的宣传，又有针对苏维埃俄国的宣传。在第二次世界大战期间，美国的对外政治宣传对象包括纳粹德国和社会主义苏联两个国家，从反法西斯角度看，应该是以反对纳粹德国为主；但从反对社会主义角度看，又应该是以反对苏联为主。在这中间美国人似乎没有明确的选择。第二次世界大战后在中美对抗期间，美国对中国的宣传主要是通过美国之音等工具进行，而且规模也不大，由于中国处于封闭状态，其宣传效果也不佳。中美关系解冻以后，美国开始面临新的针对中国的宣传，其中包括政治宣传和文化输出。

#### 1. 针对德国的宣传

美国参加第一次世界大战的时候，公共信息委员会仅仅是为取得战争胜

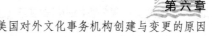
利而进行了一些宣传活动，但并没有投入很大精力和资金，而且在 1919 年就解散了。1939—1941 年间，罗斯福总统曾经建立了一系列的机构以宣传美国政府政策，其中第一个是为 1939 年底建立的政府报告办公室，该办公室专门负责信息宣传工作，不但进行公共防御宣传，也从事引导公众舆论支持政府的工作。1940 年，罗斯福总统建立了由洛克菲勒为协调员的美洲国家间事务协调局，主要从事与拉丁美洲国家的文化交流活动，带有间接针对德国的意味，因为德国已经开始向拉美渗透。

毫无疑问，威尔逊总统在 1917 年建立公共信息委员会就是要与轴心国的宣传相对抗，但这个时期苏维埃俄国的建立及其宣传也是该委员会活动的重要目标。第二次世界大战期间建立的战时信息处主要是针对法西斯德国的，但美国对苏联也从来没有放弃戒心。所以，1947 年国务院的国际信息与文化事务局更名为国际信息与教育交流局以后，国会有人对因此而削弱了对苏宣传提出批评。这种情况的发生是因为当时美国面临着对纳粹德国和社会主义苏联的双重宣传任务。从 1950 年初开始，杜鲁门总统的对外宣传任务只剩下对共产主义了。而艾森豪威尔总统时期美国新闻署是针对共产主义在全球扩张而建立的，其目的是为了赢得信息与思想斗争的胜利，即赢得话语而非子弹的斗争之胜利。[①]1947 年，美国国家安全委员会秘书认为，苏联反对美国的宣传日益加强，心理、政治与经济措施相互合作，在世界上所有国家进行瓦解非共产主义因素的活动。这些活动的目标不仅仅是瓦解美国的威信，同时也破坏了美国的国家政策实施。而美国现在在宣传方面投入的人力远远不够，针对苏联宣传的信息合作措施也需要继续加强。美国政府现在还没有专门负责对外信息活动的部门和机构。所以，应该在总统直接领导下由国务院全权负责该项工作。现实世界形势要求立即在美国政府的所有对外信息活动方面加强合作。具体做法是：在国务院，副国务卿负责公共事务，国际信息与教育交流局从事对外短波广播、日常新闻发布、文献整理、在外国的信息

① http://people.ku.edu/~dguth/Jackson1.html，下载时间：2012/8/6。

图书馆和交流项目；公共事务官员和信息官员在美国进行活动与磋商。①

1938—1939 年期间，希特勒和墨索里尼将教育开发作为国家权力的工具达到顶峰，美国政府决定用"一个共和国内部民主"的方式向世界展示其不同，以此来回击德国和意大利独裁者"启蒙和宣传部（ministry of enlightment and propaganda）"的那些说法。②

但是，沃尔特·A.莱温（Walter Alan Levin）1999 年在其博士毕业论文《20世纪宣传在全球冲突中的影响：宣传什么时候发生影响?》(The Efficacy of Propaganda in Global Conflict During the Twentieth Century: When Is Propaganda Likely to Be Effective?) 中认为，在第一次世界大战爆发以前，德国从来没有建立过一个专门从事宣传活动的国家机构，其宣传活动都是由军方来完成的。所以，德国在美国的宣传活动都是由一些在美国的德国秘密宣传人员完成的。1914 年 9 月，德国建立了著名的"德国信息中心（the German Information Service）"，一般称之为"德国新闻局（the German Press Bureau）"。但是，德国在美国的宣传活动还是主要依靠一些非职业宣传人员，其宣传效果自然也就大打折扣。同时，德国在美国传播的消息也有很大问题，比如消息来源、可信度等等，德国的宣传很容易被美国人识别。所以，德国在第一次世界大战期间对美国的宣传活动效果是很有限的。从 1939 年 9 月到 1941年 11 月，德国一直进行宣传活动力图使美国中立，纳粹党的宣传部就是专门从事宣传活动的机构。而且德国肯在宣传上花钱：1933 年，德国用于宣传的经费为 1425 万瑞士马克，1934 年达到 2800 万瑞士马克，到 1939 年 9 月

①　The Executive Secretary A Report to the National Security Council, December 9, 1947. pp. 1-3. http://nsarchive.chadwyck.comquickdisplay MultiItem Images.doMulti=yes&ResultsID=137075914BC&queryType=quick&QueryName=cat&ItemID=CPD00046&ItemNumber=1.

②　U. S. Congressional Serial Set Vol. No. 12077, Session Vol. No.6 85th Congress, 2nd Session H.Rpt. 2712 Title: Government programs in international education (a survey and handbook). Forty-second Report by the Committee on Government Operations. January 3, 1959. – Committed to the Committee of the Whole House on the State of the Union and ordered to be printed.p.53. http://infoweb.newsbank.com/.

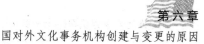

份就已经花出 9500 万瑞士马克，1942 年更达到 18700 万瑞士马克。①

1941 年 3 月 20 日，罗斯福总统建立公民防御办公室（the Office of Civilian Defence, OCD），该办公室有一个专门负责从事战争宣传的部门。1941 年 7 月 11 日，罗斯福总统建立了信息协调局，该局不但从事常规宣传工作，而且进行心理战。信息协调局的活动实际上属于秘密活动，因为该局还负责美国与其他国家间的军事合作问题，并负责从事所谓"肮脏的宣传"活动，即用谣言来制造敌国的混乱和失败。因此，该局活动既有"公开信息"活动，也有"隐蔽信息活动"。

1941 年秋，罗斯福总统建立事实与数字办公室，以便实现各个机构间信息传播的相互协调，但这仅仅是美国参加战争宣传活动的开始。为了完成美国对外文化信息工作，1941 年 7 月，罗斯福总统决定建立对外信息局（the Foreign Information Service, FIS）。美国对外信息局建立以后从事大量的对外宣传活动，最初，美国对外信息局是罗斯福总统在 1941 年 7 月 11 日建立的由多诺万负责的中央新闻署的一个分支，中央新闻署不但负责信息政策和宣传工作，而且从事间谍和情报活动。但该机构很快就结束使命，1942 年 6 月战时信息处得以建立。

1942 年 6 月 13 日，总统还下令建立了战略情报局，该局 1947 年成为美国中央情报局。根据美国国家档案战略信息局档案，该机构的功能是获取公开的与隐蔽的信息以支持反对轴心国的战争，并分析原始信息和公布完成的信息以支持政府各个部门的军事行动。根据美国国家档案中央情报局档案，美国战略情报局在 1945 年 9 月 22 日解体，从 10 月 1 日起生效，取代该机构的是助理陆军部长属下的战略服务团，一直到 1946 年。1946—1947 年，该机构的功能由国家情报局的总情报组负责。1947 年 7 月 26 日，根据国家安全法，在国家安全委员会属下设立中央情报局，从 1947 年 9 月 18 日起生效。1946 年 6 月，美国对外信息局成为战时信息处的组成部分，当时

---

① http://search.proquest.com.ezproxy.lib.uh.edu/ pp.70-76, 183-189.

该机构有 816 名雇员。战时信息处主要负责当时美国的心理战和对外宣传活动。其宣传活动机构有电影局、出版局、新闻图片局和广播局。战时信息处建立以后，对外信息局规模缩小许多。

### 2. 针对苏联的宣传

第二次世界大战以后，在苏联大规模对外宣传以反对资本主义制度的情况下，美国开始积极进行反攻，美国国会也认为，苏联和其他共产党国家对美国展开了强大的心理战，试图将美国逐出欧洲，为了保卫美国国家安全和维持世界和平，实现美国外交战略，在欧洲经济重建和政治自由的基础上，必须开展有效的信息和教育交流活动。相比之下，美国的信息文化活动无可置疑地处于下风。①

1950 年，杜鲁门总统要求将宣传作为一项"长期强化项目（sustained, intensified program）"发展成为"真理战（Campaign of Truth）"。为此，国务院为信息活动的拨款从 1948 年的 2500 万美元在几年内又增加了 100 万美元，政府的宣传覆盖 93 个国家，美国之音从每天用 24 种语言进行 30 个小时的播音提高到每天用 45 种语言进行 61 个小时播音。1945 年 4 月，杜鲁门总统建立心理战委员会。斯大林逝世之后，美国领导人基本都认为这是美国"千载难逢"甚至是"唯一"的机会。但是他们很快发现，事情并不像想象的那样，苏联新领导人并没有改变斯大林时代的运行轨迹。所谓苏联从"和平攻势"转向"和平守势"并没有那么明显。②

1952 年 10 月，作为总统候选人的艾森豪威尔在旧金山的讲演中就强调

---

① U.S. Congressional Serial Set Vol. No. 11205, Session Vol. No.1, 80th Congress, 2nd Session. S.Rpt. 855 pt. 1 & 2.Title: The United States Information Service in Europe. Report of the Committee on Foreign Relations Pursuant to S. Res. 161, a resolution authorizing the Committee on Foreign Relations to make an investigation of the effects of certain State Department activities. (The detailed appendix is printed separately.) January 30 (legislative day, January 26), 1948. – Ordered to be printed., pp.4-5. http://infoweb.newsbank.com/.

② Kenneth A. Osgood, Total Cold War U.S. Propaganda in the "Free World", 1953-1960. http://search.proquest.com., pp. 35-47.

指出，在冷战时代的斗争方式是多种多样的，其中包括针对人的思想和意愿的心理战。他认为，美国在冷战中的心理战是全方位的，不但政府的力量和各个宣传机构参与，不仅仅要使美国之音加倍地去赢得征服人的思想的宣传，而且要有计划而且有效地动员全国男男女女都参加，要充分利用各种传播媒介进行宣传。艾森豪威尔提出了"总体冷战（Total Cold War）"的概念，虽然很多宣传和心理战内容都是总体冷战的组成部分，特别是"解放东欧"和"洞穿铁幕"，但在艾森豪威尔时代，美国最重要的宣传行动却发生在所谓的"自由世界"。①

始建于 1952 年的自由广播电台（Radio Liberty）是美国专门针对苏联的广播电台，该电台对于苏联解体具有一定的宣传作用。

根据美国第 85 届国会第 2 次会议 1959 年 1 月 3 日印发的政府行动委员会第 42 次报告，要使国际教育为外交政策服务有三条道路可以走：第一，通过世界人民之间相互理解修建一条和平大路；第二，通过在自由世界内部建立的联系使之相互团结和凝聚，进而加强反对苏联意识形态和压力；第三，把国际教育作为一种信息工具，解释美国人的生活和目标进而反击共产党的宣传。②

奥斯古德（Kenneth A. Osgood）2001 年在其博士毕业论文《总体冷战：美国在"自由世界"的宣传，1953—1960》（Total Cold War：U.S. Propaganda in the "Free World," 1953—1960）中认为，宣传有三种：白色宣传、灰色宣传和黑色宣传，所谓白色宣传是指政府的官方宣传，美国政府承认自

---

① Kenneth A. Osgood, Total Cold War U.S. Propaganda in the "Free World", 1953-1960, pp. 1-3. http://search.proquest.com.ezproxy.lib.uh.edu/dissertations/docview/275773681/fulltextPDF/C05B6653 23904C1CPQ/21?accountid=7107.

② U. S. Congressional Serial Set Vol. No. 12077, Session Vol. No.6 85th Congress, 2nd Session H.Rpt. 2712 Title: Government programs in international education（a survey and handbook）. Forty-second report by the Committee on Government Operations. January 3, 1959. – Committed to the Committee of the Whole House on the State of the Union and ordered to be printed.pp.20-21. http://infoweb. newsbank.com/.

己是宣传者；黑色宣传是指隐蔽的、颠覆性的宣传，是美国人认为的来自敌对势力的宣传，例如共产党的宣传；灰色宣传居于二者之间。实质上，美国的宣传绝大多数是属于黑色宣传。公开的和隐蔽的宣传行动之间并没有必然联系，通过讲课和发表意见讲美国人的故事是不可行的。被称为"藏手总统（hidden-hand president）"的艾森豪威尔曾经说，政府的手必须从美国宣传的目标上谨慎地收藏起来。所以，艾森豪威尔总统认为，美国之音的广播是事实而不是宣传，他希望美国之音沿着英国 BBC 的线路建构一条直接的教育报告通道，这是绝对官方的指示。尽管宣传有时与撒谎联系在一起，但最有效的宣传还是可信的消息，最可信的宣传是以事实为基础的。[①]

　　1964 年 4 月 27 日，美国参议院外交关系委员会成员、国际行动与运动小组主席但丁·B.法赛尔（Dante B. Fascell）在第 88 届国会第 2 次会议上提交"关于意识形态运作和外交政策的报告（Report On Ideological Operations and Foreign Policy）"，他认为，美国政府在应对苏联和其他共产党国家的宣传和意识形态进攻方面远远不够，例如，美国陆军部 1963 年花费 60 万美元，但国务院的情报与研究处同时期仅为 84000 美元。海外信息项目、人员交流、心理战行动以及一些其他行动都与所谓的"心理战"紧密相连。但是，美国在一些与心理和意识形态相关的领域中的概念还很模糊，比如文化渗透项目，是否在美国通过艺术为外国受众提供便宜的娱乐实现文化渗透项目的目标。通过"国家队"使美国海外行动取得成功很划得来。这里的所谓国家队指的是国家机构，例如主要联邦政府机构及其下属机构，包括国务院、新闻署、国际开发署、国防部等，而美国驻外大使则是每一个国家队成员在国外的领导人，因为他了解所在国家的情况。该报告提出的建议如下：1.美国政府组织各路人马共同为美国意识形态和心理战而努力；2.意识形态和心理战要由相对较高水平的并且联合起来的行政机关来运作；3.美国政府

---

① Kenneth A. Osgood, Total Cold War U.S. Propaganda in the "Free World," 1953-1960, pp. 83-90. http://search.proquest.com.ezproxy.lib.uh.edu/dissertations/docview/275773681/fulltextPDF/C05B665323904C1CPQ/21?accountid=7107.

的所有项目都要有一个系统的发展以便使影响外国民众态度的活动开展起来，杜绝装模作样，撤销与美国外交政策无关的项目；4.一些合作项目，例如人员和信息交流，心理战的运作等等，都需要极大地予以提高；5.教育和信息活动应该归属一个机构或者部门来管理，正如美国信息咨询委员会建议的那样，国务院和新闻署都有部门管理人员交流和对外教育事务，国际开发署做教育信息活动不合逻辑，其效果也不佳；6.政府官员和一些相关责任人应该有所训练，掌握意识形态战争的技术；7.意识形态和心理战方面的投入应该增加，特别是行为科学领域的基础研究必须增加；8.必须加强与私人企业的合作，并开辟途径和方式。①

延森·N.西斯高（Jens Nielsen Sigsgaard）在《外交新时代，公共外交的影响，国家品牌和文化外交》中认为，公共外交和宣传都寻求影响民众的观点，但二者是完全不同的：一般来说，宣传是寻求通过各种方式清洗人们的头脑，进而限定一些人的视野，而公共外交则是通过信息和教育拓宽人们的思想，这种拓宽当然是一种正确的导向，可以被看作是一种反宣传，或者是打破信息接受者的偏见。公共外交和宣传还有一个不同，那就是宣传仅仅是不断地向受众灌输信息，而公共外交则是两条腿走路：一方面是了解公众在想什么，另一方面是向他们提供政府的更为可信的信息。当然，政府的公共外交除了政府部门和机构及其官员的活动外，还要有各种私人组织，例如非营利组织的参与。②

### 3. 针对中国的宣传

1949 年中华人民共和国建立以后到 1972 年中美关系正常化以前，美国虽然也曾经利用美国之音对华进行宣传但收效不大。中美建交以后，美国国务院教育与文化事务局认为，美国和中国都将在两国关系正常化中获得利益，人员交流、出版物和媒体产品都是两国关系正常化的良好渠道，打开美

---

① http://congressional.proquest.com.pp.8-10,13-14,19.

② Jens Nielsen Sigsgaard, The New Era of Diplomacy, The Effects of Public Diplomacy, Nation Branding and Cultural Diplomacy, Verlag: LAP LAMBERT Academic Publishing, 2011.pp.17-18.

国与中国文化、科学与管理精英之间的交流渠道将慢慢地建立起打开中国大门的桥梁，这需要化解双方的误解，通过对中国现实社会的第一手真实情况的了解可以增加美国对中国的认识，向美国公众提供更多的中国现实状况会得到美国公众对美国政府对华政策的支持。美国必须拓宽与中国的大学、图书馆、实验室以及学者个人的交流渠道，必须谨慎地寻求各种办法和方式将中国进一步引入双方交流的道路上来，其中包括：第一，在项目方面要做到下面几点：1.进一步讨论中美两国官方与非官方两种渠道的交流项目与目标的问题；2.在某些方面帮助已经在中国从事活动的私人组织，并提出美国政府的政策建议；3.在巴黎与中国就科学交流项目的原则与方式进行磋商；4.与中国关系全国委员会等组织合作以加强他们作为美国在中国"保护伞组织"的行动能力。第二，在组织建设方面，美国需要国务院内负责交流项目的管理人员的努力，发展项目和计划，分析中国的意向，规划交流项目谈判，与有影响的那些私人组织保持联系，与官方和非官方组织合作开发项目，掌握交流项目中访问者和所需信息的重要价值。教育与文化事务局将全权负责与中国的文化交流工作。[1]（有关美国与中国的教育与文化交流问题详见本书第9章第7个问题）

### （二）政治宣传和教育与文化交流的不同目标问题

从第一次世界大战时期开始，美国各界就对美国建立文化机构的目的存在不同看法。当时的主要分歧在于，对外政治宣传属于意识形态领域的斗争，是为信息事务；而对外教育与文化交流属于文化领域的问题，是为"增进相互了解"事务。但是，由于美国从一开始就把信息、教育与文化交流放在一起，且由相同的对外文化事务机构来执行，结果导致两种完全不同的事

---

[1]　United States. Department of State.Bureau of Educational and CulturalAffairs.Office of East Asian and Pacific Programs; United States.Department of State. Planning and Coordination Staff, NSSM 148–U.S./PRC Exchanges: Summary and Issues，01048.pp. 1-3. http://nsarchive.chadwyck.com/.

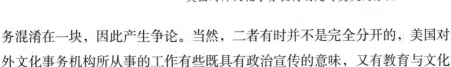

务混淆在一块，因此产生争论。当然，二者有时并不是完全分开的，美国对外文化事务机构所从事的工作有些既具有政治宣传的意味，又有教育与文化交流的特征。

**1. 公共信息委员会：既有政治宣传又有教育与文化交流**

威尔逊总统建立公共信息委员会的时候，就明确该机构的任务是在第一次世界大战期间发布政府信息，鼓舞士气，掌管相关新闻业务。[①] 公共信息委员会主席乔治·克里尔所说的该委员会的目的就是要给全世界送去"美国精神福音"本质上就是一种政治，或者说是政治宣传；但是，克里尔还曾经说过："来自美国的信息不是宣传，而是彻头彻尾的教育和知识。"[②] 这中间又否认公共信息委员会的政治宣传，强调的是教育与文化交流。因此，应该说，公共信息委员会的活动既有政治宣传活动，又有教育与文化事务，但是在第一次世界大战时期，其政治宣传活动更多、更重要，而战争结束后公共信息委员会的解体与此也不无关系。

**2. 文化关系处：以教育与文化交流为主，政治宣传为辅**

文化关系处的第一任处长本·彻林顿将美国国际教育与文化交流项目的政府原则归结为两条："第一，我国的对外文化关系活动应该是互惠的，决不能将某个民族的文化强加给另一个民族；第二，文化利益交流应该是广大人民群众参与，相关国家政府机构关注，也就是说，文化交流项目应该是那些参与国家固有文化之间的交往。"[③] 这就是说，文化关系处的工作主要是文化交流而不是政治任务。

根据美国学者的看法，公共外交这个词是世纪之交刚刚开始被人们所了解和认识的，但事实上从古代开始就已经有类似的行动了。例如，罗马共和

---

① National archives of USA，No. 63.Records of the Committee on Public Information http://www.archives.gov/.

② Emily S. Rosenberg, *Spreading the American Dream, American Economic and Cultural Expansion 1890-1945,* New York: Hill and Wang, 1982, p. 79.

③ Ben M. Cherrington, "Ten Years After", *Association of American Colleges Bulletin*, XXIV (Dec. 1948), p.2.

国邀请邻国的王子们到罗马接受教育；希腊在亚历山大港建立大图书馆为其他古代世界国家的学者们提供特殊训练；拿破仑在侵略埃及的时候计划命令全部法国军队皈依穆斯林帮助建立法兰西帝国；丘吉尔成功地奉献出世界最大帝国而赢得了美国人的心和思想，因此以幸运的失败者而著称。美国的公共外交也是历史悠久，早在美国革命时期，《独立宣言》本身就明显是一个通过说明这个新国家向世界公众宣布独立的无可争议的公共外交实践。与公共外交相比，战略通讯这个词就更加年轻，据笔者所知，最早使用战略通讯这个词的是 2001 年美国国防科技委员会特遣部队信息传递报告。尽管我们笼统地将一些美国历史上的事件称之为公共外交或者战略通讯，但事实上美国并没有刻意地去追求这种活动，甚至有些美国学者认为美国人还总觉得有些不安，认为那些事几乎等于是在宣传。[1] 现在看来，文化关系处的活动在很大程度上已经属于公共外交活动，而这种活动不但具有对外教育与文化交流的意义，同时也具有政治宣传的意味。

### 3. 教育是长期文化目标，信息是短期政治任务

国务院教育交流咨询委员会在 1954 年的第 10 次半年报告中就国务院的教育交流行动问题指出：本咨询委员会早已提出一个十分严重的"教育"和"信息"之间关系的问题。总体来说已经证实，教育是一个长期的任务和文化目标，而信息则是短期项目和政治目标。有一种观点认为前者曾经并将继续从属于后者。本咨询委员会请国会考虑教育方面的项目按照 402 公法分开管理的可能性。为此目的我们建议有 4 个选择：1. 在国务院以外建立一个分开的管理机构；2. 给教育交流咨询委员会或者另建一个新的委员会或监理会以行使一定的行政或者管理权和功能；3. 在国务院内建立一个与国际信息管理局（the International Information Administration）分开的管理机构；4. 在国际信息管理局内建立一个分开的管理机构。新闻署成立的时候就有人建议教

---

① Christopher Paul, *Strategic Communication: Origins, Concepts, and Current Debates (Contemporary Military, Strategic, and Security Issues)*，California, Santa Barbara: Praeger, 2011，pp.71-72.

育交流项目留在国务院，本委员会在过去几年中已经表达了同样的判断和建议，我们在此再次说明，教育交流项目应该留在国务院，我们还希望把国际信息管理局的宣传活动从相互交流的文化项目中分开。[1]该委员会主席认为，在1953年8月1日新闻署建立之前，根据艾森豪威尔总统8号重组计划，美国教育交流项目和国际信息项目由国务院的国际信息管理局负责，在专门负责教育交流和国际信息项目的机构建立以前，一直由该局管理，这种情况得到参议院的一个专门小组的夸奖，该小组还建议扩大交流项目，因为由国务院管理的这些项目在特点上既不是政治性的也不是宣传性的。[2]

如果从1999年美国政府解散新闻署看，信息活动是为短期任务的说法是有道理的。因为1991年苏联解体以后，以信息活动为主的美国新闻署已经失去了工作对象，主要为对苏意识形态斗争服务的新闻署基本上已经失去了存在的价值。苏联及其集团的轰然倒塌已经使得再用大量人力物力进行反对共产主义的活动已经没有太大意义。新闻署解体之前也有一些部门从事对外教育与文化活动，而国务院教育与文化事务局也有一些信息活动，且信息活动并不能完全停止，应该由国务院这个外事机构继续进行下去。因此，新闻署解散以后，其原有人员和工作职责基本都归属到国务院教育与文化事务局。

### 4. 文化事务有时也具有政治意义

公共外交咨询委员会2005年9月的报告指出：文化外交是公共外交的关键，因为文化外交活动是一个国家本身意识形态的最好代表。文化外交可以微妙地、广泛地、可持续性地加强美国的国家安全。历史证明，美国的文化财富在美国国际领导地位形成过程中所发挥的作用并不比军事行动少，包

---

① U.S. Congressional Serial Set Vol. No. 11776, Session Vol. No.12 83rd Congress, 2nd Session H.Doc. 294 Title: Tenth semiannual report on educational exchange activities. Letter from Chairman, the United States Advisory Commission on Educational exchange, Department of State transmitting a semiannual report of all programs and activities carried on under the authority of section 603 of Public Law 402, 80th Congress. January 14, 1954. – Referred to the Committee on Foreign Affairs and ordered to be printed. pp. 2-4. http://infoweb.newsbank.com.

② http://congressional.proquest.com.p.7.

括反恐战争、美国《独立宣言》、《宪法》、《联邦文献》以及《权利法案》中都记载着国父们的理想，那就是要从美国优秀的艺术、舞蹈、影片、爵士乐和文学传统中汲取新的生活，这种新生活就是鼓舞世界人民接受美国方式，尽管存在制度差别。文化外交代表着一个民族的思想，这种思想可以解释美国政治生活的历史，当美国进入战争的时候，外交活动中的每一个工具都将充分发挥其作用，包括文化活动的推动作用。但是，在和平时期，文化活动往往受到冷遇，因为美国历来缺乏对艺术的公共支持。正如原国务卿赖斯所说，美国卷入伊拉克问题需要一代人的承诺，而美国的文化外交努力则需要同样的资金、经验、勇气和时间的承诺。美国文化外交就是要实现下列目标：（1）帮助建立美国人民与其他国家人民之间相互信任的基础，这一行动会使政策制定者们能够具有政治、经济和军事一致的基础；（2）鼓舞其他国家人民在一些特殊政策问题上或者一些特殊问题的需求上给美国以双倍的回报，因为这中间双方具有共同的利益；（3）展现美国的价值观和我们在价值观上的看法，并尽力去改变那些流行的说美国浅显、暴力和崇尚上帝的观念；（4）证明我们美国人具有家庭、信仰和与其他民族一样的渴望教育的价值观念；（5）与其他国家的人们建立友谊，这种友谊将超越政府的更换；（6）能够对外国社会产生一定的影响，能够实现传统外交功能无法达到的目标。美国的文化外交要做到：（1）提供为美国政府与那些政策不同的国家之间相互合作的积极因素；（2）为人民与人民之间相互接触建立一个没有偏见的平台；（3）作为一个弹性的、可以得到广泛接受的交流工具，文化外交可以建立或者恢复那些曾经紧张的或者不存在的外交关系；（4）使文化外交成为唯一能够克服语言障碍、使那些并不是国家精英人物的普通年轻人之间相互接触的方式；（5）哺育国内社会的成长；（6）教育美国人民在价值观和思想认识方面与其他国家人民避免发生差错；（7）消除误解、仇恨和恐怖主义；（8）在公开和容忍方面影响国内文化论争。①

---

① http://www.state.gov/documents/organization/54374.pdf.

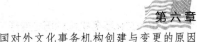

　　美国对外文化事务的政治性不仅仅是上面所说的那么简单，其实，笔者认为，美国对外文化事务机构及其活动的政治性主要表现为，那些对外教育与文化交流活动从本质上来说是在输出美国方式，包括美国人的思维方式、生活方式以及整体世界观和价值观。

　　自 20 世纪 60 年代公共外交这个概念诞生以来，一个国家政府对外国民众进行的各种宣传和影响都属于公共外交活动，美国对外教育与文化交流活动毫无疑问属于公共外交活动，其政治意义是不言而喻的。

　　**5. 宣传是外交行为，教育交流是"人民对人民"**

　　奥斯古德在其博士毕业论文《总体冷战：美国在"自由世界"的宣传，1953—1960》中认为，20 世纪 30 年代，鉴于纳粹党和法西斯分子试图在拉丁美洲赢得支持，导致罗斯福政府为发展与拉美国家的文化关系做出了有限的努力。在冷战初期，《富布赖特法》和《史密斯—蒙特法》使美国政府正式插手对外教育与文化交流，但那些行动明显是与政府的宣传不同的。至少在书面上文化事务是推动"增进相互理解"而不是支持美国外交政策目标。因此，1953 年新闻署作为一个专门从事宣传的机构建立以后，国务院还继续负责教育与文化事务。艾森豪威尔政府实行的所谓"人民对人民项目（People-to-People program）"寻求的是使"每个人都成为大使"，在他的支持下，大量美国公民参与到"草根外交（grassroots diplomacy）"中，邀请外国人到美国来、为国际捐赠而收集图书和杂志、建立"姊妹城市"等一系列推动赞同美国的行动。①

　　如果说宣传具有极大的政治色彩，人们往往比较藐视政治宣传，即英语中的 propaganda 这个词，那么，艾森豪威尔政府实行的"人民对人民项目"则少有政治色彩，或者说其政治色彩更加隐蔽，草根外交的公共外交价值更大。

　　**6. 对苏文化事务既具有政治性又具有文化性**

　　美国针对苏联的文化攻势随着冷战的逐步展开而不断加强和深化，甚至

①　http://search.proquest.com.ezproxy.lib.uh.edu/ p. 193.

具体到如何从根本上瓦解苏联的共产主义思想体系。1958 年 1 月 27 日，美苏签订"美国与苏联文化、技术和教育领域协议"，双方都有人反对这个协议。在美国，有人担心苏联是利用这个协议达到向美国渗透的目的。例如，第一批作为交流人员的 4 个苏联人中就有一个是秘密警察。在苏联方面，有些官员担心与美国的交流协议会对公众产生冲击，其中最突出的是美国新闻署在苏联举行的一个巡回展览，该展览表现了美国人生活的各个方面，特别是上流社会的富有。尽管苏联也在美国搞同类展览，但这只是使美国人了解苏联而已。美国还通过美国之音和图书出版等向苏联人介绍美国。特别是一些隐蔽性投资，例如通过福特基金会向苏联投资，尽管只是文化行为但却起到了政治效果。美国对苏联的宣传主要是通过新闻署进行的。当时，新闻署认为，通过美国的"麦迪逊大街手法（Madison Avenue Techniques）"很可能适合将美国"卖"出去，就像零售商品广告一样有效。麦迪逊大街广告中心是美国最为有名的商业广告中心，这里指为达到政治目的而进行的蛊惑人心的宣传，这种宣传有时采取相当粗糙的形式，比如，夸耀美国工人的生活标准比苏联工人高。到了 20 世纪六七十年代，那种赤裸裸的宣传已经不合时宜，于是，国务院的教育与文化事务局发挥更大的作用，通过来过美国的人向其他人宣传美国将取得更明显的效果，"公共外交"这个词也开始为人们所熟悉，当时，公共外交就是意味着拒绝宣传意识形态，而现在美国国务院对公共外交的解释是作为"吸引、通报和影响重要的国际民众（engaging, informing, and influencing key international audiences）"。①

米德尔布鲁克（Geoffrey C. Middlebrook）1995 在其博士毕业论文《教育与文化事务局与里根政府时期美国公共外交：目的、政策、项目和绩效》(The Bureau of Educational and Cultural Affairs and American Public Diplomacy

---

① James Critchlow, Public Diplomacy during the Cold War the Record and Its Implications Journal of Cold War Studies, Volume 6, Number 1, Winter 2004, p. 76. http://muse.jhu.edu.ezproxy.lib. uh.edu/ p.83.

During the Reagan Years: Purpose, Policy, Program, and Performance）中认为，里根政府开始执政的时候，用最简单的话说，国际交流署的教育与文化事务局的活动没有得到重视。里根政府决定更具有侵略性和创造性地使用公共外交，但它所关心的毫无疑问是信息，即所谓快速媒体（fast-media），特别是美国之音，而该局却是所谓慢速媒体（slow-media），而且是国际交流署的一个下属机构，不受重视是可想而知的。1982年，里根总统上台以后，美国对外教育与文化交流事务明显得不到政府重视，例如，国际交流署要求的预算拨款是59010万美元，国务院教育与文化事务局要求的预算拨款是10490万美元，结果，1982年该国际交流署得到的预算拨款总数为56140万美元，被削减了3000多万美元，教育与文化事务局仅仅得到924万美元。更糟糕的是，1982年10月，在里根总统亲自找署长谈话之后，教育与文化事务局得到的拨款从924万美元又减少到503万美元。相对应的是，富布赖特项目被砍掉了53%，国际访问者项目砍掉58%，私人项目办公室费用减少75%。国际交流署（1982年8月24日里根政府已经将国际交流署改名为新闻署，这时已经是10月，米德尔布鲁克在这里显然有些混乱——本书作者）的经费之所以被削减，主要是因为国会许多人认为，他们花那么多钱用于教育与文化交流，要么是管理不当，要么是浪费，要么是效率不高，还可能存在腐败和欺骗，总之，国际交流署得到的都是坏消息。公共外交咨询委员会在对国际交流署进行调查后在1982年7月的年度报告中认为，从该署在国内外的公共形象看，她必须解释什么是美国政策，并真诚而又准确地讲述美国故事，不准贴宣传的标签。[1]

在以美国为首的西方世界，许多人认为苏联解体和东欧剧变是美国等西方国家长期以来进行对共产主义冷战的结果，是文化攻势的成就。应该说，这中间有一些道理。其合理之处就在于，美国对外文化事务机构的活动从冷战时期以来不断发展，里根总统将国际交流署恢复为新闻署，对外文化事务

---

[1]　http://search.proquest.com.pp. 128-139, 144-145.

的资金有所减少，并不是美国对外政策的根本变化，而是为里根的星球大战服务。当里根政府结束以后，美国对外文化事务活动又重新回到冷战思维当中。

## 三、美国对外文化事务机构的混乱与调整问题

美国历史上的对外文化事务机构主要有如下几种：临时性的、地区性的、独立的和政府各部门分管的。这样就造成了美国对外文化事务机构相互重叠、管理混乱、职责不清等一系列体制问题，对这一弊端的争议长期存在，许多对外文化事务机构几经更名或者相互替换（包括新闻署）就是这种矛盾和理顺过程的体现。

### （一）机构的混乱

公共信息委员会、文化关系处和战时信息处等重要文化事务机构都归属国务院，可以说国务院一直是美国对外文化事务的领导机构。但是，1953年建立的新闻署则是一个独立机构，而对外教育与文化交流项目却仍旧归国务院，这就使许多信息和教育与文化交流问题出现归属不明、重复甚至冲突的问题。同时，对外文化事务还涉及财政部、海陆空三部以及商业部等，这样不但更加混乱，也出现责任不清等问题。因此，1965年召开的美国信息咨询委员会给国会第 20 次报告第 8 项指出，需要考虑将美国政府的信息、教育与文化工作纳入一个机构领导之下。[①]1968 年该委员会第 23 次报告又指出，事实证明，继续将交流项目分别由在国外的美国信息局和在华盛顿的国务院管理是一个时代性的错误，是导致工作效率低、官僚主义盛行和资金浪费的根源。因此，本委员会认为应该马上结束这种局面，重建新闻

---

① U.S. CongressionalSerial Set Vol. No. 12707, Session Vol. No. 31, 98th Congress, 1st Session, H. Doc. 140 Title: The twentieth report of the United States Advisory Commission of Information pp.3-9. http://infoweb.newsbank.com/.

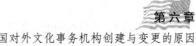

署，或者建立一个新的独立机构来从事国外的公共事务项目。其实，这种看法早在 1960 年本委员会给国会的第 15 次报告就已经提出来了，要将政府的信息、文化和基础教育活动归一个机构来执行。尽管这种工作已经取得了一些成效，但随着美国的这项活动不断扩大，正面临着越来越大的困难，在原有的官僚体制下，很难实现美国人民与其他国家人民之间的相互理解。①

美国教育交流咨询委员会提交国会的第 9 次半年报告(1952 年 7 月 1 日—12 月 31 日）指出，在我们给国会的第 7 次半年报告中已经谈到了当前国际信息管理局主管的教育交流项目存在的严重问题。为充分贯彻第 402 号公法，我们在此报告中再次重申我们的下属看法：我们想重申本委员会在 1952 财年第 2、3、4 季度直接明确地给国务院的报告，以及给国会的第 7 次半年报告中的观点，在国际信息管理局建立的前一年，国务院所属组织就对人员交流项目的政策与运行态势表示担忧，在某种程度上对信息中心也不放心。我们认为，总体来说，通过教育交流实现友好的国际理解的长期目标是与更加直接的、短期的或者叫更加急需的美国外交政策，例如美国之音，和其他媒体是有区别的。但是我们认为，这两种目标并不是截然分开的，而是相互关联、不可分割的。因此，片面强调后者而忽略前者将十分不利，完全是一个弄巧成拙的行为。我们强烈呼吁国际信息管理局的教育交流项目应该由国务院来领导执行。但我们对于那种在没有与本委员会磋商的情况下，就对长期教育交流目标管理机构进行重组很不满意。②

---

① U.S. Congressional Serial Set Vol. No. 12812, Session Vol. No. 8, 90th Congress, 2nd Session, H. Doc. 289 Title: The 23nd report United States Advisory Commission on Information, February 1968. pp.11-12. http://infoweb.newsbank.com/.

② U.S. Congressional Serial Set Vol. No. 11689, Session Vol. No.10. 83rd Congress, 1st Session. H.Doc. 154, Title: Ninth semiannual report on educational exchange activities. Letter from Chairman United States Advisory Commission on Educational Exchange transmitting the semiannual report of all programs of activities carried on under authority of section 603 of Public Law 402, Eightieth Congress. May 28, 1953. – Referred to the Committee on Foreign Affairs and ordered to be printed. pp.1-3. http://infoweb.newsbank.com/.

美国学者米德尔布鲁克认为，从 1953 年建立开始，新闻署就与国务院一样在自己所属的机构中从事文化和教育活动。在 1978 年合并以前，新闻署的信息服务中心掌管着展览、跨国中心、图书馆、出版物、书籍项目、英语教学和教育与文化合作活动。在重组的时候，国务院的教育与文化事务局相对较小，只有 270 名雇员，从事的是学术交流、国际访问者、美国出国讲课者或者专家、文化展示、资助或者赞助某些私人机构以及在国内的外国人接受中心接待来美国的外国人。鉴于国务院的教育与文化事务局和新闻署的信息服务中心具有合并的基本条件，1978 年 2 月，新闻署署长提出，二者应该是一个机构，叫做国际交流署。这样，新闻署的信息服务中心、国务院的富布赖特项目外国奖学金委员会和东西中心合而为一。但卡特总统认为，从事国际教育与文化项目的 3 个机构分开就像奥林匹克运动一样，并不影响这些机构为国家服务。1979 年 5 月 18 日，新闻署内部（1978 年 3 月 27 日卡特政府已经将新闻署更名为国际交流署，这时已经是 1979 年 5 月 18 日，米德尔布鲁克在这里显然又错了——笔者）的一个通讯指出："对交流项目的资金拨款还没有到位……传统项目已经遭到打压，我们对在没有权威和产生混乱的情况下从事想象中的新项目无能为力。"新闻署署长再次提出建议，将过去负责海外美国艺术展览和文化的项目从国务院的教育与文化事务局转到一个叫"项目局"的机构，同时将过去的国际访问者处和私人项目处提升为一个联合的办公室，并取消原有的机构关系办公室（the Office of Institutional Relations），结果在 80 年代新闻署出现了这样 4 个机构：文化中心与资源办公室（the Office of Cultural Center and Resources, OCCR）、国际访问者办公室（the Office of International Visitors, OIV）、私人项目办公室（the Office of Private Sector Programs, OPSP）和学术项目办公室（the Office of Academic Programs, OAP）。①

---

① http://search.proquest.com.ezproxy.lib.uh.edu/pp. 60-73.

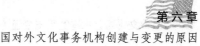
### （二）机构的调整

1975 年 6 月 30 日，美国国际教育与文化事务咨询委员会向国会提交第 11 次报告，题目为"一个需要和一个高贵的任务（a Necessary and a Noble Task）"。其中第 2 部分为"国际信息、教育与文化关系小组的报告"，该报告指出，美国信息咨询委员会 11 名成员参与了该小组的研究活动，国际教育与文化事务咨询委员会 9 名成员和信息咨询委员会的 5 名成员自动成为该研究小组的成员，另有 7 名来自不同领域的公民参加，他们都是公共外交专家。前哥伦比亚广播公司主席和信息咨询委员会主席弗兰克·斯坦顿（Frank Stanton）同意作为该小组主席，该小组名称正式确定为"国际信息、教育和文化关系小组"。该小组的研究得到福特基金会、洛克菲勒基金会、利里基金会（the Lilly Endowment）和阿玛逊基金会（the Ahmanson Foundation）的赞助。该小组 1974 年 4 月开始工作，10 个月内召开 5 次会议，执委会召开 9 次会议，各个分委员会召开十几次会议，与 98 位知名人士接触和讨论，包括国务卿基辛格和新闻署署长。该小组建议，通过将现有分开的职责按下面方式重组美国海外信息与文化项目：1. 由国务院和新闻署分别执行的现在所有的信息和文化行动整合起来由一个新的自治机构执行，该机构叫做"信息与文化事务局（the Information and Cultural Affairs Agency）"，该局局长对国务卿负责；2. 现在分开在国务院和新闻署的所有说明和解释美国外交政策的项目整合到一个新的机构叫做"国务院政策信息局（State Department Office of Policy Information）"，由一个副国务卿管辖；3. 美国之音重新组建，由一个新建的叫做"海外观察者委员会"的联邦政府机构管辖。①

长期以来，美国对外文化事务机构重叠的问题在 1999 年新闻署解散以后得到一定的纠正，新闻署的大部分工作归属国务院的一些部门，情况得到一定的理顺，但问题并没有完全解决。

---

① http://babel.hathitrust.org/ pp.3-7.

# 四、美国对外文化事务机构的其他相关问题

## （一）地区扩张与全球扩张的问题

在 19 世纪末 20 世纪初，美国的国际战略重点在美洲，从泛美联盟建立开始，"美洲是美洲人的美洲"的观念就与美国孤立主义外交原则相吻合。所以，即便是 1917 年建立的公共信息委员会也主要是针对拉美国家的文化扩张。1938 年建立的文化关系处也主要是为与拉美国家的文化往来而建立的。但是，不论是公共信息委员会还是文化关系处，后来随着形势的发展和变化都把行动目标扩大到世界其他地区和国家，而这些长期从事拉美事务的机构人员对世界其他地区和国家的文化事务并不熟悉。因此，为了更好地进行美国对外文化扩张，必须改变文化扩张机构，这是公共信息委员会和文化关系处以及后来的战时信息处等都很短命的重要原因。

第二次世界大战以后，随着国际形势的变化和冷战的开始，美国的全球战略从战前的以美洲为主发展为以反对苏联为首的欧洲共产党国家为主，因此，美国对外信息与教育交流活动在冷战早期是以欧洲为主。这时，美国的孤立主义外交原则逐渐改变为理想主义和霸权主义，对外信息、教育与文化交流活动更多地纳入新的国家整体战略原则中来。因此，美国对外文化事务机构的历史变迁是随着国家外交战略的需要而变化的。

## （二）对外文化事务机构的名称、归属和权限问题

长期以来，美国政府的对外文化事务机构一直存在三个问题：

第一，名称不定的问题，即有些机构不断更改名称，其实质工作范围和职责并没有什么重大变化，例如，卡特政府时期将新闻署更名为国际交流署，里根时期又恢复为新闻署，20 世纪 50 年代从行动协调委员会到国际信息管理局、对外行动管理局、再到国际合作管理局，其实都是换汤不换药，没有太大的意义。

第二，归属不清的问题，也就是说，既有政府直接管辖的独立机构，又

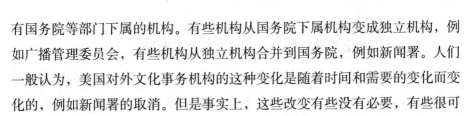

有国务院等部门下属的机构。有些机构从国务院下属机构变成独立机构，例如广播管理委员会，有些机构从独立机构合并到国务院，例如新闻署。人们一般认为，美国对外文化事务机构的这种变化是随着时间和需要的变化而变化的，例如新闻署的取消。但是事实上，这些改变有些没有必要，有些很可能是个错误，例如，有美国人认为新闻署的撤销就是一个失误。

第三，权限混淆的问题，也就是一个机构到底应该从事信息活动还是教育与文化交流活动，到底主要进行政治宣传还是文化交流等等。例如，公共信息委员会、文化关系处和战时信息处等重要文化扩张机构都归属国务院，可以说国务院一直是美国对外文化扩张的领导机构。但是，新闻署建立以后，其职责与国务院到底如何划分与区分一直不是很清楚。

1964 年美国信息咨询委员会给国会的第 19 次报告中对新闻署的今后工作提出了 15 个建议，这些建议既反映了国会对新闻署工作的不满，又说明了美国官方对外文化事务的归属和权限的政策指向。这 15 个建议中的第 9 个是：1953 年，新闻署作为一个独立机构建立的时候，有关人员交流项目的管理与规划工作仍旧在国务院，但事实上交流项目的执行工作却在新闻署，在新闻署从事该项具体工作的是文化事务官员，而该文化事务官员却要在公共事务官员的直接领导之下，而且新闻署的文化事务官员工作职权范围越来越大，因此总咨询委员会建议对文化事务官员及其工作进行研究以使之发挥更大的作用。[1]

1965 年召开的美国信息咨询委员会给国会第 20 次报告中对第 19 次报告中提出的 15 个建议进行了总结，其中第 8 项指出，考虑需要将美国政府的信息、教育与文化工作纳入一个机构领导之下，但这 3 个方面的工作需要广泛地开展起来。[2]

---

① U.S. Congressional Serial Set Vol. No. 12643, Session Vol. No. 13, 88th Congress, 2nd Session, H. Doc. 211 Title: The nineteenth report of the United States Advisory Commission of Information, pp.7-15. http://infoweb.newsbank.com/.

② U.S. Congressional Serial Set Vol. No. 12707, Session Vol. No. 31, 98th Congress, 1st Session, H. Doc. 140 Title: The twentieth report of the United States Advisory Commission of Information pp.3-9. http://infoweb.newsbank.com/.

### （三）对外文化事务机构的工作态度和效果问题

从 1917 年建立公共信息委员会开始，美国政界对文化机构的功能和作用的看法一直存在分歧，这种分歧主要在两个方面：一是这种机构的态度问题，即在对外文化扩张的时候是否强硬，是否能反映美国各种力量的强大的问题。例如，公共信息委员会遭到了许多人的非议，例如，戴维·M.肯尼迪认为，公共信息委员会总是一副和蔼可亲的面孔，其建立者总是认为该委员会要为利他主义的事业服务，该委员会推动了社会沙文主义。二是这种机构的行动目标到底是从事文化和政治宣传还是信息与文化交流的问题。例如，许多美国人认为，罗斯福总统在第二次世界大战初期建立的战时信息处是一个媒介机构，为一系列信息中心或者图书馆服务，该机构通常被认为是一种"白色宣传（white propaganda）"，这种所谓的白色宣传本质上是说它的信息不可靠，因此也被认为是"灰色宣传（gray propaganda）"，意思是说它的信息来源不清楚。如同为心理战服务的美国战略情报局的信息一样，该机构的宣传还被认为是"黑色宣传（black propaganda）"，因为它的信息被认为是虚假的、制造出来的。战时信息处的这种情况影响了后来美国的对外信息项目，从冷战到后冷战时代，美国的对外信息项目都存在这种情况。前参议员威廉·富布赖特曾经说："为了那种宣传的经费支出而向民众征收赋税是一种不明智和不民主的做法，政府必须为推翻自己的单独判断而付出更多的税款。"1945 年 8 月 31 日，杜鲁门总统签署行政命令结束战时信息处时说："本政府将不再向其他国家进行广泛的信息宣传行动，恰恰相反，我们将热衷于使其他国家的人民得到美国人民丰富而又美好的生活信息，得到美国政府政策和目标的信息。"①

---

① http://people.ku.edu/.

# 美国对外文化事务及其机构的国会立法

## 一、《1934年通讯法》

自建国以后，美国政府长时间没有就对外文化事务及其机构立法，就文化事业而言，较早的相关立法应该是《1927年广播电台法》（the Radio Act of 1927），但该法仅仅是对美国国内地区划分做出规定而没有对外广播的要求（此前还有1912年的《广播法》，因与本文无关，故略而不谈）。

最早涉及对外文化交流和传播的规定应该是《1934年通讯法》（Communication Act of 1934）。该法第1部分第1款规定：为规范利用无线电和广播电台从事州际间和对外商务活动，为了国家防务，为了确保该政策更加有效，本法建立联邦通讯委员会（the Federal Communication Commission, FCC）。第3款（f）规定："对外通讯"或者"对外传播"的意思是从美国的任何地方或者从外国传播到美国任何地方，或者是在美国的一个广播电台与美国之外的移动电台之间的通讯和传播。第6部分第602款（a）规定：废除《1927年广播电台法》，（b）规定撤销州际间商务法（the Interstate Commerce Act）建立的州际间商务委员会（the Interstate Commerce Commission,

ICC），第 603 款（a）规定撤销 1927 年广播电台法建立的"联邦广播电台委员会"（the Federal Radio Commission, FRC），所有成员归属联邦通讯委员会，邮政局长（the Postmaster General）撤销，二者所有权利归属联邦通讯委员会。第 606 款（a）规定：总统有权在战争期间为了国家防务和安全而指挥无线电电台通讯活动。[1] 从这些内容看，也基本上没有明确规定对外广播的问题。

按照 1986 年 6 月 26 日第 99 届国会众议院第 2 次会议上外事委员会所属国际行动委员会有关对外事务听证会纪要，联邦通讯委员会是一个独立管理机构，但并不是一个政府行政机构，因为总统对该机构没有否决权。按照《1934 年通讯法》，该机构对贸易、国家安全、国际谈判和其他对外政策没有直接责任。[2] 这样看来，《1934 年通讯法》也还不是最早的国会对外文化教育事务及其机构的立法。但是，联邦通讯委员会在第二次世界大战期间却实践了对外文化扩张和交流活动的目标，1945 年 1 月 2 日，国会调查联邦通讯委员会特别委员会向第 78 届国会第 2 次会议提交题为"联邦通讯委员会调查"的最后报告。报告指出，按照 1943 年 1 月 19 日第 78 届国会第 1 次会议通过的第 21 号国会决议建立的本委员会得到授权，直接从事联邦通讯委员会的组织和行动的调查和研究工作，了解联邦通讯委员会的组织机构、人员选择和行动结果是否符合法律和公共利益并在第一时间报告给国会。涉及联邦通讯委员会第二次世界大战期间活动的主要是 3 个机构：无线电广播情报处（the Radio Intelligence Division, RID）、外国广播情报处（the Foreign Broadcast Intelligence Service, FBIC）和战争问题处（the War Problems Division, WPD）。早在 1941 年 2 月，美国联邦通讯委员会就宣布建立了外国广播监听处（the Foreign Broadcast Monitoring Service, FBMS），即外

---

[1]　http://www.constitution.org/uslaw/sal/048_statutes_at_large.pdf pp.1064-1065, 1102-1104.

[2]　Oversight of the Bureau of International Communications and Information Policy, Hearing before the Subcommittee on Internatial Operations of the Committee on Foreign Affairs, 1986,6,26. http://congressional.proquest.com.ezproxy.rice.edu/, p. 56.

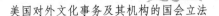
国广播情报处的前身。外国广播监听处在美国各地建立了多个监听站，监听站记录和翻译收听到的资料很快转给美国陆军部、海军部、国务院的战时信息处、战略情报局和外国经济管理局等部门。① 这样看来，第二次世界大战期间联邦通讯委员会还是从事了对外通讯活动。

## 二、《1948 年信息与教育交流法》

从笔者掌握的资料看，美国国会对外文化事务及其机构的最早立法应该是《1948 年信息与教育交流法》，该法被称为美国信息与教育交流的母法。自 20 世纪以来，美国政府多次为信息、教育与文化交流立法，或者说，国会每年的立法当中，有许多法律涉及对外文化事务或者信息、教育与文化交流机构，但对于本书来说，或者说对于美国对外文化事务机构历史具有重大影响的立法并不是很多。因此，笔者主要通过如下一些法律说明美国对外文化事务及其机构的国会立法是怎样进行并实现了怎样的目标。

《1948 年信息与教育交流法》（the United States Information and Educational Exchange Act of 1948），又称为《史密斯—蒙特法》（Smith-Mundt Act），是为美国政府在对外信息、教育与文化交流方面的第一个立法。美国原助理国务卿艾伦称赞《史密斯—蒙特法》曾经说，该法是"我们对外关系史上极其重要，甚至可说是革命性的决定之一"，并认为《史密斯—蒙特法》是美国公共外交的"母法"②，足见该法在美国对外文化事务机构及其活动中的重要地位。

---

① Congressional Serial Set Vol. No. 10848, Session Vol. No.5 78th Congress, 2nd Session H.Rpt. 2095 Title: Investigation of the Federal Communications Commission. Final report of the Select Committee To Investigate the Federal Communications Commission, House of Representatives, pursuant to H.Res. 21 (78th Congress). Submitted by Mr. Lea, of California. January 2, 1945. – Committed to the Committee of the Whole House on the State of the Union and ordered to be printed. http://infoweb. newsbank.com/iw-search/we/Digital/ pp.1, 4-7.

② http://www.faobserver.com/.

## （一）1945—1946 年布鲁姆法案

### 1. 索尔·布鲁姆法案出台的背景

索尔·布鲁姆是美国著名政治家，1922—1949 年，连续 17 年担任国会众议员，并在 1939—1947 年担任众议院外事委员会主席。

早在第二次世界大战结束前，美国人就已经开始准备在战后进行教育与文化交流活动以促进美国与其他国家的相互了解和理解。根据美国学者的说法，1943 年，蒙特提出了加强文化和教育交流项目的决议，但他的立法建议被当时与战争具有直接关系的议案所排斥。1945 年他再次向国会提交赞同建立联合国教科文组织的议案，其中有一款被用于旧金山会议上美国代表团提议的联合国宪章中。① 但是，由于战争尚未结束，又由于信息、教育与文化交流问题本身当时还没有成为美国决策人心目中最重要的对外事务，所以该问题被搁置下来，直到 1948 年才解决。

1945 年 3 月 17 日，美国第 79 届国会众议院批准了由外事委员会提出的第 588 号报告，该报告指出：催促建立国际教育局并做出决议修正案，鼓励留学生、学者以及其他领导人等的交流活动。这一做法被认为是美国开始向教育交流等文化外交发展的一个突出表现。1945 年 4 月 24 日，由中美苏英四国资助在旧金山召开了国际联盟组织大会，会上四国一致表示支持中国政府提出的一些建议，其中第 3 项为"国际联盟经济与社会委员会应该为推动教育和其他形式的文化合作"。② 旧金山会议实质上是联合国成立的预备会议，联合国教科文组织就是在那次会议上酝酿成立的。而该组织的活动正是以教育与文化交流为主，美国上层包括一些议员都赞同建立这样的组织。

---

① http://search.proquest.com.ezproxy.lib.uh.edu/.

② U.S. Congressional Serial Set Vol. No. 10933, Session Vol. No.3 79th Congress, 1st Session H.Rpt. 588 Title: Urging formation of an organization to be known as International Office of Education. May 17, 1945. – Referred to the House Calendar and ordered to be printed., pp. 2-3. http://infoweb. newsbank.com/iw-search/we/Digital/?.

**2. 布鲁姆法案的出台及其内容**

早在旧金山会议上，美国人就已经开始重视对外信息、教育与文化交流事务，尽管美国代表团并没有把教育与文化交流项目问题纳入日程，但文化合作问题已经为参会各国所接受。作为旧金山会议美国代表团成员之一的索尔·布鲁姆预言，就是这个文化会议必将导致国际政治体具有教育内容。但是他认为，目前机会还没有成熟，因为就连联合国善后救济署（UNRRA）的钱花到教育重建上都遭到普遍反对，更不要说 1945 年富布赖特提出的要求将美国战争剩余物资用于教育的问题了。①

到了 1945 年，布鲁姆终于正式提出了对外文化交流问题立法的议案。作为众议院外事委员会委员的索尔·布鲁姆在第 79 届国会第 1 次会议上提交了题目为"美国人民与其他国家人民之间在人员、知识和技术方面的交流"的法案，该法案是在 1945 年 10 月 11 日提交的，是为 H. R.4982 号法案。该法案在引言部分以明确的文字说明了外事委员会对布鲁姆法案的支持："外事委员会认为，索尔·布鲁姆先生提交该法案的目的是要使国务院在外交领域通过两项措施更加有效地履行自己的职责：1. 向国外散发有关美国、美国人民及其政策的信息；2. 推动美国人民与其他国家人民之间在人员、知识和技术方面的交流，出于同样的考虑，本委员会赞同并推荐该法案得到通过。"

法案共分 4 个部分：第一部分为法案目标。法案认为，国务院通过直接派外交官与外国政府之间的往来是在执行传统外交活动并建立了政府间的联系。但近年来世界上包括美国在内的许多国家都开始注意其他国家人民的态度以及对他们有用的信息。事实越来越多地证明，各国人民思想之间的各种战争已经开始，公共信息、人员和技术的自由交流将有助于各国人民之间的相互了解。美国是最后进入对外公共信息、教育合作领域的国家之一，甚至

---

① Justin W. Hart, "Empire of Ideas: Mass Communications and the Transformation of U. S. foreign relations, 1936-1953". http://search.proquest.com.ezproxy.lib.uh.edu/.

现在由国务院实行的许多这类活动还只停留在拨款和行政命令上（而没有立法）。本法案就是要为国务卿等相关人员授权使之成为美国外交事务行动的重要组成部分。本法案提出的专门目标是：1.将过去6年间国务院与拉丁美洲国家之间进行的人员、知识和技术交流扩大到西半球以外；2.国务院的年度拨款法案应该有法律依据以使管理上有一些灵活性，但现在却没有这样的法律；3.按照1946年战争机构拨款法，应该有一个继续选择国际信息活动的法律作为依据。第二部分为听证说明，法案明确指出，从1945年10月11日开始本法案在公共听证会上提出以后，在10月16—24日期间对本法案进行了讨论，得到了助理国务卿本顿（William Benton）、内务部、农业部和公共卫生部代表以及一些私营组织，包括工业组织大会的代表的支持。当时的国务卿伯恩（Byrnes）后来写信也表示支持该法案。该法案在这部分专门引用了国务卿给布鲁姆的信函说："战争期间战时信息处和美国国家事务局所进行的文化交流活动的信息已经在1945年8月31日转交国务院，杜鲁门总统也曾经与我磋商过战后和平时期进行国外信息活动作为我们对外事务的战后组成部分问题。我和副国务卿本顿先生都认为和平时期的信息项目，即所说的文化项目现在还很少有人清楚，经费支出也太少。国务院现在需要国会就信息活动提出自己的意见并得到总统的授权。"另外，杜鲁门总统对政府将来的国际信息活动也提出了自己的意见。第三部分提出了时间的规定，最重要的是拨款时间，该法案提出应该在1948年6月30日之前完成拨款，这对于国会来说是有足够时间进行讨论批准。第四部分说明了该法案对此前一些相关拨款法案的继承和修正关系问题，法案指出，本法案第四款是说明对1938年5月25日"美国派往拉美国家和菲律宾政府雇员所需特殊条件以及其他一些目的授权法"的修正，该法案下面的修正还说明了1935年5月14日法是对1926年5月19日法的修正。从内容看，那些修正主要是雇员的使用期限和薪金待遇等问题。①

---

① http://congressional.proquest.com.ezproxy.lib.uh.edu/ pp.1-3.

1946 年 6 月 26 日，布鲁姆在第 79 届国会第 2 次会议上再次提交法案，题目为"授权任命在机密机构增加对外服务人员"，是为第 2348 号法案。法案认为，由参议院提出的有关对外服务人员的提案，是为第 5244 号法案，该法案主要是提出国务院对外服务官员任命的立法和拨款问题，认为该问题应该有国会立法作为保障。[①]

### 3. 布鲁姆法案的评价与影响

布鲁姆法案最为突出的内容是开始关注"人民的态度"、"公共事务"，这说明美国政策制订者们已经开始向 20 世纪 60 年代出现的公共外交方面发展。作为众议员的布鲁姆所提法案尽管没有参议员所提法案那么受到两院的重视，但作为众议院外事委员会的成员，他的聪明之处是首先去征求国务院的意见并取得了他们的同意和支持。1946 年，国务院在国际文化与教育关系局的基础上又成立了一个直接从事对外文化事务的机构——国际文化事务局，由此可以看出国务院对这一事务的重视。

贾斯汀·哈特（Justin W. Hart）在其博士论文《理想帝国：大众通讯与美国对外关系的转变，1936—1953》中认为，美国政策制定者们恰如其分地把第二次世界大战看成一个转折点，不但是为美国本身着想，同时也是为全世界各个国家和有希望的民族考虑。美国领导人几乎从参加第二次世界大战就坚信他们不但会取得胜利，而且会取得在这个世界上的霸权地位。虽然他们并不喜欢使用"帝国"这个词，但他们明显地相信，美国不久就将具有现代记忆中所有帝国的实力。信息自由并不是关于哪个国家与哪个国家交流的问题，信息自由交流也并不仅仅是教育与文化交流，还包括广播电台和其他大众媒体。按照贾斯汀·哈特在其博士论文中的说法，索尔·布鲁姆、富布赖特、卡尔·蒙特等与《史密斯—蒙特法》相关的人物几乎都是旧金山美国代表团的成员，他们积极拥护建立一个国际教育局。但是，1945 年 8 月第二次世界大战的结束实际上使民族主义之间的关系以文化与教育的方式和途

---

① http://congressional.proquest.com.ezproxy.lib.uh.edu/ pp.1-2.

径进行调节变得复杂了。所以，为此立法的事宜并不那么简单。①

### （二）1946 年富布赖特法案

许多学者认为，1946 年的《富布赖特法》是美国对外教育交流的重要法律并有后来的富布赖特项目为佐证。但事实并非如此。《1946 年富布赖特法》指的是参议员 J. 威廉·富布赖特（J. William Fulbright）在 1945 年 9 月提出的对《1944 年剩余资产法》（the Surplus Property Act of 1944）的修正案并在 1946 年 8 月 1 日美国第 79 届国会第 2 次会议上通过的法律，是为第584 号公法，严格讲应该叫做《1946 年战争剩余资产处理法》。法律规定，国务院是美国在美洲大陆、夏威夷、阿拉斯加包括阿留申群岛、波多黎各、维尔京群岛以外地区的战争剩余资产的唯一处理机构。按照本法第 15 款，国务院可以处理上述地区的剩余资产，包括现金、信用金、实体、从对方得到的资产、按法律得到的任何外国政府交割的资产，无论什么时候，只要国务卿决定了的，就是代表美国利益的，就按他的决定处理。国务院需要的资金和信用金，可以按财政部计划外资金来处理。国务卿有权与任何外国政府签署协议，利用这些现金和信用金：1. 资助学习、研究、教育和其他外国当地的教育活动，或者用于美国公民在外国当地学校学习和继续升学学习之用；2. 资助外国一些希望参加美国在美洲大陆、夏威夷、阿拉斯加包括阿留申群岛、波多黎各和维尔京群岛学习的公民。国会授权总统任命一个外国奖学金委员会（Board of Foreign Scholarships），该委员会由来自文化界、教育界、学生和退伍军人团、美国教育办公室代表、退伍军人管理委员会代表、美国教育协会代表共 10 人组成。②

《富布赖特法》的主要贡献是首次提出由国务院资助对外教育交流活动，这一举措从富布赖特基金和项目设立以来发挥了历史性的作用，同时也是富

---

① Justin W. Hart, "Empire of Ideas: Mass Communications and the Transformation of U. S. foreign relations, 1936-1953". http://search.proquest.com.ezproxy.lib.uh.edu/pp. 1,17,198-199.

② http://www.constitution.org/uslaw/sal/126_statutes_at_large.pdf. pp.754-755.

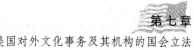

布赖特这位在美国对外教育与文化交流活动中做出非凡贡献的政治家初露头角。

需要说明的是，富布赖特项目和富布赖特—海斯项目是两个完全不同的项目：虽然二者都是为国际教育和美国国家利益服务的项目，但富布赖特项目是由国务院从事的专门执行促进美国与其他国家相互理解和相互了解的项目（新闻署成立后该项目曾归属新闻署管辖），途径是将外国学者和职业人员带到美国并选派美国公民到国外去学习或工作的项目；恰恰相反，富布赖特—海斯项目是由教育部执行的服务于美国国内涉及外国或者国际问题的教育项目的安排，包括选派优秀的美国人出国学习语言或者专门技术以及锻炼国际教育经验等等，其中包括 4 个项目：国外博士论文研究项目、国外教职工研究项目、国外项目组合、国外讲习班。[1] 需要进一步说明的是，《富布赖特法》、《富布赖特—海斯法》以及富布赖特—海斯项目完全不是一回事。《富布赖特法》指的是上面所说的 1946 年的战争剩余资产法，《富布赖特—海斯法》指的是 1961 年《教育与文化相互交流法》，而富布赖特—海斯项目是美国教育部资助一些准教师、教师和教学管理人员、博士候选人和博士后教学人员以及到美国来的教育部门和组织的人员从事海外研究和训练。[2]

### （三）1947 年史密斯法案

就在布鲁姆和蒙特等人积极试图推动美国政府重视并从事对外信息、教育与文化交流活动的同时，杜鲁门总统也表现出对该问题的重视。1947 年 3 月 12 日，杜鲁门总统在国会发表的国情咨文中正式提出了苏联是极权国家，并要求国会向希腊和土耳其拨款用以镇压人民运动，史学界一般认为这标志着"杜鲁门主义"的诞生，也标志着冷战的正式开始。布鲁姆等在此时提出的要求在对外文化问题上立法因此可以视为，从总统到国会议员，美国政府

---

① http://www.ed.gov/.

② http://eca.state.gov/.

决策者已经开始重视对外文化事务。

1947 年 7 月 16 日，美国参议院外交关系委员会委员亚历山大·史密斯（Alexander Smith）在第 80 届国会第 1 次会议上提出了内容与布鲁姆法案基本相同的法案，题目为"使美国政府通过推动美国人民与其他国家人民之间的人员、知识和技术交流的措施以及向国外传播有关美国、美国人民、美国政策等公共信息的措施在外交关系上取得更大的效果"。该法案指出，本法案的主要目标是使美国政府推动美国人民与其他国家人民之间的相互了解并纠正他们对美国的误解。达到这一目标的措施包括：1. 人员、知识和技术交流；2. 在相互合作的基础上向其他国家提供技术和其他形式的支持；3. 向国外传播有关美国、美国人民和美国政府的公共信息；4. 向国外传播有关联合国和美国参与联合国事务的信息。该法案还为建立一个国会联合委员会研究整体信息项目并报告给下一次国会会议。从 1938 年开始，美国与拉丁美洲国家曾经进行了多年信息交流项目，包括学生、教师和书籍交流等，这些项目基本都是由国务院负责。但是，第二次世界大战以后，1946 年 6 月 30 日，国务院从事信息活动的人员从 11000 人减少到 3000 人，而且信息活动与美国的一些私人公司相竞争。① 这样，当时的众议员蒙特（后来也成为参议员）和参议员史密斯提出了几乎是同一个问题的法案，一个众议员和一个参议员共同提出一个法案具有相当重要的意义和影响与压力，美国公共外交向对外信息、教育与文化交流活动方向又前进了一大步。

### （四）1947—1948 年国会批准立法的过程

#### 1. 1947 年蒙特法案

1947 年 5 月 21 日，应国务院请求，众议员卡尔·蒙特（Karl Mundt）在第 80 届国会第 1 次会议上代表众议院外事委员会提出题为"1947 年美国信息与教育交流法"的法案，是为 H.R.3342 号法案。法案指出，本法案就

---

① http://congressional.proquest.com.ezproxy.lib.uh.edu/ pp.1-3.

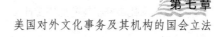

是要使美国政府通过推动与其他国家人民之间的人员、知识和技术交流的措施，通过向国外公开传播有关美国、美国人民、美国对外政策的信息使对外关系运行更加有效，同时，众议院议员全体一致赞同法案修正案并建议国会予以通过。……本法案没有要求授权建立新的政府机构的意思，但为了实现本法案的一些条款，国务卿应该在国务院建立一个人们都知道的局，叫做信息与教育交流局。本法案的目标是，第一，推动美国人民与其他国家人民之间的相互理解，充分认识这样的事实：信息与人员和技术的自由交流必将对推动世界和平发挥无比重大的作用；第二，本法案将对现在世界一些地方存在的对美国的误解和歪曲予以纠正，这是本法案的一个十分重要的目标。同时美国继续面临世界范围内瓦解美国与其他国家人民之间接触的宣传运动，还有一些地方由于专制统治阻碍有关美国的新闻报道而得不到有关美国的正确和适宜的新闻。所以本委员会确信除非自己来做，否则得不到帮助。本委员会修正的提案必将使一个信息与教育交流项目得以运行，这种项目必将给世界人民有关美国和美国人民的准确的事实真相。信息与教育交流项目所雇佣的人员应该一定是爱国的、忠诚的，这些人员除了总统任命和参议院认可的政府官员以外，该项目所雇佣的所有人员必须得到联邦调查局对他们进行的忠诚和安全确认。①

　　该法案主要提出了以下问题：（1）国会保持对信息与教育交流项目运作的研究；（2）不允许将信息与教育交流活动的资金转用其他活动；（3）本外事委员会最为强烈地感到，信息和教育交流项目必须建立在严格的真正的美国主义（Americanism）原则基础之上，对于国务院在执行本法案的一些条款过程中的行动进行强制性、近距离和不间断的监督已经在委员会修正案中做了规定，国会可以在任何时间决定结束该项目。该法案还涉及图书交流、广播交流等其他一些文化交流项目问题；（4）本法案得到众议院外事委员会的修正以使国务卿在其领导的机构中执行信息与教育交流任务；（5）关于经

---

① http://congressional.proquest.com.ezproxy.lib.uh.edu/ pp.1-5.

济使用的有效性问题，法案认为，应该最大限度地利用已有的国有资产和设备而防止不必要的支出，除了已知的国务院建立信息与教育交流局而外本法案不要求建立任何新的政府机构；（6）关于交流应该包括学生、教练、教师、客座讲师、教授和特定领域的领导人。国务卿应该取消或者限制那些没有或者拒绝与美国进行交流合作的国家的项目。当然，交流并不等于对半交流，来美国学习的学生人数应该超过出国学习的美国学生，同时，美国应该支持联合国教科文组织的文化交流活动，因为美国是该组织的成员国；（7）应国务卿的要求，美国政府各个机构都应该帮助美国与其他国家之间的图书交流活动；（8）本法案第7款授权国务卿为其他国家人民提供他们需要的信息资料；（9）关于外国在美国的广播项目问题。①

蒙特法案在1947年5月提出，6月24日在众议院以272∶97票通过，但对其中第907款修正为"本法并不要求授权建立任何新的政府机构，除非为了实行本款，国务卿可以被授权在国务院建立信息与教育交流局"。教育交流这个概念包括文化关系中的绝大多数行动。但是，参议院直到1947年夏天才对该法案进行投票，而且并没有同意蒙特法案建立信息与教育交流局的要求，而是任命了一个参议院外交关系委员会附属委员会和一个众议院审查美国在欧洲信息事务的类似附属委员会，参议员亚历山大·史密斯和众议员卡尔·蒙特被任命为联合委员会的两主席（co-chairmen）。因此，从1947年7月到12月，蒙特法案得到广泛的研究和讨论，结果出现了认为该项立法超出了美国教育经历底线、要求将信息与教育交流联系在一起或者一起管理不可行的意见。许多其他领域的教育工作者和领导人担忧就此立法会破坏基于相互关系原则的国际文化合作得不到建立，其中绝大多数人认为，美国政府应该授权告诉其他国家人民有关美国政府和美国人民的情况，而不是去立法，他们认为，不能混淆相互文化关系问题。同时，来自一些团体和组织的舆论认为，信息与文化关系功能代表着不同的目标，并强调将二者一道管

---

① http://congressional.proquest.com.ezproxy.lib.uh.edu/ pp.5-8.

理不能过早地决定，来自教育、科学、艺术、工业、劳工、农业和公共事务的人提出了两个供国会考虑的建议：寻求一个将该法案修正为在国务院的信息行动与教育交流行动完全分开的路径；将该法案修正后使之为建立一个能够广泛代表美国教育、科学和文化生活的委员会或者理事会，让该委员会为国务院在其所有的教育、科学和文化行动提出建议。1947 年 12 月，参议员史密斯曾经提出了对蒙特法案的修正案，主要目的是清楚地将信息行动和教育行动分开。史密斯的修正案不但将二者的功能分开，还提出应该有两个咨询委员会，分别帮助发展信息和教育交流行动政策。结果史密斯的修正案在参议院获得通过并在 1948 年 1 月 27 日获得众议院接受，这就是第 402 号公法。1948 年 3 月 31 日，乔治·V. 艾伦（George V. Allen）被任命为国务院负责公共事务的主助理国务卿，主管美国对外信息与教育交流事务。[①] 可以看出，蒙特在 1947 年提出的法案比起 1945 年的法案来看既详细得多又扎实许多：法案明确了促进美国人民与其他国家人民之间相互理解的根本目标；明确了纠正现在世界一些地方存在的对美国的误解和歪曲的目的，明确了人员、知识与技术交流的具体手段和措施；明确了众议院提交的法案已经得到参议院支持的情况；甚至明确了交流的具体人员由教师、教练、教授、讲师和学生等组成的问题。这种情况说明，条件日臻成熟，法案即将成为法律。

### 2.1947 年参议院外交关系委员会附属委员会法案

1947 年 6 月 10 日，参议院外交关系委员会主席任命一个由参议员史密斯为主席的参议院外交关系委员会附属委员会，该委员会提出了一个法案，该法案主要内容包括：美国和其他国家在互惠原则基础上的学生和教授交流；美国与其他国家书籍和期刊交流，将美国书籍翻译成其他国家文字，帮助美国的学校、图书馆和团体走出国门；派遣美国官员作为顾问到其他国家

① History of the Government's Educational Exchange and Cultural Relations Programs, Post World War II- International Educational Exchange as a Permanent Arm for Foreign Relations, pp. 8-9. http://libinfo.uark.edu/specialcollections/findingaids/cuaid/index.html, Box 308.

服务（包括军事项目）；通过美国政府的一些机构与其他国家政府机构合作进行联合技术项目的演练；在美国政府机构中训练外国技术人员，例如农业和公共卫生方面的人员；通过媒体公布、电台广播、动画和图书馆等方式向国外散发有关美国的信息。[①]

### 3.1948 年参议院外交关系委员会报告

1948 年 1 月 30 日，美国参议院外交关系委员会向总统提交了一个报告，全面说明了美国对外信息局及其文化宣传的重要性。报告指出，根据参议院 1947 年 7 月 26 日决议的授权，外交关系委员会任命了一个附属委员会对国务院或者其他美国政府机构涉及外国人及其行动的问题进行了全面研究和调查，下面是以"美国信息局在欧洲"为题的调研报告：

美国信息局必须是美国的声音，必须清楚地了解世界对美国的看法，必须做到：讲真话；说明美国的目的；鼓舞士气和增强希望；真实而又生动地反映美国人的生活、思维方式和理想目标；反对造谣和歪曲事实；强有力地解释和捍卫美国外交政策。问题十分清楚，如果不能强有力地增加和扩大信息（情报）工作，我们就不能赢得与苏联口水战并取得欧洲的信任。也可以说，只有赢得了这场口头战争我们才能保卫和平。国会和美国人民现在都清楚地认识到，为了复兴欧洲和对抗共产主义，我们必须花费数十万美元，即便是雄心勃勃的美国信息与教育项目是没有任何意义的浪费，但与重建欧洲的数十亿美元巨大支出相比也是小巫见大巫。正如著名瑞士经济学家拉帕德（W. E. Rappard）所说的那样，"如果你把对欧洲援助的花费中的百分之一中的十分之一花在宣传上，你将得到百分之百的回报。"同时，为了提高欧洲人的信心，我们扩大信息与教育项目无疑将为欧洲重建计划作出必要的贡献。有一份法国报

---

① http://congressional.proquest.com.ezproxy.lib.uh.edu/ pp.1-3.

纸的编辑曾经说："你到处都可以听到美国人没有为法国做任何事情，但你同时也到处都可以听到谁都不相信的共产主义宣传。"因此，我们的信息工作必须说明美国的真正动机并揭穿谎言，告诉他们欧洲复兴计划是：该计划是一个竭尽全力避免一场难以避免的美国经济衰退而把我们的产品剩余供应欧洲；该计划是一个难以解释地试图优先援助德国侵略铁蹄下的受害者；该计划是一个极力恢复德国军事力量以便作为我们控制欧洲的工具；该计划是一个美国重建欧洲所依赖的帝国主义工具。如果我们的宣传机器得到扩张和提高，我们确信一定能做到，那么美国就可以用这架机器为欧洲所有国家的复兴计划服务而无需再建别的类似机构。但事实上现在我们的信息宣传仅仅还是一种十分弱小的声音。苏联用于宣传的花费达数百万，英国在负债累累的情况下花钱雇佣8700人从事宣传工作，而我们美国却只有1400人从事宣传活动，花费不及英国的三分之一。甚至弱小的荷兰今年用于宣传的费用还达到将近25万美元。美国对外信息局需要考虑的工作如下：1.在华盛顿政府国务院直接领导下把对欧洲的宣传工作放在两个领域：教育与信息，尽管教育活动没有信息宣传那么直接，但可以吸引更多的人了解美国；2.公共事务官员们在纯粹行政管理方面做了大量工作，但一些部门却没有认识到一个正式外交官信息工作的重要性，事实上，对欧洲信息宣传工作十分重要，需要全体人员的密切合作并要在对外信息局的统一领导下，现在外交关系已经被纳入公共关系事务的思考之中；3.信息局的各项使命与国务院密切相关，但二者之间的联系很少，即使有联系也是要么时间不对、要么效果不佳，他们仅仅注意与华盛顿联系的重要性；4.要充分利用人力和物力；5.要将工作向农村地区发展；6.美国信息局的服务和资料应该向国外民众扩展；7.充分利用那些有一定经验的年长一些的志愿人员从事美国对外信息与教育交流活动；8.为了吸引他们，要给他们加薪；9.信息局的器具

有时显得不够充足，要加强设备建设；10. 充分利用所在国家的各
种资金来源；11. 有关为欧洲复兴需提高资金和信息方面帮助的立
法应该在不久的将来就提出并得到批准；12. 为了保持拨款委员会
的正当性，国务院要向所在国并通过项目和媒体呈现信息局工作的
合法性。①

应该说，参议院的这个报告比众议院的法案更具有说服力：美国对外信
息与教育交流已经到了不加强"不能赢得与苏联口水战并取得欧洲的信任"
的地步；信息与文化宣传已经到了"强有力地解释和捍卫美国外交政策"的
程度；美国在对外信息与教育交流方面的投资甚至比"弱小的荷兰"还少；
国务院直接领导下的对欧洲的宣传工作主要在教育与信息这两个领域；美国
的对外信息与教育交流活动要扩大人力物力、扩大宣传范围到农村、向外国
民众进行宣传等等。这些内容的分量相当重，美国对外信息与教育交流的立
法已经只是时间的问题了。

### 4.1948 年史密斯法案

1948 年 1 月 7 日，参议员史密斯在美国第 80 届国会第 2 次会议上再次
提出法案，这次的题目简洁而又明确，即"推动美国人民与世界其他国家
人民之间的相互理解和加强国际关系合作"。在法案主要目标上基本重复了
1947 年法案的内容，但说法上略有差别：向国外传播有关美国、美国人民和
美国国会公布的政策，总统、国务卿和美国政府其他负责官员公布的对美国
外交有一定影响的事务；能够使美国更加有效地与其他国家合作的教育交流
事宜，其中包括（1）人员、知识和技术交流，（2）支持技术和其他方面的
项目，（3）在教育、艺术和科学领域发展信息交流。

史密斯指出，再次提出此法案的理由如下：（1）现代国际关系和交流的

---

① 　U.S. Congressional Serial Set Vol. No. 11205, Session Vol. No. 1, 80th Congress, 2nd Session, S.
Rpt. 855 pt. 1&2 , The United States Information Service in Europe Report of the Committee On For-
eign Relations pursuant to S. Res. 161. pp.3-8. http://infoweb.newsbank.com/.

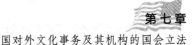

特点以及美国在世界文明中所在地位要求并证明美国必须在国外公共关系领域加强行动；（2）当前，苏联政府和全世界的共产党都在进行针对民主、福利、自由、真理和美国的敌视宣传，形势迫切要求美国直接采取有力措施传播真实情况；（3）支撑本法案的项目和机制也说明，对美国国会和人民所思考的经济合作项目来说，本法案也是必须实行的；（4）从国会辩论和信誉看，美国政府已经在实行信息和教育交流项目并在当前形势下取得了有效的结果；（5）在顾及到可能出现的疏忽或者错误的情况下，本参议员可以保证交流活动的支出基本是合理的；（6）不论在国内还是国外，这些项目需要的人员已经到位，已经考虑到专门人员需求问题，以及防止传统观念和官僚干涉等问题。提出本法案和修正案的意图是明确的，其中之一就是建立美国信息咨询委员会和美国教育交流咨询委员会，同时还因为在国务院目前还没有考虑这种立法之必要。有 5 条理由说明本法案条文是非常需要的："（1）维持交流项目的重要性是不可否认的，美国人民、我们的理想和美国制度都由于一些国家的宣传而被歪曲或者误解，美国的权威和民主本身都在蒙受这种不平等的思想斗争，我们必须有能力向全世界说明美国的真实情况，我们不能容忍其他人编造我们的故事；（2）如果继续保持现有忽视对外文化交流而没有国会立法的支持的话，美国信息项目很难充分履行自己的职责，此项工作在国务院已经运作了 29 个月，国会批准的时间已经到了，继续拖延将给总统极大的不安，给国务卿的对外关系活动带来极大的不便，因为现代世界的信息是外交极为重要的工具；（3）国务院的信息项目已经得到一些私人机构的重视，第二次世界大战期间很多头面人物也十分重视，例如马歇尔将军；（4）当前，国务院在欧洲和亚洲收到一些国家政府请求美国政府为他们国家派遣一些政府顾问，这是一个很好的机会，但是，如果没有国会立法，国务院是没有权力安排政府雇员的，因为时下国务院只能在拉丁美洲、利比里亚和菲律宾有这个权力；（5）现有信息项目是在没有任何国会限制或者要求的情况下运行的，本法案包含的一些重要的限制和安全措施已经得到众议院外事委员会和参议院外交关系委员会的首肯，这些限制和要求必将给交流项目很大的帮助。"①

这个最后的法案内容虽然与以前的各个法案大体相同，但语气更重、例证更充分、结论更可信：美国必须加强公共外交关系领域的行动，不加强就无法与苏联等社会主义国家相抗衡；所有内容中最有分量的一句话是"本法案必须实行"。

形势越来越好，压力越来越大，成功越来越近。1947年，国务院建立的国际信息与教育交流局在1948年并入国际信息局。该局负责人所说的"快速媒体"如广播、新闻出版和电影等都归属该局领导，而与之并行存在的教育交流局负责所谓"慢速媒体"如人员交流、图书馆建设以及在世界上建立相关协会等，分工也越来越明确。②

史密斯在法案中的上述说法显然十分到位并打动了国会议员们，法案的通过已经顺理成章。这样，如果加上布鲁姆1946年的法案，他们的努力历经两年终于成功。1948年1月27日，由杜鲁门总统批准后正式以《1948年信息与教育交流法》立法，即通常所说的《史密斯—蒙特法》，或者说是第402号公法。

可以看出，《史密斯—蒙特法》的出台并不是一时的想法，而是历经了至少两年的思考和论辩；《史密斯—蒙特法》的颁布也不是一帆风顺，而是历经了两年多的辩论争取来的。如果将美国从20世纪初期就开始的政府直接插手并投资推动美国与外国之间的信息与教育交流看成为美国公共外交的开始，（即使当时还没有公共外交这个词）问题已经十分明显：一个国家政府如果没有在文化上的战略安排，必将会在近期的外交战术中遇到某种尴尬局面。

从《史密斯—蒙特法》的整个立法过程看是比较甚至可以说是相当艰难的，历经两年的立法在美国并不多见。问题的症结在哪里呢？贾斯汀·哈特

---

① http://congressional.proquest.com.ezproxy.lib.uh.edu/ pp.1-4,13-14.

② Nicholas J. Cull, *The Cold War and the United States Information Agency, American Propaganda and Public Diplomacy, 1945-1989,* New York: Cambridge University Press, 2008. p. 40.

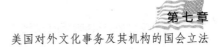

在其博士论文《理想帝国：大众通讯与美国对外关系的转变，1936—1953》中认为，人们担心的问题之一是害怕由于交流而使激进思想流入美国。贾斯汀·哈特还认为，富布赖特法并不是美国政府弥补美元缺口的手段，由于该法案建议建立一系列双边协议，允许各国用他们的资金购买美国战时剩余物资，并用这笔钱进行教育交流，其中包括外国学生到美国学习和美国学生留学外国。各国可以资助学生来美国的路费但不能资助他们在美国的学习费用，因为这些费用需要用美元支付而不是外国现钞。富布赖特项目需要赞成送美国学生去海外学习而不是鼓励外国国籍的学生到美国学习，因为立法的目的之一是宁可花美元也要解决这种资金困境。[1] 可以认为，美国政策制订者们在批准富布赖特项目立法的 1946 年对信息、教育与文化交流还不是很重视，直到 1948 年批准《史密斯—蒙特法》的时候也还不是很坚定地想用该法实现对外信息、教育与文化交流活动目标，甚至在何为信息交流、何为教育与文化交流等问题上也不是很清楚，如何进行、怎样从事乃至需要防止哪些问题的发生还没有做到心中有数。这一点从下文笔者对《史密斯—蒙特法》的内容分析中可以看出来。

### （五）《史密斯—蒙特法》的内容与分析

《史密斯—蒙特法》共 10 部分 36 款，其中主要包括：本法的题目、本法的行动目标、相关概念的解读、人员、知识和技术的交流、书籍与资料的交流、专家的派遣、从事对外信息与教育交流的美国公民的地位和津贴、在外国政府服务的合作官员、政府机构的参与、技术和其他服务、政府机构服务政策、公民个人的参与、私营组织的投资活动、政府对私人参与的支持、向国外传播美国信息问题、政府的信息行动政策、建立咨询委员会及其相关政策、拨款、管理程序、其他资金来源、对参与人员忠诚性的检查措施，以及

---

① Justin W. Hart Empire of Ideas: Mass Communications and the Transformation of U. S. for-
eign relations, 1936-1953. http://search.proquest.com.ezproxy.lib.uh.edu/ pp.277, 246.

该法律的废止等问题。笔者认为，从该法 50 多年来的执行效用、各界人士的重视程度、各项规定的类别等角度看，与本书相关的主要内容包括 5 个方面：

### 1. 关于立法目标

该法规定的立法目标是使美国政府推动其他国家更好地了解美国，增进美国人民与其他国家人民之间的相互了解。为达到这些目标需使用的措施是：(1) 信息活动是向国外传播有关美国、美国人民的信息，国会、总统、国务卿以及其他从事对外交事务有一定影响的政府官员发布的政策；(2) 教育交流活动是与其他国家在如下三个方面合作：人员、知识和技术交流；技术和其他服务；教育、艺术和科学领域发展的交流。

### 2. 关于授权国务卿权力

该法的最重要内容之一是授予国务卿在对外信息、教育与文化交流方面的极大的权力，其中主要有：有权代表美国与其他国家在互惠基础上从事学生、受训者、教师、客座讲师、教授，以及在某专业知识或技术领域的领导人交流。有权为美国与其他国家进行书籍和期刊交流，包括政府出版物、翻译著作、准备和派遣其他教育资料的交流。有权为学校、图书馆和国外的活动中心提供资金或者由美国公民提供赞助，并为在美国雇佣的方法与实践提供展示。有权代表美国从事信息与教育交流活动，在按照本法开展任何行动时，经总统批准，国务卿有权力用在另一个国家的各种服务、设施以及在该国政府机构服务的人员。只要按照本法授权，国务卿在任何时候都可以使用在另一个国家的任何服务、设施以及在该国政府机构服务的人员，但国务卿应依照本法支付所需费用，支付手段可以是报销也可以直接支付。

### 3. 对外信息、教育与文化活动的途径与手段

该法规定，美国的对外信息、教育与文化机构要利用各种手段和途径向外国传播美国信息并进行信息与教育交流活动：当发现向国外准备和传播有关美国、美国人民、美国政策的信息是适宜的时候，国务卿有权通过媒体、出版物、广播电台、动画片和其他媒体信息，以及通过信息中心和国外的指导人员，向外传播。任何类似的新闻稿或者电台文本，按照要求，在国务院

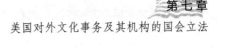

通过英语可以得到，在所有可行的时间内向国外传播信息，经过美国新闻通讯社、报纸、杂志、广播系统和台站的考察，按照要求，应该是国会议员可以得到的。

**4. 建立两个咨询委员会**

该法决定建立美国信息咨询委员会（the United States Advisory Commission on Information）和美国教育交流咨询委员会（the United States Advisory Commission on Educational Exchange）。这两个咨询委员会应该每个季度向国务卿递交一次报告，并每半年向国会进行一次所有项目和行动的报告，内容包括某些项目的效果、给国务卿完成本法目标所需要的建议、实现该建议需要采取的行动。

**5. 鼓励私人机构参与政府对外信息、教育与文化活动**

本法条款的执行应该是国务卿的职责所在，可以最大限度地使用，包括私人机构的服务和设施，具体有美国媒体、出版物、电台、动画和其他别的机构，不论是否有合同安排。按照国会意愿，国务卿应该鼓励不同的私人机构最大限度地参与本法目标的各个领域的执行，这也是他们所在其他国家现有和潜在市场的利益所在。①

从上面所列的五个方面看，笔者对《史密斯—蒙特法》的分析主要有：

第一，《史密斯—蒙特法》所确立的立法与行动目标是：推动美国人民与世界其他国家人民之间更好地理解并加强国际关系的合作。多年来，这句话得到美国政府几乎所有官方文件和说法的不断的复述，这不但说明《史密斯—蒙特法》在美国公共外交中的地位和影响很大，而且说明该法律真正发挥了美国人所期望的作用，实现了当初的立法目标和设想。但是，从本书后面所述的修正案来看，《史密斯—蒙特法》并不是那么完美，其缺陷还需要不断的修正案的纠正和补充。

第二，该法确立了国务卿在美国对外信息与教育交流中的绝对领导和支

---

① United States Information and Educational Exchange Act of 1948, http://www.state.gov/.

配地位。美国在第一次世界大战前的对外信息、教育与文化交流活动基本上没有政府部门或者机构的直接领导，从第一次世界大战到第二次世界大战结束后的 1947 年，虽然出现了公共信息委员会、文化关系处、美国文化处、美洲国家事务局、战时信息处、信息协调局、战略情报局、战略情报组、中央情报局等，但这些机构要么存在时间很短，要么主要是为战争服务，更何况没有法律的支撑和固定的领导把舵，美国对外信息、教育与文化交流活动呈现一种十分混乱、效果不佳的局面。令人不解的是，在 1948 年对外信息与教育交流事务归属国务卿以后，美国政府又在 1953 年建立新闻署，此举等于是在削弱国务卿在对外文化事务上的权力，《1961 年教育与文化相互交流法》则基本上将国务卿的权力收归总统。

第三，通常人们所说的该法第 501 条款规定的美国对外信息与教育交流的内容不得在美国国内传播的问题最初并不是很明确，只是规定了国会议员、国务院和新闻媒体等可以得到对外国传播的信息，而明确说明不得在美国国内传播的规定是后来加进去的，但可以肯定地说，这是一个十分敏感且非常重要的问题，不仅在美国是一个有争议的问题，而且已经引起许多国家和学界人士的反对，这中间涉及几个问题：美国政府禁止向国内人民传播由美国政府媒体和机构向其他国家人民传播的信息与资料是不是说他们传播的是假新闻或者是在欺骗其他国家的人民？禁止将在外国散布的信息和资料向美国国内传播是不是美国政府对本国人民的不信任？这一做法与美国的民主、平等与自由是否相互一致？这是否意味着美国信息自由是一句空话？对这些问题的回答可能有多种，但无论如何有一点是可以肯定的：美国政府的做法是从美国国家安全和利益出发的。

第四，该法确定建立两个咨询委员会不但继承了美国对各种权力机构建立具有监督和检查性质的咨询委员会的传统，而且为后来美国对外信息和教育交流活动的良好运行做出了保障，值得注意的是，美国比较大的政府机构几乎都建立这种咨询委员会，而且这种委员会基本都发挥了十分重要的监督、检查、报告、建议的作用。但是，美国政府机构的那些咨询委员会并不

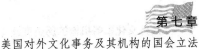
是完全一样的，例如在人员构成上，许多政府重要部门的咨询机构是由政府高官来组成的，而《史密斯—蒙特法》建立的两个咨询委员会则是由来自各界的精英组成的，其中许多人是代表公民利益的专家。另一个值得说明的是，一般翻译为咨询委员会的机构也可以翻译为顾问委员会，因为英语中advisory一词具有这样两层含义，但咨询与顾问在中文中的含义确有很大区别：一般来说，咨询带有参考的意思，而顾问虽然也是参考，但分量更重。美国的那些咨询委员会每年向总统、国会或者某一个主管部门的年度或者半年报告不但具有参考性，更具有指导性、建议性，那些报告会在此后的各种国家行为中得到落实。

第五，美国对外信息与教育交流活动从来都是双轨行为：既有政府政策和资金的支持，又有私营组织和个人行为参与。

## 三、1956 年《第 555 号公法》

从 1948 年《史密斯—蒙特法》颁布到 1956 年，美国国内外形势都发生了极大的变化：从国际上看，斯大林逝世以后赫鲁晓夫政府政策发生了一些微妙的变化，朝鲜战争的结束开启了中美关系的新的历程；从美国国内看，1953 年新闻署的建立使得美国对外信息、教育与文化交流活动和项目在管理上发生了一些变化，对外教育与文化交流明显比信息活动多而且重要，国务院和新闻署的活动如何更加有效成为政府关心的大问题。在这种情况下，从 1956 年开始到 2012 年为止，美国国会接连不断地提出对《史密斯—蒙特法》的修正案，其中有些修正案得到了国会的认可而通过，有些则没有通过。有的是以美国"1948 年信息与教育交流法修正案"出现，有的则是另外一个立法但其中有些内容是对《史密斯—蒙特法》的修正。不论是通过的还是没有通过的《史密斯—蒙特法》修正案，也不论是什么立法名称，都反映了美国政策制订者对教育与文化交流问题的重视和这个问题的重要性。

1956 年《第 555 号公法》实际上是从 1955 年就开始酝酿，在国会两院不断有人提出法案的基础上在 1956 年 6 月 4 日实现立法。其发展过程如下：

## （一）史密斯和蒙特"1948 年信息与教育交流法修正案"

1955 年 1 月 21 日，参议员史密斯和蒙特在美国第 84 届国会第 1 次会议上提出"1948 年信息与教育交流法修正案"，是为第 S.631 号法案，法案主要对《史密斯—蒙特法》201 款中美国与其他国家人员交流问题、交流项目中赴美学者离开美国 2 年后方可申请移民美国的问题、第 601—604 款有关美国教育交流委员会的交流政策和交流项目问题、第 801—804 款有关咨询委员会问题，以及各款中有关国务卿权力问题等提出修改意见。其中比较重要的是移民美国的 2 年限制问题。①

## （二）富布赖特和蒙特"1948 年信息与教育交流法修正案"

1955 年 7 月 5 日，参议员富布赖特和蒙特联合在美国第 84 届国会第 1 次会议上递交"1948 年信息与教育交流法的修正案"，并在 7 月 20 日以曼斯菲尔德、富布赖特和诺兰德 3 人联合名义再次提交该法案，是为 S.2410 号法案。该法案除了对上述 601、801—804 款提出修正意见外，还对 1012、1013 款中美国在外国的信息与教育交流人员的待遇等问题提出修正意见。②

## （三）富布赖特"1948 年信息与教育交流法修正案"

1955 年 7 月 18 日，参议员富布赖特在美国第 84 届国会第 1 次会议上再次提交"1948 年信息与教育交流法的修正案"，是为 S. 2562 号法案。该

---

① The United States Information and Educational Exchange Amendment Act of 1956, pp. 57-58. http://congressional.proquest.com.ezproxy.rice.edu/.

② The United States Information and Educational Exchange Amendment Act of 1956, p.1.http://congressional.proquest.com.ezproxy.rice.edu/.

法案主要对交流学者移民美国 2 年期限的问题。①

### （四）富布赖特"1948 年信息与教育交流法 1956 年 S.2562 附和修正案"

1956 年 3 月 1 日，参议员富布赖特在美国第 84 届国会第 2 次会议上再次提出了"1948 年信息与教育交流法 1956 年 S.2562 附和修正案"，再次强调了交流学者移民美国 2 年期限的问题。②

### （五）史密斯和蒙特"1948 年信息与教育交流法 1956 年修正案"

1956 年 4 月 13 日，参议员史密斯和蒙特在美国第 84 届国会第 2 次会议上再次提出"1948 年信息与教育交流法修正案"，是为 S.3638 号法案。法案首先申明，该法案是要加强 S.631、S.2410、S.2562 等 3 个没有获得立法的法案。法案主要内容是：对第 201 款中人员交流问题的一些细节如人员来源、交流学者必须离开美国 2 年后方可申请移民美国的问题、国务卿的权力行使等问题；第 202 款中美国与其他国家间图书和印刷品交流问题；第 601—604 款中对外文化关系和项目管理等问题；第 801—802 款中咨询委员会人员组成等问题；第 902 款中外国政府和组织资助信息与教育交流的问题；第 1008 款中委员会年度报告问题；第 1012 款中增加国务卿、新闻署署长等官员为本法服务的问题；第 1013、1014 款提出并要求以后美国新闻署（the United States Information Agency）的英文表述应该用（the United States Information Service），因为在外国主要负责美国对外信息活动的信息官员（the United States Information Officers）的活动机构长期以来就叫做 the United States Information Service，缩写为 USIS，而新闻署的英文缩写为 USIA，人

---

① To amend the United States Information and Educational Exchange Act of 1948, pp. 55-58. http://congressional.proquest.com.ezproxy.rice.edu/.

② To amend the United States Information and Educational Exchange Act of 1948, pp.1-2.http://congressional.proquest.com.ezproxy.rice.edu/.

们经常把二者混淆，并说明了该机构的工作范围和原则等问题。① （此项意见没有在 1956 年修正案中出现，1957 年有议员再次提出有关此问题的法案仍旧没有实现）

### （六）沃尔特·贾德 "1948 年信息与教育交流法修正案"

1956 年 5 月 3 日，众议院外事委员会委员沃尔特·贾德（Walter H. Judd）在美国第 84 届国会第 2 次会议上提出 "1948 年信息与教育交流法修正案" 是为 H. R. 9606 号法案。沃尔特·贾德在法案中申明，该修正案是 1956 年 2 月 28 日送交众议院外事委员会并取得一致通过，同时，该修正案与参议院 1956 年 3 月 19 日一致通过并在 3 月 21 日提交给众议院的 S. 2562 号法案是一致的（有关 S.2562 号法案见下文）。该修正案认为，按照《1948 年信息与教育交流法》第 201 款，国务院和司法部可以强迫交流访问者离境，但不能阻止他们立即作为移民回国。按照美国法律，一个交流访问者是不能改变其身份或者申请停止被驱逐出境的。可是，如果他拥有移民签证身份，并能够移民到加拿大或者墨西哥，他只要跨过边界就获得了在那里的永久居住权。根据非官方估计，大约有 5%—10% 的政府资助的交流访问者没有按时回国。因此，本法案为《1948 年信息与教育交流法》第 201 款增加一段话，以便阻止交流访问者利用其身份而作为移民美国的途径。按照本法案，有 3 种交流访问者至少 2 年内不能移民美国：1. 他没有申请移民签证；2. 他可能没有申请改变身份以便取得美国永久居住权；3. 他可能不具备移民法 101 款（a）15（H）的资格。本法案没有要求交流访问者回到他所来的那个国家，对其他任何一个国家也没有 2 年的要求。也就是说，只要他离开美国 2 年到任何一个 "合作国家"，包括回到他来的那个国家就可以了。所谓合作国家

---

① 1956 Amendments to the United States Information and Educational Exchange Act of 1948[to accompany S.3638]），to amend the United States Information and Educational Exchange Act of 1948, Amending the United States Information and Educational Exchange Act of 1948, as amended, http://congressional.proquest.com.ezproxy.rice.edu/.

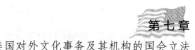

是说该国家赞同美国政府所从事的自由和公开的人员、知识和技术交流。美国国务院申明，除苏联及其卫星国外其他所有国家都可以作为合作国家。[①]

除了上述内容外，该法案规定了放弃款（waiver provision）。该款规定：司法部长在相关政府机构和国务院建议的情况下可以对居住在美国的外国人放弃执行2年期限的规定，条件是该外国人必须承认他移民美国是美国司法部长为美国的公共利益做出的决定。该款明确了这样一点：那就是本法案并不是完全僵化的，是可以根据特殊条件而做出改变的。下面6种情况下的交流访问者可以在任何时间来美国而不受2年限制：1.外交官或者某国家的政府官员；2.临时商务或者娱乐人员；3.按照商务条约和协定执行贸易任务的人员；4.学生；5.国际组织官员或者类似组织的代表；6.外国新闻、广播、电影或者信息媒体的善意代表人员。最为重要的是，不受2年限制人员必须继续他最初来美国的目的，包括参加研究项目和科学与文化会议等。[②] 在该法案辩论期间，国务院国际教育交流局局长拉塞尔·赖利（Russell Riley）认为："按照现行的402公法即《史密斯—蒙特法》，是无法阻止交流项目中的外国人将交流活动作为移民美国的途径的。我们不是移民问题专家，也不懂得移民规则，但我们知道上述情况如果发生对美国是不利的。同时，我们又不想用惩罚的方式阻止交流项目人员移民到美国，不希望制订使用强迫方式驱逐外国人，因此我们赞同该修正案。"[③] 从沃尔特·贾德修正案的内容看，该法案对《史密斯—蒙特法》的修正是作为外国的交流项目人员移民美国的问题，该问题在《史密斯—蒙特法》中虽然没有直接和明确提到，但该法已经有所暗示，其内容如下：

"本款所提到的特定人员可以允许作为非移民访问者（按《1924年移民法》第3款第2项规定）参加工作。在特定时间和特定条件下可以依照国务卿和司法部长提出的规范条例来执行。承认该款但并没有执行者，或者应该

① http://congressional.proquest.com.ezproxy.lib.uh.edu/ pp.1-2.

② http://congressional.proquest.com.ezproxy.lib.uh.edu/ pp.3-4.

③ http://congressional.proquest.com.ezproxy.lib.uh.edu/ p.3.

离开美国而没有在规定时间内离境者或者其行为有损于美国利益，其行动与美国安全相悖，在得到司法部长确认的情况下予以逮捕或者按照《1924 年移民法》第 14 款立即驱逐出境。按照该款进行的驱逐诉讼将由司法部长做量刑总结并以相应调查结果作为最后的事实依据。按照 1917 年 2 月 5 日的移民法第 19 款第 2 条（C）的规定，该人员无权阻止驱逐行为。"（见《史密斯—蒙特法》第 201 款）

《史密斯—蒙特法》第 201 款的上述规定表明，国会在制订该法律的时候已经考虑到交流人员的移民问题，只不过是没有具体说明交流人员，而是用的"特定人员"。如果特定人员就是指教育和文化交流人员，沃尔特·贾德修正案的内容仅仅是对原有法律进行了解释或者说细化。但从其内容看，这不仅仅是个移民问题，同时还涉及其他一些问题，笔者认为，这里的主要问题是：第一，外来的交流项目人员可否移民美国的问题，笔者认为，2 年的规定是指外来的交流项目人员在美国参与交流项目的时间期满后必须离开美国，而他（她）如果要求到美国工作或者移民美国必须离开美国 2 年以后方可，但这并不妨碍他（她）以其他身份再次来美国；第二，外来的交流项目人员可否移民美国以外的其他国家的问题，笔者认为，在美国的外来交流项目人员是否移民其他国家是他（她）自己和自己国家的事，与美国无关，或者说美国无权决定外来交流人员是否移民美国以外的其他国家；第三，外来的交流人员在超出期限而滞留在美国可否被强行驱逐出境的问题，笔者认为，外来交流人员在超出期限并没有离开美国有具体原因，美国方面应该视情况而定：如果因身体原因，应该允许在美国的滞留；如果没有理由特别是在美国开始工作，应该动员其离开美国，因为美国之所以要从事教育与交流活动就是要促进美国人民与其他国家人民之间的相互了解和理解，最终是推动各国人民之间的友好、合作与世界和平，如果驱逐出境或者说强行赶出美国则伤害了两国人民之间的情感，也违反了《史密斯—蒙特法》的基本精神；第四，执行放弃款的依据到底是什么？从沃尔特·贾德修正案内容看，执行放弃款的主要依据是不违背美国的公共利益，或者说国家利益。这就是说，

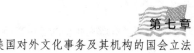

美国在执行《史密斯—蒙特法》的时候根本目标并不是促进美国人民与其他国家人民之间的更好地相互理解和了解，而是为了美国的利益。

### （七）曼斯菲尔德 "1948 年信息与教育交流法 1956 年修正案（S.3638 附和修正案）"

1956 年 5 月 9 日，参议员曼斯菲尔德（Mansfield）代表参议院外交关系委员会在美国第 84 届国会第 2 次会议提出了 "1948 年信息与教育交流法 1956 年修正案"（S.3638 附和修正案）。该法案在目的一项中指出：S.3638 号法案的目的就是要使由国务院国际教育交流局和新闻署美国信息局工作更有成效，该法案对 1948 年信息与教育交流法的修正主要是管理方面的内容。[①]

曼斯菲尔德修正案 S.3638 附和修正案要求对《1948 年信息与教育交流法》所做的主要修改是：

1. 教育交流项目——《1948 年信息与教育交流法》第 1 款和第 2 款要加上一段话使之更加明确，国务卿可以就涉及美国利益和价值观的教育项目提出工作计划，例如，美国可以在外国建立教育机构主办美国研究活动，这一活动将为曾经在美国学习过的外国受教育者提供将他们所了解到的美国的知识和经验传播出去的途径，可以在外国创办讲习班，例如，在澳大利亚创办的萨尔斯堡讲习班（the Salzburg Seminar），由美国教授讲课；2. 在外国学校开设美国研究课程——本法案第 2 款（a）将授权国务卿参加与美国合作国家的相关教育机构的项目，或者参加对美国有影响的由私人或私营组织举办的会议；3. 提高咨询机构的效用——美国《1948 年信息与教育交流法》建立的两个咨询委员会的职责是为该法各项款的落实进行规划和提出政策和项目建议。本法案第 4 款明确如下建议：两个咨询委员会原定半年一次的报告

---

① 1956 Amendments to the United States Information and Educational Exchange Act of 1948[to accompany S.3638]), to amend the United States Information and Educational Exchange Act of 1948, Amending the United States Information and Educational Exchange Act of 1948, as amended, http://congressional.proquest.com.ezproxy.rice.edu/.

改为一年一次报告。本法案第 5 款（a）说明交流项目人员的意外事故保险、医疗费用支出问题，并说明为信息委员会增加两个成员的规定，本法案第 5 款（b）规定扩大咨询委员会成员选择的范围，即增加来自农业、商业和职业以及劳工界的人员。本法案第 7 款允许在外国建立类似富布赖特法之下建立的委员会，这样的委员会由美国人和外国人共同组成；4. 保护私人对交流和信息项目的贡献——本法案第 10 款（1）规定了项目管理者的保险和个人尊严等需要得到保护；5. 急诊医疗费用；6. 差旅费；7. 美国机构或雇员在国外的损伤补偿；8. 美国新闻官员；9. 美国新闻署更名为美国文化处（USIS），理由是美国在海外的信息官员多年来一直是以美国文化处的名义在工作。①该法案在概括上述修改意见中再次重申了本法案对 1948 年信息与教育法修正的目的是帮助国务院执行的教育交流项目和新闻署的信息项目更加有效，并强烈呼吁参议院批准该法案。②

对于曼斯菲尔德修正案，值得注意以下几点。

第一，前面已经说明，曼斯菲尔德修正案最初并不是曼斯菲尔德提出的对《史密斯—蒙特法》修正案，而是由蒙特在 1955 年 1 月 21 日最先提出，而后又由蒙特和史密斯共同在 1955 年 7 月 5 日再次提出，期间富布赖特又两次提出几乎相同的法案，所以，1956 年 5 月 9 日曼斯菲尔德再次提出时是代表参议院外交关系委员会提出的，甚至可以说是代表富布赖特、史密斯和蒙特提出的，因此事实上将该法称为曼斯菲尔德修正案是很不合适的；第二，该法案最初由蒙特和史密斯提出足以证明，他们之所以要修改自己提出的立法，是因为该法在 1948 年可能是可行的，但到了 1956 年已经不合时宜了。道理很简单，1948 年该法颁布时没有包括后来修正案中提出的内容，而这些内容对于美国信息与教育交流具有重要意义；第三，从 1956 年曼斯菲尔德修正案内容来看，主要是添加了一些内容，例如在外国学校开设美国

---

① http://congressional.proquest.com.ezproxy.lib.uh.edu/ pp.3-6.

② http://congressional.proquest.com.ezproxy.lib.uh.edu/ p.14.

研究课程的问题，两个咨询委员会的年度报告和人员增加问题，参与交流活动的人员费用支出问题等。

### （八）《第 555 号公法》

1956 年 4 月 24 日，美国第 84 届国会第 2 次会议通过"1948 年信息与教育交流法修正案"（S. 3638），6 月 4 日经总统批准生效，是为《第 555 号公法》。该法指出，402 号公法第 201 款和《移民法》在"推动美国人民与世界其他国家人民之间更好地相互理解和加强国际合作关系"标题下的内容需增加如下一段文字：按照本款，无人承认也无人要求具有交流访问者身份的人事实上没有在美国而在与美国合作的国家居住至少 2 年、在 101（a）（15）（H）款下申请移民签证和非移民签证、或改变身份取得在美国的永久居住权是合法的。假如在国务卿出自美国国家利益需要而提出建议的情况下，司法部长可以放弃 2 年期限要求的某些外国人。该项规定从本法生效之日起开始执行。①

从该法律看，其条款是比没有通过的两个法案更加严谨。笔者对上述那段话的理解是：交流访问者不能直接移民美国，但可以离开美国后在与美国合作的国家或者回本国居住至少 2 年后就可以再次申请移民美国。交流访问者申请移民美国并不违法，如果对美国有利，该申请人可以得到国务卿的建议和司法部长的批准并移民美国。

## 四、《1956 年国际文化交流和商品交易会参加法》

1956 年 8 月 1 日，美国第 84 届国会第 2 次会议通过《1956 年国际文化交流和商品交易会参加法》（International Cultural Exchange and Trade Fair Participation Act of 1956）并得到艾森豪威尔总统批准，是为第 860 号公法。法律第 2 款规定：本法的目的是要通过美国人民展现的文化利益、发展和成

---

①　http://www.constitution.org/uslaw/sal/070_statutes_at_large.pdf, p.241.

就来加强美国与其他国家关系的纽带以及美国经济和社会制度对本国和全世界人民所做出的贡献，进而帮助美国与世界其他国家间的友好、同情与和平关系。第3款规定：授权总统支持美国艺术家和运动员出国从事具有创造性的表演，不论是个人还是团体，也不论是哪种艺术、运动还是其他形式的文化方式；支持美国的代表团参加国外艺术界、戏剧界、音乐界、体育界和其他文化节日、竞赛等活动；支持美国参加国际贸易展览会和国外的博览会；宣传和推动国外的类似活动。第6款规定：如果总统认为需要，就执行《1948年信息与教育交流法》第8部分各条款规定的内容。第10款规定：建立"艺术咨询委员会"（Advisory Committee on the Arts），该委员会主席由国务卿在教育交流咨询委员会成员中任命。①

## 五、《1961 年教育与文化相互交流法》

### （一）富布赖特法案

《1961 年教育与文化相互交流法》（the Mutual Educational and Cultural Exchange Act of 1961）又称《富布赖特—海斯法》（Fulbright-Hays Act），即第 87—256 号公法，是美国对外信息、教育与文化交流活动中仅次于《史密斯—蒙特法》的重要立法。

1961 年 6 月 14 日，参议院外交关系委员会主席威廉·富布赖特（William Fulbright）向国会提交了题目为"1961 年教育与文化相互交流法"的法案，是为 S.1154 号法案。法案指出，本法案所针对的教育与文化项目主要是指由国务院和新闻署执行的，该法案要修正的主要是一些技术性的而非学理上的问题，所强调的是由国际合作管理和其他一些机构所进行的教育与文化交流活动。②

---

① http://www.constitution.org/uslaw/sal/070_statutes_at_large.pdf, pp.778-780.

② http://congressional.proquest.com.ezproxy.lib.uh.edu/ pp.1-2.

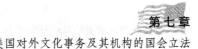

　　该法案强调指出，下述法律应该得到巩固，但这些法律中的一些条款应该予以完全取消。这些条款包括：第 79 届国会通过的 584 号公法，即"富布赖特修正案"对 1944 年剩余财产法的第 32 款（b）（2）的修正条款；第 84 届国会通过的《1956 年国际文化交流和贸易展览会参加法》，即第 860 号公法中的修正条款；第 81 届国会通过的芬兰债务偿付款的使用，即第 265 号公法中的该项规定；还有《1948 年美国信息与教育交流法》，即《史密斯—蒙特法》，亦即第 80 届国会通过的第 402 号公法的一些条款。此外，本法案还涉及一些其他法律，包括《1951 年印度紧急食品援助法》、《1954 年相互安全法》、《1954 年农业贸易发展和援助法》等。该法案指出，1960 年夏季的情况清楚地表明，美国现存的国际教育与文化交流项目没有充分地为美国国家利益服务已有十几年的光景，急需国会参与改善这种情况。①

　　该法案在第 4 部分对《史密斯—蒙特法》即 402 号公法等法律进行了逐字逐句地分析，第 4 部分 A 说明了修正 584 公法和 402 公法第 101 条款的目的；第 4 部分 B 说明了 584、402、265、860 公法连续不断地授权给现在执行教育与文化交流活动的机构，但这样的教育与文化交流活动不需要在严格意义上的互惠继承上进行，只是在考虑到这些活动能够"加强国际合作关系"即可，因为交流本身就是由美国进行努力的结果。在谈到 402 公法第 201 款的时候该法案指出：402 号公法授权领导人交流和专家项目是该法律中最大的因素被忽略了，所以应该在本法案中加以说明。第 4 部分 C 说明了 402 公法等法律在对外教育与文化交流活动方面的一些问题，包括图书馆建立、图书的发行、外国投入资金的立法、大学和各种教育机构的建立、帮助外国留学生、支持美国学生出国留学等。第 4 部分 D 说明了双边和多边协议的问题。第 4 部分 E 说明了管理款。第 4 部分 F 说明了资金使用款。第 4 部分 G 说明了咨询委员会的选择问题。该法案认为，第 106 款（b）中《富布赖特法》用美国国际教育与文化事务咨询委员会取代了原来《史密斯—蒙

---

　　① http://congressional.proquest.com.ezproxy.lib.uh.edu/ pp.2-4.

特法》规定的教育交流咨询委员会，应该说明该委员会具有与艺术咨询委员会相互联系的功能。第 4 部分 H 说明了咨询委员会报告事宜。第 4 部分 I 说明了有关管理混乱款的问题。第 4 部分 J 说明了移民法修正案的问题。第 4 部分 K 说明了各种修正案中有关国内税收法的问题。第 4 部分 L 说明了如何看待被撤销的、由现有款所取代的那些款的问题。该法案第 5 部分为了说明现有法律分别发生了哪些变化而将该法案将要修正的现有法律的变化情况。[①]

从上述内容看，该修正案主要提出了三个问题：第一，《史密斯—蒙特法》授予国务卿太多太大的权力，而现在应将这种权力重新授予总统。这种考虑表明了美国政府对信息、教育与文化交流项目更加重视、对公共外交或者文化外交更加细心地执行。同时也说明，美国公共外交或者文化外交已经从 1948 年由国务卿负主要责任发展到 1961 年由总统直接指挥的地步。第二，要求用美国国际教育与文化事务咨询委员会取代原来《史密斯—蒙特法》规定的教育交流咨询委员会。第三，对外图书项目、项目管理、资金使用等问题应该重新考虑。

### （二）海斯法案

1961 年 8 月 31 日，众议院外事委员会委员韦恩·海斯（Wayen Hays）提交《1961 年教育与文化相互交流法》，是为 H. R. 8666 号法案。该法案之所以用了与前面所说富布赖特法案相同的名字，即《1961 年教育与文化相互交流法》，是因为海斯赞同富布赖特在参议院提交的法案，因此作为众议员的他又在众议院重新提出一次。该法案认为，第二次世界大战以来，美国政府在对外教育与文化交流方面的努力不是很多，立法更显得较少，管理和部门间的合作比较混乱，大学、基金会和商业机构的私人支持项目也受到资源限制。本法案的目标是：现在已有的相关法律，包括修正《1944 年剩余资产法》的《富布赖特法》、《1948 年信息与教育交流法》、《1956 年国际文化

---

[①]　http://congressional.proquest.com.ezproxy.lib.uh.edu/ pp.8-23.

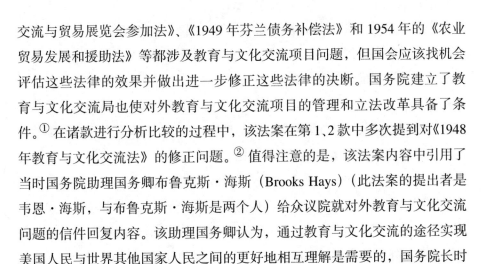

交流与贸易展览会参加法》、《1949 年芬兰债务补偿法》和 1954 年的《农业贸易发展和援助法》等都涉及教育与文化交流项目问题，但国会应该找机会评估这些法律的效果并做出进一步修正这些法律的决断。国务院建立了教育与文化交流局也使对外教育与文化交流项目的管理和立法改革具备了条件。① 在诸款进行分析比较的过程中，该法案在第 1、2 款中多次提到对《1948 年教育与文化交流法》的修正问题。② 值得注意的是，该法案内容中引用了当时国务院助理国务卿布鲁克斯·海斯（Brooks Hays）（此法案的提出者是韦恩·海斯，与布鲁克斯·海斯是两个人）给众议院就对外教育与文化交流问题的信件回复内容。该助理国务卿认为，通过教育与文化交流的途径实现美国人民与世界其他国家人民之间的更好地相互理解是需要的，国务院长时期以来就确信，教育与文化交流是最重要和最有效的维护世界自由、正义与和平的方式之一，同时总统和美国政府也都具有这种愿望。为了使教育与文化交流项目更加有效并取得最大的成就，行政部门必须对此进行立法。③

　　1961 年 9 月 15 日，鉴于参众两院没有批准富布赖特和海斯分别提交的教育与文化相互交流法案，韦恩·海斯在美国第 87 届国会第 1 次会议上再次提交法案，法案题目仍旧为《1961 年教育与文化相互交流法》，由于海斯既是众议院外事委员会的成员，又是众议院会议委员会主席，8 月 31 日的法案是经过众议院外事委员会修正的，所以是代表众议院外事委员会提交的，而 9 月 15 日这次则是代表会议委员会提交的。法案指出，两院没有批准旨在通过教育和文化交流活动的方式推动和加强世界人民之间的相互理解的 H.R. 8666 号修正法案，众议院会议委员会决定撤回不同意参议院修正案的决定，并用下面的建议代替原有参议院的修正案。④

　　从其内容看，海斯的这个修正案主要有下面一些变化。第 101 条款：海

　　① http://congressional.proquest.com.ezproxy.lib.uh.edu/ pp.2-4.

　　② http://congressional.proquest.com.ezproxy.lib.uh.edu/ pp.3-8.

　　③ http://congressional.proquest.com.ezproxy.lib.uh.edu/ pp.16-17.

　　④ http://congressional.proquest.com.ezproxy.lib.uh.edu/ p.1.

斯加上了一些原来富布赖特修正案中没有写出来但已经包括在条款中的内容，例如"加强美国与其他国家相互连接的纽带"、"为全世界人民送去和平和美好生活"、"推动教育与文化发展的国际合作"、"帮助美国和世界上其他国家间友好、同情与和平关系的发展"等。第 102 条款：海斯加上了教育交流、文化交流和美国参加国际展览会的具体内容，包括美国公民在外国学习问题、美国艺术家、体育代表团的文化之旅、美国的音乐家、画家、运动员和其他文化节日、比赛、会议和展览会等；美国公民个人和非营利组织参与维护美国国家利益问题、美国与其他国家之间进行手工艺、科学技术和教学用书、文学作品、政府出版物等的交流问题、外语教学问题等。第 103 条款：美国与外国政府与国际组织之间订立协议的问题；第 104 条款：总统权力问题；第 105 条款：拨款问题；第 106 条款：学生、学者、教师、教练和其他人员参加 102 条款所规定的人员选择问题；第 107 条款：关于各委员会年度报告问题；第 108 条款：关于该法之功能及其限定与延期等问题；第 109 条款：关于移民和国籍法问题；第 110 条款：关于涉及本法案的税收问题；第 111 条款：需要撤销的一些款。①

## （三）《富布赖特—海斯法》

1961 年 9 月 21 日，美国第 87 届国会第 1 次会议通过并经肯尼迪总统批准《1961 年教育与文化相互交流法》，是为第 87—256 号公法，鉴于该法是富布赖特和海斯都提出来的，所以一般称为《富布赖特—海斯法》。该法的主要内容如下：

101 条款：目的申明——本法的目的是使美国政府通过教育与文化交流的方式增进美国人民与其他国家人民之间的相互理解；通过展现美国人民与其他国家间所取得的教育与文化利益、发展和成果加强其他民族与美利坚民族的团结与友好纽带；以推动全世界人民的和平与美好生活，为教育与文化

---

① http://congressional.proquest.com.ezproxy.lib.uh.edu/ pp.2-12.

的发展而推动国际合作；因此而有助于友好、同情和美国与世界其他国家人民之间的和平关系。

102 条款（a）授权给总统在他认为通过资助、缔约或者其他方式能够加强国际合作关系的时候，总统可以从事下列活动：（1）教育交流（i）资助学习、研究、教育和其他教育活动，（A）为美国公民和在外国的美国籍的人；（B）为友好国家的公民和在美国或者其他国家学校和教育机构学习的人；（ii）通过资助美国与其他国家之间的学生、教练、教师、讲师和教授交流与访问，（2）文化交流资助（i）美国与其他国家之间的领导人、知识或者技术领域的专家以及其他有影响或者有特殊性的人员的访问与交流，（ii）通过来自美国的艺术家和体育工作者的创意和表演到外国旅游，不论是个人的还是集体的，只要是艺术、体育或者其他文化形式的代表领域即可；（iii）在国际艺术、戏剧、音乐、体育和其他文化节日、比赛、会议和类似的展出和集会能够代表美国；（iv）通过来自其他国家的集体或者个人参加在美国的非营利活动，与上面（ii）和（iii）相同，总统确认那种参加是以国家利益为目的的即可。（b）在促进本法目标上，总统进一步被授权如下行动——（1）美国与其他国家间的手工艺、科学、技术和学术书籍、文学书籍、期刊和政府出版物，以及翻译的或者在印刷的著作以及准备的、分发的其他教育与研究资料，包括从事教育和研究的实验室和技术仪器；（2）为文化和技术交流而在美国通过合作学习、训练和研究而建立和举办外国中心以推动美国与其他国家之间的更好关系和相互了解；（3）帮助美国公民或者非营利组织投资、操作或者赞助在外国建立、发展、维护或者运作的学校和学习机构，包括为了适应在美国工作的方法和实践的服务中心等学习或者服务机构；（4）在外国通过教授职位、讲师职位、研究所、讲习班或者一定科目的课程，比如美国历史、政治、经济、语言和文学以及其他有关美国文明和文化的课程，包括自主来自其他国家的参加这类学习的人；（5）推动美国的中学、大专和大学通过支持访问和学习进行现代外语训练，通过在各类学校派遣教师的方式加强外语和各国文化知识的了解；（6）参加国际非政府教育、科学和技术会议的美国代表；（7）参加在美国国内或者国外举行的教育、科学和技术会议的外国团体或者个人；（8）鼓励独立研究教育与文化交流问题。103、104、105 条款分别授予总统一些对外教育与文化行动权力。

106 条款（b）（1）：建立美国国际教育与文化事务咨询委员会并取代原有的美国教育交流咨询委员会（《1948 年信息与教育交流法》建立的两个咨询委员会之一），在本法律之下，该委员会将向总统负责，最迟在 1962 年 12 月 31 日前要向国会提交一次报告。106 条款（c）（1）：在《1956 年国际文化交流和商品交易会参加法》下建立艺术咨询委员会。

109 条款：移民和国籍法修正案规定，本法律 101 条款下的交流人员要遵守离开美国至少两年方可申请向美国的移民签证，该款同样适用于《1948 年美国信息与教育交流法》修正案中的人员。1961 年 9 月 21 日批准生效。①

该法最重要的内容是向总统授权许多对外公共外交事务的决定权。该法授权美国总统在他认为应该加强国际合作的时候采取下列行动：1. 为美国人和其他国家公民之间的教育与文化交流以及其他类似项目提供奖学金，订立协议；2. 为参与国际博览会和国外的其他博览会提供支持；3. 为图书、期刊、政府出版物和类似资料的翻译与复印进行交换提供支持；4. 为科学资料与仪器的相互交流、为文化与技术交流中心的建立与运作提供支持；5. 支持各类出国学习的学校建设、扩大、维修和运行，促进外国的美国研究；6. 促进美国人的外语和区域研究训练；7. 支持美国代表参与国际非政府教育、科学与技术会议；8. 通过美国与其他国家间宗教领导人、学者、宗教和合法专家之间在宗教自由领域的交流与访问推动外国的尊重和保障宗教信仰自由。

从上述内容可以看出，《1961 年教育与文化相互交流法》对《史密斯—蒙特法》的修正主要有 3 个方面：1. 以美国国际教育与文化事务咨询委员会取代教育交流咨询委员会；2. 对外来访问者规定了必须回国两年方可再次申请移民美国的签证；3. 将美国对外信息、教育与文化交流活动的主要权力交

---

① http://www.constitution.org/uslaw/sal/075_statutes_at_large.pdf, pp. 527-538.

给总统，而《史密斯—蒙特法》却是将对外信息、教育与文化交流活动的大权交给国务卿。[1]

## 六、《1972年对外关系授权法》

1972年7月13日，美国第92届国会通过并经尼克松总统批准《1972年对外关系授权法》，是为第92—352号公法。该法第2部分"新闻署"下列有一个专门标题为"美国国内信息传播"，即第204条款，全部内容如下。美国《1948年信息与教育交流法》第501条款第2句话修订为："任何类似信息（可以由政府印刷局继续卖的有关共产主义问题的印刷品除外）不得在美国领土或领地传播，但是，需要的时候国务院应该有其英文版，在所有可行时间内对于向国外散发的信息的考察只能由美国新闻联合会、报纸、杂志、广播和电台系统的代表来从事，也可以由从事研究的学生和学者来进行，如果需要，国会议员可以对这些信息进行考察。"[2]必须强调的是，可以认为，《1972年对外关系授权法》对《史密斯—蒙特法》的修正是该法多个修正案中最为重要的一次修正。已经有美国学者指出，在美国执行不得把美国新闻署等机构向国外散发的资料向美国国内民众传播的规定并不是在最初的《史密斯—蒙特法》规定的，而是后来的修正案加上的，[3]而这个修正案就是《1972年对外关系授权法》。

查看《史密斯—蒙特法》原文我们会发现，该法在第5项"向国外传播美国信息"第501条款中规定："当发现向国外准备和传播有关美国、美国人民、美国政策的信息是适宜的时候，国务卿有权通过媒体、出版物、广播

---

① http://www.constitution.org/uslaw/sal/975_statutes_at_large.pdf, pp.527-532.

② http://www.constitution.org/.

③ Brett Holladay Making the argument That the Smith-mundt Act Has Lettle Control Over the Press' Publication of U.S. Government-Produced Foreign News http://www.heinonline.org.ezproxy.lib.uh.edu/ p.611.

电台、动画片和其他媒体信息，以及通过信息中心和国外的指导人员，向外传播。任何类似的新闻稿或者电台文本，按照要求，在国务院通过英语可以得到，在所有可行的时间内向国外传播信息，经过美国新闻通讯社、报纸、杂志、广播系统和台站的考察，按照要求，应该是国会议员可以得到的。"这一段文字中没有任何要求向国外传播的资料不得在美国国内传播的内容，但也没有说向国外传播的资料可以向国内传播，仅仅说国务院可以得到其英文版，美国的新闻通讯社、报纸、杂志、广播系统和台站可以进行考察，按照要求，国会议员可以得到。

有关美国政府通过《史密斯—蒙特法》规定不许美国国内的人民得到美国向外国传播的资料和信息的问题早已经引起美国人民和世界各国人民的普遍关注，争论也一直存在。从互联网上笔者看见有学者说不许美国国内人民了解美国向国外传播的信息和资料是《史密斯—蒙特法》第501条款规定并至今没有改变，这应该说是一个误解，应该是《史密斯—蒙特法》修正案《1972年对外关系授权法》的规定。这里有四个问题需要澄清。

第一，不论是原来法律的规定还是修正案的规定，无论如何都是美国法律的规定，无论怎样都是不得将美国外事机构对外国的宣传资料和信息向美国国内人民传播，不管怎么说这一规定都是说不过去的、是不合理的；第二，我们必须理解，美国政府这样做并不是封锁消息，也不是想在对外宣传资料和信息上弄虚作假。我们知道，美国之音等宣传机构的对外广播时有错误消息的出现，也可能发生假新闻的问题，但这不是美国政府政策；第三，美国政府这样做在很大程度上是考虑美国信息自由的问题。长期以来，美国人就信息自由问题进行了马拉松式的讨价还价，最后终于在1966年颁布了《信息自由法》，美国的各个州也都有自己的信息自由法。所谓信息自由是美国人民对国家信息的知情权，这与美国国内人民是否可以得到美国政府对外宣传的资料和信息是同一个问题的两个方面；第四，美国新闻自由是由来已久的事，各种新闻机构之间的相互竞争也是十分激烈的，如果可以将国外的信息和资料向国内传播，势必会使有些民间新闻机构争相了解和得到有些新闻而导致不公平的竞争。

## 七、《1986—1987 财年对外关系授权法》

1985 年 8 月 16 日，美国第 99 届国会通过并经里根总统批准《1986—1987 财年对外关系授权法》，是为第 99—93 号公法。由于法案是由参议员爱德华·邹林斯基（Edward Zorinsky）提出并通过的，所以该法案一般又称为《1985 年邹林斯基修正案》（1985 Zorinsky Amendment）。该法涉及《史密斯—蒙特法》中的对外信息与教育交流问题的有 3 个部分。一是第 2 部分第 208 条款，该款题目为"禁止新闻署在美国国内的有关行动"，规定除了美国《1948 年信息与教育交流法》和本款规定的内容以外，不许美国新闻署在影响美国公共舆论上支出资金，不许新闻署将准备向国外传播的项目资料在美国国内散发，但本款规定不适用于按照《1961 年教育与文化相互交流法》所规定的项目。二是第 2 部分第 212 条款规定：（1）尽管《1948 年美国信息与教育交流法》第 208 条款和第 501 条款第 2 句话做出了规定，但美国新闻署署长应该向卷宗管理人提供一个名为"戴维：表达一个情感（Hal David: Expressing a Feeling）"的影片主要副本；（2）以此证实必须有美国的批准和许可并确保安全的情况下才可以在美国播放该影片。三是第 2 部分第 213 条款规定：（1）尽管《1948 年美国信息与教育交流法》第 208 条款和第 501 条款第 2 句话做出了规定，但美国新闻署署长应该向卷宗管理人提供名为"阿富汗 1982：为自由继续斗争"、"我们是阿富汗人"、"阿富汗：隐蔽战争"的影片主要副本；（2）以此证实必须有美国的批准和许可并确保安全的情况下才可以在美国播放该影片。①

该修正案比较简单，事实上是将 1972 年的修正案更加细化了，不许新闻署向给国内宣传的内容投资等于是不许向国内传播信息，另外两项则更加具体到某一个影片不得在国内播放。

① http://www.constitution.org/uslaw/sal/099_statutes_at_large.pdf, pp.431,433-434.

## 八、《1990—1991 财年对外关系授权法》

1990 年 2 月 16 日，美国第 101 届国会通过并经乔治·赫伯特·沃克·布什（老布什）总统批准《1990—1991 财年对外关系授权法》，是为第 101—246 号公法。该法第 2 部分标题为"美国信息、教育和文化项目"，该法不但对《史密斯—蒙特法》进行了修订，还做出了一些在美国对外信息与教育交流方面的重大立法。其中包括：在第 1 部分"新闻署"题目下第 202 条款为"美国国内信息传播"，该款主要内容为：对《1948 年信息与教育交流法》做出如下修订：美国新闻署署长应该使卷宗管理者了解，凡是准备向国外散发的电影、图片、胶片、录像带和其他资料在 12 年之内不得在美国国内发行，即使是准备向国外发行而没有发行的，也要在 12 年以后向国内发行。卷宗管理员必须是政府官员。第 204 条款为"J. 威廉富布赖特外国奖学金委员会，其中规定：对《1961 年教育与文化相互交流法》进行修订，原来的"外国奖学金委员会"明确为"J. 威廉·富布赖特奖学金委员会"。新闻署署长有权在需要的时候使用商业性的或美国政府的卫星以达到向国外输送资料和节目的目的，并要求新闻署赢得世界观众，控制电视系统，新闻署的电视节目要有可靠的新闻来源，新闻要准确而又客观。新闻署的电视代表的是美国而不是某一个人，要清楚而又有效地展现美国的政策，同时对美国政策解读和讨论必须是负责任的；新闻署署长有权布置生产、获得或者通过卫星播出电视节目。第 604 条款对《史密斯—蒙特法》的另一个修订是对现有的公共外交委员会做了一些新的规定：成员由原来的 5 人增加到 7 人，任期仍然是 3 年但除了首届 7 人外，以后的成员中有 2 人任期 1 年，2 人任期 2 年，所有成员必须是补充原来成员已经到期的位置，委员会主席要向国会、总统、国务卿和新闻署署长提交年度报告，委员会无权指挥富布赖特奖学金委员会和美国驻联合国教科文组织代表团。在第 2 部分"教育与文化事务局"标题下第 222 条款为公民交流，要求该局的公民交流办公室支持非营利组织参与

美国与其他国家之间的人员交流活动；第 223 条款明确了国际青年人相互理解项目主要是推动美国与苏联和东欧国家青年人的活动；第 224 条款专门规定了美国与苏联的交流项目。①

　　该法律最重要的修正是对 12 年的规定，即：由美国对外机构向国外民众传播的信息与资料在 12 年后可以向美国国内传播；反过来说就是，美国对外机构向国外民众传播的信息和资料在 12 年以内不得向美国国内传播。这个规定可以从两个完全不同的视角来理解：一个是积极的视角，即：12 年期限的规定打破了美国以往不许向国内传播向国外传播的信息与资料的规定，因为毕竟有了向国内传播的可能和期限，这是一个进步；另一个是消极的视角，即：12 年期限的规定证明，美国政府继续执行不许向国内传播向国外传播的信息与资料，谁能预料 12 年以后的事情呢？更何况如果美国在向国外撒谎而美国人民将被蒙骗 12 年以后才能知道真相岂不荒唐？根据历史和现实的美国政府对外政策，笔者认为，有了 12 年的规定应该说是一个进步。

## 九、《美国国际广播法》

### （一）《1973 年国际广播法》

　　1973 年 9 月 19 日，美国第 93 届国会第 1 次会议通过《1973 年国际广播法》，经尼克松总统批准后于 10 月 19 日生效，是为第 93—129 号公法。该法第 2 条款第 1 项规定：美国的政策是推动言论和表达自由权，包括"通过任何媒体并不论国界去寻求、接受和传播信息和思想（to seek, receive, and impart information and ideas through any media and regardless of frontiers）"的自由；第 4 条款第 1 项规定：国会授权该委员会资助自由欧洲广播电台（Radio Free Europe）和自由广播电台（Radio Liberty）以执行该法第 2 条款规定的针对苏联和东欧国家的宣传任务目标，评估这两家电台运行和使命执行情况，

---

① 　http://www.constitution.org/uslaw/sal/104_statutes_at_large.pdf, pp.48-64.

评估的内容包括质量、效果及其在美国广泛的外交政策框架中的专业地位，鼓励这两家电台资源利用率达到最佳程度；第 5 款规定：该委员会应要求这两家电台保留记录，并检查它们的所有书籍、文件、报纸和电台记录。①

**（二）《1994 年国际广播法》**

1994 年 4 月 30 日，美国第 103 届国会第 2 次会议通过并经克林顿总统签署《1994—1995 财年对外关系授权法》，是为第 103—236 法。《1994 年美国国际广播法》是《1994—1995 财年对外关系授权法》的第 3 部分。《1994 年国际广播法》共有 15 款，主要内容是：

1. 在新闻署属下建立广播管理委员会并为该委员会授权。该法律规定，广播管理委员会从事非军事内容的国际广播活动，其 9 个成员由总统任命，管理美国之音和古巴广播局以及其他所有美国对外广播活动。广播管理委员会的使命是"通过广播的准确性、客观性和向国外听众提供公平的有关美国与世界新闻与信息推动自由与民主"。美国的国际广播包括：（1）一贯可靠而又权威、准确、客观、全面的新闻；（2）公平而又全面介绍美国思想和制度，反映美国文化与社会的多样化；（3）清楚而又有效地描述美国政策，包括由美国之音广播和编辑的呈现美国政府观点和对这些政策的负责任的讨论；（4）具有在国外危机情况下支持美国外交政策的能力；（5）在地方媒体不足的国家满足当地人民的需要。

2. 在新闻署属下建立国际广播局。

3. 对如何执行美国外交政策进行了引导，说明了国际广播的原则。法律规定，美国的国际广播与美国外交政策目标相一致，与美国国际电讯政策和对外条约相一致；基本原则是新闻可靠而又权威，准确、客观而又全面。

4. 对自由欧洲广播电台和自由广播电台的资助进行了限定，并实行私有

① http://www.constitution.org/uslaw/sal/087_statutes_at_large.pdf, pp.457-459.the Board for International Broadcasting Act of 1973. http://congressional.proquest.com.ezproxy.lib.uh.edu/congressional/result/pqpresultpage.gispdfhitspanel.pdflink/.

化。广播管理委员会可以不给自由欧洲广播电台和自由广播电台任何投资。

5.增加对中华人民共和国、缅甸、柬埔寨、老挝、朝鲜、中国西藏和越南的广播投资，并称这些广播为"自由亚洲广播电台"。①

《1994年国际广播法》之所以是一部在对外信息、教育与文化交流领域中比较重要的法律，主要是因为自2001年9.11事件以后，美国以反恐为中心的对外文化事务活动和手段以对外广播媒体为中心，特别是无线电广播、互联网通信等。对于中东一些恐怖主义分子活跃且比较落后的地区的广播尤为重要。

## 十、《2012年史密斯—蒙特现代化法》

2012年5月10日，美国第112届国会第2次会议对《1948年信息与教育交流法》提出修正案，称做《2012年史密斯—蒙特现代化法》。该法案提出，最初对外国受众的信息与资料传播应该对美国国内受众公开。该项修正案主要是针对《1948年信息与教育交流法》第501条款内容的修订。该法案指出，如果可行，国务卿和广播管理委员会有权为公共外交信息项目投入资金，以便通过媒体、出版物、电台、动画片、互联网以及其他媒体，包括社会媒体、信息中心、指导人员等直接或者间接通讯方式准备、传播和使用信息向外国受众传播美国、美国人民、美国政策。对于向国外传播的美国动画片、电影、VCD、音响和其他传播媒体，依照本法和《1994年美国国际广播法》、《古巴电台广播法》和《古巴电视台法》，都可以得到国务卿和广播管理委员会的资金补偿，但国务卿和广播管理委员会应该制订必要的规则，其中包括：1.建立维护资料的程序；2.为那种资料支付合理的补偿；3.确保获得补偿的人具有美国资质。在《2012年史密斯—蒙特现代化法》生效

---

① http://www.constitution.org/uslaw/sal/108_statutes_at_large.pdf, pp. 382-520.http://www.fas.org/sgp/crs/row/R40989.pdf,pp.3-7.

之前，要遵守 1948 年法案的规定：1. 国务卿和广播管理委员会要有可用的美国案卷保管人，在向国外传播的动画片、电影、VCD 以及其他资料要在向国外传播 12 年以后才可以向美国国内民众传播；2. 案卷保管人应该是官方人员，要遵守一定的规则。该修正案第 2—8 条款有 5 项规定：1. 国务卿和广播管理委员会的资金不得用于影响美国国内的公共舆论，本款只适用于按照《1994 年美国国际广播法》、《古巴电台广播法》和《古巴电视台法》执行的项目，所以，按照其他法律，本款不禁止或者拖延国务卿和广播管理委员会向媒体、公众或者国会提供有关其运行、政策、项目、或者项目资料、或者使其可行；2. 依据解释原则，本款不能理解为禁止国务卿和广播管理委员会从事任何媒体和通讯活动，不论是直接的还是间接的，因为美国国内受众是或者说可以披露项目资料，或者说可能披露；3. 本款只适用于国务院和广播管理委员会而不得用于美国联邦政府的其他部门和机构；4. 确认对《1948 年信息与教育交流法》的修订；5. 有效期：本法将从颁布之日起 180 日后生效。①

　　本书介绍了多个得到立法或没有得到立法的法案，《2012 年史密斯—蒙特现代化法》是没有得到立法的法案之一，同时，该法案也是最积极撤销原来规定的法案。这样说的依据是该法案规定："本款不禁止或者拖延国务卿和广播管理委员会向媒体、公众或者国会提供有关其运行、政策、项目、或者项目资料、或者使其可行；依据解释原则，本款不能理解为禁止国务卿和广播管理委员会从事任何媒体和通讯活动，不论是直接的还是间接的，因为美国国内受众是或者说可以披露项目资料，或者说可能披露。"笔者认为其实是在走出完全禁止的藩篱：如果法律不禁止国务卿和广播管理委员会向美国各界透露向外传播的信息和资料就等于是可以向国民透露向外传播的信息资料；如果可以或者可能的披露发生，就等于是允许向国内传播信息和资料了。

---

① http://thomas.loc.gov/.

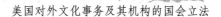
此外，1992 年 10 月 2 日，美国第 102 届国会第 2 次会议决定对《1948 年信息与教育交流法》和《1980 年对外服务法》进行一些专门修订，题目为《1948 年美国信息与教育交流法》和《1980 年对外服务法专门修订法》。该法案以 2/3 票获得通过。该修正案对 1948 年法所做的修正主要是关于国务院和新闻署工作人员的工资和拨款入账单位问题，以及参与对外交流事务人员犯罪和调查处理等问题。① 鉴于该法没有十分重要的内容，所以本书没有对该法进行具体分析。

## 十一、美国对外文化事务立法问题分析

国家机构的建立都要有法律依据。因此，对美国对外文化事务机构的评价应该从其法理问题说起。从法理学角度说，美国的法律原则首先是依法办事。美国法律原则可以从两个方面来看：一是在法律面前人人平等的自由权；二是公民行动要遵守国家法律。

自立国时起，美国便奉行自由主义和个人主义至上的原则，美国联邦政府对文化教育事务没有设立统一管理机构，是否是这一原则的体现不得而知，但从法理上讲，这至少是美国《独立宣言》中"人人生而平等"的一种体现。美国《1787 年宪法》未对任何文化事务或行为做出规定，1791 年第一修正案才规定"国会不得制定关于下列事项的法律：确立国教或禁止宗教活动自由；限制言论自由或出版自由；剥夺公民和平集会和向政府请愿申冤的权利。"② 但 1926 年开始编撰的《美国法典》则有多处规定了美国参众两院议员和普通公民拥有机密信息的各自权利。③ 美国学者理查德·T. 阿恩特认

---

① http://congressional.proquest.com.ezproxy.lib.uh.edu/.

② http://www.douban.com/.

③ 美国数字化国家安全档案（DNSA）: Report of the Special Committee to Study Questions Related to Secret and Confidential Government Documents[First Public Reference to the National Reconnaissance Office（NRO）], Unclassified, Report, 93-466, October 12, 1973, 16 pp.8-14. http://nsarchive.chadwyck.com/.

为，第一次世界大战使美国政府开始考虑一些文化方面的问题，包括如何收集信息、美国教育在外国的作用、与外国人进行交流的价值以及在战争期间如何区分敌我友等。① 这就是说，从信息、教育与文化交流角度看，美国人有史以来的对外文化活动就是自由的。

美国哲学是美国文化的组成部分，20 世纪初期，美国本土实用主义哲学问世，并一度成为美国处理国内外事务的一个基本方式。尽管实用主义早在古希腊就已经产生，但皮尔斯（Charles Sanders Peirce）是公认的美国实用主义哲学的创始人，詹姆斯（William James）发现并完成了美国实用主义，杜威（John Dewey）则发展了实用主义。② 杜威的实用主义又称为工具主义，而思考是一种工具，那么，可以说美国人对法理原则的思考充分体现了实用主义哲学在 20 世纪初期那些年是美国哲学文化主流的特征。如果说实用主义哲学是美国人世界观的一种体现，那么，对外文化事务机构的不断变迁和多元化、多样性就是这种哲学世界观的表现。

1946 年，美国政府颁布了《联邦行政程序法》，该法规定公民有权得到政府信息，这应该是美国政府有关信息事务的第一个立法。1948 年，美国政府颁布了《史密斯—蒙特法》，这是美国政府颁布的第一个有关信息与教育交流的国家法律。1966 年，美国颁布了《信息自由法》，对联邦行政程序法进行了修订，规定了美国联邦政府各机构公开政府信息是有相关条件的，并不是无条件的。③ 1973 年 10 月 12 日，一个专门委员会关于秘密和机密政府文件问题的研究报告指出，《信息自由法》中有 9 种例外，第一个就是有关国家安全的机密信息问题。《信息自由法》第 2 款第 1 条规定：《信息自由法》不可用于总统行政命令中涉及美国国家防务或者外交政策利益的保密内容。该法建议对总统行政命令中究竟哪些内容涉及国防安全或外交政策需

---

① Richard T. Arndt, *The First Resort of Kings: American Cultural Diplomacy in the Twentieth Century*, Washington, D. C.: Potomac Books, Inc., 2005. p. 25.

② 罗志野：《美国文化和美国哲学》，广西师范大学出版社 1993 年版，第 149、153、157 页。

③ 《美国信息自由法》，http://www.360doc.com/。

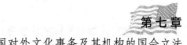
要保密明确化。① 这些法律规定实质上本身就存在自我矛盾：公民既要有信息自由又要考虑国家安全与利益。这样，美国对外文化事务机构就很难既拥有自己对外文化活动的自主权又顾及国家安全。从事对外文化事务的官员们都有自己对文化外交的理解，他们又分散在不同的部门和机构，加之没有国家统筹安排和管理，美国对外文化事务机构多有变迁就可想而知、可以理解了。

应该说，在第二次世界大战以前，美国政府还没有就对外信息、教育与文化交流活动立法，直到第二次世界大战结束以后，美国对外信息、教育与文化交流事务才正式纳入政府外交日程。如果说第二次世界大战期间和第二次世界大战前美国政府对信息、教育与文化交流事务并没有特别重视，那么第二次世界大战结束以后，面对新的国际形势，特别是社会主义苏联及其卫星国的发展势头，使美国政府决策者认识到对外信息、教育与文化交流事务的重要性。如果说此前美国对外文化交流还没有走上正轨，这一事务归哪个部门管理的问题一直没有解决，那么从第二次世界大战结束后开始，国务院正式成为对外文化交流的主管部门。但是，由于没有法律作为基本保证，该事务在许多方面还存在问题，例如：对外信息、教育与文化交流事务的根本目标是什么？由哪个部门负责？由谁领导和筹划与指挥？信息、教育与文化交流到底包括哪些方面的内容？由哪个机构负责监督？怎样向总统和国会报告相关事宜的运行情况？资金来源有哪些？等等。于是，按照美国依法治国的传统原则，为确保对外信息、教育与文化交流事务更好地展开，一个要求立法的过程从 1945 年上半年第二次世界大战尚未结束时就已经悄然开始了。

但是美国国会就对外信息与教育交流活动的立法并非一帆风顺，或者说历经了十分艰苦和漫长的道路。这一点可以从《1948 年信息与教育交流法》

---

① 美国数字化国家安全档案（DNSA）：Report of the Special Committee to Study Questions Related to Secret and Confidential Government Documents [First Public Reference to the National Reconnaissance Office（NRO）], Unclassified, Report, 93-466, October 12, 1973, 16, p.3, pp.15-16. http://nsarchive.chadwyck.com/。

的立法过程中得到清楚印证。从 1945 年 12 月 17 日布鲁姆第一次提出对信息与教育交流问题立法的法案到 1948 年 1 月 8 日史密斯第二次提出立法法案，历经了大约 2 年零一个月的时间，美国历史上就信息与教育交流问题所实现的立法——《1948 年信息与教育交流法》，或者称《史密斯—蒙特法》，才得到国会通过和总统批准。这中间到底存在什么问题才导致对信息与教育交流立法如此艰难？笔者根据前文所介绍的资料归整起来认为，原因主要有如下四点：

第一，美国政府对信息与教育交流事务的重视有一个渐进的过程：从 20 世纪初期以前不重视到两次世界大战期间比较重视，再到第二次世界大战后十分重视。这种情况同时也说明美国对外政策重心和执行手段的变化。明确地说，第二次世界大战结束以后，美国外交转向以反对苏联为首的社会主义国家为核心的冷战战略，外交政策的执行从军事进攻转向了文化攻略，从传统外交转向了公共外交。由于公共外交在美国外交活动中开始占据中心地位，对外信息与教育交流的问题也随之成为外交活动的最重要的手段和路径，对此进行立法以提供律法保证成为一个政府必须实行的政策，也是美国政府开始重视对信息与教育交流立法的原因所在；

第二，美国政府外交重心的变化是该项立法拖延 2 年之久的一个原因：1945 年第二次世界大战刚刚结束时，美国政府还没有完全确认自己对外政策的新目标，战后的一些遗留问题还在处理当中，对欧洲重建的呼声占据很大空间，人们更多的是关注欧洲重建的经济援助问题和军事重建以对抗苏联军事势力的问题。1946 年 1 月，英国前首相丘吉尔应邀访美。3 月 5 日，他在美国总统杜鲁门陪同下抵达密苏里州富尔顿，在杜鲁门的母校威斯敏斯特学院发表了题为"和平砥柱"的演说。在演讲中，丘吉尔对苏联大加攻击。他说："从波罗的海边的什切青到亚得里亚海边的的里雅斯特，已经拉下了横贯欧洲大陆的铁幕。这张铁幕后面坐落着所有中欧、东欧古老国家的首都——华沙、柏林、布拉格、维也纳、布达佩斯、贝尔格莱德、布加勒斯特和索菲亚。"这就是"铁幕演说"的由来。从此以后，冷战逐渐开始，对

苏冷战的需要逐渐明确，那就是对苏战争已经从军事战场转移到没有炮火硝烟的文化战场，对外信息与教育交流活动取代战场上的军事行动。但是，从1946年铁幕演说开始到1948年立法实现期间，美国政界首脑意见还没有完全一致地认识到时代的变化和美国外交方针政策以及手段的变化，又经过两年时间的考察和统一思想，包括美国派政府代表团到欧洲考察，政府要员们才逐渐达成共识，才通过了立法；

第三，对外信息与教育交流的相互性问题。按照布鲁姆、史密斯和蒙特的法案，对外信息与教育交流是美国实行对外文化宣传的主要手段，这种对外宣传的主要目的是促进美国人民与世界其他国家人民的相互了解和理解，但本质上是美国单方面的对外信息与教育交流活动，带有文化输出和传播的色彩，在一些美国国会议员看来，这种输出和传播违背了美国在文化教育活动中的"互助性"原则，或者如前文所说的是"单边行动"。这样，一些议员反对这种行动和立法，这是立法工作长期拖延的一个主要原因。

《1948年信息与教育交流法》，或者叫《史密斯—蒙特法》是对信息与教育交流的整体立法，是将对外信息与教育活动放在一起考虑的法律，在立法之前，一些国会议员就反对将信息这种"快速媒体"、短期战略与教育与文化交流这种"慢速媒体"和长期战略放在一起的，因为他们认为二者不是一个问题：信息是政府的对外宣传活动，是为外交政治事务，而教育是政府的对外交流活动，是为文化事务。由于这种认识上的分歧难以平复，所以立法工作被长期拖延下来。应该说直到最后该问题也没有得到解决，因此最后的立法还是将信息与教育通盘考虑，立法也就成为信息与教育交流法。需要说明的是，这个问题直到21世纪的今天仍然没有最后解决，只不过是反对将信息与教育交流混杂在一起的意见后来逐渐占据上风并促使美国政府将二者分开来考虑与执行，但拥护的一方并没有完全改变看法，这是《史密斯—蒙特法》中有关美国对外宣传的信息不允许在美国国内传播的问题直到今天没有解决的主要原因。

# 第八章

# 美国对外文化事务机构的咨询委员会

美国的重要国家机构都有专门组织的咨询委员会，各种咨询委员会基本都有三个特点：一是由总统直接任命；二是由重要的政府官员和民间专家组成；三是从事对相关机构的监督、检查、指导和批评建议活动。

由于美国的对外文化事务机构众多并几经变迁，其咨询委员会也随之多次发生变化。但万变不离其宗，咨询委员会的任务和职责从未改变。

## 一、信息咨询委员会

美国信息咨询委员会（the U. S. Advisory Commission on Information）是一个美国政府从事国际信息活动的监督和咨询机构，根据 1948 年 1 月 27 日颁布的《信息与教育交流法》而建立。1977 年 12 月 12 日，该委员会并入国际交流、文化与教育事务咨询委员会。

根据《1948 年信息与教育交流法》第 602 条款的规定，信息咨询委员会将由 5 人组成，任何一个政党的代表不得超过 3 人。咨询委员会成员将由总统任命，并得到参议院的咨询和同意，从任命之日起其在联邦或者州政府的工作即刻结束；信息委员会的成员将代表公众利益，其从具有职业、商业

和公共服务背景的人中选拔；按照本款第 1 项规定的每一届委员会成员依照
下列条款任命：每届任期 3 年，除非在委员会成员第 1 次任职时委员会届满。
从本法颁布之日起，从总统任命开始，委员会成员一年更换两名，两年后再
更换两名，第 3 年后再更换 1 名。该届委员会任期届满前准备接任的补充成
员应该在已经在任的委员离职前任命。在其任职届满时，任何一个委员可以
继续担任委员直到其继任者得到任命并且合格；总统将从委员会成员中选择
为每届委员会任命一名主席；委员会成员将没有任职工资，但有资格领取从
家庭居住地去参加委员会会议的旅费，按照本法第 8—1 款中第 6 项规定办
理；委员会有权行使他们认为有必要的时候实行本部分所授予的权力；国务
院有权为委员会提供必要的秘书和办事员；第 603 条款规定：委员会在建立
的前 6 个月每月至少召开一次会议，如果委员会经审议此间隔合理，按照本
法的管理规定，应该每个季度向国务卿递交一次报告，并每半年向国会进行
一次所有项目和行动的报告，其内容包括某些项目的效果、国务卿完成本法
目标所需要的建议、实现该建议需要采取的行动。①

从《1948 年信息与教育交流法》第 602 条款对信息咨询委员会组成人
员的规定可以看出：第一，该委员会成员必须是信息行业专家；第二，委员
会实行无报酬、轮换制；第三，委员会对国务卿和国会负责。根据笔者查
到的资料，20 世纪 60 年代初期，信息咨询委员会的成员有：纽约市杨·鲁
比堪广告公司（Young & Rubicam）总裁和前董事会主席西格德·拉尔蒙
（Sigurd S. Larmon）、纽约广播与电视台顾问 M. S. 诺瓦克（M. S. Novik）、
纽约哥伦比亚广播公司主席弗兰克·斯坦顿（Frank Stanton）、《丹佛邮报》
编辑和出版商帕尔默·霍伊特（Palmer Hoyt）、克利夫兰《老实人》(plain
dealer) 编辑和出版商托马斯·维尔（Thomas Vail）。② 从这些人员看，该委

---

① http://www.constitution.org/uslaw/sal/062_statutes_at_large.pdf.

② U.S. Congressional Serial Set Vol. No. 12812, Session Vol. No. 8, 90th Congress, 2nd Session, H.
Doc. 289 Title: The 23nd report United States Advisory Commission on information, February 1968. p.
42. http://infoweb.newsbank.com/.

员会成员的专业性特点十分突出。

1949 年 3 月，美国信息咨询委员会向国会提交第一个半年报告赞扬了美国在国外的图书馆以及美国之音的活动，并强调国际信息工作的最终目标是在精确的信息基础上建立公共舆论。①1949 年 9 月，该委员会提交第二个半年报告，强调了广播、短波电台和电影活动在各个地区相互整合并集中在国务院领导之下的问题。②

1951 年 4 月的第四个半年报告再次强调了国务院领导之外的国际信息工作效率不高的问题。③1952 年 1 月的第五次报告指出了国务院决定改变国际信息工作结构问题，其中主要是重新安排电台咨询委员会、一般商务咨询委员会、新闻出版咨询委员会和电影咨询委员会的问题。④ 该报告指出，该委员会派人到世界各个地方去检查本年度信息活动的状况和成效，而且这些检查工作是分别、扎实地进行的，去检查的人在各个地方分别召开会议了解情况并实地考察，最后写出调研报告交给信息咨询委员会。该委员会下设的分委员会有：广播咨询委员会、新闻和出版咨询委员会和电影咨询委员会。⑤这种情况说明，美国政府的各种咨询委员会相当全面，不仅总体上有咨询委员会，具体到某一个文化方面也有咨询委员会。

该咨询委员会在 1955 年 2 月第十次半年报告中建议国务院建立国际信息联合委员会（Joint Committee on International Information），⑥1956 年第 11次半年报告建议成立一个联合的参众两院国际信息委员会（House-Senate Committee on International Information），并建议将美国新闻署更名为美国信息局（US Information Service）。⑦ 从实际情况看，这些建议基本都被美国政

---

① http://www.state.gov/.
② http://www.state.gov/.
③ http://www.state.gov/.
④ http://www.state.gov/.
⑤ http://www.state.gov/.
⑥ http://www.state.gov/.
⑦ http://www.state.gov/.

府所接受，可见咨询委员会的作用是美国政府十分看重的。特别值得注意的是，该信息咨询委员会在其第 22 个年度报告中指出：所有从事外事活动人员，包括公共事务官员、文化事务官员、信息官员、图书馆员、劳工信息官员、学生事务担保人、广播和电视以及电影官员，编辑、作家和评论员，交流学生的导师、教授和学者、公开出版的艺术作品和音乐成果，为外国相关机构提供美国政策和局势信息的人员，对外宣传人员，从事对外展出、出租图书、放映电影或者从事电视和广播节目的人员，与劳工组织和学生对话人员，他们是代表美国的，尽管不是外交官，不是政府官员，但他们是在与那些对美国有偏见以及对美国不了解的人对话。该报告的附录中列举了新闻署在一些国家工作中所取得的成就，例如，在印度，过去的 10 年间取得了广泛深入的进展，印度人了解并欣赏美国，美国一些大学现在在印度得到敬重，大量印度人来美国学习，还有一些印度记者访问美国，他们发布了一些推动世人了解美国的作品，这并不是说他们支持美国外交政策，而是说那些评论反映了他们对美国的理解。再比如，美国与英国的人员交流项目取得众多成效。① 在 1968 年第 23 次报告中信息咨询委员会指出，美国之音在世界许多地方对外文化事务方面取得了极大的成功，给许多人留下了难忘的记忆。现在，美国之音不能只靠短波广播，不是说这种方式已经过时，而是说要充分利用已有设备向东欧、苏联和共产党中国为代表的第三世界发展，新的尝试必须增加。有两点需要注意的是：第一，所有来自美国的新闻都是需要的，外国人在美国教育、科学、技术、文化和艺术收益方面的信息要在美国之音的广播中不断增加；第二，本咨询委员会了解青年人对国际社会和政治的冲击有多大，但有一点可以肯定：那就是这种冲击是直接的、潜在的，今天新的流行时尚和新思想明天就可能是那些步履蹒跚的领袖们所面对的现实。那些领袖们可能对当今年轻人说在他

---

① U.S. Congressional Serial Set Vol. No. 12812, Session Vol. No. 8, 90th Congress, 2nd Session, H. Doc. 289 Title: The 23nd report United States Advisory Commission on information, February 1968. p.ii. http://infoweb.newsbank.com/.

们的辞典中或者在他们的思维结构中不但没有一个新世界，也没有一个新的音乐世界存在，因此，对美国之音来说，在这方面不要太急功近利，要它的听众多品味一下更容易一些。①

从上面所列举的信息咨询委员会的报告内容可以看出至少这样几个问题：

第一，该咨询委员会对美国在外国的各类工作人员，包括政府官员和民间在外国从事文化活动的人员，都进行了十分广泛的调查了解和分析，对他们的工作效用进行了深入的评析，把这些情况报告给国会和总统对于美国政府调整对外文化工作具有重要的参考价值；

第二，该咨询委员会对美国在外国的各类文化交流工作，包括新闻界、教育界、艺术界等方面，都进行了调查和评估，这些实际情况是美国政府了解对外文化事务的重要数据和资料，具有重要的参考意义；

第三，信息咨询委员会不仅仅从事美国对外信息事务，还包括文化教育、艺术交流等非信息领域的事务。

## 二、教育交流咨询委员会

《1948 年信息与教育交流法》在建立信息咨询委员会的同时还建立了美国教育交流咨询委员会（the U. S. Advisory Commission on Educational Exchange），这个监督机构的任务是为美国对外教育与文化交流事务提供政策、项目建议、监督相关机构的任务执行情况，每年要向国会提交年度活动报告。1961 年 9 月 21 日，教育交流咨询委员会并入国际教育与文化事务咨询委员会。

根据《1948 年信息与教育交流法》第 602 条款的规定，教育交流咨询

---

① U.S. Congressional Serial Set Vol. No. 12812, Session Vol. No. 8, 90th Congress, 2nd Session, H. Doc. 289 Title: The 23nd report United States Advisory Commission on information, February 1968. pp. 27-28.http://infoweb.newsbank.com/.

委员会将由 5 人组成，任何一个政党的代表不得超过 3 人。成员将由总统任命，并得到参议院的咨询和同意，从任命之日起其在联邦或者州政府的工作即刻结束；教育交流委员会成员将代表公众利益并从具有教育、文化、科学、技术和公共服务背景的人中选拔；按照本款第 1 项规定的每一届委员会成员依照下列款任命：每届任期 3 年，除非在委员会成员第 1 次任职时委员会届满。从本法颁布之日起，从总统任命开始，委员会成员一年更换 2 名，两年后再更换 2 名，第 3 年后再更换 1 名。该届委员会任期届满前准备接任的补充成员应该在已经在任的委员离职前任命。在其任职届满时，任何一个委员可以继续担任委员直到其继任者得到任命并且合格；总统将从委员会成员中选择为每届委员会任命一名主席；委员会成员将没有任职工资，但有资格领取从家庭居住地去参加委员会会议的旅费，按照本法第 8—1 款中第 6 项规定办理；委员会有权行使他们认为有必要的时候实行本部分所授予的权力；国务院有权为委员会提供必要的秘书和办事员；第 603 款规定：委员会在建立的前 6 个月每月至少召开一次会议，如果委员会经审议此间隔合理，按照本法的管理规定，应该每个季度向国务卿递交一次报告，并每半年向国会进行一次所有项目和行动的报告，其内容包括某些项目的效果、国务卿完成本法目标所需要的建议、实现该建议需要采取的行动。①

1949 年 2 月 7 日，美国教育交流咨询委员会向国会提交第一次半年报告，就《史密斯—蒙特法》在 1948 年 1 月 27 日颁布后从 7 月 1 日至 12 月 31 日半年间在教育交流方面的整体情况做出分析和说明。报告认为，第 402 号公法下运行的教育交流项目是美国政府的一个新型活动，在当今世界上具有格外重要的意义，美国对世界的金钱、物资和政治帮助有效地防止了战争和战后冲突带来的国际灾难。人们具有一种广泛流行的观点，认为教育交流行动只能在长时段内完成，这是不对的，教育交流既有长期效应又有近期效果。在国际知识交流方面还没有哪个政府和组织做了极其有效的工作，这种

① http://www.constitution.org/uslaw/sal/062_statutes_at_large.pdf.

情况肯定会继续下去。通过 1948 年 1 月 27 日颁布《1948 年信息与教育交流法》，美国国会谨慎地决定一个教育交流项目将成为美国对外事务的基本组成部分，但该法并没有确定为执行教育交流拨付资金。该法授权实行世界范围的教育交流项目但并没有给项目拨款。在该法通过以前，美国国务院和其他联邦机构已经在拉丁美洲国家进行了一些合作交流。第 402 号公法已经颁布将近一年时间，由于多种原因现在才算刚刚开始实行，因为发现国家用于教育交流项目的资金和地区与此法颁布以前大体相同，美国政府在东半球还没有实行《史密斯—蒙特法》。国务院准备用于 1950 年的教育交流项目经费仍然不多，准备用于东半球的仅有几个关键国家的少有的几个有选择的活动，这还要缩减在拉丁美洲的项目。因此建议，进行世界范围的教育交流必须名副其实，必须给国务院足够的资金，拉美的项目不能缩减。[①] 在教育交流咨询委员会存在的 13 年期间的各个年度报告都十分全面地介绍和评估了美国政府和私人组织在外国的教育与文化交流事务的状况、成就、不足和弥补措施建议等。如果说对外教育和文化交流是美国文化外交的核心措施和手段与途径并取得了十分重要的成果，那么教育交流咨询委员会在此期间发挥了重要作用。

美国教育交流咨询委员会主席 1952 年 6 月 30 日向国会提交了第八个半年报告。报告指出：第一，除非学术和非学术的、政府的和非政府的在教育交流信息方面进行充分的协调与合作，美国对外人员交流行动不会取得最大效用；第二，不论政府机构还是私人组织都要在充分理解的前提下进行高效率的合作；第三，教育交流项目信息中心的建立与管理都应该在美国教育理事会的指导下进行，该理事会则应该把该项工作交由新组建的国际文化关系项目信息交流委员会来运作，各部门分管自己的职责内项目，如果需要，它们可以利用所有现存资源，包括美国教育部和国际教育协会；第四，美国教育理事会应该负责管理一个教育交流项目信息中心，其他各个机构负责涉及

---

① http://congressional.proquest.com.ezproxy.lib.uh.edu/ pp.1-7.

交流项目的个人信息管理，其中，作为国际信息管理局的代理人，美国教育部应该是为政府资助的人员交流项目信息的主管部门，国际教育协会是为个人资助的人员交流项目信息的主管部门；第五，国务院的国际教育交流局是为政府信息资源中心，同时，该局还要领导确保其他政府交流项目之间的合作，充分发挥信息资源中心的作用；第六，美国教育部和国际教育协会所编辑各种人员交流项目的相关信息对美国教育理事会的交流项目信息中心具有实用性和必须性，因此，国际教育交流局、国际教育交流协会和美国教育理事会要分别负责下述工作：1. 他们要在所需信息方面达成共识并建立相似的程序，如果可能，要建立相同的编码程序，以便为交流项目共同使用；2. 在合作基础上提炼并精确所提出的建议，以便将那些建设性意见纳入准确的、合作的行动计划中；第七，在国会没有制订明确的政策之前，国际教育交流局、相互安全署（the Mutual Security Agency, MSA）、技术合作管理署（the Technical Cooperation Administration, TCA）以及其他相关政府机构应该分担一些资金以供 1953 财年用来建立政府交流信息中心所用；第八，美国教育理事会和国际教育协会如果没有不同意见就应该时刻都要保证拥有充足的资金以供该工作使用。该报告已经提交国务院并在 1952 年 7 月 15 日提交国会审议。①

该委员会认为，当今已经分为专制与自由两股势力的国际意识形态斗争对美国与其他国家之间的充分而有效的交流提出特别紧迫的要求。由于图书是国际交流的重要工具，在美国的国家利益中，美国图书进入国外市场已经变得十分必要。但是，由于流通、价格和语言的障碍，美国图书通过正常商业渠道到达外国读者手中很难办到。鉴于此种形势的严峻性，要使美国图书

---

① U.S. Congressional Serial Set Vol. No. 11689, Session Vol. No.10, 83<sup>rd</sup> Congress, 1<sup>st</sup> Session,H. Doc. 35,Title: Eighth semiannual report on educational exchange activities. Letter from the Chairman, United States Advisory Commission on Educational Exchange transmitting the eighth semiannual report of the United States Advisory Commission on Educational Exchange... January 3, 1953. – Referred to the Committee on Foreign Affairs and ordered to be printed. pp.1-2. http://infoweb.newsbank.com/.

和期刊输出国外，政府项目变得十分重要。按照第80届国会通过的第402号公法，国务院的国际信息管理局已经建立了国际信息服务中心，该局全权负责这项工作。该中心的主要工作是运作193个信息中心，这些信息中心分布在西方国家（the iron curtain）以外的世界上所有国家。美国的公共图书馆做出了最好的实践样板，并试图为那些外国图书馆提供有效的参考，以便那些图书馆在小规模的情况下也能收藏有关美国的图书。国务院在拉丁美洲还参与34个双边文化中心的管理和资助工作。此外，该服务中心还使用其他手段将美国图书和美国人的思想观念送到外国读者中，包括美国图书的外文翻译和出版，美国图书和期刊是官方和私人在国外的可选择的礼物，帮助私人出版商的美国图书出口和商业运作，同时，还要通过小规模的补贴支持美国图书交流和国会图书馆，以鼓励包括私人礼物在内的学术和图书馆交流项目。根据1950年总统关于整个信息和教育交流是真理战的重要组成部分的原则，图书和期刊项目的重要性已经被明显地、极大地提高了。国会、国务院和美国教育交流咨询委员会都承认需要立即从事该项工作所存在的问题的研究，同时还需要帮助和支持相关的私人专家。为满足这些需求，美国教育交流咨询委员会已经批准制订了一个规划，建立一个国外图书委员会作为该咨询委员会的工作小组从事该项工作，目前该小组成员共7人。①

1959年8月20日，美国教育交流咨询委员会向国会提交第22次半年报告，就美国与苏联以及欧洲其他国家间教育交流问题对1959年上半年运行状况进行了总结。按照国际教育协会对1958—1959学年的统计，在美国各个学校的外国学生人数有47000多名，但其中由国务院国际教育交流项目

---

① U.S. Congressional Serial Set Vol. No. 11689, Session Vol. No.10, 83$^{rd}$ Congress, 1$^{st}$ Session, H.Doc. 35. Title: Eighth semiannual report on educational exchange activities. Letter from the Chairman, United States Advisory Commission on Educational Exchange transmitting the eighth semiannual report of the United States Advisory Commission on Educational Exchange... January 3, 1953. – Referred to the Committee on Foreign Affairs and ordered to be printed. p. 3.

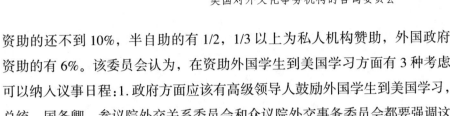

资助的还不到 10%，半自助的有 1/2，1/3 以上为私人机构赞助，外国政府资助的有 6%。该委员会认为，在资助外国学生到美国学习方面有 3 种考虑可以纳入议事日程：1. 政府方面应该有高级领导人鼓励外国学生到美国学习，总统、国务卿、参议院外交关系委员会和众议院外交事务委员会都要强调这种教育交流的重要性；2. 增加官方对外国学生申请来美国学习的各个学校的支持力度，并强调提高学生质量；3. 在不损害国际教育交流项目前提下增加资助力度，按照总统第 8 号重组计划，1953 年 6 月 1 日从新闻署分离出来一个国际文化关系局（the Bureau of International Cultural Relations, BICR），专门负责国务院的教育交流项目和相关文化关系活动。这方面最为重要的因素有：(1) 从实际贡献和威望角度出发，对美国外交关系中的交流项目的作用做出必要认可；(2) 作为认定该项目的表现，从国务院管理层就认定并强调其重要性；(3) 在国务院内部给予足够的支持和官方保证；(4) 在财政预算方面给予足够的资金保证。①

## 三、国际教育与文化事务咨询委员会

国际教育与文化事务咨询委员会（the U. S. Advisory Commission on International Educational and Cultural Affairs）是根据《1961 年教育与文化相互交流法》于 1961 年 9 月 21 日建立的机构，该法规定：以美国国际教育与文化事务咨询委员会取代《1948 年信息与教育交流法》中规定建立的教育交流咨询委员会。② 该委员会是总统咨询委员会，负责对国务院教育与文化事

---

① U.S. Congressional Serial Set Vol. No. 12184, Session Vol. No.3. 86th Congress, 1st Session. H.Doc. 216. Title: Twenty-second semiannual report on educational exchange activities. Letter from the Chairman, U.S. Advisory Commission on Educational Exchange transmitting the 22d semiannual report on the educational exchange activities conducted under the U.S. Information and Educational Exchange Act of 1948... August 25, 1959. – Referred to the Committee on Foreign Affairs and ordered to be printed. pp. 3-6. http://infoweb.newsbank.com/.

② http://www.constitution.org/uslaw/sal/075_statutes_at_large.pdf, p.532.

务局的提出工作咨询，目的是通过文化与教育交流推动美国人民与世界其他国家人民之间更好的相互理解和加强美国的国际关系，① 监督各项交流项目的有效性并向国会提交年度报告。1977 年 12 月 12 日，该咨询委员会并入国际交流、文化与教育事务咨询委员会。

1963 年 4 月 1 日，国际教育与文化事务咨询委员会提交给国会的第一个年度报告中指出，教育与文化交流项目是国务院对外活动的目标之一，当然也是国际开发署的基本任务之一（此前为半年一次报告，从 1963 年开始改为年度报告，这次年度报告的题目为"国务院教育与文化交流项目有效性研究报告"），相互理解是和平的基本要素，随着国家的发展，教育则成为一个重要因素，教育与文化行动是美国国际战略的主要组成部分。教育与文化是美国与其他国家建立长久建设性关系的一部分，是美国各个大学与个人、专业和非专业领域建立深厚的、持久的文化伙伴手段，教育交流项目作为一种灵活的多边措施已经显现了美国人的信仰。②

1963 年 4 月 2 日，国际教育与文化事务咨询委员会的报告指出：美国许多驻外使节都已经认识到教育与文化交流项目所推动的美国与其他国家人民之间的相互了解和理解具有重要的意义。例如，美国驻德国大使说："我认为，德国对美国及其外交政策的更深入的理解，美国人民与德国人民之间更多的相互了解是交流项目的主要成果。"美国驻南斯拉夫大使说："人员交流项目使别国人民直接看到了美国，了解了美国，同时也推动他们对母国存在的问题的了解，而且这种影响还会延伸到项目参加者以外的其他人。因此，交流项目不仅使南斯拉夫受益，也使美国受益。"美国驻日本大使认为，交流项目是美国影响公众思想和情绪的最重要途径之一。当今，随着新阶级和

---

① http://www.nixonlibrary.gov/forresearchers/find/textual/central/subject/FG228.php?print=yes, p.1.

② U.S. Congressional Serial Set Vol. No. 12565, Session Vol. No.1. 88th Congress, 1st Session.. H.Doc. 93.Title: A special study on the effectiveness of the past educational and cultural exchange programs of the U.S. Department of State. A report to Congress from the U.S. Advisory Commission on International Educational and Cultural Affairs pursuant to Public Law 87-256... April 2, 1963. – Referred to the Committee on Foreign Affairs and ordered to be printed. pp.9-10. http://infoweb.newsbank.com/.

教育的发展，在几乎所有的发展中国家都发生了社会动乱，都发生了社会变革和社会进步的呼声，这是对美国交流项目的一个十分深刻而又严重的批评。因此，美国的交流项目应该为发现和给予那些还没有发生或者已经发生这种现象的国家提供重要机会而付出特殊努力，其中一些国家的人们认为共产党可以实现社会变革和社会正义。他们的研究集中在国务院的交流项目，但有足够证据说明，美国政府其他一些机构也在从事交流项目。政府应该制定有关美国政府全部教育交流项目的政策，以使这些项目最有效地发挥作用。第一，与外交政策之间的协调。国际教育与文化事务是与外交政策密切相关的行动，必须看成是美国与其他国家建立建设性关系的组成部分。第二，政府交流项目之间的协调。美国的各种政府机构之间在国际教育与文化交流领域的相互协调相当重要。1961 年 2 月 27 日总统在其声明中特别强调指出，他希望国务卿来完成这种政府机构之间的协调工作。但是，一直到1962 年 6 月 26 日行政命令才有了几个政府机构之间在对外教育交流项目方面的政府领导人之间的政策性导向。这一命令明确助理国务卿负责的教育与文化事务局主管教育与文化事务，这个在 1961 年初建立的机构认可了美国文化与教育项目特别重要。为了实现这种急需的合作愿望，助理国务卿已经采取一些行动，他已经建立了一些跨部门委员会以便进行整合，他已经建立了国际图书项目政府咨询委员会以便协调政府在海外图书出版领域的工作。国务院的教育与文化事务局也已经采取措施解决与其他政府机构之间的协调问题。但是，一些项目上的协调问题并没有解决。国务院教育与文化事务局与各个大学的交流项目之间也缺乏协调。尽管一些大学正在从事教育交流项目工作，但并没有与政府政策和规划联系起来。①

①　U.S. Congressional Serial Set Vol. No. 12565, Session Vol. No.1. 88th Congress, 1st Session.. H.Doc. 93.Title: A special study on the effectiveness of the past educational and cultural exchange programs of the U.S. Department of State. A report to Congress from the U.S. Advisory Commission on International Educational and Cultural Affairs pursuant to Public Law 87-256... April 2, 1963. – Referred to the Committee on Foreign Affairs and ordered to be printed.pp.38-39. http://infoweb.newsbank.com/.

1965 年 8 月 24 日，国际教育与文化事务咨询委员会向国会提交了第三次年度报告。该报告再次强调了第二次年度报告中提出的 7 个问题：1. 与世界上欠发达地区不同，西欧是国际势力平衡的重要地缘政治和经济因素；2. 西欧与欠发达国家之间的经济差距在不久的将来很可能会加大，因此，这种情况将会增加而不是减少西欧作为国家间经济和政治集团的重要性；3. 西欧是美国造就的全球军事同盟中的一个关键因素；4. 西欧在自由世界经济组织对欠发达国家经济援助方面注定扮演越来越重要的角色；5. 西欧在许多欠发达国家，特别是前殖民地国家是一股重要的文化势力；6. 对重要的教育与文化活动方面，从美国角度出发，西欧给予许多欠发达地区一定的"可吸收"能力具有较大潜力；7. 尽管有了一些肯定成果，但美国教育与文化项目在西欧还没有产生期望中的影响，现行活动必须继续实现最终目标。[①]

从国际教育与文化事务咨询委员会历年报告的内容看，除了对美国国际教育与文化事务提出批评和建议外，还对这些事务的管理问题提出了看法，例如：国际教育与文化事务咨询委员会在 1967 年的年度报告中指出："本委员会强烈呼吁建立一个独立的公共—私人实体，我们推荐卡特森·伯奇小组（the Katzenbach panel）从事对现在由政府各个部门管理的那些项目全权负责。"[②]

---

① U.S. Congressional Serial Set Vol. No. 12677-4, Session Vol. No.1-4. 89th Congress, 1st Session. H.Doc. 275. Title: Third annual report of the U.S. Advisory Commission on International Educational and Cultural Affairs. Letter from the Chairman, the U.S. Advisory Commission on International Educational and Cultural Affairs transmitting the third annual report of the commission, pursuant to section 107 of Public Law 87-256. August 24, 1965. – Referred to the Committee on Foreign Affairs and ordered to be printed. p. 2. http://infoweb.newsbank.com/.

② U.S. Congressional Serial Set Vol. No. 12808-4, Session Vol. No.4-4 90th Congress, 2nd Session H.Doc. 398 Title: Federal educational policies, programs, and proposals. A survey and handbook. Part I. Background; issues; relevant considerations.Prepared in the Legislative Reference Service of the Library of Congress by Charles A. Quattlebaum.Specialist in Education. December 1968. pp. 110-111. http://infoweb.newsbank.com/.

## 四、国际交流、文化与教育事务咨询委员会

按照 1977 年 11 月第 2 号重组计划第 8 款规定，在 1977 年 12 月 12 日建立国际交流、文化和教育事务咨询委员会（the U.S. Advisory Commission on International Communication, Cultural, and Educational Affairs），同时撤销国际教育与文化事务咨询委员会和信息咨询委员会。该重组计划还规定，建立国际交流署同时撤销新闻署。[①] 该重组计划在 1977 年 12 月 11 日得到国会批准并从 1978 年 4 月 1 日起生效。[②] 由于该咨询委员会仅存在两年，笔者没有得到该咨询委员会的报告，所以在此没有该咨询委员会的情况可介绍。1979 年 4 月 3 日，公共外交咨询委员会取代国际交流、文化和教育事务咨询委员会。

20 世纪 60 年代末 70 年代初，美国出现了对公共外交的大讨论，可谓百花齐放，百家争鸣。然而在讨论中一个不约而同的观点就是美国开展对外宣传和对外教育、文化交流活动是必要的，这就为讨论定下了一个基调，即美国必须开展对外宣传和教育、文化交流活动。但是，随着世界形势的新变化，对外宣传和教育、文化交流在公共外交中的地位问题需要仔细斟酌。对于教育、文化交流活动管理上存在的混乱与不足还需探讨。"为了满足 60 年代末 70 年代初美国各界要求重新审查美国对外宣传、教育和文化活动的请求"，[③] 1974 年 3 月，美国信息咨询委员会和美国教育与文化事务咨询委员会联合成立了一个独立的对外宣传教育文化委员会，负责对美国的对外宣传和教育文化活动进行一次全面的评估审查。该委员会的成员由两个咨询委员会

---

① http://www.gpo.gov/ p.139.

② The United States Advisory Commission on International Educational and Cultural Affairs, Washington, D. C. 20520, April 1, 1978. http://libinfo.uark.edu/specialcollections/findingaids/cuaid/index.html, Box 191, folder 5.

③ 韩召颖：《输出美国：美国新闻署与美国公众外交》，第 113—120 页。

的全部成员以及十几个来自民间的专家组成，委员会主席由当时信息咨询委员会主席弗兰克·斯坦顿担任，因此该委员会又被称为斯坦顿委员会。这是 1948 年成立信息咨询委员会和 1961 年成立国际教育与文化事务咨询委员会以来最著名的一次合作。"斯坦顿委员会提出的建议，为 60 年代末 70 年代初美国对外宣传、教育文化活动在组织管理上面临的困境提供了一个解决方法，也为美国政府更好地进行对外宣传教育文化活动勾勒出了一个框架。"从斯坦顿委员会的阵容来看，其活动的委员囊括了当时公共外交领域最重要的两个拥有官方背景的咨询委员会成员和民间相关领域的精英，因此其对当时美国公共外交的全面审查是具有权威性和说服力的。然而，委员会的这次努力并没有得到认可，其报告后来甚至还遭到了信息咨询委员会的反对。但是，这次合作为两个委员会的合并提供了前提条件和可能。

1977 年 10 月 11 日，卡特总统向国会提交了其改组方案并进行审查。卡特政府提出改组方案的主要依据是：(1) 把教育文化活动并入一个部门将有助于提高效率；(2) 没有必要由国务院承担"政策宣传"的职能，因为卡特政府并不认为把"政策宣传"与其他宣传区分开来有什么意义；(3) 美国国际交流署的使命与美国新闻署将有所不同，这样可以排除不同职能在目标上存在的冲突。

该改组方案建议成立国际交流、文化与教育事务咨询委员会。其建议如下：(a) 委员会由 7 名成员组成，皆由总统任命，得到参议院建议并批准。委员会成员代表公众利益并且从事教育、交流、文化科学、技术、公共服务、工商等不同专业领域。来自同一党派的成员不能超过 4 名。这个团队的成员任期为 3 年，除了最初任命的 7 名成员，在这个团队中，2 名任期一年，另外还有 2 名任期两年。任何被任命的成员将要填补在上任中出现的空缺职务，前任指定被保留下来的其他成员。在委员会办公室工作的任何一名成员应该在继任者被任命及合格之前继续为委员会工作。总统应该任命成员中一名为委员会主席。(b) 根据《1948 年美国信息与教育交流法》和《1961 年教育与文化相互交流法》美国信息咨询委员会和教育交流咨询委员会的功

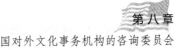

能分别适用于该委员会，同时废止国际教育与文化事务咨询委员会和信息咨询委员会。① 需要说明的是，首先，关于废止信息咨询委员会和国际教育与文化事务咨询委员会，建立国际交流、文化与教育咨询委员会，是卡特总统对美国公共外交咨询机构做出的重大调整，是公共外交组织和管理上的重大变化，为以后美国公共外交咨询委员会的成立奠定了基础，提供了经验。原先分开的对外宣传和教育、文化交流两种公共外交活动，如今亦合并在一起。一方面职责范围扩大，承担的咨询和监督责任也就越大；另一方面，便利了国际交流、文化与教育咨询委员会对这两种活动的监督并提出合理化的建议，提高了咨询委员会的工作效率。委员会的成员既不是咨询委员会的 5 名，也不是国际教育与文化事务咨询委员会的 9 名，委员会在人数上进行了简单的调整，其委员的背景较之 1961 年成立的国际教育与文化事务咨询委员会又发生了变化，委员要有政党的背景而不再是民间人士。

## 五、公共外交咨询委员会

1979 年 4 月 3 日，美国第 96 届国会第 1 次会议收到国会众议院外事委员会委员法赛尔（Fascell）提交的法案，题目为"授权 1980—1981 财年为国务院、国际交流署和国际广播委员会拨款"，第 203 条款（f）将原来监管国际交流署的美国国际交流、文化和教育事务咨询委员会更名为美国公共外交咨询委员会（the U. S. Advisory Commission on Public Diplomacy）。②

1998 年 10 月 21 日，美国第 105 届国会第 2 次会议通过并经克林顿总统批准《1999 年综合加强和紧急追加拨款法》（Omnibus Consolidated and

---

① Reorganization Plan No.2 of 1977, October 11, 1977, p.3-5.

② U.S. Congressional Serial Set Vol. No. 13289, Session Vol.No.2 96<sup>th</sup> Congress, 1<sup>st</sup> Session H.Rpt. 81Title: Authorizing appropriations for fiscal years 1980 and 1981 for the Department of State, the International Communication Agency, and the Board for International Broadcasting. April 3, 1979. – Committed to the Committee of the Whole House on the State of the Union and ordered to be printed. pp.17, 26.http://infoweb.newsbank.com/.

Emergency Supplemental Appropriations Act, 1999），是为第 105—277 号公法，该法规定撤销美国公共外交咨询委员会。①

但是，公共外交咨询委员会撤销以后，美国人马上意识到这是错误的。1999 年 2 月 3 日，国会众议院议员蒂莫西·约翰·罗默（Timothy John Ro-emer）在第 106 届国会第 1 次会议上提出法案要求恢复公共外交咨询委员会。他指出："去年的《1999 年综合加强和紧急追加拨款法》条款杂乱，决定撤销公共外交咨询委员会过于匆忙。所以，我与纽约的霍顿先生（Houghton）提议继续公共外交咨询委员会的工作。"②

根据 2014 年的公共外交咨询委员会行政报告（Staff Report of the U.S. Advisory Commission on Public Diplomacy），1999 年克林顿政府首次建立副国务卿公共外交与公共事务办公室，负责新闻署解体后转移到国务院的公共外交活动。③

根据 DIPLOPUNDIT.NET 网站上的一篇题为"美国公共外交咨询委员会再认可——结症在哪里？"（U.S. Advisory Commission on Public Diplomacy Re-Authorized-Where the Heck Is It?）的文章，恢复公共外交咨询委员会的法案在 2013 年 1 月 3 日的 H.R.4310 第 1280 条款下由国会通过并经总统签署成为法律，但该委员会的授权被承认从 2010 年 10 月 1 日开始并一直继续到 2015 年 10 月 1 日。在此期间，该委员会重新开始了它的运行程序。④

这就是说，1998 年立法之后，由于人们的反对，公共外交咨询委员会仅仅是停止运作一段时间，1999 年克林顿政府副国务卿公共外交与公共事务办公室的建立说明美国政府已经注意到公共外交的重要性，公共外交咨

---

① Omnibus Consolidated and Emergency Supplemental Appropriations Act, 1999. http://www.constitution.org/uslaw/sal/112_statutes_at_large.pdf, pp. 2681-2786.

② http://congressional.proquest.com.ezproxy.rice.edu/congressional/result/congressional/pqpdocumentview?accountid=7064.

③ http://www.state.gov/documents/organization/235159.pdf.

④ http://diplopundit.net/2013/03/04/u-s-advisory-commission-on-public-diplomacy-re-authorized-where-the-heck-is-it/.

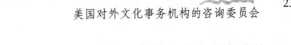

询委员会从 2010 年 10 月 1 日又重新开始运作并直到本书完稿的 2015 年 9 月。

公共外交咨询委员会是 1948 年以来最后一个负责对外文化活动的咨询委员会，该委员会兼有原来信息咨询委员会、教育交流咨询委员会、国际教育与文化事务咨询委员会、国际交流、文化与教育事务咨询委员会等所有咨询委员会的所有功能。

1977 年以来，美国公共外交咨询委员会一直负责对美国政府在了解、理解和影响外国公共事务以及增加和支持这些事务问题的评估工作，并通过年度报告向总统、国务卿、国会和新闻署通报评估结果及其政策建议。该委员会由 7 人组成，全部为总统提名、参议院确认，这些人是从具有职业背景的跨部门行业中选择而来，任期 3 年，可以连任，其中某一政党成员不得超过 4 人。①

根据法赛尔的法案，要完成其章程规定的使命，公共外交咨询委员会需要做到的是：1. 对政府试图使外国公众理解、向外国公众通讯、使外国公众受到影响的行动进行评估，并提供可行的和相应的建议以推动政府的这些行动更加有效；2. 增加对国会、外交政策执行组织和美国公众理解的公共外交的支持；3. 为了给委员会成员、官员和相关利益团体构建一个稳固的基础而发展、修订和维护一个公共外交信息数据库；4. 建立和维持能够推动公共外交作为国家优先考虑的事情开展灵活的对话。按照章程规定，公共外交咨询委员会的职责是：

1. 向总统、国务卿和与各项政策和项目相关的国会成员提出规划和建议以将公共外交行动呈现给国务院、广播管理委员会和其他政府部门；

2. 对政府各个部门实行的公共外交政策和项目的有效性进行评估；

3. 向国会、总统和国务卿提交有关公共外交项目和活动的报告，这些报告应该是基于与相关人员会面和磋商的，包括委员会所关心的在政策制定过

---

① http://www.state.gov/.

程中公共外交的作用。委员会报告还应该包括对国务院掌管的教育与文化交流活动在外国学者和政府官员中的影响力的评估；

4.提供一些国会认为合适的相关报告，向公众公布美国政府和在国外发展的一些促进更好地相互理解和支持公共外交项目的情况。①

从上述规定可以看出这样两点：

第一，公共外交咨询委员会的职责和任务与此前的各个咨询委员会最大的区别是体现了总揽美国对外信息、教育与文化事务活动的所有咨询任务，也就是说，明确了该咨询委员会是美国对外公共外交的咨询机构，这是20世纪60年代公共外交这个概念出现以来第一次。

第二，以前的各个咨询委员会仅仅是从事美国对外文化事务的调查、总结、评估并向国会和总统提交年度或者半年度报告以及提出建议，而公共外交咨询委员会则不仅仅从事上述工作，还要做出一些数据库，不仅要向国会和总统提交报告，还要向美国公民公布美国公共外交项目的信息。

由此笔者认为，公共外交咨询委员会成立以后，美国对外文化事务更加条理化，更加深入化，公共外交的意味更加清楚，即美国政府不仅仅要从事传统的政府间的外交活动，更要从事针对外国公民的宣传、交流乃至文化扩张等活动，这是美国外交政策的重大改变。

1991年苏联解体以后，美国对外文化事务从长期以来以反共的意识形态外交转而向反恐方向发展和变化，这是美国公共外交政策的又一个重大变化。美国公共外交咨询委员会2002年度报告的题目是"通过结构改革和增加投入建构美国公共外交"，该报告指出，"美国公共外交咨询委员会对于被媒体、国会和美国智囊团一再认可的美国公共外交能力表示极大的满意，但遗憾的是2001年9月11日的恐怖袭击还是发生了。现在众多问题摆在我们面前，伊斯兰国家的民意测验表明还有一些人责怪美国的公共外交，因此，美国各界都在关注这些问题。由于疏忽和顺序的错误，已经使美国的公

---

① http://www.state.gov.

共外交工具生锈了。现在我们面对的是一个十分复杂的局面，希望这个工具
锋利但却不是这样，这正是为什么我们需要寄希望于公民、项目、训练、纳
新、国际交流、舆论研究、信息技术以及正确的广播，等等。有人主张重新
定位美国的军事战略，但我们认为现在是重新思考和重新定位美国公共外交
战略的时候了。从长远角度看，美国的公共外交需要在跨文化工程上更大地
投入。该报告指出，要改革美国公共外交的结构，本委员会建议分这样 5 步
走：1. 总统授命的问题，也就是总统应该在公共外交方面发布行政命令，明
确公共外交是美国外交政策中的战略因子，需要重要的改革；2. 充分落实白
宫的全球通讯局的工作；3. 评估新闻署并入国务院的做法（该委员会认为有
负责公共外交和公共事务副国务卿办公室是一件很好的事）；4. 国会为公共
外交付出努力（该委员会认为国会议员的个人行为会加强或者削弱公共外
交）；5. 使更多的私人部门加入到政府的公共外交中。就资金投入来看，该
报告指出，国务院在教育与文化交流项目上的花费从 1993 年的每年 34900
万美元下降到 2001 年的 23200 万美元；项目参加者从 1995 年的 45000 人下
降到 2001 年的 29000 人。美国海外公共舆论研究只花了 500 万美元，比有
些参议员竞选的钱都少。美国在传统外交上每年花费 250 亿美元，而在信息
和反信息活动中花费了 300 多亿美元。相比之下，美国政府用于国际民众的
通讯和劝说方面的钱仅有 10 亿美元"。①

　　从这个报告可以看出，自卡特总统以来，美国在对外教育与文化事务
方面的工作大为减少，不论是人力还是物力都相应缩减，特别是资金投入
大为减少。这种情况一方面反映了美国政府在冷战期间重视信息和反信息
工作而不重视教育与文化交流活动，另一方面也反映了美国自认为教育与
文化交流活动已经取得了重大成就，苏联解体就是一个美国人自认为长期
对苏文化攻略的重大成就。例如，有美国学者认为，冷战的结束和共产主
义的"垮台"是苏联与西方接触和交流的结果，特别是苏联在斯大林 1953

① http://www.state.gov/.

年去世以后与美国的 35 年交往。更为重要的是，那些文化、教育、信息、科学和交流是由美国公开进行的，多数是与苏联政府签订了协议的，在当时，与军事防务和信息工作开销相比较，这种交流的花费是很小的。交流的结果是在苏联知识界的人民中增加了西方的影响。[①] 同时我们也感到，进入以反恐为核心的公共外交阶段以后，美国公共外交咨询委员会特别强调了对恐怖势力猖獗的地区，如阿拉伯地区的教育与文化攻略的重要性。

2010 年 9 月，公共外交咨询委员会向国会、总统和国务院提交了年度报告，题目为"公共外交模式业绩评估（Public Diplomacy Model for the Assessment of Performance）"。报告指出，公共外交是为赢得其受众心理和思想的软实力工具。2007 年，国防部建立"使命行动追踪者（the Mission Activity Tracker）"负责报告全世界能够收集到信息的组织机构，以使美国的公共外交更加有效。负责公共外交和公共事务的副国务卿主管的政策、规划和资源办公室有 15 个业绩评估措施对该组织机构报告的信息进行评估。政策、规划和资源办公室还建立了公共外交影响工程协助评估措施核实数据，该工程主要注意 6 个方面的结果：1. 发起改变当地社会的积极活动；2. 对美国支持的资料进行整合；3. 对公共外交项目满意率打分；4. 提高或者增加外国人对美国的理解；5. 增加美国的支持率；6. 减少反美情绪。政府的一些相关机构，包括国务院，测定美国公共外交项目在一些关键方面不太有效，例如人口延伸地区、本身的训练以及公共外交官员的更新。美国总审计署（the General Accountability Office, GAO）2009 年公布的报告认为："美国现行的国家通讯战略缺乏 GAO 希望得到的特点，例如明确的问题概念、希望得到的结果以及该机构作用和责任的描述。该机构 2006 年的报告还说明国防部的公共外交行动在穆斯林世界效果不大。"[②]

---

① James Critchlow, "Public Diplomacy during the Cold War The Record and Its Implications", *Journal of Cold War Studies*, Volume 6, Number 1, Winter 2004, p. 76. http://muse.jhu.edu.ezproxy.lib. uh.edu/.

② http://www.state.gov/documents/organization/149966.pdf, pp.10-12.

上述报告证明，美国公共外交咨询委员会不仅仅重视对恐怖主义的攻略，还重视对其他国家和地区的文化攻略，重视美国自身的"软实力"建设。

公共外交咨询委员会执行官马特·阿姆斯特朗（Matt Armstrong）在2011年11月7日向委员会提交了《美国公共外交咨询委员会备忘录》。他在备忘录中提到，《公共外交咨询委员会章程》规定了委员会的具体职责共有5项：

（1）对国务院、广播理事会和其他政府实体开展的公共外交的政策和活动进行评估，并向总统、国务卿和国会议员提供建议。

（2）评估政府机关开展公共外交政策和项目的效果。

（3）向国会、总统和国务卿提交关于公共外交项目和活动的报告。报告以相关人员的现场评估和采访为基础，包括委员会涉及的公共外交在政策制定中扮演的角色所提供的建议。委员会的报告同样包括学术诚信的程度和非政治性的教育文化交流活动，以及外国学者和政府对这些活动的态度。

（4）向国会提交一些其他相关报告。

（5）报告要使得国内外的公民能更好地理解和支持美国公共外交活动的项目。①

在这些具体的《公共外交咨询委员会章程》规定的目标中，报告是委员会工作的重要内容和目标之一。一方面它是承载委员会智慧的载体，另一方面它是公共外交政策制定的权威资料。因此，公共外交咨询委员会十分重视其提供给国会、总统和国务卿的报告。而且，这些报告所形成的观点和内容如何让国会、总统、国务卿和普通美国公众了解，如何影响美国的公共外交政策的制定，具体的方法就是上面马特·阿姆斯特朗提到的，用社交媒体和网站资源实现报告内容的及时传播和分享，从而给更多对公共外交感兴趣的

---

① Matt Armstrong, *U.S Advisory Commission on Public Diplomacy Memorandum*, November 7, 2011, p.4.

团体和个人提供建议和帮助。①公共外交咨询委员会的章程为公共外交的工作做了总体的规划，明确了委员会应该履行的职责，在章程指导下的委员会才不会偏离咨询机构工作的重点和方向。委员会章程规定的目标基本上反映了公共外交咨询委员会的工作流程：首先，对美国政府的公共外交活动进行评估，并提出建议；然后用报告的形式向国会、总统、国务卿提交委员会的评估或者建议，供其在立法和制定政策过程中采纳或者参考；接着，各种相关报告及时通过社交媒体和网络传播给感兴趣的社会团体和个人，通过讨论回收相关有益信息；最后，再将那些有用的信息反馈到相关部门。

美国政府的重要机构一般都有自己的咨询委员会，其功能和作用是负责监督该机构的活动、向国会或者总统报告该机构的运作情况、向该机构负责人提出政策和运行建议等等。例如，美国文化关系处是 1938 年 7 月 27 日成立的，但是，早在 1938 年 7 月 2 日就成立了文化关系处总咨询委员会（the General Advisory Commission, GAC）。详见附录中美国对外文化事务咨询委员会变更表。

## 六、美国对外文化事务机构咨询委员会评价

美国对外文化事务机构的 5 个咨询委员会的分析与评价可以从如下几个方面来进行。

### 1. 美国对外文化事务机构咨询委员会的人员构成

根据《1948 年信息与教育交流法》，信息咨询委员会由 5 人组成，任何一个政党的代表不得超过 3 人。咨询委员会成员由总统任命，并得到参议院的咨询和同意。从任命之日起其在联邦或者州政府的工作即刻结束；信息委

---

① 根据马特·阿姆斯特朗《美国公共外交咨询委员会备忘录》中内容来看，美国公共外交咨询委员会主要通过 4 种社交媒体或网站发布信息。它们分别是：www.Twitter.com/pdcommission, www.Facebook.com/pdcommission, www.State.gov/pdcommission, www.LinkedIn.com/groups/US-Advisory-Commission-on-Public-4143536/。

员会的成员将代表公众利益，从具有职业、商业和公共服务背景的人中选拔；按照本款第 1 项规定的每一届委员会成员依照下列条款任命：每届任期 3 年，除非在委员会成员第 1 次任职时委员会届满。从本法颁布之日起，从总统任命开始，委员会成员一年更换 2 名，两年后再更换 2 名，第 3 年后再更换 1 名。教育交流委员会成员的选择与信息咨询委员会一样，只有成员必须是代表公众利益并从具有教育、文化、科学、技术和公共服务背景的人中选拔。[1] 根据 1977 年 10 月 11 日卡特总统向国会提交的改组方案，国际交流、文化与教育事务咨询委员会由 7 名成员组成，皆由总统任命，得到参议院建议并承认。委员会成员代表公众利益并且从事教育、交流、文化、科学、技术、公共服务、工商等不同专业领域选拔。来自同一党派的成员不能超过 4 名。[2]

从上述内容看，美国对外文化事务机构咨询委员会的人员构成有几个非常明显的特点：

第一，权威性：所有的美国对外文化事务机构咨询委员会的成员都由总统任命，并得到国会参议院的咨询和认可。

第二，专业性：法律规定，美国对外文化事务机构咨询委员会的成员必须是相关专业领域的专家，也就是说，必须是内行而不能是外行。所有的美国对外文化事务机构咨询委员会的成员必须具有相关专业背景，不能滥竽充数。

第三，公正性：信息咨询委员会的成员共 5 人，法律规定，同一个党派成员不得超过 3 人；国际交流、文化与教育事务咨询委员会有 7 名成员，同一党派成员不得超过 4 人，这就保证了执政党在美国对外文化事务机构咨询委员会的成员不能占绝对多数，在野党的意见不得忽视。

第四，轮换制：所有的美国对外文化事务机构咨询委员会的成员不能长期乃至终身任职，一般任期只有 3 年，而且一旦任职后，此前所担任的其他

[1]　http://www.constitution.org/uslaw/sal/062_statutes_at_large.pdf.

[2]　Reorganization Plan No.2 of 1977,October 11,1977, p.3-5.

职务必须辞掉。这就保证了这些涉及对外文化事务的机构成员处于流动当中以保证其年轻化与新鲜血液的补充。

## 2. 美国对外文化事务机构咨询委员会的工作

根据法律，美国对外文化事务机构咨询委员会的职责和任务是对执行国家对外文化事务的机构进行检查、监督，对总统、国会、国务卿等提供年度报告或者半年报告。在报告中，咨询委员会不仅要如实汇报调查和监督的结果，还要针对相关情况提出批评和改正建议。因此，这些报告具有十分重要的价值和作用。

# 美国对外文化事务机构及其变迁评价

## 一、美国公共外交和文化外交问题

美国对外文化事务机构所从事的活动基本上都属于公共外交和文化外交领域，或者说，对外文化事务基本上都属于公共外交和文化外交事务。从战略角度看，对外文化事务机构所执行的任务属于美国对外文化战略，而文化战略又是第二次世界大战结束以来美国外交的极其重要的内容，不论从冷战意识形态斗争还是从反恐斗争角度看都是如此。所以，有必要对美国公共外交和文化外交问题进行说明。

### （一）公共外交

研究公共外交的多数美国学者认为，"公共外交（Public Diplomacy）"作为一个术语是美国职业外交家埃德蒙德·古利恩（Edmund Gullion）在1965年最先使用的。埃德蒙德·古利恩是美国塔弗兹大学弗莱舍法律与外交学院主任，该定义是与爱德华·R.默罗中心基金会（the Foundation of the Edward R. Murrow Center）相联系的。默罗中心的第一个小册子是这样描述公共外交的："公共外交旨在处理公众态度对政府外交政策的形成和实施所产生的影响。它包括：传统外交之外的国际关系领域；政府对其他国家舆论的开发；私人利益集团与另一国家之间的互动；外交使者与国外记者的联络等。公共外交的核心内容是信息和观点的交流。"从某些方面来讲，现代美国公共外交开始于第一次世界大战，当时，美国建立了公共信息委员会，就是要为美国参战寻求公共支持，并使外国人了解美国参战的目的是要实现民主。他们认为，从第二次世界大战到冷战，由于电影、广播和电视等当代新闻媒体的兴起，公共外交在反法西斯主义和共产主义斗争中扮演了重要角色。对美国政府来说，战时信息处、美国新闻署以及 1999 年以来国务院副国务卿负责的公共外交事务等都是进行公共外交的努力。但是，公共外交这个概念还不是人们的共识，从 1978 年美国国务院建立教育与文化事务局到后来里根总统恢复新闻署等，都说明人们看法的差异。公共外交的内容包括政府支持的文化、教育和信息项目、人员交流和用广播等方式获得外国人的理解并以此来维护一个国家的国家利益。正规外交主要是国家领导人之间通过相互的高层交往来实现，但公共外交则与正规外交不同，公共外交既有官方行为，也有个人活动，活动既有慎重安排的也有随意出现的。但与正规外交一样，公共外交也主要是通过上述一些方式的对话而不是一种出售式的买卖并最后达到外交政策目标。①

1991 年，美国公共外交咨询委员会的报告中指出："公共外交，即理念和信息的公开交流，是民主社会的一个固有特征，公共外交的国际使命被集中在外交政策之中，公共外交对于在这个世界上的一个国家的国家利益、理想及其领导作用是必不可少的。"②

根据 1987 年美国国务院《国际关系术语词典》，公众外交是"由政府发起的交流项目，利用电台等信息传播手段，了解、获悉和影响其他国家的舆

---

① http://www.publicdiplomacy.org/1.html.

② http://www.state.gov/r/adcompd/1995rep.html.

论、减少其他国家政府和民众对美国产生错误观念，避免引起关系复杂化，提高美国在国外民众中的形象和影响力，进而加强有利于美国的活动"。有学者认为，与传统外交相比，公众外交表现为以下几个方面的特征：首先，公众外交的主体是一国政府。因为外交是一种政府行为，由民间发起的文化交流活动就不属于公众外交活动；其次，公众外交的受体是他国民众。传统外交，即政府外交的对象是一国政府或者在政府中对决策起重要作用的精英阶层，如总统、外交官等，而公众外交主要针对的是非政府组织、私人团体以及普通民众；最后，公众外交的内容包括教育文化交流项目、对外信息项目等，因此公众外交在英国、法国等国也被称作"文化外交"。① 笔者认为，公共外交的主要特点，或者说与传统外交的差别在于两点：一是传统外交是政府对政府的行为，而公共外交主要是政府对民众的行为；二是传统外交完全是政府行为，不论行为的主体还是客体都是政府，而公共外交即有政府行为又有个人行为。

这样看来，公共外交与笔者所要研究的美国对外教育与文化交流有一定的关联：首先，美国公共外交的目的是要向外国人宣传或者说明美国外交政策及其目标，强调美国在世界上的领导地位，让世界上其他国家的人民了解并理解美国文化，这正是美国对外教育与文化交流所要实现的目标；其次，美国公共外交的根本目的是维护美国的国家利益，这也正是美国对外教育与文化交流的根本目的；再次，可以认为，美国公共外交就是其对外文化外交，美国的对外各种文化活动也因此可以说是公共外交活动。这里的主要区别在于：公共外交既有政府行为也有个人行为，而笔者所要研究的是美国政府对外教育与文化交流。但是，本书中将要涉及的也有一些美国人的私营组织，如基金会等，而且这些私营组织成为美国政府对外教育文化交流活动的重要基础和支持力量。因此，本书的研究虽然不属于美国公共外交研究而属于美国文化研究，但研究中对美国公共外交问题必须有所说明和交代。

① 李艳艳：《关于西方国家公共外交的几点比较》，《国际论坛》2006 年第 1 期。

有美国学者认为，公共外交活动大致可以分为 3 个层面：反应的（reactive）、前慑的（proactive）、人际创建的（relationship building），或者说分为政治与军事的、经济的、社会与文化的 3 个领域。反应的或者叫政治与军事的都是一些尽快解决的问题，或者叫短期任务，而关系建构或者叫社会与文化的都是一些信息的传播或者散发，其效果是完成长期任务，这完全是两种不同的战略。美国前国务卿鲍威尔曾经对他的手下说："记住，当我们在这里的电视上出现的时候，即刻表明我们在与 5 种人交流：1.提问的记者们，这是一些重要的受众；2.美国人民，他们在看着我们；3.170 个国家，他们可能对我们的行动感兴趣；4.你们在与你们的敌人对话，这是唯一想通过电视知道我们想干什么的人；5.你们在与自己的军队谈话，因为他们命悬一线。"据此，公共外交的战略交流层面代表着一种中期战略（the mediumterm strategy），这种层面不追求即刻效果，带有国家品牌的特点，战略交流的战略目标是推动相互间的政治、经济和文化关系。① 美国的公共外交活动主要由 3 种类型的活动组成：1.国际信息项目；2.教育与文化交流项目；3.国际非军事广播。这 3 种活动由负责公共外交和公共事务的副国务卿办公室、国际信息项目局和教育与文化事务局 3 个机构执行，同时广播管理委员会负责国际广播活动。国际信息项目局是为负责美国对外事务的战略通讯机构，该局用各种语言或者形式将各种信息，包括印刷品、网络报告，通过视频发布会或者个人形式发送给相关机构，例如外国媒体、政府官员、文化舆论领导人以及 140 多个国家的民众，该局发送出去的各种各样的信息再经过无数个网站、评论家、个人、政治家等渠道介绍美国人民和美国政府政策，所发挥的作用可想而知。教育与文化事务局主要是通过国际教育交流、奖学金和训练项目促进美国与其他国家之间的相互理解，其中最为突出的是富布赖特项目、汉弗莱奖学金项目、国际访问者项目、公民交流办公室所进行的人员

---

① Jens Nielsen Sigsgaard, The New Era of Diplomacy, The Effects of Public Diplomacy, Nation Branding and Cultural Diplomacy, Verlag: LAP LAMBERT Academic Publishing, 2011.pp.19-21.

交流活动，此外还有青年项目、美国一些非营利组织，如志愿者组织等。美国的国际广播系统主要包括：美国之音（现在的美国之音不仅有广播，还有电视和互联网等无数种代理广播体为之服务）、自由欧洲广播电台和自由广播电台（RFE/RL）、古巴广播电台、自由亚洲广播电台、自由阿富汗广播电台、伊朗广播电台、萨瓦广播电台以及中东电视网。这些电台由广播管理委员会负责监督和管理，成员由总统任命、参议院确认，是一个两党委员会。9.11事件以后，教育与文化事务局开始加强美国与阿拉伯国家的人员交流。例如，2002年12月，来自15个国家的49名阿拉伯妇女作为政治活动家或者领导人到美国来。后来，美国还与阿富汗和伊朗签订了人员交流协定。[①]

公共外交的研究必须了解软实力这个概念，而这个概念的讨论又必须了解软实力这个概念的提出者。著名政治学家、哈佛大学肯尼迪政府学院主任约瑟夫·奈。简单地说，软实力就是用国家资源去别的国家和其他人民那里得到自己想得到的一切并使其志愿与你合作。所谓国家资源包括地理领土思想、经济发展、人口数量和多元化、军事实力、自然资源等。用约瑟夫·奈的说法："以资源作为手段将实力转化能力转换成潜在的实力，用转变他者的行为去实现实力。"约瑟夫·奈认为，软实力不仅仅是文化影响，还包括民主、资源和人权等价值观。[②] 当然，这并不是说美国放弃了其他信息、教育与文化交流，包括针对中国共产党意识形态的宣传等，教育与文化事务局从新闻署转到国务院，负责公共外交和公共事务的国务卿并没有撤销，国务院的对外公共外交还在继续。所以，尽管美国为反恐战争做出了那么多努力，对阿拉伯穆斯林世界的文化攻势、信息传播和交流活动不断增加，但在后冷战时期反恐战争是否应该成为美国对外信息、教育与文化交流的核心任务还是一个摸索中的问题。

---

① Susan B. Epstein U.S. Public Diplomacy: Background and the 9/11 Commission Recommendations pp.6-8. http://fpc.state.gov/documents/organization/40146.pdf.

② http://search.proquest.com.ezproxy.lib.uh.edu/ pp.33-34.

## （二）文化外交

美国公共外交咨询委员会在2005年9月的报告中认为，文化外交（Cultural diplomacy）是公共外交的关键（Linchpin），因为它能最好地展现一个国家思想。实质上，英语中 Linchpin 这个词还有"轮辖"的含义，亦即使车轮不脱落，亦即保证作用。[①] 有美国学者认为，简单地说，文化外交就是官方努力促进交流并在世界上扩散自己的文化，不论这种扩散是否在音乐、艺术、哲学或者价值观内进行。这种努力扩散自己文化的做法有多种原因，例如经济动力或者将自己的价值观转移给别的国家的人民进而建立一种较好的关系。这样看来，文化外交就是一种有意义的重叠外交。不同的政府赋予文化外交的意义有所不同，但通常比较被动。例如，冷战时期结束以后美国在文化外交方面多次大量削减资金，新闻署也关了门，但有些国家在文化外交方面却比美国做得成功。需要指出的是，文化交流不一定构成通常意义上的文化外交。著名政治学家乔治·兰科佐夫斯基（George Lenczowski）认为，文化外交可以定义为：利用各种文化手段影响外国公众、政治思想家乃至国家领导人，包括艺术、教育、思想、历史、科学、医药、技术、宗教、习俗、方法、商务、哲学、体育、语言、职业、习惯以及各种媒体等。如果说以军事和经济为主的硬实力是国家可以控制的资源，那么以文化和价值观为代表的软实力则是国家难以直接控制的资源。[②] 张根海在《文化外交：向世界传播中国——评文化外交与中国的实力》一文中认为，现代文化外交是指主权国家以维护本国文化利益及实现国家对外文化战略目标为目的，在一定的对外文化政策指导下，借助包括文化手段在内的一切和平手段所开展的外交活动。[③]

---

① *Report of the Advisory Committee on Cultural Diplomacy, U.S. Department of State Cultural Diplomacy, The Linchpin of Public Diplomacy.* http://www.state.gov/documents/organization/54374.pdf.

② Jens Nielsen Sigsgaard, The New Era of Diplomacy, The Effects of Public Diplomacy, Nation Branding and Cultural Diplomacy, Verlag: LAP LAMBERT Academic Publishing, 2011.pp. 27-28, 37.

③ http://big5.china.com.cn/.

笔者认为，简单说来，文化外交就是把文化作为外交的手段或者工具，或者说通过文化途径来实现一个国家的外交目标，这里，文化外交与公共外交几乎是一回事，都是要实现传统外交无法实现的对外国民众的外交活动，都是以实现各国人民之间的相互了解和相互理解为目的的。

### （三）公共外交与文化外交目标

美国参议院主席约瑟夫·R.拜登（Joseph R. Biden）和众议院发言人南希·佩洛西（Nancy Pelosi）在 2010 年给总统的 2009 财年报告题为"2010年白宫国家战略通讯框架（the White House 2010 National Framework for strategic communication）"，此为美国除国防部给战略通讯的定义以外第二重要的官方概念。该报告指出，"在最近几年，有关'战略通讯'这个概念已经越来越流行。但是，'战略通讯'概念的不同用法已经导致严重的混乱。作为一个结果，我们确信有必要通过这个报告来澄清我们对'战略通讯'的看法。就'战略通讯'而言，我们认为，第一，言行一致并明确为受众所接受；第二，交流和接洽时的项目和行动缜密的目标是预期的受众，包括公共事务、公共外交和信息运作专业人员"。该报告认为，前者就是言论和行动要协调，有效地思考怎样才能使我们的行动和政策得到公众的理解如同我们最后决定者的根本想法一样，这是一个重要的任务，后者就是说美国政府有大量的项目和行动要通过公共事务、公共外交、信息运作以及其他一些努力缜密地集中在与受众理解（understanding）、保证（engaging）、告知（informing）、影响（influencing）和沟通（communicating）。[①]

尽管公共外交这个概念是 20 世纪 60 年代才产生的，但人们一般认为，从 20 世纪初开始公共外交就已经展开，甚至有人说早在古代就有公共外交。参加第一次世界大战以后，美国建立了公共信息委员会，就是要为美国参战寻求公共支持，并使外国人了解美国参战的目的是要实现民主，这实质上已

---

① http://www.carlisle.army.mil/dime/documents/.

经开始了美国的对外文化战略，或者说，对外文化已经外交化，欧洲人称之为文化外交，美国人说这是公共外交。从第二次世界大战到冷战，由于电影、广播和电视等当代新闻媒体的兴起，美国公共外交在反法西斯主义和反共产主义斗争中扮演了重要角色。对美国政府来说，战时信息处、美国新闻署以及 1999 年以来国务院副国务卿负责公共外交等都是进行公共外交的努力。但是，公共外交这个概念还不是人们的共识，从 1978 年美国国务院建立教育与文化事务局到后来里根总统恢复新闻署等，都说明人们看法的差异。①

美国文化外交的职责和任务十分宽泛，但归根结底是两条：一是维护国家安全；二是对外宣传、输出乃至扩张美国文化，这是所有美国对外文化事务机构寻求实现的目标，是文化外交化的突出表现。1948 年美国《史密斯·蒙特法》所规定的美国在战后和平时期的信息与教育交流活动原则是："推动其他国家对美国的更好理解，并促进美国人民与其他国家人民之间的相互了解。"②从字面上看，美国政府的这些对外文化活动没有任何政治色彩和偏向，完全是互利与平等的。但从其运行过程与效果来看，本质上是在对外传播美国文化，是美国全球战略中文化扩张的组成部分。

美国的文化外交还有软权力建设之考虑。所谓软权力（Soft Power）又翻译为软实力，是指在国际关系中一个国家在经济和军事以外的文化和意识形态等方面的影响力。从美国对外文化事务机构的活动看，该种机构在向其他国家收集或者散发信息、国际教育交流项目、输出图书和图书馆以及阅览室建设、派遣和平队等诸多方面发挥着重要的领导、指导、导向以及支持和帮助的作用，使美国文化在国际上越来越具有影响力，这种软权力的实现没有各种对外文化事务机构是不可能的。

总体来说，冷战结束以前，美国对外文化事务机构的职责和任务主要是文化宣传与输出、教育交流和信息收集与发布等，这些活动的主要目标是实

---

① Public Diplomacy Alumni Association, http://www.publicdiplomacy.org/htm1.

② Kennon H. Nakamura U.S. Public Diplomacy: Background and Current Issues. http://www.fas.org/sgp/crs/row/R40989.pdf.

现美国文化的扩张和加强软权力建设，或者说主要是为冷战战略服务。但从进入后冷战时期开始，美国对外信息与文化活动出于反对恐怖主义的需要更多的是从国家安全出发。例如，根据1981年总统第12333号行政命令建立"美国信息局"，美国的信息活动、能力、对外组织和个人及其代理人等，主要是为美国国家安全服务，所有手段和措施必须用来保证美国尽可能得到信息。[1] 但此后十多年间美国对外信息文化机构并没有完全按照这一规定去做（中情局等信息机构除外）。而根据2007年1月23日美国"全国信息主任办公室（Office of the Director of National Intelligence ODNI）"的报告，在过去两年中，美国信息局在帮助各部门维护国家安全方面做出了极大地努力并取得了巨大成效。[2] 根据美国政府信息网，美国信息局实质上并不是一个类似于国家其他各部的机构，而是一个将各个负责情报、文化和信息的机构联系在一起的联合体，共有17个相关机构为其成员，其中包括中情局、国务院、全国信息主任办公室。[3]

2009年12月18日，美国国会研究处（Congressional Research Service）外交事务分析家中村修二（Kennon H. Nakamura）和外交政策法律分析家马修·H.韦德向国会提交了研究报告，题目为"美国公共外交：背景与现实问题"。该报告认为，公共外交活动包括通过广播和互联网以及图书馆等在外国的服务设施向外国公众提供信息、指挥艺术展览和音乐表演等文化外交活动、管理国际教育和教育交流项目等。美国长期以来就寻求通过公共外交对其他国家的人民产生影响。第二次世界大战以后美国对外信息和通讯活动曾经主要在民间进行。冷战期间，新闻署成为美国针对苏联的公共外交活动的主要机构。1991年苏联解体以后，新闻署已经失去了存在的意义，20世纪90年代，该机构的费用也大为减少，因此在1999年停止工作，其功能归属

---

① Executive Order 12333, https://www.cia.gov/about-cia/eo12333.html.

② 美国数字化国家安全档案（DNSA）:Progress on Intelligence Reform Unclassified, Statement, January 23, 2007, pp.1-3.http://nsarchive.chadwyck.com/。

③ Seventeen Agencies and Organazations United Under One Goal, http://www.intelligence.gov/.

国务院。9.11 事件以后，反对极端主义思想的斗争使得有效的公共外交具有了新的内容，美国也开始为此而努力。有人认为，取消新闻署是一个错误，国务院不适合从事长期公共外交活动。同时，国防部和美国军方已经加强了对外国公众的宣传作用。因此，公共外交问题成为一个值得注意的问题。美国公共外交的手段包括人民与人民之间的接触、专家项目、艺术和文化表演、图书和文学作品、广播与电视电影节目，当前更多的是互联网。恰恰相反的是，美国传统外交采取的主要是美国对外国政府的影响、美国利益的政策表述、政府行动、态度和趋势的分析与报告等等。但是，苏联解体以后，这方面信息的减少使人们认为已经没有意识形态的斗争。许多分析家认为，美国逐渐将公共外交置于一种"次要地位（back burner）"，并将其作为冷战的遗产。9.11 事件以后，美国开始将公共外交与恐怖主义袭击挂钩，随着美国在伊拉克和阿富汗的战争开始以后，公共外交作为一种外交政策和国家安全工具被重新认识了，长期以来美国在对外政策方面的思考也开始改变。随着互联网信息技术的普及，美国公共外交方案也开始发生变化，广播、电视、互联网等成为重要的公共外交手段。当前，美国政府有 14 个部拥有自己的公共外交机构，还有 48 个以上的独立机构，这些机构至少参与一种官方公共外交活动，其中最为突出的是交流和训练项目。[①]

美国学者彼得·G. 彼得森（Peter G. Peterson）在《公共外交与反恐战争》（Public Diplomacy and the War on Terrorism）一文中认为，反恐战争造成这样一个舆论出现："需要对美国公共外交重新思考和定位，也就是说，需要搞清楚为什么美国要进行这样一场战争，为什么支持这场反恐战争就是维护包括美国人民在内的所有人的利益？因为现在我们考虑到恐怖主义超乎寻常地威胁到美国的国家安全，而国家安全是美国压倒一切的利益所在，要维护美国的利益，其他国家的合作必不可少。"[②]

---

① http://www.fas.org/.

② http://search.proquest.com.ezproxy.lib.uh.edu/.

美国学者拉里·A·威廉姆森（Larry A. Williamson）在 2006 年的博士毕业论文《最后三步：信息时代的公共外交行动计划》（The Last Three Feet: An Action for Public Diplomacy in the Information Age）中叙述，小布什总统任命了美国阿拉伯与穆斯林世界公共外交咨询团（the United States Advisory Group on Public Diplomacy for the Arab and Muslim world），该特别小组报告总统说："敌视美国的势力已经到达登峰造极的地步"，现在需要的不仅仅是战术适应而是战略适应的问题了，这既是一个基本问题也是一个急需转变的问题。在后冷战时期，特别是在 9.11 背景下，美国外交政策和公共外交概念已经严重落伍，急需修正和重新估价。①

## 二、总统重视和支持是对外文化事务机构活动的重要保障

对外文化事务机构是执行美国公共外交活动的部门，这些部门之所以能够较好地完成使命，最重要的原因之一是总统的重视和支持。美国对外文化事务机构的建立一般需要总统行政命令，解散或者更名也需要在任总统批准。而每一个在任总统都根据当时的国际形势和对外政策的需要决定建立怎样的对外文化事务机构。美国历史上在对外文化事务机构的建立和更名问题上值得注意和重视的主要有威尔逊、杜鲁门、艾森豪威尔、肯尼迪和小布什。

需要说明的是，在美国对外文化事务机构的历史上，这些机构都是经由总统行政命令、总统重组计划实现的，经由总统批准更名或者重建的对外文化事务机构也有很多。这是造成美国对外文化事务机构不断变更的主要原因之一，也是美国对外文化事务机构混乱、职责不清、有时效果不佳的主要原因之一。因此，如果说威尔逊、杜鲁门、艾森豪威尔、肯尼迪和小布什曾经重视和支持对外文化事务机构及其活动，那么福特、卡特、里根等总统则明显不重视对外文化事务机构及其活动。

---

① http://search.proquest.com.ezproxy.lib.uh.edu/ pp.28-30.

### （一）从威尔逊到杜鲁门——从战争走向和平时期的对外文化事务

威尔逊在 1912 年当选总统并在 1916 年连任。杜鲁门在 1945 年 4 月罗斯福总统逝世后接任总统，并任职到 1953 年。两任总统的共同特点之一是都在战争期间任职，之后进入和平时期。这种共同的形势和经历使他们具有一个共同的特征，那就是必须考虑从战争走向和平时期的美国外交政策。从对外文化事务角度看，二者都史无前例地将对外文化事务放在美国外交战略的重要位置上。

#### 1. 威尔逊总统

威尔逊总统重视对外文化事务活动的突出表现是通讯事业的发展。在第一次世界大战之前，美国人所拥有的通讯业基本上在国内经营，在国外很少有影响，正如乔治·克里尔所说的那样："美国人既是这个世界上最不被人知晓的人群，也是最为人所知的人群。"[①] 从第一次世界大战到 20 世纪 20 年代，美国通过电缆通讯、无线电广播、新闻行业、电影以及航空业快速扩大了他们在世界上的影响。早在第一次世界大战爆发以前，威尔逊总统就表达了要扩张美国通讯事业的愿望，他不但大力支持私有通讯行业人士在国际上发展自己的生意，甚至指出："如果私人资本不能建立实质性的国际通讯网络，政府就必须把这一事务纳入日程。"在第一次世界大战以前，美国私人资本为对抗英国的电缆通讯，就已经开始了联合行动，美国政府也积极参与和支持这种旨在扩大美国文化传播的活动。同时，美国政府在发展广播方面也不遗余力，威尔逊总统曾要求海军建立自己的广播系统。在政府支持下，1919 年年末，美国通用电气公司宣布与美国电话电报公司、西方电气公司以及联合产物公司（United Fruit）组成一个新公司，叫作美国无线电公司。该公司握有美国全部对外无线电通讯权利，原美国通用电气公司负责人欧

---

① Emily S. Rosenberg, *Spreading the American Dream, American Economic and Cultural Expansion 1890-1945*, New York: Hill and Wang, 1982. p. 87.

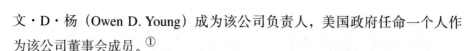

文·D·杨（Owen D. Young）成为该公司负责人，美国政府任命一个人作为该公司董事会成员。①

### 2. 杜鲁门总统

就对外教育交流及其重要性而言，杜鲁门应该是美国最为关注对外教育交流的总统。1949年，杜鲁门总统指出："教育是我国的第一道防线，在当今世界政治原则与政策日益显现冲突的情况下，美国的希望，我们的希望，世界的希望，就在教育上，教育是我们面前最重要的任务。"②

杜鲁门接任总统以后不久第二次世界大战就结束了，随之冷战就开始了。所以，杜鲁门所面临的主要是意识形态斗争。正因为如此他才多次强调将宣传作为一项"长期强化项目（sustained, intensified program）"发展成为一项"真理战（Campaign of Truth）"。③

## （二）从艾森豪威尔到肯尼迪——反共宣传和教育与文化交流相结合

从1953年艾森豪威尔当选美国总统到1961年肯尼迪当选，正值美苏对抗和冷战的重要时期，因此，这两任总统的重要外交任务是反苏反共的问题。由于冷战是意识形态的斗争，因此，如何利用对外教育与文化交流实现反苏反共的任务成为他们的共同特点。从本书研究角度看，艾森豪威尔总统的主要作为是建立美国新闻署，肯尼迪总统的主要作为是建立和平队和国际开发署。前者是美国政府中最为重要的从事对外信息与教育交流活动的机构，后者主要进行美国对外经济援助，但也进行一些与文化与教育交流的活动。

① Emily S. Rosenberg, *Spreading the American Dream, American Economic and Cultural Expansion 1890-1945,* New York: Hill and Wang, 1982, pp. 87-95.

② U.S. Congressional Serial Set Vol. No. 12808-4, Session Vol. No.4-4 90th Congress, 2nd Session H.Doc. 398. Title: Federal educational policies, programs, and proposals. A survey and handbook. Part I. Background; issues; relevant considerations.Prepared in the Legislative Reference Service of the Library of Congress by Charles A. Quattlebaum.Specialist in Education. December 1968. p.1. http://infoweb.newsbank.com/.

③ Kenneth A. Osgood, Total Cold War U.S. Propaganda in the "Free World," 1953-1960. http://search.proquest.com.ezproxy.lib.uh.edu/ pp. 35-47.

### 1. 艾森豪威尔总统

艾森豪威尔总统是美国历届总统中利用对外信息与教育交流从事文化外交最为突出的一个，更是利用信息与教育交流从事反对苏联为首的共产党国家的最重要的美国总统。

早在 1952 年 10 月，作为总统候选人的艾森豪威尔在旧金山的讲演中就强调指出，在冷战时代的斗争方式是多种多样的，其中包括针对人的思想和意愿的心理战。他认为，美国在冷战中的心理战是全方位的，不但政府的力量和各个宣传机构参与，不仅要使美国之音加倍地去赢得征服人的思想的宣传，要有计划而且有效地动员全国男男女女都参加，还要充分利用各种传播媒介进行宣传。①

肯尼斯·A.奥斯古德(Kenneth A. Osgood)2001 年在其博士毕业论文《总体冷战：美国在"自由世界"的宣传，1953—1960》中描述，1952 年 10 月，总统候选人艾森豪威尔在旧金山发表讲话时说："心理战就是一场征服人的思想和意志的斗争。"通过宣传，美国政府代言人直接去影响其他国家的思想、价值观、信誉、观点、行动、政治和文化。通过宣传和其他措施，美国逐渐地先于其他政府直接影响那里的公众舆论。美国政策制定者们认为，如果美国能使外国民众舆论站在自己这边，必将对外国政府产生巨大压力，使其转向美国方面。②

在艾森豪威尔总统执政期间，他对美国政府海外信息项目和宣传行动极为关切，当时这些项目和行动称为"心理战"。1953 年 1 月，他在就职演说后马上建立了总统国际信息行动委员会（the President's Committee on International Information Activities, Jackson Committee），即著名的杰克逊委员会。1953 年 6 月，该委员会对美国政府的信息和心理战政策进行了广泛的分析并把调查结果呈交总统，这个调查结果中的多数建议被采纳，其中包括建立行

①　Kenneth A. Osgood, "Total Cold War U.S. Propaganda in the 'Free World', 1953-1960". http://search.proquest.com.ezproxy.lib.uh.edu/ pp.1-2.

②　http://search.proquest.com.ezproxy.lib.uh.edu/ pp.1, 8-9, 26, 60-61.

动协调委员会和新闻署这两个在美国国家安全机器中的关键机构。此时期正是美苏冷战的关键阶段，白宫顾问们称之为"关键时期（moment of truth）"，并不断向总统提出心理战和政治战的重要性，认为这种战争对美国的外交、经济和军事行动都具有心理方面或者隐蔽行动的特点。为加强国际信息活动，艾森豪威尔总统在 1959 年 12 月改组了总统国际信息委员会，任用斯普瑞格（Mansfield D. Sprague）为负责人，并将原来杰克逊委员会时期的总统国际信息行动委员会更名为总统国外信息行动委员会（the President's Committee on Information Activities Abroad），即斯普瑞格委员会。斯普瑞格委员会成员包括白宫、中央情报局、国防部、国务院和新闻署代表，另外还聘请了几个顾问。该委员会在 1960 年 12 月 7 日解散。总统国外信息行动委员会在 1960 年 11 月 23 日所做的总结与建议中认为，美国在一些地区的教育、文化与交流项目方面还很不够，苏联和西欧各国在对外广播等方面都有很多活动，而一些落后国家的教育与文化领域亟待开发，美国必须在国际文化和知识开发方面提高水平。通过教育、交流和文化项目将加强我们与其他国家长期的政治纽带。美国在教育、文化和交流项目方面的可以想象的扩张必将得到美国社会一些重要方面的支持，因为我们许多公民富有强烈的人文主义情感，对个人得到教育机会的权利具有极深的认识，相信美国参与世界事务必将是建设性的、理想的和民主的，因此本建议具有极大的意义。本委员会坚信美国的参与必将强有力地影响那些正在崛起的国家的现代化和政治发展。[①]

艾森豪威尔总统在 1953 年建立的新闻署成为美国对外信息交流的主要政府机构，从 1953 年建立到 1999 年解散，新闻署在存在的 46 年间为美国反对苏联为首的共产主义意识形态和共产党国家政权作出了十分重要的贡献，新闻署成为反共的堡垒和排头兵，而这个堡垒的设计和建筑者艾森豪威尔则是反对共产主义的总设计师。

艾森豪威尔提出了"总体冷战（Total Cold War）"的概念，虽然很多宣

---

① http://www.eisenhower.archives.gov/.

传和心理战内容都是总体冷战的组成部分，特别是"解放东欧"和"洞穿铁幕"，但在艾森豪威尔时代，美国最重要的宣传行动却发生在所谓的"自由世界"。① 也就是说，正如本书前面所介绍的情况那样，美国在第二次世界大战以后首先针对欧洲重建花费大量心血，不但安排了马歇尔计划等经济复兴规划，也建立和支持了自由欧洲广播电台和自由广播电台等媒体对欧洲进行大规模宣传活动，总体冷战的核心内容是对苏心理战。

1957 年，艾森豪威尔总统指出："我们的信息在国家防卫上是一个强有力的支撑点，我们的信息比导弹更重要，比雷达预警网络更必要，比原子弹的威力更大。"②

总统国外信息行动总统委员会在 1960 年 12 月 1 日的《国外信息行动总统委员会总结与建议》第 3 章指出："历史证明，文化教育直接关乎到一个国家的政治稳定。本委员会建议，下述项目应该继续或者进行：（1）援助一些国家建立和装备学校、图书馆、实验室以显示美国支援的表现；（2）以联合国的名义在公共管理、农业技术等方面建立训练中心；（3）发展大规模的、有效的可以在卫生、农业和机械贸易等方面提供基本技术的中心；（4）利用电视大规模扩展美国文化的影响；（5）为一些国家学生提供奖学金以使那些国家天才年轻人得到教育机会；（6）一个重要的项目是向一些欠发达国家提供教师培训并建立教师培训机构；（7）安排一些美国年轻人出国从事初等教育工作。美国是自由世界的政治支点，华盛顿是公认的领导核心，美国是世界经济巨人，我们的市场和交流规则是国际贸易和资本运作的脉搏。同时，美国也是一个庞大的文化、科学和知识活动的中心，但事实上我

---

① Kenneth A. Osgood, "Total Cold War U.S. Propaganda in the 'Free World', 1953-1960", http://search.proquest.com.ezproxy.lib.uh.edu/ pp.1-3.

② U.S. CongressionalSerial Set Vol. No. 12808-4, Session Vol. No.4-4 90th Congress, 2nd Session H.Doc. 398 Title: Federal educational policies, programs, and proposals. A survey and handbook. Part I. Background; issues; relevant considerations.Prepared in the Legislative Reference Service of the Library of Congress by Charles A. Quattlebaum.Specialist in Education. December 1968. p.1. http://infoweb.newsbank.com/.

们的工作还远远不够。"①该总结和建议报告指出："我们的基本问题之一是怎样为亚非拉各国提供安全保护和推动那里经济运行而不被共产党所控制。当然，我们的政策和行动目标之一是必须帮助那里改革政府以满足这种情况下的政府基本需求，促进社会稳定、秩序良好和经济发展。由于亚非拉国家落后，很多人是文盲，那里的人民难以发挥公共舆论的作用，那些国家发展教育、利用广播、电视、出版物等来提高数以千万计的人们的政治觉悟十分重要。不要忘记美国是世界上进步社会的代表，我们要使其他国家领导人懂得自由世界的基本原则和价值观，只有这样，他们才能去影响其本国人民并使之成为国际社会稳定的因素。"②

### 2. 肯尼迪总统

肯尼迪是美国迄今为止唯一信仰天主教的总统，也是在任期间被谋杀的总统之一。肯尼迪在任职总统短短的两年多的时间内就建立了美国最为重要的两个机构——和平队和国际开发署，足见他在对外教育与文化交流方面的重视程度。当然，和平队和国际开发署主要是从事美国对外经济援助计划，但这两个机构所从事的对外教育与文化交流活动同样不可忽略（详见本书第4章）。

肯尼迪总统在对外文化事务领域的更为重要的行动是批准《富布赖特——海斯法》。1961 年 9 月 21 日，肯尼迪总统签署第 87—256 号公法，即《1961

---

① DDRS-240525-i1-9.pdf. Conclusions and recommendations of the President's Committee on Information Activities Abroad - Chapter III: New importance of educational, cultural and exchange activities. Miscellaneous.WHITE HOUSE.SECRET. Issue Date: Dec. 1, 1960. Date Declassified: Feb 7, 1990. Unsanitized.Incomplete.9 page (s). http://galenet.galegroup.com/s，pp.1-5.

② DDRS-288054-i1-50.pdf. Conclusions and recommendations of the President's Committee on Information Activities Abroad. Issues include: role of the psychological factor in foreign policy; reinforcement of the foundations of the U.S. information system; the importance of educational, cultural and exchange activities; psychological and informational aspects of economic aid, scientific research and military programs; international activities of private persons, organizations, and the mass media. Report. White House.SECRET. Issue Date: Dec. 1, 1960. Date Declassified: May 8, 2003. Complete. 98 page (s).http://galenet.galegroup.com/ pp. 214.

年教育与文化相互交流法》，巩固和加强了美国在国际教育与文化交流项目中的律法保证。《富布赖特—海斯法》再次使美国对外教育文化交流得到巩固和加强，同时使行政管理和资金利用更加有效。从此开始，美国政府第一次资助外国表演艺术家和体育运动员来美国进行非营利性的活动，结果使美国与外国的教育文化交流人数从 1949 年的 1779 人增加到 1962 年的 7582 人，增加了 400% 以上。[①]

### （三）从小布什到奥巴马——反恐战争和教育与文化交流相结合

从小布什第二任期开始，随着苏联解体和冷战的结束以及 9.11 事件的发生，反恐成为美国外交活动的核心内容。

#### 1. 小布什总统

乔治·W. 布什（George W. Bush）在 2001 年 1 月 20 日就职美国总统，当年 9 月 11 日发生恐怖主义袭击纽约世贸组织大楼和五角大楼事件，这使小布什直接面临的是如何进行反恐战争的问题，特别是如何在公共外交活动中实现美国对外文化事务机构长期以来面临的任务。应该说，在这样重大的事件和任务面前，小布什尽到了美国总统的职责。

自 9.11 事件发生后，小布什总统对公共外交的管理问题已经纳入议事日程：2001 年初，布什政府对以往的公共外交进行了评估并作为外交程序之一置入自己的跨部门协调组织之中。遗憾的是 2002 年 6 月，即 9.11 事件 9 个月以后，评估还在继续，新的公共外交政策并没有摆到世人面前。[②]

2005 年 9 月 9 日，小布什总统说："我们必须在战场上击败恐怖主义，同时我们也必须在思想战线上击败恐怖主义。"[③]

---

① Bureau of Educational and Cultural Affairs，2009, Educational and cultural diplomacy. http://primo-pmtna01.hosted.exlibrisgroup.com/ pp. 1-4.

② http://search.proquest.com.ezproxy.lib.uh.edu/docview/214293637/fulltext/ED2291CF9ED34EE2PQ/13?accountid=7107.

③ http://www.bbg.gov/wp-content/media/2011/12/05anrprt.pdf.

著名政治学家、哈佛大学肯尼迪政府学院教授约瑟夫·奈（Joseph S. Nye, Jr.）认为，新闻署并入国务院减少了美国政府重要的软实力工具之一的影响力。但是，美国政府的其他部门，例如国防部、农业部、商务部、司法部和美国贸易代表办公室等全都参与用于公共外交的海外行动，这是国务院所需要的。但这只是政府部级的情况，而准政府级的机构，比如增加项目、扩大领域、改变手段等，还有第 3 个层面的机构，那就是私人机构和组织。[①]

2003 年 1 月 21 日，小布什总统颁布行政命令，全球通讯局正式建立。全球通讯局的一个重要职责是针对伊拉克进行反宣传和反假信息，而其前身联合信息中心则主要是针对阿富汗塔利班。[②]

### 2. 奥巴马总统

巴拉克·奥巴马（Barack Obama）是美国第 1 位黑皮肤的总统，许多人说他是黑人总统，这是不准确的，因为奥巴马的父亲是肯尼亚留学生，是黑人，但他母亲是美国白人，所以，只能说奥巴马是黑白混血人，他代表的当然不是黑人而是美国人民。

奥巴马在美国对外文化事务方面的思想和活动表现虽然不多，但在他的任职期间也表现出对该领域的重视：2008 年，美国建立了战略交战中心，不久更名为全球战略交战中心，2010 年 9 月，国务院又建立了战略反恐信息中心，也归属负责公共外交和公共事务的副国务卿。[③]

近年来，奥巴马在外交上取得了突破，主要表现是 2015 年美国与古巴重建外交关系，缓解了与朝鲜和伊朗的关系。这些情况虽然不属于公共外交，但奥巴马政府此间的公共外交活动，或者说对外文化事务，是不可忽略的。

---

① http://search.proquest.com.ezproxy.lib.uh.edu/ pp.56-57.

② http://georgewbush-whitehouse.archives.gov/ogc/aboutogc.html.

③ Christopher Paul, *Strategic Communication: Origins, Concepts, and Current Debates (Contemporary Military, Strategic, and Security Issues)*，California, Santa Barbara: Praeger, 2011, pp.72-86.

## 三、政府各部门普遍参与是美国公共外交取得成效的一个原因

### （一）美国公共外交和文化外交的主要执行部门——国务院

国务院（department of state）是美国最主要的外交部门。在对外信息、教育与文化交流活动中，除了新闻署作为政府独立机构从事重要的对外信息与文化交流活动外，国务院的活动至关重要，美国对外信息、教育与文化交流活动的主要机构都设在国务院。

国务院是美国执行对外文化战略的主要机构，是其公共外交的主要行为体，是从事对外文化事务的主要部门，所以，美国学者玛丽·弗朗西斯·卡斯帕（Mary Frances Casper）认为，美国国务院既是一个机构，又是一个组织，很多方面就像一个跨国公司。国务院通过外交关系与多国民众沟通，作为一个国家机构，它试图影响外国人民的环境，公共关系的实践仅仅是这种影响的一种修辞说法；作为一个国家组织，它有自己的规定、固定的运作程序和活动等。国务院利用对外交流活动有效地与外国公众沟通从而系统地构筑美国的形象和尊严，这正是在公共外交中完成美国的战略。①

2003 年 5 月，时任美国国务卿科林·鲍威尔（Colin Powell）说："国务院的男男女女都是美国面向世界的脸面。"② 有美国学者认为，如果说国务院的官员是美国政府面向世界的脸，那么接下来就应该是白宫的总统发出的声音了，这个声音是他向其下属传达信息并告诉他们如何执行公共外交。总统被认为是美国公共外交的"最终决定者"，因为他必须确认官方的信息是固定的而且是唯一的。白宫有两个针对恐怖事件发生的办公室，一个是 2002 年小布什总统建立的战略通讯政策协调委员会（the Strategic Communication Policy Coordinating Committee, SCPCC），另一个是 2003 年建立的全球通讯

---

① http://search.proquest.com.ezproxy.lib.uh.edu/.

② John Robert Kelley, "Towards Introspection: Rethinking U.S. Public Diplomacy in the Arab World after 9/11", http://search.proquest.com.ezproxy.lib.uh.edu/ p.14.

办公室（the Office of Global Communications, OGC）。[1]

负责公共外交和公共事务的副国务卿主管 3 个局和 2 个办公室：教育与文化事务局，国际信息项目局，公共事务局，政策、规划和资源办公室，私人组织扩展办公室。教育与文化事务局有 83 个海外交流项目，包括领导人项目，这些项目覆盖了文化、体育、学术和职业领域以及来自 160 个国家的市民。这些项目的目标就是促进"美国人民与其他国家人民之间的相互了解得到友好的推动，建立和睦关系，并按照《1961 年相互教育与文化交流法》执行。"[2]

## （二）教育部

美国教育部下设 8 个处，其中一个为国际教育关系处，该处的职责为：1.外国教育体系基础研究的准备与出版；2.希望来美国学习的外国学生凭证评估；3.美国与其他国家互派留学生和教师项目的运行；4.在美国外语学校寻求工作的教师登记管理；5.准备和交流资料；6.推动美国学生与外国学生之间为相互了解而进行的课外活动；7.帮助外国访问学者；8.与联合国教科文组织合作从事该组织的教育项目。[3]

## （三）国防部

美国国防部十分重视"战略通讯"活动，该部将战略通讯这一概念定义为：通过利用协调项目、规划、主题、信息和产品与其他国家政府的所有工具有效地协调起来以便实现美国政府的政策目标。国防部的战略通讯活动有

① John Robert Kelley, "Towards Introspection: Rethinking U.S. Public Diplomacy in the Arab World after 9/11", http://search.proquest.com.ezproxy.lib.uh.edu/ p.15.

② http://www.state.gov/documents/organization/149966.pdf, p. 14.

③ U.S. Congressional Serial Set，Serial Set Vol. No. 11606, Swssion Vol. No. 10, 82nd Congress, 2nd Session H. Doc. 423, Title: Federal educational activities and edcatioanl issues before Congress. A report prepared in the Legistative Reference Service of the Library of Congress by Charles A. Quattlebaum. Edcatioanl research analyst. p. 62. http://infoweb.newsbank.com/.

心理战行动、情报行动、公共事务活动、公共外交活动、军事外交活动、视觉信息活动等。从 2007 年开始，国防部建立了由科学家和人类学家组成的小组参加到美军在伊拉克和阿富汗的部队当中，负责对当地居民风俗和价值观的调查，同时发布 2007 年公共外交和战略通讯国家战略以便号召其他相关机构为自己的行动提供信息。①

根据美国学者的统计，有 35 个以上的联邦政府机构坚定地支持教育与文化交流项目，其中国际开发署、新闻署、教育部的国际教育与外语项目，以及国防部的国家安全教育项目。这些部门都与一些大学建立了固定的联系。当然，由于资金投入的减少，他们之间的联系也有些规模上的变化。②

## 四、信息与教育和文化交流的分离

在《1948 年信息与教育交流法》颁布以前，或者说从 1917 年公共信息委员会建立以后，美国对外信息与教育和文化交流事务一直混杂在一起，特别是第二次世界大战期间，信息与教育交流问题是战时信息处等部门从事的重要事务。但是第二次世界大战结束以后，新的形势使美国政府开始重新考量对外信息与教育交流问题，其中最为重要的是信息与教育交流是不是应该分开以使其更为有效。

### （一）信息与教育和文化交流相混淆的原因

根据阿肯色大学教育与文化事务局资料汇编的记载，第二次世界大战后，美国认为有必要将世界范围的信息与教育交流活动作为外交关系的永久性武器。这是由于美国人发现，一些国家在战后实行广泛的、在某种情况下具有攻击性的信息项目，因此美国政府特别强调信息功能与文化合作的区

---

① http://www.fas.org/.

② Alice Chandler, Washington D. C.: NAFSA: Association of International Educators, 1999, pp. 33-34.

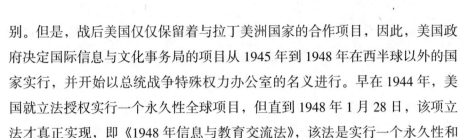

别。但是，战后美国仅仅保留着与拉丁美洲国家的合作项目，因此，美国政府决定国际信息与文化事务局的项目从 1945 年到 1948 年在西半球以外的国家实行，并开始以总统战争特殊权力办公室的名义进行。早在 1944 年，美国就立法授权实行一个永久性全球项目，但直到 1948 年 1 月 28 日，该项立法才真正实现，即《1948 年信息与教育交流法》，该法是实行一个永久性和平时期全球项目的基础。①

从上面介绍的情况看，美国政府在战后初期并没有走出信息、教育与文化交流事务混杂在一起的第二次世界大战期间乃至第二次世界大战以前的思维方式和实际做法。本书前面曾经提到，信息有时具有情报的含义，在第二次世界大战前和第二次世界大战期间，从公共信息委员会到美国文化处和文化关系处，从战时信息处到信息协调局再到战略情报局和中央情报局，基本上既从事信息和情报活动，又从事对外教育与文化交流活动，结果造成了一个无法解释清楚的事实：美国人的对外教育与文化交流活动带有浓厚的对外宣传和扩张色彩，甚至被认为是美国政府对外意识形态斗争（一般称之为心理战）的工具。这是美国人十分不愿意看到的结果。

**（二）信息与教育和文化交流分开的过程**

1945 年 8 月 31 日，根据总统第 9608 号行政命令，国务院一些机构的行动归属战时信息处和美洲国家事务局。同一天，国务院第 1336 号令建立国际信息与文化事务局，但是在 1948 年 1 月 9 日由信息与教育交流局所取代。②

1948 年 3 月 31 日，乔治·V.艾伦（George V. Allen）被任命为国务院负责公共事务的助理国务卿。艾伦上任后马上开始执行《史密斯—蒙特法》，

---

① History of the Government's Educational Exchange and Cultural Relations Programs, Post World War II- International Educational Exchange as a Permanent Arm for Foreign Relations, pp. 8-9. http://libinfo.uark.edu/specialcollections/findingaids/cuaid/index.html, Box 308.

② History of the Government's Educational Exchange and Cultural Relations Programs, Post World War II- International Educational Exchange as a Permanent Arm for Foreign Relations, pp. 8-9. http://libinfo.uark.edu/specialcollections/findingaids/cuaid/index.html, Box 308.

第一件事就是将 1945 年 8 月 31 日建立的国际信息与文化事务局（在 1948 年 1 月 9 日更名为信息与教育交流局，国际信息与教育交流功能分开并重新组合为两个办公室：国际信息办公室和教育交流办公室）。1948 年 5 月 17 日，劳埃德·A. 莱尔波斯（Lloyd A. Lehrbas）被任命为信息办公室主任；1948 年 7 月 1 日，前华盛顿特区乔治华盛顿大学主任威廉·C. 约翰斯通（William C. Johnstone）被任命为教育交流办公室主任。国际信息办公室主管国际广播处、国际电影处、国际新闻出版处，由信息自由专门助理和美国信息咨询委员会秘书负责。教育交流办公室主管人员交流处以及图书馆、学会和文化资料处，由科学和文化合作跨部门委员会和美国教育交流咨询委员会秘书负责。1950 年 1 月建立总经理办公室，1950 年 1 月 4 日，查理·赫尔顿（Charles Hulten）被任命为该办公室总经理。[①]

从艾伦的做法来看，建立信息办公室和教育交流办公室已经表明了信息与教育交流行将分离的趋势，他已经意识到二者之间是有区别的。因为国会一开始批准《史密斯—蒙特法》的时候就建立了两个分别的信息咨询委员会和教育交流咨询委员会，他建立两个分别的办公室也是顺理成章。但是，《1948 年信息与教育交流法》本身就已经把二者密切地联系在一起，工作也是由国务院统一领导和规划，可是事实上二者基本不是一回事，要完成的任务和目标可能有一致的地方，但从根本上来说信息活动属于政府间的活动，而教育交流则主要是政府安排或者操作的针对外国民众的活动，这本不是同一项任务。

这里有两个问题需要解决：一是信息项目要不要保留在国务院内，同时教育交流项目到底应该由哪个部门来管辖；二是信息与教育交流如果继续合在一起的话，是不是应该建立一个新的机构来领导。上面谈到的重组虽然试图解决这些令美国政府有些头疼的问题，但是并没有从根本上解决问题，这

---

① History of the Government's Educational Exchange and Cultural Relations Programs, Post World War II- International Educational Exchange as a Permanent Arm for Foreign Relations, pp. 9-10. http://libinfo.uark.edu/specialcollections/findingaids/cuaid/index.html, Box 308.

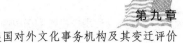

次重组也没有划清教育交流与信息行动之间的差别。

根据阿肯色大学教育与文化事务局资料汇编的记载，1947 年，蒙特在国会众议院提交的《1947 年信息与教育交流法》法案在众议院通过，但在参议院没有通过后，一些美国公民给参议院外交关系委员会写信说明了他们对蒙特法案的支持。该信件指出：国会曾收到南达科他州众议员卡尔·E. 蒙特提交的题为"1947 年美国信息项目与教育交流法"的法案，是为 H. R. 3342 号法案，该法案在众议院获得通过但在参议院没有通过。"能够代表教育、科学、艺术、工业、劳工、农业和公民事务的全国的一些组织的领导人已经研究并讨论了该法案，本备忘录代表了他们的想法，我们坚信国会将认真考虑我们的如下两个建议：我们的第一个建议是，该法案得到一种修正，即把信息活动与国务院的教育交流和其他国际文化活动在组织上和管理上完全分开。如果这两项活动完全分开不能实现修正案的目的，那么我们提出两个建议法案：一个是国务院授权国际信息活动，另一个是授权教育与科学交流以及其他形式的国际文化合作。简单地说，导致建议将两项活动完全分开的原因是：美国公民将反对和抵制任何其他国家实行的单边企图将其教育或者文化强加给美国人民，其他国家的人民也同样反对和抵制将美国的教育与文化强加给他们。任何一个地方的人民同样反对任何形式的文化帝国主义。但是，美国人民与许多其他国家的人民一样欢迎和支持教育与文化交流，只要这种交流时双方受益。我们认为，信息活动是国务院极为重要的必要行动，这是与教育、科学和文化交流完全不同的活动，信息是国家对外公共关系的工具，是国务院外交政策的工具，很多情况下是单边行动，因此我们认为，当前信息活动最为不幸的就是与教育交流和文化活动连接在一起，由国务院的同一个公共事务办公室负责，助理国务卿要考虑这两个完全不同的事情，我们认为这二者的混淆是一个巨大的错误。我们的第二个建议是，该法案被修正为建立一个委员会或者扩大美国教育、科学和文化生活的代表委员会可以为国务院的教育、科学和文化交流行动提出政策建议。信息活动必须完全与教育、科学和文化交流活动分开，并置于一个拥有特殊职能类型的机构之下。"①

由此看来，在《1948年信息与教育交流法》颁布以前，此法的始作俑者之一卡尔·E.蒙特就已经提出来将信息与教育交流分开的想法和建议，只不过《1948年信息与教育交流法》没有接受蒙特的意见。但是，从该法建立两个分开的咨询委员会来看，似乎还是肯定二者之间是有区别的，应该分别处理。

从1950年到1951年，美国有许多人建议将信息与教育交流项目从国务院转移出去，两个咨询委员会也都讨论了这些建议。两个咨询委员会一致认为，如果两个项目保留在国务院，美国信息与教育交流目标可能会取得更好的效果。教育交流咨询委员会还提出，教育交流项目应该保留在国务院，但国务院的运行机构本身应该加以调整。

在这种情况下，1952年1月16日，国务院发表第4号公告，在国务院内建立国际信息管理局，威尔逊·康普顿（Wilson Compton）被任命为局长。这是根据教育交流咨询委员会的建议，教育交流行动与信息行动分开：（1）在国务院外建立两个分开的管理部门；（2）咨询委员会重新建立一个委员会，执行行政和管理工作；（3）在国务院内建立一个与国际信息管理局分开的机构；（4）国际信息管理局内再建立一个分开的管理部门。1952年12月24日，教育交流咨询委员会在给国务卿的1953财年第2次季度报告中建议国务院重新考虑国际信息管理局内的教育交流项目的组织地位问题，认为从运行的政策与方法的发展来看，应该将交流项目从其他方面和美国新闻署行动分离出来。这无疑是主张将第402号公法中确立的信息与教育交流两种项目分开。该咨询委员会还建议在国务院的交流项目，至少国际信息中心项目，应该归属国际信息管理局。从这次重组的基本目的看，负责公共事务的

---

① History of the Government's Educational Exchange and Cultural Relations Programs, Excerpts from Congressional Record in Connection with Hearings on the Enabling Legislation for a Permanent Peacetime Global Program, pp. 23-26. http://libinfo.uark.edu/specialcollections/findingaids/cuaid/index.html, Box 308.

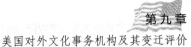

助理国务卿有 3 项工作：第一是国务卿的最高政策建议者；第二是实际从事信息与交流项目的人；第三是通常所说的"第一线（fronting）"办公室工作，包括向国会解释国务院掌握的项目工作，这中间包括大量的人员参与和国会接触等事务，还有向美国人民解释国务院政策目标问题。这对于一个人来说工作太过于繁重。从国际信息管理局的目标看，最初重组的时候给予很多确定，也有一些变动。国务院保留了项目管辖权，有人认为这样做破坏了项目与美国对外政策不断变化的柔润性，因此也破坏了项目的有效性。1953 年 1 月，总统任命一个专门委员会统筹美国政府对外信息行动。1953 年 3 月 3 日，罗伯特·L.约翰逊（Robert L. Johnson）被任命为国际信息管理局局长。1953 年 3 月 18 日，新局长建议教育交流咨询委员会将整个国际信息管理局的项目和正在分离当中的美国之音与国务院分开，并说明他想做教育交流项目包括国外的图书馆和信息中心。美国之音是分开了，其他要求还要看咨询委员会的意见。咨询委员会的意见是，从其在过去几年间的地位看，只要教育交流项目与政府的宣传运行的心理战分开，这是没有问题的，但该咨询委员会反对把教育交流项目从国务院转移出去，因为从过去几年的运作看，国务院在教育交流项目方面做得不错。① 根据 1953 年 6 月 1 日第 7 号总统重组计划，对美国所有对外事务进行重组：建立对外行动管理局，其主要目的是重新确认美国对外援助和相关经济行动，以前归属共同安全局及其局长的权力，包括共同防务援助控制法下的功能，统统归属对外行动管理局。为了集中管理，其他一些权力也从国务卿转归对外行动管理局局长，其中包括：1.国际发展法管理；2.帮助私人对外援助组织；3.帮助从共产党国家逃亡的个人项目；4.美国参与联合国技术援助项目、联合国国际儿童紧急基金项目等；5.美洲国家事务协会的行动。这样，美国的两个相关对外援助项目，国务院的对外技术合作管理局和共同安全局的中央援助项目都归属到对外行动

---

① History of the Government's Educational Exchange and Cultural Relations Programs, Proposals to Remove the Information and Educational Exchange Programs from the Department of State 1950-1951, pp.10-11.http://libinfo.uark.edu/specialcollections/findingaids/cuaid/index.html, Box 308.

管理局。根据 1953 年 6 月 1 日第 8 号总统重组计划建立一个新的机构——美国新闻署，作为美国信息项目的主管部门，其中共有 4 个信息项目：1. 过去由国务院国际信息管理局管理的信息行动；2. 过去由美国政府在占领区资助的信息项目；3. 共同安全局的信息项目；4. 技术合作管理局信息项目。该重组法指定国务院公共事务助理国务卿负责对外政策的指导和导向，包括新闻署和他本人发起的行动。国务院还负责美国就主要问题的政府发言人工作。根据总统第 8 号重组计划，保留了原有的国务院的国际教育交流处，并将其从国际信息管理局转归公共事务处。这样，国际教育交流处处长对负责公共事务的助理国务卿负责，因为他是教育交流项目的总负责人。相应之下，教育交流咨询委员会秘书也转到公共事务处。①

上述机构的变迁过程表明，美国政府对信息与教育交流活动的考量已经从原初的合二为一转而分开处理。具体分工是：1. 国务院：由国际信息管理局管理信息项目，由公共事务处领导国际教育交流处管理对外教育交流项目；2. 新闻署：统筹领导对外信息及其项目；3. 对外行动管理局：协调对外援助和相关经济行动。

后来美国对外教育与文化交流事务又发生了一些变化。1959 年建立的国务院教育与文化事务局的使命是通过广泛的国际交流项目促进美国人民与世界其他国家人民之间的相互理解，其中包括交流学者和学生项目、国际访问者项目和公民交流项目。这些项目就是要为美国外交政策取得成效和维护美国利益而奠定基础。许多美国驻外大使认为，交流项目是美国外交关系的有力工具，是公共外交的重要组成部分。教育与文化事务局在克林顿政府时期得到最大的发展，有些专门项目得到政府大量投资。例如，应用于俄罗斯的《自由支持法》（Freedom Support Act）使俄罗斯的大规模交流活动得到资助，资金从 1993 年度的 38.7 万美元到 1994 年度增加到 128 万美元。教

---

① History of the Government's Educational Exchange and Cultural Relations Programs, Reorganization of the International Information, Educational Exchange and Cultural Programs, pp.11-15. http://libinfo.uark.edu/specialcollections/findingaids/cuaid/index.html, Box 308.

育与文化事务局还与美国民间组织和个人建立很多合作关系，包括一些基金会、协作团体、非营利组织等。所以，教育与文化事务局在克林顿政府时期的文化与外交方面扮演了领衔的角色。国务院的国际信息项目局曾经是新闻署的重要部门，当时叫作信息局，合并后更名为国际信息项目局。而信息局则是在 1994 年由项目局更名而来的。<sup>①</sup> 新闻署成立以后，原来属于国务院管理的一些文化交流项目又转归新闻署，例如富布赖特项目。1999 年新闻署撤销后，该项目又转回到国务院。可见，美国信息与教育交流行动是否应该分开的问题并没有彻底解决，或者说美国在对外信息、教育与文化交流行动如何管理至今还是一个问题。在上述一系列重组后信息与教育交流的管理基本是分开了，但是还有一些不同意见。例如，1953 年美国第 82 届国会参议院专门委员会建立美国海外信息项目第 74 号决议指出：本委员会认为，国际信息与教育功能从国务院完全分开是失策的，这样将导致教育交流项目带有对外宣传的味道，不过，行政部门希望将国务院的海外信息操作转移到新建立的独立的信息和宣传机构，本委员会强烈建议教育交流项目保留在国务院。1954 年美国第 83 届国会第 1 次会议参议院第 1802 号决议上，参议员蒙特提出，对《1948 年美国信息与教育交流法》的修正案：该法目标是使美国政府增进与其他国家之间的相互尊重和信任，用美国的民主实践、文化与社会去增加美国人民与其他国家人民之间的相互尊重与信任并扩大他们之间的相互合作。为达到这些目标，该法应该做出如下修正：与其他国家就知识、技术、信息、经验、技术和其他类似方面的交流、教育、艺术、科学和职业领域里的交流、发展对美国有利益和价值的项目。<sup>②</sup>

教育与文化事务在原则上属于公共外交的内容，因此，美国政府又开始考虑这种公共外交的内容如何管理和执行。2013 年 1 月 2 日，美国第 112

---

① http://www.clintonlibrary.gov/assets/DigitalLibrary/AdminHistories/ pp. 138-140.

② History of the Government's Educational Exchange and Cultural Relations Programs, Office of International Information and Cultural Affairs, pp.16-20.http://libinfo.uark.edu/specialcollections/findingaids/cuaid/index.html, Box 308.

届国会通过了有关军事活动和建设、能源部活动等问题的法律，其中第 12 部分副标题 F 下就公共外交咨询委员会做出一系列新的立法。其中规定：《1948 年信息与教育交流法》第 604 条款（1948 年该法颁布时还没有第 604 条款，该款项是后加的——本书作者注）中有关该委员会任务与职责中原来的"美国政府行动"应改成"公共外交行动"。A：该委员会年度报告内容：（A）须向国会、总统和国务卿报告国际广播活动，其中包括：1. 美国政府资助的全部公共外交行动的细节；2. 行动的细节包括目的、措施、每次行动的地理方位、行动什么时候开始、联邦政府在每次行动上花费多少钱、是否有其他经费来源、行动是否归属联邦政府的国务院和能源部；3. 国际广播行动要在广播管理委员会的领导之下；4. 潜在重叠的公共外交和国际广播行动的评估；5. 下面（B）款项中所建议的公共外交行动有效性中的无效行动。（B）有效性评估，包括公共外交行动目标以及该目标和国际广播的效果、花费，其中包括：1. 行动的有效性：设定目标以及全部或大部实现的结果、良好的管理、有效的花费；2. 行动的基本有效性：设定目标以及部分实现的结果、比较良好的管理、需要改善的花费有效性包括减少支出；3. 无效行动包括：缺乏设定目标或者没有实现预定目标、没有良好的管理、没有有效利用资源；4. 效果没有显示行动目标包括：按公共外交权值没有可接受的表现，不能或者没有收集到相应数据确认他们是否有效。B：其他问题：（A）该委员会至少半年对涉及美国公共外交行动和政策向国会、总统和国务卿提交其他一些报告，包括工作行文。（B）按照上面款中的规定，委员会应对该委员会网站如何发展更好地理解公共外交行动或者支持公共外交行动提交报告。C：使用信息：国务卿应确认该委员会对所有相关信息的评估是在执行自己的任务和职责。最后是再确认问题，包括对 1998 年对外事务改革和重建法第 1334 款修订所插入的"2010 年 10 月 1 日"和"2015 年 10 月 1 日"，行动有效性追寻日期应该从 2010 年 10 月 1 日起。①

---

① http://www.constitution.org/.

上述法律的规定说明，美国政府在对外信息、教育与文化交流活动时是随着形势的变化而变化的，这既是美国实用主义哲学的又一种表现，也是美国公共外交与时俱进的表现。

## 五、美国《信息自由法》和《电子信息自由法修正案》

### （一）《信息自由法》

#### 1. 信息自由与控制的问题

有关信息这个概念，有两点需要说明：一是在英语中，information 这个词既有信息的含义，也有情报、新闻的意思，同时还包括与知识相关的文化内容，例如图书馆、阅览室。这样，美国人对信息自由的问题比较注重，对政府在信息处理原则方面一直存在看法。从 1917 年公共信息委员会建立以后，美国人在国内外信息处理问题上一直对该委员会存异议，特别是第二次世界大战期间文化关系处和战时信息处等机构对美国公民和一些民间机构的信息不透明，这些机构提供的信息或者叫信息不准确甚至说谎等问题十分严重。因此，美国这个时期出现了一个所谓信息运动，国会众议院政府行动委员会（the House Committee on Government Operations）下设一个"政府信息专门附属委员会"，由主席威廉·L. 道森（Hon. William L. Dawson）直接领导。1955 年 6 月 9 日，道森下令政府信息专门附属委员会调查有关信息工作的花销及其效率问题并解决对信息不必要的限制问题。1956 年 7 月 20 日，国会政府行动委员会一致通过了第 84 届国会第 2 次会议第 2947 号决议报告，该报告包括了政府信息专门附属委员会提出的所有问题。由于美国国务院对一些涉及军事问题的信息控制严格，美国军事安全与国际政治问题的信息被一些人认为有必要进行区分，这些人抱怨国务院的行为要么延误了信息传播，要么无效，有时还拒绝接受一些信息。信息问题还涉及国防部。政府信息专门委员会提出了解除信息限制的立法建议。由于第 2947 号决议已经通过，一些行政部门和机构开始采取行动解除一些对信息的不必要限制。①

　　这种信息自由与限制问题的争议使那些由政府控制的文化信息机构十分尴尬，来自民间和国会的批评促使美国政府不得不改组文化扩张机构，要么变更名称，要么替换负责人，要么重新建立一个机构。但事实上，尽管美国政府文化扩张机构不断变换，其实都是换汤不换药，或者说是旧瓶装新酒，本质上并没有什么大的变化。此外，信息自由与控制问题还涉及一个现实中人们讨论的大问题，那就是所谓"禁止向美国国内宣传在外国宣传的信息的问题"。该问题主要涉及两个方面：一是到底是哪个法律做出了这一规定；二是这个规定有怎样的变化和发展过程。

　　自《1948年信息与教育交流法》颁布以来，信息自由的问题一直是美国自由的一个十分重要的问题，该问题所引起的争论颇多。信息自由的问题主要涉及公民对国家各种信息的知情权问题，或者说国家哪些信息应该对公民公开的问题。因此，经过多年的论争，美国终于在1966年6月20日颁布了《信息自由法》（Freedom of Information Act）

　　**2.《信息自由法》问世过程**

　　（1）根据1974年1月1日第93届国会第2次会议上司法委员会散发的"信息自由法文本源：立法资料、案例、文章"（Freedom of Information Act Source Book: Legislative Materials, Cases, Articles），1946年的《行政程序法》第3条款是国会第1次试图规范信息自由问题。1956年第84届国会上又两次提出信息自由问题的法案。1957年第85届国会上提出的第1个主要法案就是信息公开问题。1959—1960年第86届国会和1961—1962年第87届国会照样有人提出相关法案。从1963年第88届国会开始，信息自由法问题成为最为重要的议题之一。②

　　1946年6月11日，美国第79届国会第2次会议通过并经杜鲁门总统

---

　　①　http://infoweb.newsbank.com/.

　　②　Freedom of Information Act Source Book: Legislative Materials, Cases, Articles, pp.(6)-9. http://congressional.proquest.com.ezproxy.rice.edu/.

批准正式以《行政程序法》(the Administrative Procedure Act) 立法，是为第 404 号公法。一般认为，该法律是美国信息自由的主要法律依据，凡研究美国信息自由法的论著和文章也都是从 1946 年《行政程序法》开始写起。事实上，从 1966 年信息自由法文本开始，其主要款题目和内容基本上是按照 1946 年《行政程序法》设计的。按照该法的解释，机构 (agency) 是指美国政府机构而非国会、法院或者美国领地政府；人员 (person) 是指个人、伙伴、公司、理事会，或者公众与个人组织而非政府机构；规则 (rule) 是指任何机构的任何部门所规定的总体或者特殊的申明、手段、解释或者对法律和政策的解释等；规则制定 (rule making) 是指机构对规则的制定过程、修正或者废除；命令 (order) 是指任何机构在任何事物上的最后意见，包括确定、否定、调节或者宣布；裁决 (adjudication) 是指机构命令的形成过程。该法律第 3 条款对公开信息 (public information) 的说明是：凡涉及美国公众利益要求保密的内容或者涉及一个机构内部管理的独特事务的内容除外；对规则制定过程不包括涉及军事、海军或美国外交的内容；裁决的内容不包括将由法律和各级法院确认的案件和事实。①

但是，值得注意的是，1946 年《行政程序法》并没有信息自由的字样，也没有信息自由立法的表示，且在信息公开方面并没有起到实质性的作用，甚至《行政程序法》的某些款还被视为禁止信息的公开，而这也是由于该法主要规定的大都是行政程序方面的内容，而内容还过于简单模糊化。

(2) 1966 年 7 月 4 日，美国第 89 届国会第 2 次会议通过并经约翰逊总统批准《公开信息的可用性》(Public Information, Availability)，是为 89—487 号公法，但值得注意的是，直到 1967 年 7 月 4 日该法才开始生效。该法律申明是修正 1946 年《行政程序法》的法律，法律名称几乎与信息自由无关，但从其内容看，基本奠定了后来美国信息自由法典基础，所以该法被美国国

---

① The Administrative Procedure Act, pp. 237-240. http://www.constitution.org/uslaw/sal/060_statutes_at_large.pdf.

会和政府以及各界人士普遍认为是 1966 年《信息自由法》，长期以来美国信息自由法都是以 1966 年的这个不叫作信息自由法的法律为依据的、现在人们在引用、解释或者翻译美国《信息自由法》的时候基本都是以 1967—2007 年的修正案为准，几乎没有人翻译 1966 年的这个所谓信息自由法。①

（3）1966 年 9 月 6 日，美国第 89 届国会第 2 次会议通过并经约翰逊总统批准"美国法典 5—政府组织与雇员"（To enact title 5, United States Code, "Government Organization and Employees"），是为第 89—554 号公法，该法第 552 款题目为"信息公开、规则、意见、命令和公共档案"（Publication of information, rules, opinions, orders, and public records）。② 也就是说，确立 1966 年《信息自由法》的应该是两次立法，即第 89—487 号公法和第 89—554 号公法。

从 1967 年起，美国国会几乎每年都有法案提出修正信息自由法，但正式形成立法的并不多，其中主要有：

1967 年 6 月 5 日，美国第 90 届国会第 2 次会议通过《信息公开法》，即《修正美国法典—5 第 552 款》，是为第 90—23 号公法。

在 1974 年美国第 93 届国会第 2 次会议上，众议员威廉·S. 穆尔黑德（William S. Moorhead）等人多次提出对《信息自由法》的修正案，其中以 H. R. 12471 号法案是最后一个，于 1974 年 10 月 16 日提交并得到国会通过后报请总统批准。但是，福特拒绝签署该法律。福特在 10 月 17 日给众议院的信中指出："我退回了 H. R. 12471 号法案，首先是因为我十分关心美国军事和情报信息的安全，美国对外关系可能会受到该法案的影响。"③1974 年 11 月 21 日，美国第 93 届国会第 2 次会议以绝对多数通过《信息自由法修正案》

---

① Public Information, Availability, p. 250.http://www.constitution.org/uslaw/sal/080_statutes_at_large.pdf.

② http://www.constitution.org/uslaw/sal/080_statutes_at_large.pdf.

③ Vetoing H. R. 12471, Amend Freedom of Information Act, p. iii. http://congressional.proquest.com.ezproxy.rice.edu/.

立法，根据美国宪法，国会在总统拒签立法的情况下第 2 次以绝对多数通过后自行成为法律，无需再由总统批准，是为第 93—502 号公法，题目为"修正美国法典—5 第 552 条款，即人所共知的信息自由法"（To amend section 552 of title 5, United States Cod, Known as the Freedom of Information Act）。

此后国会通过信息自由立法的情况有：1976 年 9 月 13 日第 94—409 号公法；1978 年 10 月 13 日第 95—454 号公法；1984 年 11 月 8 日第 98—620 号公法；1986 年 10 月 27 日第 99—570 号公法；1996 年 10 月 2 日第 104—231 号公法；2002 年 11 月 27 日第 107—136 号公法；2007 年 12 月 31 日第 110—175 号公法。[①]

2007 年 12 月 31 日，第 110 届国会第 2 次会议通过并经小布什总统签署了《2007 年推动我们国家政府有效公开法》（Openness Promotes Effectiveness in our National Government Act of 2007）或者叫《2007 年政府公开法》(the OPEN Government Act of 2007)，是为第 110—175 号公法。该法律第 1 项第 2 款指出：国会认为，1966 年 7 月 4 日签署的法律就是《信息自由法》，因为美国人民相信我们有法制民主、我们有自治政府，我国人民对政府普遍信赖，美国人民确信我们的政府体制必须以公开为法律准绳，信息自由法就是一条强有力的建立在公开基础上的准绳。公开，不秘密，就是该法律的主要目标。[②]

2007 年以后对《信息自由法》的修正基本都是以《2007 年政府公开法》为基础，这里不再介绍。

### 3.《信息自由法》的内容

1966 年第 89—487 号公法对 1946 年《行政程序法》的修正是第 3 条款"各个机构应该公开的信息如下"。该法共有 8 项主要内容[③]：

---

① https://www.law.cornell.edu/uscode/text/5/552 Freedom of Information Act Source Book: Legislative Materials, Cases, Articles，pp.9-10. http://congressional.proquest.com.ezproxy.rice.edu/.

② Openness Promotes Effectiveness in our National Government Act of 2007, pp. 2524-2525. http://www.constitution.org/uslaw/sal/121_statutes_at_large.pdf.

③ Public Information, Availability, pp. 250-253. http://www.constitution.org/uslaw/sal/080_statutes_at_large.pdf.

a. 公开信息需要在联邦登记：要求机构首先要将公开信息在联邦登记，对于信息必须自行公开，而且机构还必须在联邦登记时对其公开信息是否符合政策做具体声明。

b. 机构的意见和命令：要求各机构应该按照公布的规则，使公众可以对信息进行审查和复制，所有的意见，包括一致或不一致的意见，所有的命令都要在案例裁决后下达。

c. 行政机构的记录：要求各机构需要符合公开信息规则的可辨认的记录，对任何人都适用。

d. 行政机构的程序：要求各机构在其每一个程序中都有至少一个成员有最后投票权的记录，这种记录对公众审查公开。

e. 免除：在下述情况下本部分所有款不可用：根据行政命令要求为国家防务或者外交政策利益需要保密的内容；涉及个人隐私或者任何机构工作的内容；法规应该遵守的内容；个人和特殊机密的贸易秘密和商务或者财务信息；行政机构内外对党派诉讼该行政机构的备忘录或者信件；侵犯个人权利的个人和医疗档案；具有法律效力的调查档案；涉及该行政机构规范条例、财务制度或者相关内容的报告；相关地理和地球物理的信息和数据。

f. 免除的限制：除非本修正案特殊说明，没有国会的授权，本款不限制信息记录的公开。

g. 党派（private party）：本修正案所使用的 private party 的含义是指派别而非机构。

h. 有效期：本修正案在发布后 1 年内生效。[①]

值得注意的是，《信息自由法》包括其补充条例，都是针对政府与民众之间信息互通的法律条款，而对于立法、司法和行政方面的信息公开却没有明确的法律条文。对于法院和国会而言，尽管都具有查阅其他机关的材料的

---

① Public Information, Availability, pp. 250-251. http://www.constitution.org/uslaw/sal/080_statutes_at_large.pdf.

权利，但是在没有固定文本法律条款规定的情况下，有时查阅要求会受到相当大的阻碍，而在美国历史上就发生过类似事件。众所周知的尼克松总统的"水门事件"，当这一事件被调查时，检方要求尼克松总统提供当时的录音，而尼克松总统却以宪法所赋予总统特权作为理由拒绝提供。最后联邦最高法院对总统在这一事件中的特权进行了裁决，认为这一事件中总统特权无效，应向检方提供录音。通常来说，美国三个方面的政治力量在信息公开方面属于较高级别，而美国法院保留了传统意义上的"不干预"政策。在以往美国政府、国会及司法之间发生冲突时，一般是经过协商来解决，比如说对所需求的信息以相似信息代替，或者是对请求的信息予以部分公开等。而且对于美国国会来说，还可以通过增加财政预算来获取政府部门的某些信息；司法部门则可以利用法律的权威性获取政府信息。还需注意的是，《信息自由法》所规定的是对于信息公开的问题，对于信息的使用方面并没有做过多的解释，美国的法律体系十分庞杂，有些法律对信息的使用可能会有不同的规定，因此就信息的使用问题可能还是要依赖于其他法律、法规。

本书作者仅仅翻译了1966年《信息自由法》的主要内容而非完整内容，且从1967年至今将近半个世纪中美国国会对该信息自由法多次修正，内容发生很大变化，本书难以完整介绍和翻译。

总之，1966年《信息自由法》赋予了美国公民获取联邦政府即各机构所掌握信息的某些权利。但是，由于该法的一些条款一直存在争议，所以才出现从1967年开始几乎每年都有修正案的原因。又由于美国《信息自由法》的修正案太多，有些变化很微妙，其中有些英文的含义用中文几乎无法表达，现在中文的美国《信息自由法》翻译的版本又不尽相同，理解各有千秋，因此，本书仅仅将1966年美国《信息自由法》这个最基本的信息自由法主要内容在前面做了简单介绍。

## （二）《电子信息自由法修正案》

美国《信息自由法》自1966年颁布以后几乎每年都进行修改，且各个州还分别颁布了本州的《信息自由法》，尽管所有的《信息自由法》当中几乎都涉及电子信息自由的问题，但又都没有详细的法律规定。20 世纪末 21 世纪初，信息时代已经进入电子信息时代，各种电子信息在国家安全和对外战略的作用上都显得十分突出。因此，在美国信息自由法的各种修正案中，1996 年 6 月国会通过的《电子信息自由法修正案》（the Electronic Freedom of Information Act Amendment of 1996）尤为重要。

### 1.《电子信息自由法修正案》的问世过程

1995 年 7 月 28 日，参议员莱西（Leahy）等在美国第 104 届国会第 1 次会议上提出了"为电子版本信息公开和其他目标而修正美国法典—5，第 552 条款，即人所共知的信息自由法"（To amend section 552 of title 5, United states Code, popularly known as the Freedom of Information Act, to provide for public access to information in an electronic format, and for other purposes），简称为《1995 年电子信息自由法修正案》，是为 S. 1090 号法案。由于许多参议员对莱西的 S. 1090 号法案提出意见，1996 年 6 月 14 日，莱西在美国第 104 届国会第 2 次会议上重新提交 S.1090 号法案，题目为"电子信息自由改进法，S. 1090"（The Electronic Freedom of Information Improvement Act, S, 1090）。①

1996 年 7 月 12 日，众议员塔特（Tate）等在美国第 104 届国会第 2 次会议上再次提出"为电子版本信息公开和其他目标而修正美国法典—5，第 552 条款，即人所共知的信息自由法"（To amend section 552 of title 5, United states Code, popularly known as the Freedom of Information Act, to provide for public access to information in an electronic format, and for other purposes），简称为《1996 年电子信息自由法修正案》，是为 H. R. 3802 号法案。

最终，1996 年 9 月 17 日，众议院通过《电子信息自由法修正案》，是为 H. R. 3802 号法案，1996 年 9 月 18 日，参议院通过《电子信息自由法修

---

① H. R. 1281, War Crimes Disclosure Act, Health Information Privacy Protection Act, S. 1090, Electronic Freedom of Information Improvement Act of 1995, pp. 67-80, 95-99.

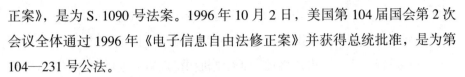

正案》，是为 S.1090 号法案。1996 年 10 月 2 日，美国第 104 届国会第 2 次会议全体通过 1996 年《电子信息自由法修正案》并获得总统批准，是为第 104—231 号公法。

**2.《电子信息自由法修正案》的主要内容**

（1）本法在引证的时候可以用"1996 年电子信息自由法修正案"。

（2）确认和目的：国会确认 1966 年信息自由法和此后的修正案立法；本法 1966 年信息自由法颁布以来和 1974 年、1986 年修正案证明，信息自由法使任何个人知道联邦政府如何运作是有价值的措施，信息自由法已经使联邦政府内的浪费、欺骗、舞弊和错误行为被揭露出来；使不安全的消费者产品、有害药物和严重危害健康的东西得到证实；政府机构增加了使用计算机从事行政机构事务储存应该公开的有价值的行政机构记录和信息；政府机构应该使用新技术公开行政机构的记录和信息。本法律的目的是通过确保机构的记录和信息的公开；推动行政机构记录和信息的公开；确保机构承诺依法行事；最大限度地使联邦政府收集、维持、使用、保存和传播有用的机构的记录和信息。

（3）对电子文本信息需求的申请：根据美国法典—5 的第 552 条款（f）作出的修正是：行政机构指的是行政和军事部门、政府社团、政府控制的公司或者政府其他行政分支建立的公司（包括总统行政办公室），以及所有独立的管理机构；记录和本款用于说明信息的概念包括由一个机构以任何文本保存的信息，包括电子信息的所有机构记录主题。

（4）电子文本和记录指数中信息的可用性：根据美国法典—5 第 552 条款（a）（2）修正的内容：第 2 段插入"职员人工的、指令的或者记录复制品"、第 3 段结尾前插入"删除的记录内容范围是应该公布的，除非包括有损于利益保护"；第 3 段后插入"如果技术可行，删除范围应该在记录的位置表明已经做了删除"；（c）段插入"不论什么形式和文本，所有已经散发到个人的记录复制品"；第 15 段插入"每个机构都应该在 1999 年 12 月 31 日以前做出索引以便使用计算机设备"；第 1 段后面插入"为了记录的建立或者

1996年11月1日以后1年内，每个机构应该作出可用的记录，包括计算机系统，如果计算机系统还没有建立，则使用其他电子措施"。

（5）履行方式或者申请格式：如果该机构可以容易地以那种方式或者格式复制，机构应该以各种方式或申请格式给需要记录的个人，每个机构都应该合理地积极以某种方式或者格式维护其记录，以便供申请者复制。为了申请者可以复制记录，机构应该积极调查用电子方式或格式保存其记录，除非这种做法涉及侵犯该机构的自动信息系统。"调查"意味着用口头的或者自动的方式评估记录，为此，机构的记录应该放在申请人知道的地方。

（6）法律评估标准：所有相关事物都要由法院提供实质性的权重证据，法院应该给予一个机构表示该机构决心的宣誓书的实质性权重证据作为技术可能性的保证。

（7）对需求的适时保障：每个机构可以公布其规则，以此公布和接受公众意见，为申请得到记录者提供多种渠道；确保申请者所需要的数量和时间；而且不能限制申请者技术处理速度；在特殊情况下，只有出现（a）款中（i）或者（ii）的时候可以用书面通知给申请人延长规定的时间；机构书面给予申请人延长时间期限、在限定时间内处理完其申请范围或者协商的机会等被申请人拒绝则被视为一种特殊情况；"特殊情况"指的是在达到充分需求的程度的时候，对特定申请进行适当处理，包括检索和搜集申请人所需要的记录、适当检索和搜集某个申请人所需要的不同的记录的数量、与其他相关机构协商、各机构可以依据公众意见制定规则。

（8）机构考虑申请的时间期限：

（a）加快程序：各机构应该公布自己的规则以便发布信息和接受公众意见，加快申请人复制记录的速度，包括申请人急需或者机构特别的决定；机构的规则必须确保：申请人提出申请后10日内通知申请人机构的延长决定、尽快考虑是否提供加快程序、机构应该尽快实行任何申请得到记录的人的加快程序，在一个机构已经向申请人提供了完整的回答后美国的地区法院没有权力审查一个机构，本段使用的强制性需求（compelling need）指的是：申

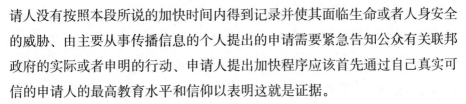

请人没有按照本段所说的加快时间内得到记录并使其面临生命或者人身安全的威胁、由主要从事传播信息的个人提出的申请需要紧急告知公众有关联邦政府的实际或者申明的行动、申请人提出加快程序应该首先通过自己真实可信的申请人的最高教育水平和信仰以表明这就是证据。

（b）申请人是否答应决定的时间期限的延长期由原来的10天改为20天。

（c）尊重拒绝：如果拒绝申请人申请复制记录，一个机构应该全部或者部分地有理由地估计被拒绝记录款的数量，并把这种估计提供给申请人，除非这种估计有损于该机构的利益。

（9）计算机编辑：删掉的信息数量应该在记录的相关部分表明，除非表明删掉的内容会损害该机构的利益。

（10）向国会报告：

①每年2月1日前后，每个机构都应该向美国司法部长提交有关全部此前财年情况的报告，其中包括：该机构拒绝申请人申请的决定的记录数量和原因；申请书编号和申请结果，以及每一个申请的理由和被拒绝后的结果；该机构处理的得到授权的全部信息的完整列表；前一年9月30日前的申请得到记录人员的数量；该机构收到的申请人数量和所处理的申请人数量；该机构拥有的不同类型的申请人的信息日期号；该机构为处理申请人事务的支出费用数量；该机构员工为处理申请记录的事务而花费的时间总数。

②各机构应该使自己每次向国会的报告可用于向公众公开，包括计算机数据。

③美国司法部长应该使每份电子文本的报告成为单一文本，并在同年4月1日以前通知政府改革和国会众议院监督委员会主席和少数党成员，以及参议院政府司法事务委员会主席和少数党成员。

④美国司法部长在与行政管理和预算局局长磋商后在1997年10月1日以前与需要报告的部门联系并提交影印报告书和指南，如果需要可以建立司法部长可以使用的这些报告的额外需求。

⑤司法部长应该在每年4月1日前后向美国司法部提交相关的年度报告。

（11）参考资料和指南：各机构领导人应该准备和制作公众可用于申请的参考资料或者为从该机构得到记录和信息的申请人使用的指南，其中包括该机构所有主要信息系统的索引、该机构维护的主要信息和记录仪器系统的描述、从该机构获得公开信息的各种类型和种类的手册。

（12）生效期：本法在颁布 180 天后生效，但按照本款（b）颁布生效的规定，本法第 7、8 部分应该在本法颁布 1 年后生效。批准日期：1996 年 10 月 2 日。①

1996 年《电子信息自由法修正案》实施后，以 2000 年为例，根据该法规定向联邦政府所提交的申请信息公开就达到 22 万多件，这突破了美国的信息问询历史上的最大值。信息电子化的应用，使未处理信息积压数量大大降低，政府在公众参与方面取得了新成就，从而更加完善了政府工作同人民之间的关系，政府工作透明化，人们也更加了解政府各项活动的出发点和目的，这样就在政府和民众之间形成了一个良性的运行机制。而有关信息问询所产生的费用，反过来也建立健全了司法及行政体制。但是在电子信息法案的使用过程中也出现了很多的问题：首先，政府网站信息组织得很差，信息难以定位，这就使用户对某一项信息的查处需要费很多的时间，这就要求建立人性化的互联网站；其次，某些机构的网站组织提供给信息申请者的信息没有起到帮助的作用而是造成混乱，这些机构必须制定机构范围内的政策，并且指导和监督信息自由法所涵盖的范围；再次，电子信息法投入使用后，有些机构显然没有跟上获取信息革命的步伐，现如今，有超过 3/4 的成年公民在使用互联网，网络已成为广泛开展个人和政府、企业通信的主要手段，然而调查却显示，各机构利用电子信息的形式与公众沟通远远不够，如移民和海关执法局就没有针对《信息自由法》所设立的专门页面，找不到任何的存档和记录。这些不足之处都应依法及时改正，但这其中也不乏对电子

---

① Electronic Freedom of Information Act Amendment of 1996, pp.3048-3054.http://www.constitution.org/uslaw/sal/110_statutes_at_large.pdf.

信息法案利用的非常好的机构，如美国国家航空航天局就对向公众公开其内部电子形式的信息，公众对此很有兴趣，该局还向社会主动公布了类似哥伦比亚航天飞机遇难的信息；再比如教育机构也对在线的申请者提供了极好的指导。

1966年《信息自由法》和1996年《电子信息自由法修正案》可以说在信息时代给美国私人和企业界注入了新鲜血液，联邦政府信息的充分披露，加强了公众对政府的监督，最终所追求的是产生相应的纠正效应，并在一定程度上起到预防作用，促使更高程度上实现廉洁性、自觉性政府，电子信息法案对于维持一个开放的、自由的社会是至关重要的，它向公众提供了重要的政府信息资源，而且以更快捷便利的方式成为冷战后美国适应世界新格局的重要手段。

## 六、教育与文化交流在美国公共外交中的地位

自冷战开始以来，从外交层面看，为维护自身利益，美国政府一方面从事传统外交，即通过外交部门或者军事打击完成外交任务，另一方面扩大公共外交，即通过宣传、传播、交流等方式扩大美国的影响，维护美国在世人面前的形象，推广美国文化。从某种程度上说，在冷战时期，后者比前者更为重要和突出。因此，教育与文化事务局和国际信息项目局运用多个项目使其他国家人民与美国人民分享美国文化。按照教育与文化事务局文化项目处的说法："美国的艺术和文化反映了美利坚民族的民主原则，展现了美国社会的多元化，为美国与世界其他国家民众沟通和联系提供了优等的渠道。"美国公共外交的影响力就是要看美国迫使外国民众要么积极支持美国利益，要么至少不反对美国，特别是不威胁美国的安全的能力和功力。①

---

① http://www.state.gov/.

## （一）教育与文化交流成为美国公共外交的主要内容

教育与文化交流事务成为美国公共外交主题是从《1961年教育与文化相互交流法》颁布开始的。此前，《史密斯—蒙特法》是美国对外信息与教育交流的主要支柱，但信息与教育和文化交流事务曾经长期混杂在一起。由于信息自由问题很长时间以来就困扰美国人，广大公民对第二次世界大战以后和平时期政府信息不公开问题十分不满，而1948年的《史密斯—蒙特法》又沿袭1938年以来的传统，将信息与教育交流混在一起。笔者认为，《1961年教育与文化相互交流法》使教育与文化成为美国公共外交的主流内容，因此该法是美国对外教育与文化交流的律法基石，或者说是美国公共外交或者说文化外交的核心内容。

## （二）教育与文化交流要实现的战略目标

公共外交咨询委员会2005年9月的报告认为，美国文化外交就是要实现下列目标：1.帮助建立美国人民与其他国家人民之间相互信任的基础，这一行动会使政策制定者们能够具有政治、经济和军事一致的基础；2.鼓舞其他国家人民在一些特殊政策问题上或者一些特殊问题的需求上给美国以双倍的回报，因为这中间双方具有共同的利益；3.展现美国的价值观和我们在价值观上的利益，并改变那些流行的说美国浅显、暴力和崇尚上帝的观念；4.证明我们美国人具有家庭、信仰和与其他民族一样渴望教育的价值观念；5.与其他国家的人们建立友谊，这种友谊将超越政府的更替；6.能够对外国社会产生一定的影响，能够实现传统外交功能无法达到的目标。美国的文化外交要做到：1.提供为美国政府与那些政策不同的国家之间相互合作的积极因素；2.为人民与人民之间相互接触建立一个没有偏见的平台；3.作为一个弹性的、可以得到广泛接受的交流工具，文化外交可以建立或者恢复那些曾经紧张的或者不存在的外交关系；4.使文化外交成为唯一能够克服语言障碍使那些非精英的普通年轻人之间相互接触的方式；5.哺育国内社会的成

长；6. 教育美国人民在价值观和思想认识方面与其他国家人民避免发生差错；7. 消除误解、仇恨和恐怖主义；8. 在公开和容忍方面影响国内文化论争。①

有美国学者指出，根据 1953 年对海外交流项目评估结果："1. 得到交流项目资助的外国人在美国的经历使他们改变了对美国人生活的不真实的、传统的看法，特别是对美国家庭地位、美国人生活中的宗教地位以及美国人的道德观等都得到这些受资助者的赞赏。这些变化都比我们所做的其他方式的反击更为有效；2. 受资助者对美国外交政策持有更为赞同的观点，加深了他们对我们反对战争的印象，减轻了他们认为美国的外交政策是帝国主义企图的看法；3. 增加了美国与其他国家的相互了解，根据美国文化官员对回国的受资助者专项研究结果，这些人中有一多半通过讲演、发表论著、谈话等将自己在美国的经历介绍给本国人民。"②

有美国学者认为，恐怖主义分子之所以攻击美国，是因为他们对美国充满了敌意，很明显，更加有效的美国公共外交就是要消除那些敌意。这样美国就应该帮助一些穆斯林国家减少贫困，消灭歧视和绝望，但美国做得远远不够，因此，尽管反恐战争取得了很大成效，但美国利益需要更加有效的公共外交。反恐战争并不是一场仅仅面对一个恐怖分子或恐怖组织的战争，美国总统和国务院已经表明了他们需要改变他们继承下来的传统的公共外交策略的想法，并已经迈出了重要的一步，那就是建立了美国—阿富汗妇女委员会、联合信息中心等，同时国务院还提出了学生交流的建议。但更有意义的还需要做。要知道，美国并不能总是用自己的外交政策给其他国家带来幸福，这就需要美国更好地解释他要做什么，为什么这样做，并使别人接受。因此，公共外交改革已经势在必行。③

上述美国学者的看法表明：美国人已经认识到教育与文化交流对美国的重要意义，这种外交手段在美国公共外交中的重要地位。

---

## 七、美国对华教育交流及其影响

在美国对外教育交流的历史上，与中国的教育交流具有重要的地位和影响。在中华人民共和国建立以前，美国的对华教育交流主要表现在传教士在华开办学校、退还庚子赔款和招收中国赴美留学生等三个方面。中美建交以后，主要表现在美国吸引大批中国留学生、对华实施富布赖特项目等。这些教育交流活动不但使大量中国青年学生得到培养，其中很多人回国后成为祖国建设的栋梁，而且加强了中美友好关系，同时，美国也借此向中国人传播了美国文化。可以说，中美教育交流实现了双赢的效果。

### （一）1950 年以前美国政府的对华教育交流

早在 18 世纪中期，美国文化扩张的触角就已经伸到了中国，由一些传教士、教会组织到中国"传播福音"、一些私人组织到中国建立慈善机构、一些美国大学招收中国留学生等。[①] 第二次世界大战期间，中美两国站在同一条反法西斯战线上，来华的美国人不断增加，中美文化交流也随之发展起来，美国在华文化扩张机会更多了。1939 年 3 月，素以"中国手（China hand）"著称的曾任美国驻汉口总领事和在北京洛克菲勒基金会任职 20 年之久的罗格·S. 格林（Roger S. Greene）给美国文化关系处处长本·彻林顿写信建议，要加强美国在外国的外交官员的文化攻击性就必须为美国驻外领馆提供了解文化领域的重要人物和事件的政治官员。还有一些了解中国的美国大学中国史、中国地理、中国农业教授纷纷给美国国务院写信要求建立与中国的文化交流项目。特别是在美国驻中国大使馆任秘书多年的威利斯·佩克（Willys Peck）在回忆录中专门提到了他建议国务院加强与中国文化交流的问题。[②]

---

① 张洪注：《中美文化关系的历史轨迹》，南开大学出版社 2001 年版，第 3—53 页。

② Wilma Fairbank, *America's Cultural Experiment in China, 1942-1949,* Honolulu: University Press of the Pacific, 2005. pp. 9-20.

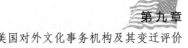
应该说，最初的中美教育关系是美国来华传教士以在中国开办教会学校的方式找到了生存和发展的途径，并得以不断地发展壮大，从初等教育到中等教育再向高等教育过渡，使两国间的教育互动有了较大程度的发展。与此同时，中国留美的学生也日益的增加。但是传教士的教育活动总是受到来自中国政府及民间的排斥和压迫，而这一时期由于美国政府缺乏资源和自主权，不能够支持对华的任何有意义的教育交流，只是通过与清政府以促进贸易为主的条约间接为传教士扩展教育活动提供了便利。由于缺乏政府的财政支持，只是依靠私人资源，所以这一时期的教育互动大多数是在私人企业层面的，总体来说规模小、层次低且影响很小。

美国政府对华教育交流是从退还庚款以资助中国学生留美开始的。国际教育交流项目的建立是从义和团运动而来的。[1] 通过"庚款留美"，为美国政府的对华教育交流活动提供了大量的资金支持，这个空前的政府干预和合作也标志着教育交流的转变的开始，从私人企业占主导地位变成一个大部分的国家功能。[2] 不仅给教育交流的本质和功能带来了变化，并且为以后几十年中美教育交流的快速发展铺平了道路。据统计，从 1909 年到 1929 年，庚款留美的学生总人数为 1289 人。[3] 这掀起了留学美国的高潮。

1941 年 7 月，文化关系处决定开始设立中国项目，标志着美国政府对华文化外交的全面启动。1941 年 7 月和 9 月，文化关系处官员两次与当时中国驻美国大使胡适进行了接触，探讨中美文化交流的可能性，胡适也深知中国与美国进行教育与文化交流的重要意义，但认为需要有一个法律程序。9 月，与美国文化关系处时任处长查尔斯·汤普森（Charles Thomson）及其两个副手会面时，胡适认为，存在采取中美文化交流行动的可能性。事实

① *Bureau of Educational and Cultural Affairs,Educational and Cultural Diplomacy*,University of Michigan Library,April,2012,p.1.

② Li Hongshan,*U.S.-China Educational Exchange:State,Society and International Relations,1905-1950*,New Brunswick,New Jersey,and London:Rutgers University Press,2008,p.59.

③ 王树魁：《庚子赔款》，台北永裕印刷厂 1985 年版，第 313 页。

上，文化关系处早在 1941 年 7 月 31 日就已经迈出了第一步，即建立了中国项目处来从事美国与中国的文化交流。但是，一直到 1942 年 1 月 14 日，有关中国的文化项目才真正成为现实，那就是从总统紧急救助资金中拨出 15 万美元到国务院名下用于对华文化交流。1941 年 11 月 5 日，文化关系处总咨询委员会（the General Advisory Committee of the Division of Cultural Relations）提出了第一个项目建议，其中包括招收中国留学生到美国学习、向中国学校提供设备援助、两国间私人文化组织的交往、向中国提供教育影片、使用广播、互派访问学者等。国务院批准了这一建议并进行了拨款，其中，技术与教育领导人交流项目拨款 80000 美元；中国派往美国的留学生项目拨款 20000 美元；对华广播项目拨款 5000 美元；对华出口电影项目拨款 15000 美元；为大学教材、胶片和其他科学仪器的紧急捐款 20000 美元。由于当时正值中日战争，这些建议几乎都没有实现。而且当时文化关系处中国项目处的工作人员只有两人，人们所希望的目标很难实现。只是到了 1943 年以后才有所建树。① 国务院文化司中国项目的预算 1942 年为 50 万美元，1943 年增至 70 万美元。② 花费美国政府的部分预算用于与中国的教育交流上，是美国政府历史上的第一次。华盛顿还帮助在美国停留的中国学生和学者，在战争期间使更多的学生和学者来美国。与此同时，为未占领的但因战争而经历极度困难的中国的学院与大学提供帮助。美国政府重视作为中国后备人才的中国学生对中国的影响力，对在美中国学生进行了财政援助。这些努力维持了抗日战争的教育战线，成为第二次世界大战期间美中外交关系的重要组成部分，③ 同时，这也是美国政府参与教育文化事务的进一步发展，因为美国政府一直希望通过与中国教育交流来辅助实现其在中国的战略利益。

---

① Wilma Fairbank, *America's Cultural Experiment in China, 1942-1949,* Honolulu: University Press of the Pacific, 2005. pp. 9-20.

② 转自胡文涛：《美国文化外交及其在中国的运用》，世界知识出版社 2008 年版，第 135 页。

③ Li Hongshan, *U.S.-China Educational Exchange: State, Society and International Relations, 1905-1950*, New Brunswick, New Jersey, and London: Rutgers University Press, 2008, p.130.

这样看来，尽管文化关系处有负责对中国进行文化扩张的机构，但它的工作从 1943 年开始到 1946 年更名为临时国际信息局，这 3 年间并没有什么大的成就，原因很明显：一是当时正值战争期间，文化交流项目难以实现；二是负责中国的文化关系处官员人手少，他们只能依靠一些传教士或者大学对中国进行文化扩张活动。

战后，根据蒋介石的命令，中华民国政府教育部门在 1943 年制定的一个 5 年的出国学习计划开始实行。该计划每年送 2000 名政府支持的自费学生去美国和英国进行为期 5 年的培训。一旦完成，中国将有 1 万名外国培训的专家来进行重建工作。中国的计划引来了美国政府的强烈兴趣和快速回应。统计表明，1948 年在美国大学的中国学生有 2710 人，分布于全美 25 个州；1949 年，中国留美学生增长了 40%，达到 3797 人，成为近代留美运动的最高峰。[①]

1947 年 11 月，美国政府与中国国民党政府签订了第一个富布赖特项目计划，为美国学者进入中国各领域提供了通道。1948 年 9 月至 1949 年 8 月间，首批富布赖特学者共有 27 名美国人，尽管这一时期只有一小部分美国人作为富布赖特学者来到中国，却使美国的一些学者从中受益，富布赖特项目的校友在美国继续中国学研究，对之后美国的中国学发展有一定的作用。也使美国政府成为一个更加成熟的对华教育交流的资助者和管理者的角色。[②]

### （二）1979—1990 年美国政府的对华教育文化与交流

中美官方教育交流开始得以正式恢复的标志是 1979 年邓小平访问美国期间，与卡特总统签订了两国政府间的一项为期 5 年的合作协议，其中包括教育交流，该协议还确立了中美两国之间进行教育交流的原则。在中美开启了官方的教育交流之后，美国政府和中国政府迅速加入了大量的机构和项目

---

① 元青：《民国时期的留美学生于中美文化交流》，《南开学报》2000 年第 5 期。
② 转自檀有志：《美国对华公共外交战略》，时事出版社 2011 年版，第 181 页。

的发展。中国政府资助了近 100 个组织中的 500 个学者和学生在美国各地访问或者留学。美国政府为重要的国家教育交流项目提供支持，资助了近 60 个美国人在中国进行学习和研究。美国的几十个教育机构已经建立或者正在建立和中国合作组织的交流关系。政府已经和大范围的相应的中国机构达成协议，包括提供个人的交流和培训。总的来说，至少在美国方面，教育交流的渠道和交流的支持者是大量的，多样的。[1]

美国政府在教育交流的恢复和扩展上表现出了极大地热情。1979 年 1 月 31 日，在中美两国外交关系正常化后的一周，卡特总统和中国副总理邓小平签订了《科学技术合作协定》，为政府在科学、技术和教育交流领域里的参与和合作提供了合法的基础。在这个协议下，有约 24 个美国政府机构和中国签署了教育交流协定。在之后的中美关系中，两国继续签订了大量的有关教育交流的协议，协议为两国的教育交流的恢复和扩展提供了合理的保护和财政支持。在 1979—1983 年，华盛顿花费 1130 万美元支持来自于 6% 的中国的持 J—1 签证的学者和学生。[2] 使得中国学生和学者开始大量去往美国，并且也使越来越多的美国人来到中国。大体上，在 1979—1983 年有 19000 名中国学生和学者来美国。在 1983—1984 学年将近 12000 名中国学者和学生在美国，其中三分之二是学生……中国官方资源的粗略估计，在 1979—1983 年有 3500 多名美国学生和学者来中华人民共和国进行学习和研究。[3] 虽然从两国的经济发展水平和学生交流数量对比来看，在这一环境下无法达到平等交流，美国在交流中掌握着主动权和导向权，但是从中国的现

---

① 　U.S.-China Education Clearinghouse, *An Introduction to Education in the People's Republic of China and U.S.-China Educational Exchanges,* Committee on Scholarly Communication with the People's Republic of China. National Academy of Science,and the National Assiciation for Foreign Student Affairs, Washington, DC, 1980,P.i.

② 　Cite in Li Hongshan, *U.S.-China Educational Exchange: State, Society and International Relations, 1905-1950,* New Brunswick,New Jersey, and London: Rutgers University Press, 2008, p.204.

③ 　David M.Lampton, Joyce A.Madancy, Kristen M.Williams, *A Relationship Restored:Trends in U.S.-China Educational Exchanges, 1978-1984,* Washington, D.C.:National Academy Press, 1986,p.2-4.

代化发展来看，中国在与美国教育交流中受惠受利已成事实。

1978—1985 年，中国与美国的科学、技术和教育的政府机构从 2 个增长到 24 个。① 在两国的政府机构下会有一些中美教育的交流项目，以管理和扩展两国之间的教育往来。两国的政府部门签订的交流协议成倍增长，以支持不同的学术领域的不同的教育交流项目。美国已经成为中华人民共和国教育和学术发展的主要合伙人。两国政府间的协议和支持为中美教育交流的快速发展提供了条件。

这一时期美国政府对华的一个最大的官方教育交流项目就是富布赖特项目。中国的富布赖特项目随着朝鲜战争爆发而被迫暂停后，1979 年重新恢复执行。该项目包括中国学者和学生赴美进修和美国专家来华讲学两部分。美国政府每年会资助 17 至 25 名中国学者去美国研究社会科学、人文科学或教授中文，同时派相同数目的美国教授来到中国。1980—1981 年，有 11 个富布赖特学者来到北京、上海和南京的大学，与来自全中国的英语教师在英语项目上合作。也提供关于美国文学、历史和文化的信息以丰富英语语言项目。② 在美国政府的资助和支持下，每年来华教学的富布赖特学者数量日益增加，美国政府希望使中国人从美国的思想观念来理解西方的意识形态和价值观，增强中国人对美国的理解，与此同时，富布赖特项目也使美国人更多地了解中国的文化和社会。

在富布赖特项目开始实施之时，由于缺乏中美之间交流，大多数学生缺乏关于美国社会和文化的最基本的知识。1981 年 9 月到 1982 年 1 月在北京大学教学的普利西亚·奥克斯（Priscilla Oaks）曾被问及："圣经是什么？""警察或军队守卫你们的外国宾馆吗？""你说你居住在一个有很多卧室的房子里，

---

① Cite in David M.Lampton, Joyce A.Madancy, Kristen M.Williams, *A Relationship Restored:Trends in U.S.-China Educational Exchanges,1978-1984*, Washington, D.C.:National Academy Press, 1986, p.2-4.

② Shepherd Laughlin, *U.S.-China Educational Exchange: Perspectives on a Growing Partnership*, New York:The Institute of International Education, 2008, p.53.

那为什么你的孩子不和你住在一起?"这些问题足以证明中国学生对美国知之甚少。而在讨论一个广泛的在中国放映的电影后，一个学生坚持认为在美国仍有奴隶，这种情况更加证明中国学生不了解美国社会。[①] 所以通过课堂的学习，使中国学生对美国的社会和文化有了一定程度的了解，对先进的知识和技术有了一定程度的触碰，有利于提高中国的学术发展水平，同时也有利于人才的培养。

除了富布赖特项目以外，美国政府对华教育交流还有一些重要的项目。如 1982 年在中国实施的汉弗莱奖学金项目，1978 年在中国实施的国际访问者项目等。20 世纪 80 年代，被称为是中美关系历史上与众不同的"科学的十年"。[②] 两国之间的教育与科技交流远远地超过了在 20 世纪 70 年代所预见的任何事情，且继续成为美国最大的、发展最快的学术关系之一。据数据显示，1979 年在美国的中国学者和学生有 1330 人，1980 年激增至 4324 人，到 1985 年增长到 9913 人，到 1990 年增长到 13491 人。1986 年，在中国的美国学生有 825 人，1988 年增加到 1300 人。[③] 通过美国政府和中国政府的努力，1989 年，中国在美留学生成为美国最大的外国学生体，美国在华留学生人数也大量增长。

### （三）1991—2010 年美国政府对华教育交流

#### 1. 美中网络语言教学合作项目的实施缘由及实施

美中网络语言教学合作项目是 2002 年 9 月开始的，当时，美中两国教育部启动了"美中网络语言教学合作项目"（U.S.-China E-Language Learning Project）。该项目是中美两国政府迄今为止在教育领域合作中最大的交流合

---

① Xu Guangqiu, "The Ideological and Political Impact of U.S. Fulbrighters on Chinese Students:1979-1989", *Asian Affairs*, Vol. 26, No. 3（Fall, 1999）, p.144.

② Yu Yuegen, "The Bond of An Enduring Relationship: United State-China Scientific Relations, 1949-1989", *UMI Company*, 1999, p.7.

③ Cite in Harry Harding, *A Fragile Relationship: the United States and China since 1972*, Washington, D.C., The Brookings Institute, 1992, p.367.

作项目，项目的目标是为美中两国12—15岁的青少年提供一整套学习对方语言的网上教育系统。

早在1994年3月，克林顿总统签署了《目标2000：教育美国法》，是为103—227号公法。该法的目标3是："拥有不止一种语言能力的学生将持续的增长；所有的学生都拥有我们国家和世界社区的多样化的遗产的知识。"①2000年4月，克林顿总统行政备忘录要求联邦计划采取措施以促进国际教育。10月，克林顿总统宣布第一个国际教育周。2001年12月，参议员理查德·德宾（Richard Durbin）介绍了参议院法案，《国土安全教育法》(the Homeland Security Education Act）鼓励早期外语学习，提倡国家之间语言计划（NFLI）。2003年，美国教育部发布2004年财政计划。目标2.5是"促进美国学生关于世界语言、区域、国际问题的知识，在教育领域建立国际联系。"目标5.6是"增加美国高等教育机构教授世界语言、地区研究和国际问题的能力。"②国会的立法提议强调语言相关的问题，美国可以在2005年建立"语言年"，以建立一个公共和私人的承诺以增加国家语言能力。这就需要号召行动以创造舆论，建立国家层面的领导，使国家向前发展。熟练的语言和文化理解力必须成为美国公共和私人部门的力量，成为教育系统的核心。③2006年1月，小布什总统宣布国家安全语言计划，旨在通过在初等学校开始语言教育，帮助美国人能流利地讲一些重要的外国语，增加外语教师的数量，扩展选择和出国学习项目。巴拉克·奥巴马总统时期的语言政策继承了前任总统的做法，国家安全、国际外交和教育仍然是联邦政府机构的优先级项目。

小布什总统的国家安全语言计划在2006年实施，投入11400万美元提

---

① Foreign Language in the Elementary School programs, *Fair fax Country Public Schools, Office of Program Evaluation,* Sep., 2009, p.32.

② Foreign Language in the Elementary School programs, *Fair fax Country Public Schools, Office of Program Evaluation,* Sep., 2009, p.33.

③ *A Call to Action for National Foreign Language Capabilities*, Washington, D.C.: United Secretary of Defense, Feb., 2005, p.13.

高语言教育旨在确保国家安全。国家安全语言计划建立在几个现存的联邦机构基础之上，但是最近有效的资金用于鼓励学校关注他们在军事定义层面的"关键语言"的教育努力，如阿拉伯语、汉语等，并且为学习这些语言的学生建立从幼儿园到大学的持续的项目。[①] 该计划是执行国家语言政策的一部分，这个新的倡议增长了在初级中学的早期语言基础教育，扩展了外语教师的数量，增加了国外学习项目。

美中网络语言合作项目最初是小布什总统在 2001 年上海亚太经济合作组织领导人会议上提出，把这个项目作为中国与美国之间一个主要的合作计划，并得到中国政府的响应。在 2002 年 9 月，美中两国教育部启动这一项目。这是一个应用先进网络为基础的语言课程技术的在线语言学习系统，是在真实世界背景下创造一个游戏环境鼓励语言学习。这个系统试图让初中及高中的学生以及他们的老师使用，系统的目标有三种：（1）非课堂的个人，学习者不必进入正常的高水平的目标语言的课堂，学生将使用这个系统作为学习的首要资源，并且进行个体的学习语言。（2）课堂，学习者注册到正常的语言课程项目。（3）非课程的联合，学习者允许不注册到正常的语言课程但是可以以团体的形式参加学习，系统将作为首要的学习资源，但是有通常的面对面的辅导板块的入口。[②]2004 年，中国为美国在中国学校的学生完成在线项目的发展，名为"乘风"。而美国在中国学校的项目称为是"被遗忘的世界"，在实施项目的学校中，有 51% 的学生报告他们学习英语的动机得到了提高。在实施学校参加这个计划的大部分老师（95%）报告他们通过用"被遗忘的世界"改变了他们认可的教学方法。[③] 这是一个非常有意义的计划。

---

① Scott Wible, "Composing Alternatives to a National Security Languge Policy", *College English*, Vol.71, No.5 (May 2009), p.467.

② Zhao Yong, *The E-language Learning Project: Conceptualizing A Web-Based Language Learning System*, Sep., 2002.p.2. http://citeseerx.ist.psu.edu/viewdoc/download?doi=10.1.1.89.9520&rep=rep1&type=pdf.

③ Patricia J.Green ect, *The U.S.-China E-Language Project: A Study of a Gaming Approach to English Language Lerning for Middle School Students*, U.S. Department of Education, 2011, p.x.

通过这个项目，使得更多的中美中学生不仅学习对方国家的语言，也可以学习对方国家的社会、文化和历史，有助于帮助两国在未来建立相互的理解和相互的信任。美国教育秘书罗德·佩奇（Roderick Paige）说：这个计划"代表了将通过语言学习建立文化意识和增加双边沟通的合作。""通过教美国学生汉语以及教中国学生英语，网络语言项目意识到在世界经济中以及两国学生的先进的教育目标中语言技巧的重要性。"①通过语言学习，进而达到文化意识的相互了解，为未来的沟通和合作提供一个不可或缺的工具。

2."十万强计划"的实施缘由及实施

所谓"十万强计划"，英语为 100000 Strong Educational Exchange Initiative，最初的说法应该叫作"十万强教育交流计划"，是奥巴马总统呼吁在 2010 年至 2014 年的四年中使美国赴华留学人数达到十万人。

考虑到中美关系的战略重要性，2009 年 11 月，奥巴马总统宣布设立"十万强计划"，主要是增加到中国留学的美国学生数量，2010 年 5 月，国务卿希拉里正式以美国官方名义在北京宣布。中国政府表示十分支持该计划并为美国学生在中国学习提供十万个"奖学金（Bridge Scholarships）"。现在，十万强计划已经转变成一个美国国务院管理的、单独的、非营利组织，叫作十万强基金会。②就其发展过程来说，2009 年 11 月，奥巴马总统与习近平主席达成了《中美联合声明》，其中指出："美国在华留学人员约有 20000 名，美方将启动一个鼓励更多美国人来华留学的新倡议，今后 4 年向中国派遣 10 万名留学人员。"③该联合声明是两国努力提高在华的美国留学人员的数量的倡议，准备下一代的中国方面的专家，建立起一个对中国历史、文化和语言了解的核心力量，管理中美之间的日益增长的政治、经济和文化纽

① Ning, Swender named to expert panel: U.S.-China Language Project Taps ACTFL's Expertise; Students in Both Countries will Learn Language Online, *Foreign Language Annals* Vol.36, No.1 March, 2003, p.152.

② http://www.state.gov/100k/.

③ 《中美联合声明》（二〇〇九年十一月十七日，北京），http://www.chinanews.com/gn/news/2009/11-17/1969069.shtml.

带。直到 2010 年 5 月，该计划才在北京正式启动。据统计，美国赴华留学人数 2011 年为 18000 人，2012 年上升至 23000 人，同比增长约 30%。[1] 但是这并不仅仅是一个 4 年规划，不仅仅是 10 万人计划，更是美国政府鼓励美国学生来华学习的一种计划导向，更是美国学生来华学习的一个长期的发展目标。

"十万强计划"是美国政府增加世界范围内人民与人民交流的扩展策略的重要内容。国务卿希拉里说："国家间的关系根植于两国公众之间的关系。并且在这里，我们寄希望于美国人和中国人对这个持续的关系作出贡献。我相信，越多的中国人和美国人互相学习，如学生、学者、改革者、企业家、艺术家和运动员，我们的关系能够越有弹力。该计划不仅对中美之间的关系，并且对我们面对的共同的全球挑战都是必要的。所以美国政府鼓励年轻的美国人获取出国的经历，无论是在中国还是在其他的目的地。"[2]

这个计划有两个特点，一是该计划是由美国政府提倡，但不是由美国政府拨款，而是号召私人基金和民间组织实现的。奥巴马政府呼吁教育及商业等非政府组织为该计划作出贡献。美国政府在该计划中充当的是引导者的角色，而不是计划者的角色。另一个是该计划注重出国学生的多样性，尤其是为少数族裔和社区学院的学生提供更多来中国的机会。但是美国的"十万强计划"中的美国学生也面临着很多的困难。如资金不足，语言障碍以及可选择的课程少等问题，美国高等教育机构的报告指出增加在中国的美国人的数量最大的挑战中，43% 以上的调查报告是财政限制，42% 以上的调查报告是语言障碍，16% 以上的调查报告认为是缺乏学习可能的选择和可转移的学分。[3] 从报告中我们可以发现财政限制是阻碍更多的美国人追求来中国学

① 王传军：《美国力推十万人留学中国计划》，《光明日报》2013 年 2 月 6 日。

② Raisa Belyavina, *U.S. Students in China: Meeting the Goals of the 100,000 Strong Initiative*, Institute of International Eduacation, Jan, 2013, p.43.

③ Raisa Belyavina, *U.S. Students in China: Meeting the Goals of the 100,000 Strong Initiative*, Institute of International Eduacation, Jan, 2013, p.7.

习的最大阻碍。

为了解决"十万强计划"的资金来源问题，2013 年 1 月 24 日，美国国务卿希拉里宣布了成立十万强基金会，用以增加和扩展美国学生学习中国普通话的机会以及在中国学习的机会。这是一个独立的、非营利组织，不仅致力于到 2014 年使美国学生在中国留学人数达到十万的目标，而且将在未来岁月中继续增进学生交换。所以十万强基金会深化和扩展了"十万强计划"的目标，加强了中美的战略关系。

十万强基金会主席卡罗拉·麦基弗特（Carola McGiffert）说："去中国学习是改变生活，是通往未来的眼睛和门。从中国回来的美国青年带着新的友谊和文化、专业技能以向基金会承诺的商业执行力。"[①] 基金会致力于促进多元化；鼓励和支持去中国学习；美国政府和中国政府密切合作；吸引高层政府支持去中国学习；关注美中策略关系，加强两国政策制定者和学生的联系等。根本来说就是尽可能鼓励更多的学生去中国学习。但是需要了解的是，基金会是计划的副产物，是美国国务院继续努力达成计划目标，加强美国与中国民间纽带的一种手段。

基金会的资金主要来源于企业、民间机构以及慈善家等，基金会受到福特基金会和方李邦琴基金会的捐助。2009 年克林顿给美国的社会大学组织的乔治·博格斯（George Boggs）写信，呼吁他支持实现奥巴马总统大力增加去中国学习的美国学生的数量。"为了达到这个目标，需要你的努力。今天，我把这个挑战交给了美国的高等教育组织领导人以及出国学习提供者；到 2014 年为止，使得去中国学习的学生数量成倍增长。"[②] 据统计，截至 2012 年 5 月，基金会已收到来自可口可乐、万向集团等公司以及福特基金

---

① Raisa Belyavina, *U.S. Students in China: Meeting the Goals of the 100,000 Strong Initiative*, Institute of International Eduacation, Jan, 2013, p.43.

② AACC received a letter from Secretary of State Hillary Clinton asking for support from AACC, http://www.aacc.nche.edu/newsevents/News/articles/Documents/100000strongbulletin.pdf.

会共计 1500 多万美元的捐款承诺。[①] 计划的基金虽然不是来自于联邦预算，但是却是由美国政府支持和提倡。这个计划成功地补充了国务院的教育与文化事务局、美国教育部和美国国防部中已经存在的出国学习和语言学习的项目。所以在这一计划中，充分体现了美国政府的领导作用，以及美国政府和非政府组织在教育交流领域的合作。

## 八、美国公民参与国家文化外交

### （一）私人基金会及其活动

在 20 世纪 30 年代以前，美国最早、最重要的私人基金会是卡内基国际和平基金会（Carnegie Endowment for International Peace），有关卡内基国际和平基金会的情况本书前面（第一章第一节第 2 个问题）已经作了介绍。除了卡内基国际和平基金会以外，洛克菲勒基金会（Rockefeller Foundation）和福特基金会（Ford Foundation）也很著名，这 3 家基金会是美国最大的 3 个私人基金会组织。

1950 年以后，卡内基国际和平基金会、洛克菲勒基金会和福特基金会为美国在拉丁美洲、亚洲和非洲建立教育机构的发展提供了资金。1961 年，肯尼迪总统任命菲利普·库姆斯（Philip Coombs）为第一助理国务卿，负责教育与文化事务。库姆斯是福特基金会的董事会成员，该基金会在 1952 年建立教育发展基金。[②] 由 3 大基金会共同组建的机构之一是从事美国大学基础项目的教育与世界事务组织，1959 年，该组织在国务院举办一个会议，有卡内基、福特和洛克菲勒 3 大基金会的老总和国务院教育与文化事务局代表参加，会议主要讨论了美国大学在非洲国家高等教育中的作用问题和国际

---

① 王传军：《美国力推十万人留学中国计划》，《光明日报》2013 年 2 月 6 日。

② Edward H. Berman, *The Influedce of the Carnegie, Ford, and Rockefeller Foundations on Amercian Foreighn Policy: The Ideology of Philanthropy*, Albany: State University of New York Press, p. 12.

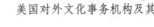
事务中的相互理解问题。①

到第二次世界大战，洛克菲勒基金会所提供的对外援助比美国政府还要多。第二次世界大战以前，洛克菲勒就开始了美国全球性的对外资助活动，其中包括科学家、学者、经济学家以及一些外国领导人。作为对外援助的开拓者，该基金会第一笔援助是在卫生领域对巴西的援助。对亚洲和非洲的援助也很快开始，其中农村重建的一个主要项目是 1934 年对中国的援助。早在 1901 年，洛克菲勒就建立了洛克菲勒医学研究所，即现在的洛克菲勒大学。1903 年，他建立了普通教育董事会，该组织最终为推动美国的教育事业花费 12900 万美元，而且不分性别、种族和宗教信仰。1913 年，洛克菲勒基金会正式开始运行，第一笔资金 10 万美元投入到美国红十字会用来购买其在华盛顿特区的总部大楼。该组织从建立以来所付出的资金援助达 140 亿美元以上，受益者遍布全世界。②

## （二）国际教育协会

美国非营利组织与政府之间的密切关联最突出的代表是国际教育协会（the Institute of International Education, IIE），该组织是美国政府创办的非营利性组织，从事国际教育与训练交流项目，带有半官方半民间特点。1919 年始建于美国，后来发展到许多国家和地区，每年有来自 175 个国家的 20000 多名人员参加 200 多个项目。该协会得到美国国务院、国际开发署、美国能源部、世界银行、美国众多私人基金会和组织的资助，目前在美国就有 5 个办公地点（芝加哥、休斯敦、纽约、旧金山和华盛顿），其他国家和地区还有 13 个工作站（中国北京、埃及、埃塞俄比亚、匈牙利、中国香港、印度、印度尼西亚、墨西哥、俄罗斯、泰国、乌克兰和越南）。

国际教育协会主席肯尼斯·霍兰德（Kenneth Holland）在 1960 年 1 月

---

① Edward H. Berman, *The Influedce of the Carnegie, Ford, and Rockefeller Foundations on Amercian Foreighn Policy: The Ideology of Philanthropy*, Albany: State University of New York Press, p. 136.

② http://www.rockefellerfoundation.org/.

6 日协会董事会上谈到拉丁美洲教育领域的问题时认为，（1）拉美学生总体看并没有明显的变化趋势，新的因素主要是共产党人在积极影响那里的学生；（2）美国政府错误地引导了美国在拉美教育领域的投资，少量的增加是必要的；（3）美国的各个大学还没有充分认识到美国政府对他们帮助政府提高拉美国家中学和高等教育水平的重要性，如果他们知道就会给予政府更多的支持；（4）拉美教育领域的基本问题是随着人口快速增长而出现的对公共服务需求的增加以实现那里的人们能够自我管理，这就明显出现了拉美国家教育体制在能力和质量上都急需得到改善的问题；（5）一些国家的大学已经承诺，包括哥斯达黎加大学和墨西哥大学，开始鼓励中美洲发展特种教育学校以满足中美地区的需要。[①]

1971 年，由托斯顿·胡森（Torsten Husén）建立的一个国际教育研究所与此国际教育协会同名，该研究所是为满足日益增加的对国际教育的研究而设立，参加者主要是一些从事国际比较教育研究的教授。[②] 具体来说，国际教育协会是 1919 年由诺贝尔和平奖获得者、哥伦比亚大学校长尼古拉斯·莫里·巴特勒（Nicholas Murray Butler）、美国前国务卿伊莱休·鲁特（Elihu Root）和纽约城市学院政治学教授史蒂芬·杜根（Stephen Duggan）共同建立的，杜根为第一任会长。其目的是促进美国人民与世界其他各国人民之间的相互了解和理解，活动主要是从事教育领域的交流以满足美国和其他国家高等教育的需求。在 20 世纪 20 年代，该协会主要从事学者和学生交流项目，30 年代建立了援助德国无家可归学者，紧急委员会帮助了数百名欧洲流亡学者，40 年代开始与美国国务院的一些机构合作从事对德国宣传活动，第二次世界大战以后，协会帮助建立了国际教育家联合会和国际教育交

---

① DDRS-212667-i1-44.pdf, Status of Latin American Student Program in U.S., of Educational Programs in Latin America generally. Report.WHITE HOUSE.SECRET. Issue Date: Jan 13, 1960. Date Declassified: Jul 09, 1982. Unsanitized.Incomplete.44 page（s）. Reproduced in *Declassified Documents Reference System*. Farmington Hills, Mich.: Gale, 2013. Document Number: CK3100452116 http://galenet.galegroup.com/ pp. i-ii.

② http://www.edu.su.se/.

流理事会，并帮助 4000 多名学生到美国学习。20 世纪 50 年代以来主要帮助非洲、亚洲和拉丁美洲一些欠发达国家学生到美国学习，并协助美国驻各国文化处从事国际访问学者活动。①

杜根的代表爱德华·R. 穆罗（Edward R. Murrow）曾经写道："国际教育协会是美国非官方教育大使"，因为在该机构建立之初它几乎在国际文化关系方面成为美国所有对外官方机构的代表。杜根一直寻求建立新的文化关系处，这一愿望终于在 1938 年实现，那就是美国文化关系处的建立，1938年还建立了两个机构，一个是私人性质的文化关系处咨询委员会，叫做总咨询委员会，另一个是专门从事美国与拉丁美洲国家进行教育交流项目的部门间合作委员会。②

1967 年 11 月 22 日，国际教育协会主席在一份报告中指出："自 20 世纪 40 年代初以来，国际教育协会已经与美国政府签订了协议以为学生、领导人和专家的交流工作进行合作。其中第一份协议是与美洲国家事务局签订的，同样的协议还有与国务院、国防部和国际开发署签订的。当前，本组织的年管理预算 400 万美元中有四分之一来自这些机构。本组织相信，我们与联邦政府之间的这种默契关系将成为国际教育领域项目运作的基础，但是，我们十分强烈地确信，在国际教育项目不断发展的情况下而私人的投资却在不断减少，因此，政府不但要弥补这种私营组织投资的空缺，还要直接支持这些组织的存在和发展。"③

米哈伊洛娃（Liudmila K. Mikhailova）2003 年在其哲学博士毕业论文

---

① http://www.iie.org/.

② Richard T. Arndt, *The First Resort of Kings: American Cultural Diplomacy in the Twentieth Century*, Washington, D. C.: Potomac Books, Inc., 2005, pp. 44, 59-60.

③ U.S. CongressionalSerial Set Vol. No. 12808-4, Session Vol. No.4-4 90th Congress, 2nd Session H.Doc. 398. Title: Federal educational policies, programs, and proposals. A survey and handbook. Part I. Background; issues; relevant considerations.Prepared in the Legislative Reference Service of the Library of Congress by Charles A. Quattlebaum.Specialist in Education.December 1968.p. 143. http://infoweb.newsbank.com/.

《国际教育交流协会理事会：国际教育交流及其在国际教育发展中的作用：1947—2002》中对国际教育协会进行评论时认为，美国1919年建立国际教育协会就是要推动教育交流，协会的建立者们认为，国际教育交流是达到持久和平和国家间相互理解的最强有力的工具。到1920年，美国与欧洲好几个国家组织了学生、教师和其他教职人员的交流。第二次世界大战以后，美国的一些非营利国际教育组织的建立的目的就是要发展教育交流和创造国外学习的机会，推动国际教育在美国大专院校的发展，引领美国的高等学府与外国的大专院校共同发展国际合作，国际教育交流理事会在当时非营利国际教育组织中具有引领作用。①

### （三）美国全国教育协会

美国全国教育协会（the National Education Association）是一个独立的、自愿的、非政府组织，有103万名职业教育工作者参加（1967年），根据1967年该组织代表大会做出的决议，该组织的主要工作的内容之一是国际教育，国际教育曾经是现在仍然是美国教育的重要组成部分，因此，国际教育的发展是美国全国教育协会的行动目标之一，进而联邦就此立法是必须的。本协会呼吁立法委员会尽力确保1966年国际教育法资金到位并鼓励教师教育各个机构尽量参加。②

### （四）史密森学会

史密森学会（Smithsonian Institution）是美国独立后不久由一个叫做詹姆斯·史密森（James Smithon）的英国科学家建立的，但他从来没有到过

---

① http://search.proquest.com.ezproxy.lib.uh.edu/.

② U.S. Congressional Serial Set Vol. No. 12808-4, Session Vol. No.4-4 90th Congress, 2nd Session H.Doc. 398. Title: Federal educational policies, programs, and proposals. A survey and handbook. Part I. Background; issues; relevant considerations.Prepared in the Legislative Reference Service of the Library of Congress by Charles A. Quattlebaum.Specialist in Education. December 1968. p.146. http://infoweb.newsbank.com/iw-search/we/Digital/?

美国。该学会是一个从事教育和研究的学会，拥有 19 座博物馆，一个动物园和位于华盛顿的 9 个研究中心，由美国政府进行管理和资助。尽管美国政府每年都对史密森学会投资，但许多资金来自各种捐赠及各种相关活动。1846 年 8 月 10 日，美国国会立法建立史密森学会大厦以供该学会董事会用来从事该学会的日常管理活动，董事会的 17 个成员每年至少召开 4 次会议，参会的还有美国司法部首脑和副总统。17 个成员中，美国国会参议院和众议院议员各 3 名。2011 年，该学会从美国国会获得 79760 万美元的资助。[①]

史密森学会是在美国国会"为增进和传播人与人之间的知识"原则基础之上建立起来的，该学会的一些活动由国会直接领导，其他活动基本上都与教育相关，其中包括科学研究和最新研究成果的发表、政府和其他科学文字出版物的交流、艺术品的收集、储藏、展出和解释、有关全世界野生动物的信息咨询、展出和传播等。[②]

原则上讲，史密森学会是一个半官方、半民间的非营利组织，但该学会在美国对外文化事务方面的作用是不可小视的。美国政府之所以每年都给该学会拨款，就是因为该学会早就是美国对外文化事务的重要传播工具。

### （五）公民志愿者

美国公民普遍参与对外文化事务的一个突出表现是众多志愿者为文化事务出力。例如，公共信息委员会有 21 个处，但专职人员并不多，绝大多数工作人员是志愿者，其中，公民与教育出版处指挥"历史服务全国委员会"的 3000 名志愿者，33 种出版物，25 万份宣传品，这些宣传品要翻译成 7 种外文；四分钟讲演人处有 35000 人，工作团体有 5200 个以上，全都是志愿

---

① http://en.wikipedia.org/.

② U.S. Congressional Serial Set Vol. No. 11606, Swssion Vol. No. 10, 82nd Congress, 2nd Session H. Doc. 423, Title: Federal educational activities and edcatioanl issues before Congress. A report prepared in the Legistative Reference Service of the Library of Congress by Charles A. Quattlebaum. Edcatioanl research analyst. p. 62. http://infoweb.newsbank.com/iw-search/we/Digital/?p.145.

者。另外，在全美还有 20 万所学校设有高级四分钟讲演人组织。在各个处中，四分钟讲演人处被认为是效率最高最快的机构；讲演人处有 9000 名讲演人，分别在 45 个司（bureau）工作，该处还在 37 个国家设立了 43 个战时会议，使该机构更有效地工作；新闻处负责所有志愿者的具有法律效力的审查工作，并与陆军部、海军部、战时贸易部、战时产业部、全国战时劳工部、空军部、白宫以及司法部等政府部门相互联系准备并发布每日新闻，该处有 12000 人；联合作品专项处有 100 名美国最好的作家，全部提供无偿作品服务，他们所写的文章囊括战争的各个方面，并被翻译为所需要的外语文本。①

### （六）美国政府和私营组织与公民个人之间的相互支持

在第二次世界大战后政府直接从事对外教育与文化交流活动以前，美国政府主要通过支持私人活动的方式试图实现政府意愿。例如，从第一次世界大战开始，美国政府就大力支持一些私营公司发展海外传播活动，得到政府支持的主要公司有：通用电气公司、美国无线电公司、国际电信联盟、美联社、合众社、派拉蒙电影公司等。此外，美国政府部门还建立了自己经营的一些传媒公司，例如，1926 年，赫伯特·胡佛（Herbert Hoover）主持的美国商务部建立了一个"电影部（Motion Picture Section）"，该电影部的第一份报告是关于中国市场的问题。②

但是，那些私人行为并不是完全随意的行为，美国政府部门对美国公民

---

① U. S. Congressional Serial Set Vol. No. 7448, Session Vol. No. 118, 65th Congress, 2nd Session, H. Doc. 1168. Title: Salaries and expenses, Committee on Public Information. Letter from the Secretary of the Treasury, transmitting copy of a communication from the Chairman of the Committee on Public Information submitting estimate of appropriatoin... for salaries and expenses in connection with its work... for the fiscal year 1919, June 13, 1918. –Referred to the committee on Appropriations and ordered to be printed. pp. 1-5. http://infoweb.newsbank.com/.

② Emily S. Rosenberg, *Spreading the American Dream, American Economic and Cultural Expansion 1890-1945*, New York: Hill and Wang, 1982, pp. 94-102.

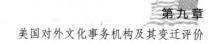

在外国的文化行为一直十分关注。正如美国学者弗兰克·A.宁科维奇(Frank
A. Ninkovich) 所说的那样，美国私人在外文化活动"由无所不在的看不见
的手所操纵（Ubiquitous Invisible Hand）"。那些私人行为并不是与美国外交
毫不相干而是恰恰相反，那些私人行为通常被看成美国政府外交不良影响的
解毒剂。但是，只是随着 1910 年卡内基国际和平基金会的形成，美国对外
文化关系才正式制度化，政府与私人行为才真正联系在一起了。[1]

在参与对外教育和文化交流活动的美国私人组织中，最为突出的是一些
大学参与的对外学术交流活动，在政府直接领导对外教育与文化交流活动之
前，国务院负责的教育交流项目仅仅是美国人员交流中的一小部分，绝大部
分人员交流是由私人赞助实现的。在这方面，各个大学扮演了重要角色，各
类学校和学院都建立了自己的交流项目，每年有数千人到美国或者从美国到
其他国家从事研究和学习，出去的美国人了解了世界，来到美国的人了解了
美国。[2]

———————————

① Frank A. Ninkovich, *The Diplomacy of Ideas: U.S. Foreign Policy and Cultural Rela-
tions,1938-1950*, London: Cambridge University Press, 1981. p.8.

② U.S. Congressional Serial Set Vol. No. 11606, Swssion Vol. No. 10, 82nd Congress, 2nd Ses-
sion H. Doc. 423. Title: Federal Educational Activities and Edcatioanl Issues before Congress. A report
prepared in the Legistative Reference Service of the Library of Congress by Charles A. Quattlebaum.
Edcatioanl research analyst. p.62. http://infoweb.newsbank.com/iw-search/we/Digital/?

# 美国政府对外文化事务机构及其变更表

## （1867—2010）

### 说　明

1. 本表所说的美国对外文化事务包括信息（Information）、教育（Education）和文化（Culture）3 个方面或者说领域，但所列表格主要说明信息、教育与文化的交流、运作和管理机构。

2. 美国有史以来的对外文化事务机构十分庞杂与混乱，既有某一部门内新建、重建、更名、解体、接替、合并等情况发生，又有不属于联邦政府任何部门的独立机构，笔者现在统计出来的、很可能有所遗漏的情况下已经有 75 个之多，这还不包括国务院下属机构中某些部门和再下级机构，以及国务院以外其他联邦政府这个级别部门内的下属机构，或许还有笔者没有统计到的机构，可见美国政府对外文化事务机构之多且复杂。

3. 美国对外文化事务机构及其历史变更的过程与现状的研究是美国研究、美国文化研究、美国公共外交研究、美国国际关系研究乃至美国社会史

研究、文化史研究的基础之一，对这些对外文化事务机构及其变更的梳理不但可以厘清美国历史上对外文化事务机构的历史变迁过程，还可以梳理各种政府部门和机构之间的关系甚至变化过程。了解美国对外文化事务机构及其变更是美国研究的一个重要方面和内容。

4. 根据笔者的研究，美国政府第一个正式对外文化事务机构是 1917 年建立的"公共信息委员会"，但最早的对外文化事务机构应该是 1867 年建立的美国联邦教育局下设国际文化与教育关系局，这是本表所列表格从 1867 年开始的原因。根据笔者了解，2010 年 9 月建立的战略反恐信息中心是本书研究内容的时间范围内最近的对外文化事务机构，这是本表所列表格到 2010 年为止的理由。

5. 本表所展示的表格只是笔者现有研究的一些成果，可以肯定地说还有一些美国对外文化事务机构被遗漏，也可以肯定这些表格中有些变更或隶属关系不准确乃至错误，这都将在以后的研究中予以发现和纠正。而 2010 年以后再建立的对外文化事务机构则不在本表研究之列。

6. 为了使读者在阅读本表的时候更加清楚地了解这些表格的基本背景和此种列表的道理，我们在每一个表格前面都加了一个尽量简短的介绍性说明，由于本表主要意图是厘清美国对外文化事务机构及其变化的情况，特别是一些机构的继承关系，因此对于某个机构的来龙去脉和如何评价没有详细阐述。

7. 鉴于本表所列数据，包括年限、机构名称等，来源于美国各种历史文献，包括美国国会文件、美国政府文件、DNSA 文件、FRUS 文件、总统图书馆文件，还有一些学者的著作和文章等，本表仅列出其中部分文献的出处。同时，由于数据源不同，整合到一个表中很有可能出现某种误差乃至错误，请读者谅解、指正。

## 表一：教育部属下对外文化事务机构
## （U.S. Department of Education）

根据 1959 年 1 月 30 日美国第 85 届国会第 2 次会议印发的政府行动委员会（Committee on Government Operations）第 42 次报告，1840 年美国国会图书馆开始与外国图书馆交流出版物，这应该是美国官方机构首次对外文化交流事务。[①] 但笔者认为，国会图书馆还不能说是政府机构。应该说，美国对外文化事务机构最早是联邦教育部的国际文化与教育关系局，所以本表将此表列在第一个。但联邦教育部在 19 世纪基本没有对外文化活动，当时美国对外文化活动基本都是私人基金会或者公民的个人行为而很少有政府行为。有关教育部及其下属机构情况见：[②]

需要说明的是，美国许多文献都介绍教育办公室，但一般都没有细节。教育办公室这个称呼首次作为机构使用是 1868 年 7 月 2 日的一个法令中，并从 1869 年 6 月 30 日开始生效。1870 年，该机构更名为教育局，这一名称一直使用到 1929 年恢复使用教育办公室，教育办公室的工作到 1980 年再次成立教育部。但最初的美国教育办公室仅仅是一个研究和报告机构，而且属于联邦卫生、教育、福利部的一个下属机构，并不具有现代理念中国家教育部的功能。[③]

1. 1867 年，美国联邦教育部（Department of Education, DE）下设国际文

---

① U.S. Congressional Serial Set Vol. No. 12077, Session Vol. No.6 85th Congress, 2nd Session H. Rpt. 2712, Title: Government programs in international education (a survey and handbook). Forty-second report by the Committee on Government Operations. January 3, 1959. – Committed to the Committee of the Whole House on the State of the Union and ordered to be printed p.25. http://infoweb.newsbank.com/.

② http://www.ed.gov/edblogs/international/ p.1.

③ http://www.ed.gov/about/overview/focus/what.pdf, pp. 2-3. 另见：U. S. Congressional Serial Set Vol. No. 12808-4, Session Vol. No.4-4 90th Congress, 2nd Session H.Doc. 398, Title: Federal educational policies, programs, and proposals. A survey and handbook.Part I. Background; issues; relevant considerations.Prepared in the Legislative Reference Service of the Library of Congress by Charles A. Quattlebaum.Specialist in Education. December 1968, pp. 49-50. http://infoweb.newsbank.com/.

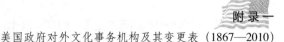
化与教育关系局（the Bureau of International Cultural & Educational Relations, BICER）

2.1869—1980 年教育办公室（Office of Education OE）

3.1980 年 5 月 4 日，美国教育部下设国际事务局（International Affairs Office, IA）

## 表二：国家安全委员会属下对外文化事务机构
### （U.S. National Security Council ）

美国国家安全委员会在历史上基本不参与对外文化事务，但 2001 年 9.11 事件发生后，反恐战争成为美国对外关系中最重要任务，但反恐有两个方面的内容：一个是军事上的打击，即消灭恐怖分子；另一个是心理上的打击，即对恐怖分子的心理攻击，包括对恐怖分子集聚的阿拉伯国家或者穆斯林世界的思想、意识、价值观、文化、教育等方面的广播、电视、动画、图书等宣传活动。战略通讯政策协调委员会建立后所从事的正是这些活动，因此属于美国对外文化事务机构。[①]

1. 2002 年，战略通讯政策协调委员会（Strategic Communication Policy Coordinating Committee, SCPCC）

## 表三：总统行政办公室突发事件管理处下属的对外文化事务机构下机构
### （the Office for Emergency Management of the Executive Office of the President ）

第二次世界大战期间，美国在拉美的文化事务机构从一开始就归总统行政办公室突发事件管理处管理，这主要是因为当时德国和意大利都在大肆向

---

① Christopher Paul, *Strategic Communication: Origins, Concepts, and Current Debates (Contemporary Military, Strategic, and Security Issues)*, California, Santa Barbara: Praeger, 2011, pp.72-86.

拉美宣传，力图深入美洲，罗斯福政府将美国与拉美国家的文化事务纳入总统行政办公室突发事件管理处说明美国对于拉美国家的文化关系的重视。但随着战争结束和政府其他部门的不满，到 1945 年美洲国家事务局的权力逐渐转归国务院，其权力在该局 1946 年 6 月解散后全部归属国务院。

1.1940 年 8 月 16 日，美洲国家间商务与文化关系协调局（the Office for Coordination of Commercial and Cultural Relations between the American Republics, OCCCRAR）

2.1941 年 7 月，美洲国家间事务协调局（the Office of the Coordinator of Inter-American Affairs, OCIAA）

3.1942 年 6 月 13 日，战时信息处（the Office of War Information, OWI）（参与对外文化事务的信息机构）

4.1945 年 3 月，美洲国家事务局（the Office of Inter-American Affairs, OIAA）

## 表四：美国对外文化事务独立机构（Independence Agency）

由于美国没有文化部，美国历史上的对外文化事务一直没有统一的管理机构。尽管对外文化事务机构比较混乱，但还是有基本原则的，那就是主要对外文化事务机构要么是独立机构，要么属于国务院管辖，美国政府中许多别的部门也参与对外文化事务，例如国防部，但专门从事对外文化事务的机构很少，一般都是临时性的，或者存在时间很短。

当然，即使独立的对外文化事务机构，也可能随时就不独立了，例如克林顿总统时期的美国之音；有些不是独立的机构，但由于需要可能随时又独立了，比如广播管理委员会。

第二次世界大战以后，美国对外文化事务独立机构中最为突出的除了国务院属下的教育与文化事务局以外，就是新闻署，在新闻署存在的 46 年

（1953—1999）历史中，国务院过去管理的对外文化事务大都归属新闻署了。在新闻署并入国务院以后到现在，国务院再次成为美国对外文化事务机构的主要负责部门。

从新闻广播角度讲，如果说美国之音仅仅在克林顿政府时期有短暂时间的独立，更多时间是由政府部门管辖的话，美国对外文化事务的独立机构中最为重要的就是1999年独立的广播管理委员会和2003年建立的全球通讯局，美国对外广播的最主要机构美国之音从国务院转到新闻署，又从新闻署转到国务院，再从国务院转到广播管理委员会，最后从广播管理委员会转到全球通讯局，足见美国之音的重要性，更说明其管理部门的重要性。另一个值得注意的机构是1952年建立的国际信息管理局，该机构是一个由国务院管辖但又有一定独立性的半独立机构。在对外信息传播、教育交流、人员交流等方面曾经发挥重大作用。由于美国政界许多人认为信息传播属于短期的政治性的宣传活动，而教育交流属于长期的文化目标，二者本来就不应该属于一个部门和机构管理，这是国际信息管理局处境尴尬的主要原因。[①]

1.1917年4月14日，公共信息委员会（the Committee on Public Information, CPI）

2.1941年7月11日，信息协调局（the Office of the Coordinator of Information, OCI）

3.1941年7月，对外信息局（the Foreign Information Service, FIS）（参与对外文化事务的信息机构）

4.1941年7月11日，中央新闻局（the Central Office of Information, COI）（参与对外文化事务的信息机构）

---

① U.S. Congressional Serial Set Vol. No. 11776, Session Vol. No.12, 83rd Congress, 2nd Session H.Doc. 294, Title: Tenth semiannual report on educational exchange activities. Letter from Chairman, the United States Advisory Commission on Educational exchange, Department of State transmitting a semiannual report of all programs and activities carried on under the authority of section 603 of Public Law 402, 80th Congress. January 14, 1954. – Referred to the Committee on Foreign Affairs and ordered to be printed. pp. 2-4. http://infoweb.newsbank.com/.

5.1942 年 2 月 24 日，美国之音（the Voices of America, VOA）（克林顿政府时期为独立机构）

6.1942 年 6 月 13 日，战略情报局（the Office of Strategic Service, OSS）（参与对外文化事务的信息机构）

7.1947 年 9 月 18 日，中央情报局（the Central Intelligence Agency, CIA）（参与对外文化事务的信息机构）

8.1953 年 9 月 2 日，行动协调委员会（Operations Coordinating Board, OCB）

9.1953 年 1 月 24 日，总统国际信息行动委员会（President's Committee on International Information Activities, CIIA），又被称为杰克逊委员会（Jackson Committee）

10.1953 年 6 月 1 日，新闻署（the United States Information Agency, USIA）

11.1959 年 12 月 2 日，总统国外信息行动委员会（President's Committee on Information Activities Abroad, PCIAA），又被称为斯普瑞格委员会（Sprague Committee）

12.1961 年 9 月 21 日，国际教育与文化事务咨询委员会（the Advisory Commission on International Educational and Cultural Affairs, ACIECA）

13.1973 年 10 月 19 日，国际广播委员会（the Board for International Broadcasting, BIB）

14.1977 年 12 月 12 日，国际交流、文化和教育事务咨询委员会（the Advisory Commission on International Communication, Cultural, and Educational Affairs, ACICCEA）

15.1977 年，公共外交咨询委员会（the United States Advisory Commission on Public Diplomacy, ACPD）

16.1978 年 3 月 27 日，国际交流署（International Communication Agency, ICA）

17.1999 年 11 月 1 日，广播管理委员会（Broadcasting Board of Governors, BBG）（1994 年成立属于新闻署）

18.2003 年 1 月 21 日，全球通讯局（the Office of Global Communications, OGC）

## 表五：国务院属下机构（Department of State）

在美国对外文化事务机构历史上，国务院是最重要的管理部门，根据笔者不完全统计，1938 年以来，国务院属下前后建立或者更名的对外文化事务机构有 37 个之多。就程序来说，美国对外文化事务机构的建立、更名、职责、规章制度等首先由国会议员在国会上提出法案。提出法案不一定能通过，但凡通过的就是立法。由于美国没有文化部，对外文化事务的管理本应该由国务院负责，但在第二次世界大战结束前，美国对外文化事务主要是与拉丁美洲国家的教育与文化交流，最初由总统行政办公室突发事件管理处主管，第二次世界大战后美国对外教育与文化交流事务扩展到全世界，这项重要的工作也改由国务院管理。因此，从 1948 年《史密斯—蒙特法》颁布以后，国务卿在这方面的权力相当大。但在 1953 年新闻署建立以后，诸多教育与文化事务转到新闻署，虽然教育交流与文化项目仍旧归属国务院，[1] 但其实际工作大为减少。1999 年新闻署并入国务院以后，国务院在这方面的权力再次飙升。

从历史上看，国务院下属的第一个对外文化事务机构是 1938 年建立的文化关系处，1942 年美洲国家事务协会也归属国务院。此后，国务院所属的对外文化事务机构不断增加和变更，直到 1960 年 4 月 17 日教育与文化事务局的建立。

国务院中最重要的对外文化事务机构是教育与文化事务局。

国务院中另外两个比较重要的从事对外文化事务的机构是和平队和国际开发署。虽然这两个机构在建立时主要从事对外经济援助活动，但参与的教

---

① http://exchanges.state.gov/.

育与文化交流活动相当多。特别是和平队，应该说从建立的时候就负有对外文化传播和教育交流的使命。1961 年 9 月 22 日，美国第 87 届国会第 1 次会议通过的"和平队法"明确规定，和平队的根本目标是……有助于那里人民与美国人民之间的相互更好的理解。[①] 这句话正是 1948 年《史密斯—蒙特法》留给美国对外文化事务机构的座右铭。

国务院下属的从事对外文化事务的机构也多有变化，例如，1949 年国务院建立国际信息与教育交流项目局，1948 年建立的国际信息局和教育交流局成为该局的两个下属机构。[②] 再比如，1959 年建立了教育与文化关系局，1960 年 4 月 17 日又开始叫做教育与文化事务局。

此外，国务院所属的那些对外文化事务机构有的从事过很多活动并很有名气，例如教育与文化事务局；但有的只能从文献资料上找到它们的名字，但基本没有找到它们的活动情况，例如 1944 年的公共信息局、公共事务局和文化合作局。当然，也有可能列出的机构属于国务院下属机构管理下的分支机构。

1.1938 年 7 月 27 日，文化关系处（Division of Cultural Relations, DCR）

2.1938 年 8 月 19 日，国际通讯处（the Division of International Communications, DIC）

3.1942 年 3 月 31 日，美洲国家事务协会（the Institute of Inter-American Affairs, IIAA）

4.1944 年，科学、教育与艺术处（the Division of Science, Education, and Art, DSEA）

5.1944 年，公共信息局（the Office of Public Information, OPI）

6.1944 年，公共事务局（the Office of Public Affairs, OPA）

7.1944 年，文化合作局（the Division of Cultural Cooperation, DCC）

---

① http://www.constitution.org/uslaw/sal/075_statutes_at_large.pdf, pp.612, 513-617.

② Nicholas J. Cull, *The Cold War and the United States Information Agency, American Propaganda and Public Diplomacy, 1945-1989,* New York: Cambridge University Press, 2008. p. 48.

8.1944 年 12 月 20 日，助理国务卿公共与文化事务处（Assistant Secretary of State in Charge of Public and Cultural Affairs）

9.1945 年，临时国际信息局（the Division of Cultural Cooperation, IIIS）

10.1945 年 8 月 31 日，国际信息与文化事务局（Office of International Information and Cultural Affairs, OIICA）

11.1946 年，国际文化事务局（the Office of International Cultural Affairs, OICA）

12.1946 年，国际新闻出版处（the International Press and Publication Division, IPPD）

13.1947 年，国际信息与教育交流局（the Office of International Information and Educational Exchange, OIIEE）

14.1947 年，国际教育交流理事会（the Council on International Educational Exchange, CIEE）

15.1948 年，教育交流局（the Office of Educational Exchange, OEE）

16.1948 年，国际信息局（the Office of International Information, OII）

17.1948 年，教育交流咨询委员会（the Advisory Commission on Educational Exchange, ACEE）

18.1948 年，美国信息咨询委员会（the United States Advisory Commission on Information, USACI）

19.1949 年，国际信息与教育交流项目局（the United States International Information and Educational Exchange Program, USIE）

20.1951 年 4 月 4 日，心理战略委员会（the Psychological Strategy Board, PSB）

21.1952 年，国际信息管理局（the International Information Administration, IIA）（半独立机构）

22.1953 年 6 月 1 日，国际文化关系局（the Bureau of International Cultural Relations, BICR）

23.1955 年，国际合作管理局（the International Cooperation Administration, ICA）

24.1959 年，教育与文化关系局（the Bureau of Educational and Cultural Relations, BECR）

25.1960 年 4 月 17 日，教育与文化事务局（the Bureau of Educational and Cultural Affairs, BECA）

26.1961 年 3 月 1 日，和平队（the Peace Corps, PC）

27.1961 年 6 月 1 日，国际文化关系局（the Bureau of International Cultural Relations, BICR）

28.1961 年 11 月 3 日，国际开发署（the Agency for International Development, AID）

29.1964 年 1 月 20 日，国际教育与文化事务委员会（the Council on International Educational and Cultural Affairs, CIECA）

30.1999 年，信息项目与国际交流局（the Bureau of Information Programs and International Exchanges, BIPIE）

31.1999 年 10 月 1 日，国际信息项目局（the Bureau of International Information Programs, BIIP）

32.1999 年，教育与文化交流局（the Bureau for Educational and Cultural Exchanges, BECE）

33.2002 年，战略通讯政策协调委员会（the Strategic Communication Policy Coordinating Committee, SCPCC）

34.2006 年 4 月，战略通讯和公共外交政策协调委员会（the Strategic Communication and Public Diplomacy Policy Coordinating Committee, PCC）

35.2008 年，战略预案中心（the Strategic Engagement Center, SEC）

36.2008 年，全球战略预案中心（the Global Strategic Engagement Center, GSEC）

37.2010 年 9 月，战略反恐通讯中心（the Center for Strategic Counterterrorism Communications, CSCC）

## 表六：美国与拉美国家文化事务机构更名表

从 1940 年开始建立的美国与拉美国家之间的文化事务机构在不断地更换名称，下表所列这 4 个机构就是先后更名的。需要说明的是，美国与拉美国家的这些机构最初是归属总统行政办公室突发事件管理处的，从最后更名为美洲国家事务协会开始则归属国务院了。在归属国务院之前，该机构曾经在美国与拉美国家之间的信息、教育与文化交流方面做了大量工作，发挥了重大的作用。[①] 但自从归属国务院以后，即 1946 年以后，由于美国对外文化事务的重心已经不在拉丁美洲而转向全世界，特别是冷战开始以后转向针对苏联为首的社会主义国家，美洲国家事务协会的作用也大为减小。

---

美洲国家商务与文化关系协调局（1940 年 8 月 16 日）
（the Office for Coordination of Commercial and Cultur-
al Relations between the American Republics, OCCCRAR）

↓

美洲国家事务协调局（1941 年 7 月 30 日）
（the Office of the Coordinator of Inter-American Affairs, OCIAA）

↓

美洲国家事务局（1945 年 3 月 23 日）
（the Office of Inter-American Affairs, OIAA）

↓

美洲国家事务协会（1942 年 3 月 31 日建立，1946 年 4 月 10 日美洲
国家事务局撤销，该协会接受了其功能，协会归属国务院）
（the Institute of Inter-American Affairs, IIAA）

---

① Book Review, Monica Rankin, *Americans All: Good Neighbor Cultural Diplomacy in World War II*. By Darlene J. Sadlier, Register of the Kentucky Historical Society, Volume 112, Number 1, Winter 2014, pp. 145-147. http://muse.jhu.edu.ezproxy.lib.uh.edu/.

## 表七：美国与拉美国家合作机构继承关系表

美国与拉美国家的合作早在 1938 年以前就开始了，这与美国外交史上的孤立主义原则和"美洲是美洲人的美洲"思想分不开，或者说是美国不许欧洲人染指美国并试图独霸美洲的表现。在 1939 年第二次世界大战爆发之前，美国以德国试图插手拉美事务为由，开始在拉美国家开展经济、文化和教育交流活动并与一些国家签订了协定，但那些协定仅仅是一种双边行动并没有重大意义。但 1938 年，即大战爆发之前，美国抓紧了在拉美国家的经济、商务、文化与教育交流活动。第二次世界大战结束后，鉴于冷战的需要和拉美国家国际地位并不很重要的原因，美国与拉美国家的交流活动逐渐冷淡许多。

| 行政部门与独立机构委员会（1938 年 5 月）<br>（the Committee of Executive Departments and Independent Agencies, CEDIA） |

↓

| 美洲国家合作委员会（1938 年 10 月）<br>（the Committee on Cooperation with the American Republics, CCAR） |

↓

| 跨部门美洲国家合作委员会（1938 年 10 月）<br>（the Interdepartmental Committee on Cooperation with the American Republics, ICCAR） |

↓

| 跨部门科学与文化合作委员会（1946 年）<br>（the Interdepartmental Committee on Scientific and Cultural Cooperation, ICSCC） |

↓

| 跨部门技术合作咨询委员会（1950 年）<br>（the Interdepartmental Advisory Council on Technological Cooperation, IACTC） |

## 表八：美国对外信息、教育、文化事务机构活动继承关系表

本表是将美国从事对外文化、信息、教育事务活动的主要机构列在一起，或者说这些机构在对外文化事务活动的继承而不是说这些机构有组织上的继承，在组织上有继承关系的机构将在另外一个表中列出。

从某种程度或者角度说，1953年新闻署建立之前，美国对外文化事务的管理还不很完善，甚至可以说美国政府对这方面还不是很重视。第二次世界大战期间，美国政府更多地从事信息和宣传活动，少有教育与文化交流活动。1945年国际信息与文化事务局建立以后，国务院开始比较多地注意从事这方面的活动，但是在信息、教育、文化3个方面究竟哪个为主？政治宣传、教育与文化交流究竟哪个更重要？这些问题一直无法可依，甚至无所适从。直到1946年《富布赖特法》和1948年《史密斯—蒙特法》颁布以后，这项工作才正式引起政府的重视并着手一系列相关活动，例如：对外人员和技术交流、各种教育交流项目的建立等。但是，在相关管理机构问题上并没有什么问题出现，因为有国务院在做这方面的工作并有政府其他部门和各种私人组织或基金会的参与。1953年新闻署建立以后则出现了管理上的问题，在绝大多数对外文化事务从国务院转到新闻署以后，国务院仅保留了对外教育和一些文化活动，特别是肯尼迪政府以后，和平队和国际开发署还是归属国务院，而这两个机构的对外文化事务仅次于国务院的教育与文化事务局和新闻署。在这种情况下，美国对外文化事务机构的管理、对外文化事务的进行等都出现比较混乱并引起争论的问题。

引起争论的原因不仅仅是管理和由哪个机构从事对外文化事务活动的问题，还有一个更为重要的问题是究竟对外文化事务活动在美国公共外交中是不是像有些人说的那么重要？在这种非政治的、长期目标的活动上花那么多钱是否值得？当这样的问题出现在决策人心目中的时候就会引起政策上的变化。这种变化终于在1978年卡特就任总统以后发生了，其突出表现就是将

新闻署与国务院的教育与文化事务局合并为国际交流署。结果形成了人所共知的情况：1982 年里根总统将新闻署恢复，1999 年新闻署并入国务院，同时教育与文化事务局重新组建。①

　　需要说明的还有两点：第一，国务院负责对外文化事务的机构不仅仅是教育与文化事务局，还有国际开发署、和平队以及负责公共外交和公共事务的副国务卿办公室等，这些机构的活动没有在本表中体现出来，但同样十分重要；第二，美国政府其他部门属下的一些从事对外文化事务的机构及其活动也没有在本表中显示出来，那些机构及其活动也不可忽略。

| 美洲国家间商务与文化关系协调局（1940 年 8 月 16 日）<br>（the Office for Coordination of Commercial and Cultural Relations between the American Republics, OCCCRAR） |
| :---: |

↓

| 战时信息处（1942 年 6 月 13 日）<br>（the Office of War Information, OWI） |
| :---: |

↓

| 国际信息与文化事务局（1945 年 8 月 31 日）<br>（the Office of International Information and Cultural Affairs, OIICA） |
| :---: |

↓

| 国际信息与教育交流局（1947 年）<br>（the Office of International Information and Educational Exchange, OIIEE） |
| :---: |

↓

| 新闻署（1953 年 6 月 1 日）<br>（the United States Information Agency, USIA） |
| :---: |

↓

| 公共事务局（1959 年）<br>（the Bureau of Public Affairs, BPA） |
| :---: |

↓

| 教育与文化关系局（1959 年）<br>（the Bureau of Educational and Cultural Relations, BECR） |
| :---: |

↓

---

　　①　http://www.constitution.org/uslaw/sal/092_statutes_at_large.pdf, pp.963,973.

| 教育与文化事务局（1960年4月17日）<br>（the Bureau of Educational and Cultural Affairs, BECA） |
| :---: |

↓

| 国际交流署（1978年）<br>（the International Communication Agency, ICA） |
| :---: |

↓

| 新闻署（恢复）（1982年）<br>（the United States Information Agency, USIA） |
| :---: |

↓

| （新）教育与文化事务局（1999年）<br>（the Bureau of Educational and Cultural Affairs, BECA） |
| :---: |

## 表九：美国对外文化事务机构继承关系表

美国政府最早从事对外文化事务的机构是1917年建立的公共信息委员会，此后相继建立了许多个文化事务机构，其中有些机构既从事对外文化事务，也从事对内文化事务，例如公共信息委员会，有些机构是专门从事对外文化事务的机构，例如文化关系处。本表所列的机构既有独立机构，也有国务院等部门所属的机构，但从其所从事的对外文化事务来看，这些机构之间具有一定的功能继承性。

需要说明的是，20世纪以来美国的对外文化事务机构十分混乱而又庞杂，既有独立机构，又有某一部门所属的机构，而且相互之间活动内容没有分工，有时甚至相互矛盾。例如，新闻署和国务院的教育与文化事务局都从事对外文化事务活动。本表所要说明的是主要从事对外文化事务的机构，并没有包括新闻署等既从事对外文化事务又从事政府对外其他活动的机构。

公共信息委员会（1917 年 4 月 14 日）
（the Committee on Public Information, CPI）

↓

国际教育协会（1919 年，归属国务院但是半独立组织，被称为"非官方教育大使"）
（the Institute of International Education, IIE）

↓

文化关系处（1938 年 7 月 27 日）
（Division of Cultural Relations, DCR）

↓

科学、教育与艺术处（1944 年）
（the Division of Science, Education, and Art, DSEA）

↓

公共信息局（1944 年）
（the Office of Public Information, OPI）

↓

公共事务局（1944 年）
（the Office of Public Affairs, OPA）

↓

文化合作局（1944 年）
（the Division of Cultural Cooperation, DCC）

↓

临时国际信息局（1945 年）
（the Interim International Information Service, IIIS）

↓

国际信息与文化事务局（1945 年 8 月 31 日）
（the Office of International Information and Cultural Affairs, OIICA）

↓

国际信息与教育交流局（1947 年）
（the Office of International Information and Educational Exchange, OIIEE）

↓

国际文化关系局（1953 年 6 月 1 日）
（the Bureau of International Cultural Relations, BICR）

↓

教育与文化关系局（1959 年）
（the Bureau of Educational and Cultural Relations, BECR）

↓

> **教育与文化事务局（1960 年 4 月 17 日）**
> （the Bureau of Educational and Cultural Affairs, BECA）

## 表十：美国对外信息机构及其功能继承关系表

本表是根据 1968 年 12 月美国第 90 届国会第 2 次会议提交参考建议"联邦教育政策、项目和建议——概要和手册"第二部分，联邦教育行动调查（Federal Educational Policies, Programs and Proposals Part II, Survey of Federal Educational Activities）所做的总结资料并根据笔者针对这些总结和对比其他资料整理出来的。①

> **公共信息委员会（1917 年 4 月 14 日）**
> （the Committee on Public Information, CPI）

↓

> **信息协调局（1941 年 7 月 11 日）**
> （the Office of the Coordinator of Information, OCI）

↓

> **战时信息处（1942 年 6 月 13 日）**
> （the Office of War Information, OWI）

↓

> **国际信息与文化事务局（1945 年 8 月 31 日）**
> （the Office of International Information and Cultural Affairs, OIICA）

↓

---

① U. S. Congressional Serial Set Vol. No. 12808-4, Session Vol. No.4-4 90th Congress, 2nd Session H.Doc. 398, Title: Federal educational policies, programs, and proposals. A survey and handbook. Part II, Survey of Federal Educational Activities.Prepared in the Legislative Reference Service of the Library of Congress by Charles A. Quattlebaum. Specialist in Education.December 1968. p.376. http://infoweb.newsbank.com/iwsearch/we/Digital/?p_product=SERIAL&p_theme=sset2&p_nbid=S76I5FNYMTM0MDk2MzYxNS42MTA4NjQ6MToxMzo2MS4xMzguMTc3LjE3&p_action=doc&p_queryname=12&p_docnum=2&p_docref=v2:0FD2A62D41CEB699@SERIAL-1279AC37D51840D8@2439871-@0.

| 新闻署（1953 年 6 月 1 日）<br>（ the United States Information Agency, USIA ） |
| :---: |

↓

| 国际开发署（1961 年 11 月 3 日）<br>（ the Agency for International Development, USAID ） |
| :---: |

↓

| 国际交流署（1978 年 3 月 27 日）<br>（ the International Communication Agency, ICA ） |
| :---: |

↓

| 新闻署（1982 年恢复原新闻署）<br>（ the United States Information Agency, USIA ） |
| :---: |

## 表十一：美国参与对外文化事务的情报机构

严格讲，美国对外情报机构不属于对外文化事务机构。但鉴于这些机构多多少少都曾经参与对外文化事务活动，所以笔者将这些机构列在这里仅供参考。

| 信息协调局（1941 年 7 月 11 日）<br>（ the Office of the Coordinator of Information, OCI ） |
| :---: |

↓

| 战略情报局（1942 年 6 月 13 日）<br>（ the Office of Strategic Service, OSS ） |
| :---: |

↓

| 战略情报团（1945 年 10 月 1 日）<br>（ the Strategic Services Unit, SSU ） |
| :---: |

↓

| 中央情报组和全国情报局（1946—1947 年）<br>（ the Central Intelligence Group（CIG）, the National Intelligence Authority（NIA）） |
| :---: |

↓

| 中央情报局（1947 年 9 月 18 日）<br>（ the Central Intelligence Agency, CIA ） |
| :---: |

## 表十二：美国对外文化事务咨询委员会变更表（1）

美国对外文化事务机构的咨询委员会最早是 1938 年文化关系处建立的时候同时建立了一个总咨询委员会，该委员会随着文化关系处的解体而结束使命。后来根据 1948 年信息与教育交流法（即通常所说的《史密斯—蒙特法》或者叫第 402 号公法）建立的信息咨询委员会和教育交流咨询委员会。

根据《1961 年教育与文化相互交流法》（即通常所说的《富布赖特—海斯法》或者叫第 87—256 号公法）建立的机构国际教育与文化事务咨询委员会（the U. S. Advisory Commission on International Educational and Cultural Affairs）取代了 1948 年建立的教育交流咨询委员会，但并没有撤销信息咨询委员会。①

按照 1977 年 11 月美国总统第 2 号重组计划第 8 款规定，1977 年 12 月 12 日建立国际交流、文化和教育事务咨询委员会（the U.S. Advisory Commission on International Communication, Cultural, and Educational Affairs），同时撤销国际教育与文化事务咨询委员会和信息咨询委员会。该重组计划还规定建立国际交流署同时撤销新闻署。② 该重组计划在 1977 年 12 月 11 日得到国会批准并在 1978 年 4 月 1 日起生效。③1979 年 4 月 3 日美国第 96 届国会第 1 次会议收到国会外事委员会委员法赛尔（Fascell）提交的法案，题目为"授权 1980—1981 财年为国务院、国际交流署和国际广播委员会拨款"，第 203 款（f）将原来监管国际交流署的美国国际交流、文化和教育事务咨

---

① http://www.constitution.org/.

② http://www.gpo.gov/, p.139.

③ The United States Advisory Commission on International Educational and Cultural Affairs, Washington, D. C. 20520, April 1, 1978. http://libinfo.uark.edu/specialcollections/findingaids/cuaid/index.html, Box 191, folder 5.

询委员会更名为美国公共外交咨询委员会（the U. S. Advisory Commission on Public Diplomacy）。①

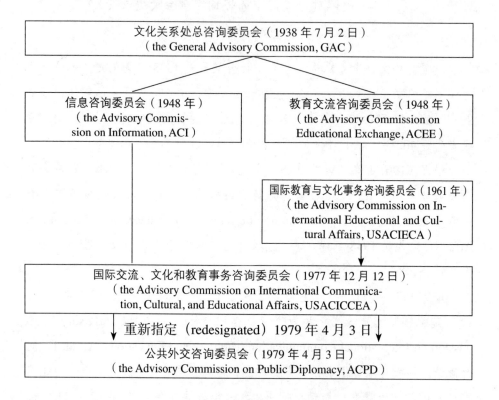

文化关系处总咨询委员会（1938 年 7 月 2 日）
（the General Advisory Commission, GAC）

信息咨询委员会（1948 年）
（the Advisory Commission on Information, ACI）

教育交流咨询委员会（1948 年）
（the Advisory Commission on Educational Exchange, ACEE）

国际教育与文化事务咨询委员会（1961 年）
（the Advisory Commission on International Educational and Cultural Affairs, USACIECA）

国际交流、文化和教育事务咨询委员会（1977 年 12 月 12 日）
（the Advisory Commission on International Communication, Cultural, and Educational Affairs, USACICCEA）

重新指定（redesignated）1979 年 4 月 3 日

公共外交咨询委员会（1979 年 4 月 3 日）
（the Advisory Commission on Public Diplomacy, ACPD）

**表十三：美国对外文化事务咨询委员会变更表（2）**

除了上述对外文化事务咨询委员会以外，美国还有两个文化事务咨询委员会，负责对美国的国际教育与文化关系问题的咨询工作。这两个委员会与

---

① 　U.S. Congressional Serial Set Vol. No. 13289, Session Vol. No.2 96$^{th}$ Congress, 1$^{st}$ Session H.Rpt. 81, Title: Authorizing appropriations for fiscal years 1980 and 1981 for the Department of State, the International Communication Agency, and the Board for International Broadcasting. April 3, 1979. – Committed to the Committee of the Whole House on the State of the Union and ordered to be printed. pp.17, 26. http://infoweb.newsbank.com/.

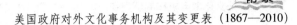

上述委员会没有关联。

| 国际教育与文化事务咨询委员会（1961 年 9 月 21 日）<br>（the U.S. Advisory Commission on International Educational and Cultural Affairs, ACIECA） |
| :---: |

↓

| 文化关系咨询委员会（2003 年 7 月）<br>（the Advisory Committee on Cultural Relations, ACCR） |
| :---: |

## 表十四：美国对外文化事务其他机构变更表（1）

美国还有一些不是专门负责对外文化事务的机构但也参与对外文化事务活动。

| 心理战略委员会（1951 年 4 月 4 日）<br>（the Psychological Strategy Board, PSB） |
| :---: |

↓

| 行动协调委员会（1952 年 9 月 2 日）<br>（the Operations Coordinating Board, OCP） |
| :---: |

## 表十五：美国对外文化事务其他机构变更表（2）

| 总统国际信息行动委员会（1953 年 1 月 24 日）<br>（President's Committee on International Information Activities, CIIA）<br>杰克逊委员会（Jackson Committee） |
| :---: |

↓

| 总统国外信息行动委员会（1959 年 12 月 2 日）<br>（President's Committee on Information Activities Abroad, PCIAA）<br>斯普瑞格委员会（Sprague Committee） |
| :---: |

## 表十六：美国对外文化事务其他机构变更表（3）

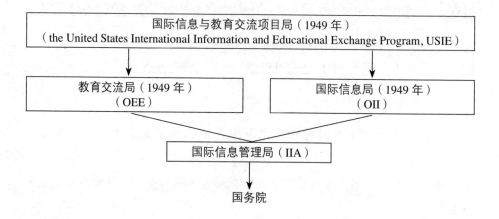

┌─────────────────────────────────────────────────────────┐
│ 国际信息与教育交流项目局（1949 年）                      │
│（the United States International Information and Educational Exchange Program, USIE）│
└─────────────────────────────────────────────────────────┘

┌──────────────────────┐          ┌──────────────────────┐
│ 教育交流局（1949 年）│          │ 国际信息局（1949 年）│
│（OEE）               │          │（OII）               │
└──────────────────────┘          └──────────────────────┘

            ┌─────────────────────────┐
            │ 国际信息管理局（IIA）   │
            └─────────────────────────┘

                    国务院

## 表十七：美国对外文化事务其他机构变更表（4）

┌─────────────────────────────────────────────────────────┐
│ 美国文化处（信息局）（the United States Information Service, USIS）│
│（下列机构都有文化处）                                   │
└─────────────────────────────────────────────────────────┘

1917 年，公共信息委员会（the Committee on Public Information, CPI）

1934 年，国家行政委员会（the National Executive Council, NEC）

1939 年，政府报告办公室（the Office of Government Reports, OGR）

1944 年，公共信息局（the Office of Public Information, OPI）

1945 年，国际信息与文化事务局（the Office of International Information and Cultural Affairs, OIICA）

1947 年，国际信息与教育交流局（the Office of International Information and Educational Exchange, OIIEE）

1948 年，国际信息局（the Office of International Information, OII）

1953 年 6 月 1 日，新闻署（the United States Information Agency, USIA）

1960 年，教育与文化事务局（the Bureau of Educational and Cultural Affairs, BECA）

## 表十八：美国对外文化事务其他机构变更表（5）

> （新闻署）项目局（1953 年）
> （Bureau of Programs）

↓

> （新闻署）信息局（1994 年）
> （Information Bureau）

↓

> （国务院）国际信息项目局（1999 年）
> （the Office of International Information Programs, OIIP）

## 表十九：美国针对恐怖主义的宣传机构表

1991 年苏联解体以后，美国国际战略发生重大变化，长期以来的冷战结束并进入后冷战时期，反共意识形态斗争的需要结束，美国新闻署也随之解体，国际文化事务全部归属国务院的教育与文化事务局。美国成立了国际战略通讯办公室，负责国际文化交往事宜。但此时国际恐怖主义已显现出对各国的威胁，美国也开始面临反恐事务，战略通讯办公室虽然当时还不是一个反恐机构，但已经开始了此方面的准备。2001 年恐怖主义袭击美国世界贸易大楼和五角大楼以后，反恐成为美国国际战略的重要内容之一，如何借助对外文化事务反对恐怖主义成为美国政府的一个重要任务，因此相继建立了从事反恐的宣传机构。

> 战略通讯办公室（1999 年）
> （the Office of Strategic Communication, OSC）

↓

> 战略影响局（2001 年）
> （the Office of Strategic Influence, OSI）

↓

| 联合信息中心（2001 年 9 月 11 日）<br>（the Coalition Information Center, CIC） |
| --- |

↓

| 全球通讯局（2003 年 1 月 21 日）<br>（the Office of Global Communications, OGC） |
| --- |

↓

| 战略反恐通讯中心（2010 年 9 月）<br>（the Center for Strategic Counterterrorism Communications, CSCC） |
| --- |

## 表二十：国际开发署沿革表

美国国际开发署建立于 1961 年肯尼迪政府时期，目的是帮助发展中国家发展经济和文化教育，一般人都知道国际开发署所从事的经济援助活动，但很少有人了解国际开发署从事的对外教育与文化事务也十分多，并成为美国国际文化事务的重要组成部分。

1943 年，美洲国家教育基金会（the Inter-American Education Foundation）建立，这是美洲国家事务协调局下属的一个政府教育运行的合作机构。1946 年，该基金会解体并成为美洲国家事务协会教育处（the Education Division of the Institute of Inter-American Affairs），该机构仍旧是政府合作机构。1953 年，美洲国家事务协调局的所有运行处解体，与美洲国家事务协会合并成为对外行动管理局（the Foreign Operations Administration）。1955 年，该机构更名为国际合作管理局（the International Cooperation Administration）。1961 年，国际合作管理局被合并到开发贷款基金会（the Development Loan Fund），并更名为国际开发署（the Agency for International Development）。国际开发署设有东亚局、拉美局、近东南亚局和非洲局。该局所属的教育与人力资源开发处（the Education and Human Resources Service）负责相关事宜的协调、研究与政策导向。①

| 美洲国家教育基金会（1943 年）<br>（the Inter-American Education Foundation, IEF） |
| --- |

↓

| 美洲国家事务协会教育处（1946 年）<br>（the Education Division of the Institute of Inter-American Affairs, EDIIA） |
| --- |

↓

| 对外行动管理局（1953 年）<br>（the Foreign Operations Administration, FOA） |
| --- |

↓

| 国际合作管理局（1955 年）<br>（the International Cooperation Administration, ICA） |
| --- |

↓

| 开发贷款基金会（1961 年）<br>（the Development Loan Fund, DLF） |
| --- |

↓

| 国际开发署（1961 年）<br>（the Agency for International Development, AID） |
| --- |

## 表二十一：美国之音归属表

| 信息协调局（1942 年 2 月 24 日，该局下属的外国信息处建立美国之音广播站）<br>（the Office of the Coordinator of Information, OCI） |
| --- |

↓

| 战时信息处（1942 年 6 月 13 日归属）<br>（the Office of War Information, OWI） |
| --- |

↓

---

① U.S. Congressional Serial Set Vol. No. 12808-4, Session Vol. No.4-4 90th Congress, 2nd Session H.Doc. 398, Title: Federal educational policies, programs, and proposals. A survey and handbook. Part II, Survey of Federal Educational Activities.Prepared in the Legislative Reference Service of the Library of Congress by Charles A. Quattlebaum. Specialist in Education.December 1968. p.14. http://infoweb.newsbank.com/.

| 国际信息与文化事务局（1945 年 8 月 31 日归属）<br>（the Office of International Information and Cultural Affairs, OIICA） |
| :---: |

↓

| 新闻署（1953 年 6 月 1 日归属）<br>（the United States Information Agency, USIA） |
| :---: |

↓

| 克林顿政府时期有短暂时期为独立机构 |
| :---: |

↓

| 全球通讯局（2003 年 1 月 21 日）<br>（the Office of Global Communications, OGC） |
| :---: |

## 表二十二：美国对外广播机构继承表

有关美国对外广播活动，人们都知道美国之音，并不了解美国其他对外广播机构。事实上美国早在 1934 年就开始了对外广播活动。1934 年 6 月 19 日，美国第 73 届国会第 1 次会议"1934 年通讯法（the Communications Act of 1934）"，是为第 416 号公法，即美国各州之间、美国与外国之间通过无线电或者电台进行联系及其他目的的活动规则。法律规定，建立联邦通讯委员会（the Federal Communications Commission, FCC）负责执行该法规定的各款项。委员会由总统任命的 7 人组成，总部设在哥伦比亚特区，但如果有必要该委员会可以在美国任何地方举行会议，每年向国会提交报告一次。该委员会有权批准或禁止无线电广播及电台活动体的活动。在本法公布 60 天内，所有无线电团体、个人和官员都必须经该委员会核定批准，否则视为非法。1934 年联邦通讯委员会建立以后，按照 1888 年 8 月 7 日州际间商务法（the Interstate Commerce Act）建立的州际间商务委员会（the Interstate Commerce Commission）、建国以来就存在的邮政局长（the Postmaster General）和按照 1927 年 2 月 23 日广播电台法（the Radio Act of 1927）成立的联邦广播电台委员会（the Federal Radio Commission）的权力全部归属联邦通讯委

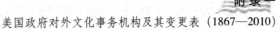
员会。①1941 年 2 月 26 日，总统下令建立外国广播监听处（Foreign Broad-cast Monitoring Service, FBMS），归属与联邦通讯委员会。监听处的各个台站负责对交战国、敌占区和中立国的新闻广播、相关信息或者政治宣传的监听、记录、编译和分析，并向有关机构报告。1942 年 7 月 28 日，联邦通讯委员会将外国广播监听处更名为联邦通讯委员会外国广播情报处（Federal Broadcast Intelligence Service, FBIS）。1945 年，外国广播情报处归属美国陆军部，1945 年 12 月 30 日，根据美国陆军部长的命令，外国广播情报处归属陆军总参谋部军事情报处，1946 年 8 月 5 日，联邦通讯委员会和陆军部协商将其归属到全国信息局中央情报组（the Central Intelligence Group, National Intelligence Authority）。此后的变化是：1946 年 11—12 月，继续从属于中央情报组并仍然叫做外国广播情报处，1947 年 1—9 月继续从属于中央情报组并更名为外国广播信息分部（Foreign Broadcast Information Branch），1947 年开始归属中央情报局，仍然叫做外国广播情报处。

| 联邦广播电台委员会（1927 年 2 月 23 日）<br>（the Federal Radio Commission, FRC） |
| :---: |
| ↓ |

| 联邦通讯委员会（1934 年 6 月 19 日）<br>（the Federal Communications Commission, FCC） |
| :---: |
| ↓ |

| 外国广播监听处（1941 年 2 月 26 日）<br>（Foreign Broadcast Monitoring Service, FBMS） |
| :---: |
| ↓ |

| 美国之音（1942 年 2 月 24 日）信息协调局下属的外国信息处建立美国之音广播站<br>（the Voices of America, VOA） |
| :---: |
| ↓ |

| 外国广播情报处（1942 年 7 月 28 日）<br>（the Foreign Broadcast Intelligence Service, FBIS） |
| :---: |
| ↓ |

---

① http://www.constitution.org/uslaw/sal/048_itax.pdf.

```
┌────────────────────────────────────────────────────┐
│        外国广播信息分部（1947 年 1—9 月）              │
│  （Foreign Broadcast Information Branch, FBIB）        │
└────────────────────────────────────────────────────┘
                        ↓
┌────────────────────────────────────────────────────┐
│        国际广播委员会（1973 年 10 月 19 日）            │
│  （the Board for International Broadcasting, BIB）     │
└────────────────────────────────────────────────────┘
                        ↓
┌────────────────────────────────────────────────────┐
│        广播管理委员会（1994 年 11 月 1 日）            │
│  （the Broadcasting Board of Governors, BBG）         │
└────────────────────────────────────────────────────┘
                        ↓
┌────────────────────────────────────────────────────┐
│        全球通讯局（2003 年 1 月 21 日）                │
│  （Office of Global Communications, OGC）             │
└────────────────────────────────────────────────────┘
```

## 表二十三：美国政府对外文化事务机构总表

1.1867 年，国际文化与教育关系局（the Bureau of International Cultural & Educational Relations, BICER）

2.1917 年 4 月 14 日，公共信息委员会（the Committee on Public Information, CPI）

3.1920 年，比利时—美国教育基金会（the Belgian-American Educational Foundation, BEF）

4.1927 年 2 月 23 日，联邦广播电台委员会（the Federal Radio Commission, FRC）

5.1934 年 3 月，美国文化处（the United States Information Service, USIS）

6.1934 年 6 月 19 日，联邦通讯委员会（the Federal Communications Commission, FCC）

7.1938 年 5 月，各行政部门与独立机构委员会（the Committee of Executive Departments and Independent Agencies, CEDIA）

8.1938 年 7 月 27 日，文化关系处（Division of Cultural Relations, DCR）

9. 1938 年 8 月，国际通讯处（Division of International Communication, DIC）

10. 1938 年 10 月，部门间与拉美国家合作委员会（the Interdepartmental Committee on Cooperation with the American Republics, ICCAR）

11. 1938 年 10 月，美国与拉美国家合作委员会（the Committee on Cooperation with the American Republics, CCAR）

12. 1940 年 8 月 16 日，美洲国家商务与文化关系协调局（the Office for Coordination of Commercial and Cultural Relations between the American Republics, OCCCRAR）

13. 1941 年 2 月 26 日，外国广播监听处（Foreign Broadcast Monitoring Service, FBMS）

14. 1941 年 7 月 11 日，信息协调局（the Office of the Coordinator of Information, OCI）

15. 1941 年 7 月，美洲国家事务协调局（the Office of the Coordinator of Inter-American Affairs, OCIAA）

16. 1942 年 2 月 24 日，美国之音（the Voices of America, VOA）

17. 1942 年 3 月 31 日，美洲国家事务协会（the Institute of Inter-American Affairs, IIAA）

18. 1942 年 6 月 13 日，战略情报局（the Office of Strategic Service, OSS）（参与对外文化事务的信息机构）

19. 1942 年 6 月 13 日，战时信息处（the Office of War Information, OWI）

20. 1942 年 7 月 28 日，外国广播情报处（Federal Broadcast Intelligence Service, FBIS）

21. 1944 年，科学、教育与艺术处（Division of Science, Education, and Art, DSEA）

22. 1944 年 1 月 15 日，公共信息局（the Office of Public Information, OPI）

23. 1944 年 1 月 15 日，文化合作局（Division of Cultural Cooperation, DCC）

24. 1944 年 11 月 20 日，公共事务局（the Office of Public Affairs, OPA）

25.1944 年 12 月 20 日，助理国务卿公共与文化事务处（Assistant Secretary of State in Charge of Public and Cultural Affairs）

26.1945 年 3 月 23 日，美洲国家事务局（the Office of Inter-American Affairs, OIAA）

27.1945 年 8 月 31 日，临时国际信息局（the Interim International Information Service, IIIS）

28.1945 年 8 月 31 日，国际信息与文化事务局（Office of International Information and Cultural Affairs, OIICA）

29.1946 年，国际文化事务局（the Office of International Cultural Affairs, OICA）

30.1946 年，国际新闻出版处（the International Press and Publication Division, IPPD）

31.1946 年，部门间科学与文化合作委员会（the Interdepartmental Committee for Scientific and Cultural Cooperation, SCC）

32.1946 年 4 月 10 日，美洲国家事务协会（the Institute of Inter-American Affairs, IIAA）

33.1946 年 8 月 5 日，中央情报组（the Central Intelligence Group of National Intelligence Authority）

34.1947 年 9 月 18 日，中央情报局（the Central Intelligence Agency, CIA）（参与对外文化事务的信息机构）

35.1947 年，国际信息与教育交流局（Office of International Information and Educational Exchange, OIIEE）

36.1947 年，国际教育交流理事会（the Council on International Educational Exchange, CIEE）

37.1947 年 1—9 月，外国广播信息分部（Foreign Broadcast Information Branch, FBIB）

38.1948 年，教育交流局（the Office of Educational Exchange, OEE）

39.1948 年，国际信息局（the Office of International Information, OII）

40.1948 年 1 月 27 日，教育交流咨询委员会（the Advisory Commission on Educational Exchange, ACEE）

41.1948 年 1 月 27 日，信息咨询委员会（the Advisory Commission on Information, USACI）

42.1949 年，国际信息与教育交流项目局（the International Information and Educational Exchange Program, IIEEP）

43.1950 年，部门间技术合作咨询委员会（the Interdepartmental Advisory Council on Technological Cooperation, IACTC）

44.1951 年 4 月 4 日，心理战略委员会（the Psychological Strategy Board, PSB）

45.1952 年，国际信息管理局（the International Information Administration, IIA）

46.1952 年 9 月 2 日，行动协调委员会（Operations Coordinating Board, OCB）

47.1953 年 1 月 24 日，总统国际信息行动委员会（President's Committee on International Information Activities, CIIA），即杰克逊委员会（Jackson Committee）

48.1953 年 6 月 1 日，新闻署（the United States Information Agency, USIA）

49.1955 年 5 月 9 日，国际合作管理局（the International Cooperation Administration, ICA）

50.1959 年，教育与文化关系局（the Bureau of Educational and Cultural Relations, BECR）

51.1959 年 12 月 2 日，总统国外信息行动委员会（President's Committee on Information Activities Abroad, PCIAA），即斯普瑞格委员会（Sprague Committee）

52.1960 年 4 月 17 日，教育与文化事务局（the Bureau of Educational

and Cultural Affairs, BECA）

53.1961 年 3 月 1 日，和平队（the Peace Corps, PC）

54.1961 年 6 月 1 日，国际文化关系局（the Bureau of International Cultural Relations, BICR）

55.1961 年 9 月 21 日，国际教育与文化事务咨询委员会（the United States Advisory Commission on International Educational and Cultural Affairs, ACIECA）

56.1961 年 11 月 3 日，国际开发署（the Agency for International Development, AID）

57.1965 年 7 月 1 日，公共事务联合办公室（the Joint U.S. Public Affairs Office, JUSPAO）

58.1973 年 10 月 19 日，国际广播委员会（the Board for International Broadcasting, BIB）

59.1977 年 12 月 12 日，国际交流、文化和教育事务咨询委员会（the Advisory Commission on International Communication, Cultural, and Educational Affairs, ACICCEA）

60.1978 年 3 月 27 日，国际交流署（the International Communication Agency, ICA）

61.1979 年 4 月 3 日，公共外交咨询委员会（the Advisory Commission on Public Diplomacy, ACPD）

62.1980 年 5 月 4 日，国际事务局（the International Affairs Office, IAO）

63.1994 年 11 月 1 日，广播管理委员会（Broadcasting Board of Governors, BBG）

64.1999 年 10 月 1 日，国际信息项目局（the Bureau of International Information Programs, BIIP）

65.1999 年，战略通讯办公室（the Office of Strategic Communication, OSC）

66.1999 年 10 月 1 日，副国务卿公共外交与公共事务办公室（the Office

# 国内外有关美国对外文化事务机构的研究现状

## （一）国外研究现状

### 1. 英文著作

根据笔者掌握的情况，还没有见到美国学界有关美国对外文化事务机构（1917—2010 年）的专著，但涉及其中某些机构和某些问题的专著比较多。就其内容大体可以分为这样几个方面：

（1）**美国对外文化事务与外交关系的相关专著**

为了 1962 年 10 月 8—21 日在哥伦比亚大学哈里曼分校雅典楼（Arden House, the Harriman Campus of Columbia University）举行的"第 22 届文化事务与外交关系美国会议（the Twenty-second American Assembly, Cultural Affairs an Foreign Relations）"，由罗伯特·布卢姆主编了一个《文化事务与外交关系》论文集（Robert Blum, *Cultural Affairs and Foreign Relations*, Englewood Cliffs, N. J.: Prentice-Hall, Inc., 1963.）。该文集在 1963 年出版，收

of the Under Secretary of State for Public Diplomacy and Public Affairs, PDPA）

67.1999 年 8 月，国际公共信息团（the International Public Information Group）

68.2001 年 10 月 30 日，战略影响局（the Office of Strategic Influence, OSI）

69.2001 年 9 月 11 日，信息中心联盟（the Coalition Information Center, CIC）

70.2002 年，战略通讯政策协调委员会（the Strategic Communication Policy Coordinating Committee, SCPCC）

71.2003 年 1 月 21 日，全球通讯局（the Office of Global Communications, OGC）

72.2006 年，公共外交和战略通讯政策协调委员会（Policy Coordinating Committee for Public Diplomacy and Strategic Communication, PCC）

73.2008 年，战略预案中心（the Strategic Engagement Center, SEC）

74.2008 年，全球战略预案中心（the Global Strategic Engagement Center, GSEC）

75.2010 年 9 月，战略反恐通讯中心（the Center for Strategic Counterterrorism Communications, CSCC）

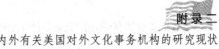
入了 5 篇有关美国对外文化机构及其活动的论文。① 1968 年，该论文集由保罗·J.布雷斯特德重新编辑出版，内容还是 5 篇文章，但其中有两篇换成了另外的文章（Paul J. Braisted, *Cultural Affairs and Foreign Relations*, Washington, D. C.: Columbia Books, Publishers, 1968.）。② 这两本书名一样内容基本相同的论文集对美国文化关系处、美国战时信息处、美国新闻署、国际开发署、美国和平队等 1963 年以前建立的美国对外文化事务机构进行了介绍，对 20 世纪前半期美国对外文化教育与科技扩张和交流活动进行了比较多的描述。这两本书是美国学界较早介绍美国对外文化事务机构及其文化扩张活动的论著，其中罗伯特·布卢姆主编那本《文化事务与外交关系》曾被翻译成中文出版（世界知识出版社 1965 年版）。但是，这两本书的最主要缺陷是基本没有使用原始档案材料。当然，书中的说法基本是正确的。

（2）美国对外文化事务机构的相关专著

本书涉及的美国主要对外文化事务机构是国务院的教育与文化事务局和独立机构新闻署，但笔者没有找到有关教育与文化事务局的专著，有关新闻署的论著有一些。例如，尼古拉斯·J.卡尔的《冷战与美国新闻署：美国对外宣传与公共外交，1945—1989》（Nicholas J. Cull, *The Cold War and the United States Information Agency, American Propaganda and Public Diplomacy, 1945-1989*, New York: Cambridge University Press, 2008.）对美国新闻署建立前后的美国文化事务机构都进行了介绍和评价。尽管该书主要论述的是美国新闻署，但对其他文化事务机构也有一定的涉及。该书最大的特点是广泛利用了所能找到的各种文献和研究著作，包括美国国会图书馆的美国安全委员会档案（NSC）、美国外交文件（FRUS）、美国国家安全数字档案（DNSA）等。尼古拉·库尔的《美国新闻署的衰亡，1989—2001 年的美国公共外交》

---

① Robert Blum, *Cultural Affairs and Foreign Relations,* Englewood Cliffs, N. J.: Prentice-Hall, Inc., 1963. preface.

② Paul J. Braisted, *Cultural Affairs and Foreign Relations,* Washington, D. C.: Columbia Books, Publishers, 1968.

（Nicholas J. Cull, *The Decline and Fall of the United States Information Agency, American Public Diplomacy, 1989-2001*, Macmillan: Palgrave, 2012.）一书对新闻署的兴衰及其原因、新闻署解体后美国公共外交的基本特征等问题进行了十分缜密的考察和分析。艾伦·汉森的《计算机时代美国新闻署的公共外交》（Allen C. Hansen, *USIA Public Diplomacy in the Computer Age*, New York: Praeger, 1984.）也对新闻署进行了比较透彻的分析。此外，还有一些讨论美国政府文化机构的专著，例如松梅尔·桃瑞丝的《美国的文化机构》（Sommer, Doris., *Cultural Agency in the Americas*, Durham: Duke University Press, 2006.）、威尔逊·詹姆斯的《官僚机构：政府机构干什么和为什么那么做》（Wilson, James Q., *Bureaucracy : What Government Agencies Do and Why They Do it*, Basic Books, Inc ., 1989.）等。

（3）美国文化外交的相关专著

约翰·伦乔夫斯基的《全面外交与伟大战略：美国外交政策结构与文化的重建》（John Lenczowski, *Full Spectrum Diplomacy and Grand Strategy :Reforming the Structure and Culture of U.S. Foreign Policy*, New York: Lexington Books, 2011）一书对美国外交中文化因素的缺失及其产生的后果进行了比较实际的考察和论证，其中包括美国外交政策中文化影响的缺失、与其他国家相互理解战略的不足、全球战略计划中的文化支撑等，这些论述对本书具有一定的参考价值。该书认为"公共信息委员会"是美国政府官方第一个对外信息政策的机构，[①] 这一评价比较贴切。但该书理论论述充分而史实内容不多。

艾米丽·S.罗斯伯格《美国梦的扩散，美国经济与文化扩张1890—1945》（Emily S. Rosenberg, *Spreading the American Dream, American Economic and Cultural Expansion 1890-1945*, New York: Hill and Wang, 1982.）一书对

---

① John Lenczowski, *Full Spectrum Diplomacy and Grand Strategy: Reforming the Structure and Culture of U.S. Foreign Policy*, New York: Lexington Books, 2011. p. 27.

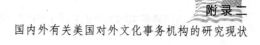

美国经济与文化扩张进行了比较充分的说明，其中对美国文化扩张的内容给笔者一定的提示，例如该书认为，公共信息委员会是第一个美国官方试图将世界转变为在美国引领之下的机构，①这一结论足以说明公共信息委员会是美国第一个官方对外文化扩张的机构。此外，该书还对美国文化关系处等其他对外文化事务机构进行了叙述。但由于该书是对美国经济与文化扩张两个方面进行的探讨，因此文化扩张的内容不是很全面。

理查德·T.阿恩特《王者的第一个胜地：20世纪美国文化外交》，(Richard T. Arndt, *The First Resort of Kings: American Cultural Diplomacy in the Twentieth Century*, Washington, D. C.: Potomac Books, Inc., 2005.) 一书对20世纪美国各种对外文化事务机构中的重要人物进行了比较详尽的介绍和评价，其中涉及一些对外文化事务机构。他在书中认为，美国的"第一位宣传部长"就是"公共信息委员会"第一任主席乔治·克里尔，克里尔为美国新闻署领导人树立了一个形象，尽管他在1953年美国新闻署建立前就已经去世，而且在1919年就离开了官场，但他的形象对于后来美国新闻署的领导人具有重要的导向作用。其实，早在美国参战前6个月，威尔逊就请克里尔组建"公共信息委员会"。在"公共信息委员会"存在的2年多时间里，它给美国带来的变化并不比第一次世界大战少，它的一些分支机构帮助美国转变了自己的一些观念，"公共信息委员会"是美国政府文化信息与政治外交宣传的正式结合体，触及到了美国生活的方方面面。第一次世界大战使美国政府开始考虑一些知识方面的问题，包括如何收集信息、美国教育在外国的作用、与外国人进行交流的价值以及在战争期间如何区分敌友等。②该书共有24章，主要介绍了公共信息委员会、文化关系处、美国新闻署等重要对外文化事务机构，因此，该书对本书具有一定的参考价值。尽管该书引证了一些当事人

---

① Emily S. Rosenberg, *Spreading the American Dream, American Economic and Cultural Expansion 1890-1945,* New York: Hill and Wang, 1982, p. 79.

② Richard T. Arndt, *The First Resort of Kings: American Cultural Diplomacy in the Twentieth Century*, Washington, D. C.: Potomac Books, Inc., 2005, pp. 25-28.

的回忆录和其他美国学者的研究著作，但该书基本没有使用美国国会档案、外交文件和美国历史文档等原始资料。

**（4）美国对外文化事务的相关专著**

由费正清所著《美国在中国的文化实验，1942—1949》（Fairbank, Wilma, *America's Cultural Experiment in China, 1942-1949*, Honolulu: University Press of the Pacific, 2005.）一书对美国在 1942—1949 年间在中国从事的文化扩张活动进行了比较详尽的介绍，其中包括对中国项目的建立、华盛顿与重庆政府的文化往来、私人文化机构的合作、美国专家来中国工作、中国学者访问美国、中国学生去美国留学、富布赖特项目对中国的实施等都进行了介绍，其中涉及本书的美国对外文化事务机构主要是文化关系处。但是，费正清认为 1942 年美国在中国的文化实验的"直接目的是在教育、公共健康、环境卫生、农业、机械等方面援助中国"，从 1942 年开始由国务院发起、由文化关系处执行的在中国的文化交流项目到 1949 年由于中美断交而结束。也就是说，费正清并没有把美国在此期间对中国的文化交流活动看成文化扩张。①

简·梅里森撰写的《新公共外交：国际关系中的软权力》（Melissen, Jan., *The New Public Diplomacy: Soft Power in International Relations*, Basingstoke: Palgrave MacMillan, 2005.）一书在理论上对公共外交问题进行了充分论述，其中涉及的一些内容对本书有帮助。他认为，在公共外交讨论中需要注意 3 个词：宣传、国家品牌和对外文化关系。这 3 个词都是美国对外文化扩张中经常注意的问题，因此，该理论性著作对本书有一定意义。②

南希·斯诺的《宣传是向世界出售美国文化的有限公司》（Nancy Snow, *Propaganda, INC. Selling American's Culture to the World*, New York: Seven Sto-

---

① Wilma Fairbank, *America's Cultural Experiment in China, 1942-1949,* Honolulu: University Press of the Pacific, 2005. p. vii.

② Jan Melissen, *The New Public Diplomacy: Soft Power in International Relations*, Basingstoke: Palgrave MacMillan, 2005. p.16.

ries Press, 2010.）对美国文化宣传进行了比较实际的评说。作者是一个曾经在西德工作的美国富布赖特学者，对美国文化扩张行径是十分清楚的。他指出，事实上，专门从事对外文化扩张的新闻署每年的政府拨款都在 10 亿美元左右，可见美国政府在对外文化扩张方面多么舍得花本钱。①

（5）**美国对外宣传的相关专著**

从 1917 年公共信息委员会建立以后，美国极力弥补在对外宣传方面与欧洲国家的差距，冷战开始后意识形态斗争更使政治宣传成为公共外交的重要工具。因此，近年来有关美国对外宣传的论著比较多，其中主要有菲兹休·格林的《美国的对外宣传》（Fitzhugh Green, *American Propaganda Abroad*, New York: Hippocrene Books, 1988.）、劳拉·贝尔蒙特的《贩卖美国之路，冷战时期美国的宣传》（Laura A. Belmonte, *Selling the American Way, U. S. Propaganda and the Cold War*, Philadelphia: University of Pennesyvania Press, 2008.）、弗兰克·宁科维奇的《思想外交：1938—1950 年的美国外交政策与文化关系》（Frank A. Ninkovich, *The Diplomacy of Idea, U. S. Foreign Policy and Cultural Relations, 1938–1950*, Cambridge: Cambridgr University Press, 1981.）、南希·斯诺的《信息战，9.11 以来美国的宣传、言论自由和观点控制》（Nancy Snow, *Information War, American Propaganda, Free Speech and Opinion Control since 9–11*, New York: Seven Stories Press, 2003.）、南希·斯诺的《宣传，美国文化走向世界的有限公司》（Snow, Nancy., *Propaganda, Inc. Selling American's Culture to the World*, New York: Seven Stories Press, 2010.）、温克勒·阿兰的《宣传政治：1942—1945 年的战时信息处》（Winkler, Allan M, *The Politics of Propaganda: The Office of War Information, 1942–1945*, New Haven, CT: Yale University Press, 1978.）。

---

① Nancy Snow, *Propaganda, INC. Selling American's Culture to the World*, New York: Seven Stories Press, 2010. p.77.

（6）美国对外教育交流问题的相关专著

李宏山的《美中教育交流：国家、社会和文化关系，1905—1950》，(Hongshan Li, *U.S.- China Educational Exchange: State, Society, and Intercultural Relations, 1905-1950*, Rutgers University Press 2008.) 一书对中美早期教育与文化交流进行了比较全面的介绍。兰多夫·维克的《忽略国外：美国教育与文化外交政策与副国务卿办公室》(Randolph Wieck, *Ignorance Abroad: American Educational and Cultural Foreign Policy and the Office of Assistant Secretary of State*, Washington: Brookings Institution, 1966.) 等专著也对早期中美文化关系有所介绍。

## 2. 英文学位论文

笔者所掌握的美国英文博士论文中全面阐述美国对外文化事务机构历史变迁的论文还没有见到，讨论某一个对外文化事务机构的论文也不是很多。在相关论文中，比较突出的有：

杰弗里·科尔·米德尔布鲁克的《里根时期的教育与文化事务局和美国公共外交：目的、政策、项目与表现》(The Bureau of Educational and Cultural Affairs and American public diplomacy during the Reagan years: Purpose, policy, program, and performance) 认为，由新闻署执行的美国公共外交实际上实行的是两条腿走路的方针，即一方面进行各种信息项目；另一方面从事教育与文化项目。随着里根当选美国总统，新闻署所管辖的教育与文化事务局地位得到提高。观察家们最初认为，新闻署过分强调信息在文化和教育中的作用，同时又过度地将文化和教育项目政治化了。国会对新闻署的保护使得该署进入到一个繁盛时期，然而，有关将教育与文化事务局从新闻署中分离出来的呼声还在继续。该论文考察、描述和评价了1981—1989年美国新闻署教育与文化事务局的行动目标、执行项目及其表现，并试图回答这样3个基本问题：第一，在此时期内教育与文化事务局在哪些方面以什么方式得到提高或削弱？第二，该局的提高或者削弱的动力来自哪里？第三，这些变化对现有机构产生了哪些影响？文章最后认为，教育与文化事务局留在新闻署是最好的选择。该博士论文在第二章回顾了美国对外文化事务机构的历史，简述了公共信息委员会、文化关系处、美洲国家间商务与文化关系协调局、美国信息局、战时信息处、战略情报局及其后来演变为中央情报局、美洲国家事务协调局、1944 年文化关系处更名为科学、教育与艺术处，后又更名为公共信息局、此后又更名为公共事务局、此后又更名为文化合作处、1946 年更名为国际信息与文化事务局、国际信息与文化事务署、国际信息与教育交流局、教育交流咨询委员会、美国信息咨询委员会、国际信息署、新闻署、1959 年建立的国际文化关系局、1960 年更名为教育与文化事务局。但是，该文仅仅对这些对外文化事务机构进行了简单介绍而没有更详尽地说明其变更过程，也没有具体分析其原因。①

阿曼达·伍德·奥库安的《美国生活方式的解构：赫鲁晓夫时代苏联对文化交流与美国信息的回应》（Deconstructing the American way of life: Soviet responses to cultural exchange and American information activity during the Khrushchev years）认为，在赫鲁晓夫时代，苏联对一些国家进行了文化扩张，这种扩张是在政府控制国际文化政策的情况下进行的，公开与美国文化扩张竞争，但同时苏联又希望与美国建立文化关系。美国国务院试图将美国生活方式的整体形象向全世界出售，同时又想用宣传来诋毁苏联的文化扩张，苏联也开始用宣传的方式来回敬美国。美国在苏联心目中的形象与美国新闻署所宣传的形象大相径庭，国务院也与新闻署一样大肆向全世界宣传美国。与此同时，苏联通过各种印刷品来诋毁美国生活方式的宣传。②

盖里·D.海德的《民主与独裁：美国在拉丁美洲的共和使命，1936—

---

① Geoffrey Cole Middlebrook, "The Bureau of Educational and Cultural Affairs and American public diplomacy during the Reagan years: Purpose, policy, program, and performance", University of Hawai'i at Manoa, Ph.D. 1995, pp. 34-57. 数据库：ProQuest Digital Dissertations, ISBN：9532610。

② Amanda Wood Aucoin, "Deconstructing the American way of life: Soviet responses to cultural exchange and American information activity during the Khrushchev years." University of Arkansas. Ph.D. 2001. pp. 224-259. 数据库：ProQuest Digital Dissertations, ISBN：9780493369495。

1949》（Gary D. Hyde, Democrats and dictators: The United States republican mission in Latin America, 1936–1949）一文在论述美国与拉丁美洲国家进行文化、教育与经济交流时提到了美国的一些对外文化事务机构。①

此外，克里斯托弗·梅达里斯的《20 世纪美国文化外交，富布赖特项目和美国匈牙利高等教育关系》（Christopher Medalis, American cultural diplomacy, the Fulbright Program, and U.S.-Hungarian higher education relations in the twentieth century）、② 克罗迪奥·加布里埃尔·冈萨雷斯·恰拉蒙特的《将美国方式向世界出售：美国对阿根廷的文化外交，1953—1963》（Gonzalez Chiaramonte, Claudio Gabriel, Selling Americanism abroad: United States cultural diplomacy toward Argentina, 1953–1963）、③ 于泰发的《中美文化关系中被忽略的一面：文化交流、文化外交与文化关系》（Yu Taifa, A neglected dimension of the Sino - U.S. cultural relationship: Cultural exchanges, cultural diplomacy, and cultural interaction）等也涉及美国的一些对外文化事务机构，但由于这些论文都不是专门研究美国对外文化事务机构的，所以文中仅仅涉及而没有详细论述。④

加拿大维多利亚大学马修·J.罗根的硕士论文《我们说的都是事实，我们相信那都是事实，1953 年美国新闻署的建立》（Matthew J. Logan, We Say All the Real Things, And We Believe Them）是一篇比较少见的西方学者讨论

---

① Gary D. Hyde, Democrats and dictators: The United States republican mission in Latin America, 1936–1949. Northern Illinois University, 2001. 数据库：ProQuest Digital Dissertations, ISBN：9780493234717。

② Christopher Medalis, American cultural diplomacy, the Fulbright Program, and U.S.-Hungarian higher education relations in the twentieth century. Columbia University.2009. 数据库：ProQuest Digital Dissertations, ISBN: 9781109345049。

③ Gonzalez Chiaramonte, Claudio Gabriel.Selling Americanism abroad: United States cultural diplomacy toward Argentina, 1953–1963. State University of New York at Stony Brook, 2002. 数据库：ProQuest Digital Dissertations, ISBN: 9780496364381。

④ Yu Taifa, A neglected dimension of the Sino - U.S. cultural relationship: Cultural exchanges, cultural diplomacy, and cultural interaction University of South Carolina, 1988. 数据库：ProQuest Digital Dissertations，出版号：8828056。

新闻署的学位论文。

## 3. 英文期刊论文

由于本书涉及的美国对外文化事务机构多、时间断线长，所查到的相关期刊论文相对多一些，但直接研究本书内容的并不多见。归结起来，主要有下面几种：

（1）**美国文化外交**

克里斯托弗·梅得利斯的《软实力的加强：1989—1991年的美国文化外交和富布赖特项目》（Christopher Medalis, "The Strength of Soft Power: American Cultural Diplomacy and the Fulbright Program during the 1989-1991 Transition Period in Hungary", *The International Journal of Higher Education and Democracy*, Volume 3, 2012, pp. 144-163）对富布赖特项目在美国文化外交中的地位和作用进行了比较深刻而又实际的分析和介绍。

（2）**公共外交与冷战**

笔者所见到的有关公共外交与冷战的期刊论文主要有：安德鲁·帕克的《推广冷战：美国的持不同政见者和文化外交1940—1960》（Andrew J. Falk, "Upstaging the Cold War: American Dissent and Cultural Diplomacy, 1940—1960", *Journal of Cold War Studies*, Volume 13, Number 4, Fall 2011, pp. 233-235）、达林·赛得利的《都是美洲人：第二次世界大战期间的睦邻文化外交》（Darlene J. Sadlier, "Americans All: Good Neighbor Cultural Diplomacy in World War II", *Register of the Kentucky Historical Society*, Volume 112, Number 1, Winter 2014, pp.145-147）、詹姆斯·克利特克罗的《冷战时期的公共外交：记录与启迪》（James Critchlow, "Public Diplomacy during the Cold War", *The Record and Its Implications Journal of Cold War Studies*, Volume 6, Number 1, Winter 2004, pp.75-89）、格雷·格巴恩西塞尔的《美国视角和文化冷战：为国家服务的现代主义》（Greg Barnhisel, "Perspectives USA and the Cultural Cold War: Modernism in Service of the State", *Modernism/modernity*, Volume 14,

Number 4, November 2007, pp.729-754）。

（3）对外教育交流

卡罗尔·贝拉米和阿达姆·温伯格的《利用教育与文化交流恢复美国形象》（Carol Bellamy, Adam Weinberg, "Educational and Cultural Exchanges to Restore America's Image", *The Washington Quarterly*, Volume 31, Number 3, Summer 2008, pp.55-68）一文说明了美国利用教育与文化交流实现其公共外交战略目标，其中对美国在世界上的形象问题分析比较透彻。

（4）信息自由

美国信息自由问题是一个至今没有完全解决的社会问题，相关论文非常多，其中，马修·耶格尔的《作为工具的信息自由法：为数据控诉政府》（Matthew G.Yeager, "The Freedom of Information Act as a Methodological Tool: Suing the Government for Data", *Canadian Journal of Criminology and Criminal Justice*, Volume 48, Number 4, July/juillet 2006, pp. 499-521）、大卫·巴斯托的《信息自由法与新闻界：阻碍还是透明?》（David T. Barstow, "The Freedom of Information Act and the Press: Obstruction or Transparency?" *Social Research: An International Quarterly*, Volume 77, Number 3, Fall 2010, pp. 805-810）等对信息自由问题的分析比较令人信服。在信息与广播方面，爱德华·库夫曼的《赢得媒体战的广播战略》（Edward Kaufman, "A Broadcasting Strategy to Win Media Wars" *The Washington Quarterly*, Volume 25, Number 2, Spring 2002, pp.115-127）、乔纳森·温克乐的《第一次世界大战期间的信息战》（Jonathan Reed Winkler, "Information Warfare in World War I" *The Journal of Military History*, Volume 73, Number 3, July 2009, pp. 845-867.）等讨论得也比较深入。

此外，从 Jstor 搜索的论文还有瓦尔特·拉克的《在公共外交之外：广播中的美国信息事务》（Laqueur Walter, "Save Public Diplomacy: Broadcasting America's Message Matters"）、[1] 罗伯特·博伊德和彼得·里切尔松的《文化

---

[1]　http://www.jstor.org/stable/20046828 .

传播与合作行为的演进》（Boyd, Robert and Richerson, Peter J., "Cultural Trans-mission and the Evolution of Cooperative Behavior"）、① 海伦娜·K. 芬恩的《文化外交个案研究：魅力四射的外国听众》（Finn, Helena K., "The Case for Cul-tural Diplomacy: Engaging Foreign Audiences"）、② 戴维·霍夫曼的《超越公共外交》（Hoffman David, "Beyond Public Diplomacy"）③ 等论文中涉及一些美国对外文化事务机构。

## （二）国内研究现状

### 1. 国内相关研究著作

从笔者掌握的情况看，国内关于美国对外文化事务机构及其活动的专著还没有见到，所见到的涉及美国对外文化事务机构较多的论著主要有胡文涛的《美国文化外交及其在中国的运用》，该书谈到了文化关系处等美国一些对外文化事务机构。④ 刘国柱的《美国文化的新边疆——冷战时期的和平队研究》一书是在其博士论文基础上整理出版的，该书是笔者见到的不多的专门研究美国对外文化事务机构的著作。该书认为，和平队是世界上影响最大的国家的最大官方志愿者组织，是美国对外政策的有机组成部分。第二次世界大战以后，美国政府越来越重视对外文化事务，文化外交成为美国外交的重要组成部分。⑤ 该书对美国和平队的历史进行了追述和评价，但基本没有涉及其他对外文化事务机构。

此外，笔者所见到的涉及美国对外文化扩张的论著主要还有：

王晓德的《美国文化与外交》一书第四章专门论述了"美国文化中的扩

---

① http://www.jstor.org/stable/4602658.

② http://www.jstor.org/stable/20033753.

③ http://www.jstor.org/stable/20033086.

④ 胡文涛：《美国文化外交及其在中国的运用》，世界知识出版社 2008 年版。

⑤ 刘国柱：《美国文化的新边疆——冷战时期的和平队研究》，中国社会科学出版社 2005 年版，第 1—2 页。

张主题"，其中第四个问题为"对外文化扩张"，文中论及了美国政治文化和大众文化扩张两个主题，这对本书具有一定的参考意义，但该书基本没有涉及美国对外文化事务机构问题。①

张洪注的《中美文化关系的历史轨迹》在论及中美文化关系时专门说明了 1938 年美国文化关系处（该书中翻译为美国文化关系司）的建立以及 1941 年末该文化关系处成立中国处的问题，这些内容对本书研究美国对华文化扩张具有一定的参考意义。②

韩召颖的《输出美国：美国新闻署与美国文化外交》一书对美国新闻署进行了比较详尽的考察和论证，该书第一章为国际文化关系与美国公众外交，第二章为美国公众外交的渊源与美国新闻署的建立，第三章为美国新闻署的历史发展与演变，第四章为美国新闻署的主要活动：信息活动，第五章为国际广播，第六章为美国新闻署的教育文化交流活动，第七章为美苏文化关系，第八章为美国在中国的公众外交活动。该书对本书具有参考价值。

王立新的《意识形态与美国外交政策》和周琪的同名著作《意识形态与美国外交政策》（上海人民出版社 1997 年版），都对美国外交政策中的意识形态色彩、美国自由主义观念以及美国对华政策等问题进行了论述，但涉及美国对外文化事务机构的内容很少。

另外，朱世达的《当代美国文化》（社会科学文献出版社 2001 年版）、杨生茂的《美国外交政策史 1775—1989》（人民出版社 1991 年版）、刘金质的《美国国家战略》（辽宁人民出版社 1997 年版）、董小川的《美国文化概论》（人民出版社 2006 年版）、俞新天的《国际关系中的文化：类型、作用与命运》（上海社会科学出版社 2005 年版）、程光泉的《全球化与文化整合》（湖南人民出版社 2003 年版）、江宁康的《美国当代文化阐释：全球视野中的美国社会与文化变迁》（辽宁教育出版社 2005 年版）、李智的《文化外交：一种传

---

① 王晓德：《美国文化与外交》，世界知识出版社 2002 年版，第 213—227 页。
② 张洪注：《中美文化关系的历史轨迹》，南开大学出版社 2001 年版，第 179 页。

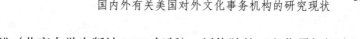
播学的解读》（北京大学出版社 2005 年版）、刘伟胜的《文化霸权概论》（河北人民出版社 2002 年版）对本书也有一定的参考价值。

### 2. 国内相关汉译本著作

美国历史学家亨特的《意识形态与美国外交政策》（世界知识出版社 1999 年版，楮律元译）是在 1987 年出版的专著，该书探讨了美国外交政策的思想文化基础。作者认为，美国外交政策的基本命题根植于建国的历史中，先后有三种观念构成了支配外交政策的意识形态。第一，美国在世界上的使命感。用潘恩在那本有名的小册子《常识》中的一句话表示就是，"我们有力量去重新安排世界"；第二，种族等级观念；第三，对革命的恐惧。① 但该书并没有论及美国对外文化事务机构。

此外，汤林森的《文化帝国主义》（上海人民出版社 1999 年版）、马特拉·阿芒的《世界传播与文化霸权》（中央编译出版社 2001 年版）、亨利·基辛格的《美国需要外交政策吗？ 21 世纪的外交》（友谊出版公司 2003 年版）、迈克尔·H.亨特的《意识形态与美国外交政策》（世界知识出版社 1999 年版）、塞缪尔·亨廷顿的《文明的冲突与世界秩序的重建》（新华出版社 1999 年版）等著作对本书也具有一定的参考意义。

### 3. 中文博士学位论文

在近年来国内相关博士论文中，简涛洁的《冷战后美国文化外交及其对中美关系的影响》（复旦大学 2010 年博士论文）和崔建立的《冷战时期富布莱特项目与美国文化外交》（东北师范大学 2011 年博士论文）都涉及美国文化扩张的问题，但由于文章主题并不是讨论美国对外文化事务机构问题，所以对笔者所要研究的内容参考意义不大。

此外，还有一些博士论文涉及美国文化外交问题，例如刘明箏的《美

---

① http://mall.cnki.net/magazine/Article/SXLL199903019.htm.

国公共外交研究 1917—2009》（吉林大学 2011 年博士论文）、黄慧玲的《美国文化价值观与文化霸权之研究》（暨南大学 2007 年博士论文）、潘海英的《美国文化与外交政策关系研究——兼论美国对华政策的文化因素》（吉林大学 2010 年博士论文）、廖宏斌的《文化、利益与美国公共外交》（外交学院 2005 年博士论文）等。

### 4. 中文硕士学位论文

近年来国内相关硕士毕业论文涉及美国文化外交的主要有黄鑫的《冷战后美国文化外交战略研究》，该文对后冷战时期的一些对外文化事务机构进行了一些介绍，其中包括美国国务院教育和文化事务局、美国新闻署、全球通讯局、广播管理委员会。[①] 这些介绍应该说对本书具有一定的参考价值。

吉林大学牛健的硕士毕业论文《美国新闻署：产生的理由，消失的依据》，该文对美国新闻署的来龙去脉进行了比较系统的介绍，并对美国新闻署自产生到并入国务院的历史进行了简要回顾。[②]

此外，国内近年来对美国和平队的研究比较多，其中，王丽的《20 世纪 60—70 年代美国和平队研究》一文对美国和平队进行了比较详尽的考察。该文认为，美国和平队是美国政府创建的从事国际性志愿工作的机构，主要派遣已经完成了正规大学教育、具有一定知识和技能的美国青年为主力的志愿人员，到发展中国家的乡村和城市，直接与发展中国家的中下层人民打交道，从事教学、农业和社区开发、医疗保健等工作，向当地老百姓进行面对面、手把手的技术援助服务，帮助他们提高教育水平、促进农业、医疗保健及社区的发展，提高草根阶层的生活条件。该文认为，肯尼迪外交政策的新内容包含多方面的内容，其中一个重要方面就是增加对第三世界国家的援助，旨在争取第三世界国家的"人心"。肯尼迪逐渐形成了和平队的原则和

---

① 黄鑫：《冷战后美国文化外交战略研究》，电子科技大学 2010 年硕士学位论文。

② 牛健：《美国新闻署：产生的理由，消失的依据》，吉林大学 2007 年硕士学位论文。

理念，即基于文化交流的"人民对人民"的对外援助。肯尼迪期望通过这样一种援助方式促进第三世界国家走上现代化道路，虽然美国没有足够的财力对整个第三世界国家实施大规模的经济援助，但它却有足够的时间和技能来帮助不发达国家的普通民众自助。肯尼迪希望和平队志愿者能成为第三世界国家快速发展的催化剂，从而实现美国领导世界的使命。该文的结论是：在冷战期间，和平队作为美国对外关系中的一支重要力量始终适应美国对外政策的需要，服务于美国的国家利益，是美国对社会主义阵营冷战的工具。①从这些说法可以看出，该文对和平队的评价有两点：第一是美国要通过和平队来帮助第三世界国家，主要是非洲国家实现现代化并摆脱贫困；第二是美国要利用和平队来实现与社会主义阵营的竞争并实现美国引领世界的愿望。由此看来，作者并没有把和平队与美国对外文化扩张联系起来。

另外，王雪菲的《富布赖特项目与美国文化外交》（东北师范大学 2008年硕士学位论文）、曹雪梅的《和平队与美国的冷战战略：1961—1969》（陕西师范大学 2005 年硕士学位论文）、卢雨柔的《论当代美国文化外交的实施——以美国政府的对外文化交流项目为例》（暨南大学 2011 年硕士学位论文）、梁倩的《评冷战后美国的文化外交现象——以美国和平队为例的案例研究》（华东师范大学 2007 年硕士学位论文）等硕士学位论文也涉及笔者要研究的内容，但仅仅是提到美国的一些文化事务机构而没有充分论述。

### 5. 中文期刊论文

在近年来的中文期刊论文中，胡文涛的《美国早期文化外交机制的构建：过程、动因及启示》（《国际论坛》2005 年第 7 期）是与笔者要研究的内容最为接近的论文，该文从 1938 年美国文化关系处（该作者将 division 一词翻译为司，故为文化关系司）建立开始研究，介绍了美洲国家事务协调员处、美国国际信息与文化事务局、教育交流局、国际信息局和美国新闻署等

---

① 王丽：《20 世纪 60—70 年代美国和平队研究》，西北师范大学 2011 年硕士学位论文。

文化事务机构。但该文基本没有利用原始文件，所述美国对外文化事务机构也很有限，且有些说法值得商榷，如认为"文化关系处是美国第一个正式负责对外文化关系的机构"等（根据笔者研究，美国第一个正式负责对外文化关系的机构应该是 1917 年建立的公共信息委员会，而不是 1938 年建立的文化关系处）。

另外，胡文涛的《冷战期间美国文化外交的演变》（《史学集刊》2007年第 1 期）一文应该是上一论文的继续，该文介绍了国际信息活动委员会、美国新闻署、教育事务局、国家和平队、文化与教育事务司、国际交流署等。①

纵观国内相关研究现状，笔者认为，美国对外文化事务机构的研究在国内学界的研究很不深入，还有很大的研究空间。

---

① 胡文涛：《冷战期间美国文化外交的演变》，《史学集刊》2007 年第 1 期。

## 一、英文原始文献

### （一）US National Archives

1. National Archives of USA, Records of Interdepartmental and Intradepartmental Committees. http://www.archives.gov/

2. National Archives of USA, Records of Organizations in the Executive Office of the President [EOP]. http://www.archives.gov/

3. National Archives of USA, Records of Temporary Committees, Commissions, and Boards. http://www.archives.gov/

4. National Archives of USA, Records of the American Commission for the Protection and Salvage of Artistic and Historic Monuments in War Areas. http://www.archives.gov/

5. National Archives of USA, Records of the Army Staff. http://www.archives.gov/

6. National Archives of USA, Records of the Committee on Public Information. http://www.archives.gov/

7. National Archives of USA, Records of the Office of Censorship. http://www.archives.gov/

8. National Archives of USA, Records of the Office of War Information. http://www.archives.gov/

9. National Archives of USA，Records of the U.S. Information Agency. http://www.archives.gov/

10. National Archives of USA，Records of U.S. Occupation Headquarters, World War II. http://www.archives.gov/

## （二）Archive of Americana, US Congressional Serial Set

1. Congressional Serial Set Vol. No. 10298, Session Vol. No. 3, 76th Congress, 1st Session, H. Rpt. 508, "Authorizing the President To Render Closer and More Effective the Relationship between American Republices." April 26. 1939._Committed to the Committee of the Whole House on the State of the Union and ordered to be printed. http://infoweb.newsbank.com/

2. Congressional Serial Set Vol. No. 11205, Session Vol. No. 1, 80th Congress, 2nd Session, S. Rpt. 855 pt. 1&2 , The United States Information Service in Europe Report of the Committee On Foreign Relations pursuant to S. Res. 161. http://infoweb.newsbank.com/

3. Congressional Serial Set Vol. No. 10298, Session Vol. No. 3, 76th Congress, 1st Session, H. Rpt. 508, p.3. http://infoweb.newsbank.com/

4. Congressional Serial Set Vol. No. 12643, Session Vol. No. 13, 88th Congress, 2nd Session, H. Doc. 211, Title: The nineteenth report of the United States Advisory Commission of Information pp.1-3. http://infoweb.newsbank.com/

5. Congressional Serial Set Vol. No. 12707, Session Vol. No. 31, 98th Congress, 1st Session, H. Doc. 140, Title: The twentieth report of the United States Advisory Commission of Information, pp.3-9. http://infoweb.newsbank.com/

6. Congressional Serial Set Vol. No. 12812, Session Vol. No. 8, 90th Congress, 2nd Session, H. Doc. 289, Title: The 23nd report United States Advisory Commission on information, February 1968. pp.11-12. http://infoweb.newsbank.com/

7. Congressional Serial Set Vol. No. 12750-4, Session Vol. No. 1-4, 90th Congress, 1st Session, S. Rpt. 715, Title: USIA foreign service personnel system. November 1. 1967.–Ordered to be printed. p.3. http://infoweb.newsbank.com/

8. Congressional Serial Set Vol. No. 12323, Session Vol. No. 3, 87th Congress, 1st Session, S. Rpt. 372, Mutual educational and cultural exchange act of 1961.Report of the Conmmittee on Foreign Relations, United States Senate on S, 1154. June 14, 1961–Ordered to be printed. pp.1, 2, 5. http://infoweb.newsbank.com/

9. Congressional Serial Set Vol. No. 12812, Session Vol. No. 8, 90th Congress, 2nd Session,

H. Doc. 289, Title: The 23nd report United States Advisory Commission on information, February 1968. p. 42. http://infoweb.newsbank.com/

10. Congressional Serial Set Vol. No. 7448, Session Vol. No. 118, 65$^{th}$ Congress, 2$^{nd}$ Session, H. Doc. 1168, Title: Salaries and expenses, Committee on Public Information. Letter from the Secretary of the Treasury, transmitting copy of a communication from the Chairman of the Committee on Public Information submitting estimate of appropriatoin... for salaries and expenses in connection with its work... for the fiscal year 1919, June 13, 1918. –Referred to the committee on Appropriations and ordered to be printed. pp. 1-5. http://infoweb.newsbank.com/

11. Congressional Serial Set, Serial Set Vol. No. 11606, Session Vol. No. 10, 82$^{nd}$ Congress, 2$^{nd}$ Session H. Doc. 423, Title: Federal educational activities and educational issues before Congress. A report prepared in the Legislative Reference Service of the Library of Congress by Charles A. Quattlebaum. Educational research analyst. p.62. http://infoweb.newsbank.com/

## （三）Digital National Security Archive（DNSA）

1. NSSM 148–U.S./PRC Exchanges: Summary and Issues Secret, Summary, NSSM 148 Related, March 23, 1972. http://nsarchive.chadwyck.com/

2. The Internal Security of the United States Confidential, National Security Council Report, NSC 17, June 28, 1948.

3. The Central Intelligence Agency and National Organization for Intelligence Classification Unknown, Report, January 1, 1949. http://nsarchive.chadwyck.com/

4. NSC Executive Committee Record of Action, October 26, 1962, 10:00 a.m., Meeting No. 6Top Secret, Record of Actions, October 26, 1962. http://nsarchive.chadwyck.com/

5. NSC Executive Committee Record of Action, October 28, 1962, 11:00 a.m., Meeting No. 10Top Secret, Record of Actions, October 28, 1962. http://nsarchive.chadwyck.com/

6. Information and Public Affairs Matters Growing Out of Cuban Situation Classification Excised, Memorandum, November 29, 1962. http://nsarchive.chadwyck.com/

7. Release of PublicInformation concerning Foreign Nuclear Tests [Includes Attachment] Secret, National Security Decision Memorandum, NSDM 50, April 6, 1970. http://nsarchive.chadwyck.com/

8. Progress on Intelligence Reform, Unclassified, Statement, January 23, 2007, 8. http://nsarchive.chadwyck.com/

9. Management of Public Diplomacy Relative to National Security, [Text of NSDD 77],

Unclassified, National Security Decision Directive, January 14, 1983. http://nsarchive.chadwyck.com/

10. Management of Public Diplomacy Relative to National Security, [Text of National Security Decision Directive (NSDD) 77], Unclassified, National Security Decision Directive, NSDD 77, January 14, 1983. http://nsarchive.chadwyck.com/

11. Collection of Information in China, [Includes Attachments], Secret, Memorandum, April 05, 1946. http://nsarchive.chadwyck.com/

12. Intelligence Information，[Attachments Not Included], Secret, Memorandum, July 28, 1950. http://nsarchive.chadwyck.com/

13. Mission of the United States Information Agency Confidential, National Security Council Report, NSC 165, October 9, 1953. http://nsarchive.chadwyck.com/

14. Mission of the United States Information Agency Confidential, National Security Council Report, NSC 165/1, October 24, 1953. http://nsarchive.chadwyck.com/

15. [Board of Consultants on Foreign Intelligence Activities Report] Top Secret, Letter, December 20, 1956. http://nsarchive.chadwyck.com/

16. Wartime Organization for Foreign Information and Psychological Operations Secret, National Security Council Report, NSC 5812, May 16, 1958. http://nsarchive.chadwyck.com/

17. Problems Related to Private International Broadcasting Classification Unknown, Memorandum, NSAM 53 Related, June 5, 1961, 1. http://nsarchive.chadwyck.com/

18. [USIA Activities and Studies Scheduled for Operation Mongoose] Top Secret, Memorandum, c. May 1, 1962, 1. http://nsarchive.chadwyck.com/

19. PRC Exchanges: Follow-up to NSSM 148 [Includes Proposed Telegram] Secret, Memorandum, NSSM 148 Related, April 24, 1972, 6. http://gateway.proquest.com/

20. NSSM 148–U.S./PRC Exchanges: Summary and Issues Secret, Summary, NSSM 148 Related, March 23, 1972, 4. http://gateway.proquest.com/

21. [Cultural Exchange with China] Classification Unknown, Memorandum of Telephone Conversation, March 18, 1972, 1210 Local Time. http://gateway.proquest.com/

22. [Cultural and Scientific Exchanges with China] Classification Unknown, Memorandum of Telephone Conversation, February 10, 1972, 1013 Local Time. http://gateway.proquest.com/

23. [Cultural Exchange with Soviet Union] Classification Unknown, Memorandum of Telephone Conversation, June 09, 1971, 1827 Local Time. http://gateway.proquest.com/

### （四）美国教育与文化事务局编撰出版的原始资料

1. United States Bureau of Educational and Cultural Affairs, *Educational and Cultural Diplomacy*, Reprints from the Collection of the University of Michigan Library, 2012.

2. United States Bureau of Educational and Cultural Affairs, *Some U. S. Government Agencies Engaged in International Activities*, Reprints from the Collection of the University of Michigan Library, 2012.

3. United States Bureau of Educational and Cultural Affairs, *Some U. S. Government agencies engaged in international activities 1963*

4. United States Bureau of Educational and Cultural Affairs, *Educational and cultural diplomacy*, October 25, 2009

5. United States Bureau of Educational and Cultural Affairs, *Educational and Cultural Diplomacy-1962*, San Bernardino:HP Publisher, 2014.

## 二、英文论著

1. Arndt, Richard T., *The First Resort of Kings: American Cultural Diplomacy in the Twentieth Century*, Washington, D. C.: Potomac Books, Inc., 2005.

2. Baylers, Martha, *Through A Screen Darkly, Popular Culture, Public Diplomacy, and American Image Abroad*, New Haven: Yale University Press. 2014.

Braisted, Paul J., ed. *Cultural Affairs and Foreign Relations*, Washington, D. C.: Columbia Books, Publishers, 1968.

Berman, Edward H., *The Influence of the Carnegie, Ford, and Rockefeller Foundations on American Foreign Policy: The Ideology of Philanthropy*, Albany: State University of New York Press, 1983.

3. Blum, Robert, ed. *Cultural Affairs and Foreign Relations*, Englewood Cliffs, N. J.: Prentice-Hall, Inc., 1963.

Caute, David, *The Dancer Defects, the Struggle for Cultural Suppernacy During the Cold War*, Oxford: Oxford University, 2003.

4. Collin, Richard H., *Theodore Roosevelt, Culture, Diplomacy, and Expansion: A New View of American Imperialism*, Baton Rouge: Louisiana State University Press, 1985.

5. Cull, Nicholas J., *The Cold War and the United States Information Agency, American*

*Propaganda and Public Diplomacy, 1945-1989*, New York: Cambridge University Press, 2008.

Cull, Nicholas J., *The Decline and Fall of the United States Information Sgency, American Public Diplomacy, 1989-2001*, Macmillan: Palgrave, 2012.

6. Dizard, Wilton P., *The Strategy of Truth: The Story of the US Information Service*, Washington, D.C. Public Affairs, 1961.

7. Dueck, Colin, *Reluctant Crusaders: Power, Culture, and Change in American Grand Strategy*, Oxford: Princeton University Press, 2006.

8. Elder, Robert E., *The Foreign Leader Program, Operations in the United States*, Washington D. C.: The Booking Institution, 1961.

Elias, Robert, *The Empire Strikes Out: How Baseball Sold U.S. Foreign Policy and Promoted the American Way Abroad*, New York: The New Press, 2010.

9. Endres, David J., *American Crusade, Catholic Youth in the World Mission Movement from World War I through Vatican II*, Eugene: Pickwick Publications, 2010.

10. Fairbank, Wilma, *America's Cultural Experiment in China, 1942-1949,* Honolulu: University Press of the Pacific, 2005.

11. Falk, Andrew J., *Upstaging the Cold War: American Dissent and Cultural Diplomacy, 1940-1960*, Boston: University of Massachusetts Press, 2010.

Green, Fitzhugh, *American Propaganda Abroad*, New York: Hippocrene Books, 1988.

Laura A. Belmonte, *Selling the American Way, U. S. Propaganda and the Cold War*, Philadelphia: University of Pennesyvania Press, 2008.

12. Haacke, Jürgen, *ASEAN's Diplomatic and Security Culture: Origins, development and Prospects*, New York: Taylor and Francis Group, 2005.

Hansen, Allen C., *USIA Public Diplomacy in the Computer Age*, New York: Praeger, 1984.

13. Heald, Morrell and Kaplan, Lawrence S., *Culture and Diplomacy: the American Experience*, London: Greenwood Press, 1977.

14. Henry M. Wriston, *Cultural Affairs and Foreign Relations*, Englewood Cliffs, N. J.: Prentice-Hall, Inc., 1963.

15. Hilmes, Michele, *Only Connect, A Cultural History of Broadcasting in the United States*, Wadsworth: Cengage Learning, 2011.

16. Kaplan, Amy and Pease, Donald E., *Cultures of United States Imperialism*, Durham: Duke University Press, 1993.

17. Kellermann, Henry J., *Cultural Relations as an Instrument of U. S. Foreign Policy, The Educational Program Between the United States and Germany, 1945-1954*. Washington: Bureau of Educational and Cultural Affairs U.S. Department of States, 1978.

18. Laughlin, Shepherd, *U.S.-China Educational Exchange: Perspectives on a Growing Partnership*, New York: AIFS Foundation, 2008.

Lenczowski, John, *Full Spectrum Diplomacy and Grand Strategy :Reforming the Structure and Culture of U.S. Foreign Policy*, New York: Lexington Books, 2011.

19. Liping Bu, *Making the World Like Us, Education, Cultural Expansion, and the American Century*, Westport, Connecticut: Praeger, 2003.

20. Li, Hongshan, *U.S.-China Educational Exchange, State, Society, and Intercultural Relations, 1905-1950*, New Brunswick: Rutgers University Press, 2008.

21. Malone,Gifford D., *Political Advocacy and Cultural Communication, Organizing the Nation's Public Diplomacy, Volume II, Exxon Education Foundaton Series on Rhetoric and Political Discourse*, Lanham: University Press of America, 1988.

22. Melissen, Jan., *The New Public Diplomacy: Soft Power in International Relations*, Basingstoke: Palgrave MacMillan, 2005.

23. Melley, Timothy., *Empire of Conspiracy: The Cultural of Paranoia in Postwar America*, Ithaca: Cornell University Press,2000.

24. Ninkovich, Frank A., *The Diplomacy of Ideas: U.S. Foreign Policy and Cultural Relations, 1938-1950*, London: Cambridge University Press, 1981.

25. Ninkovich, Frank A., *The Diplomacy of Idea, U. S. Foreign Policy and Cultural Relations, 1938-1950*, Cambridge: Cambridgr University Press, 1981.

26. Nye, Joseph S., *Soft Power, the Means to Success in World Politics*, New Yprk: PublicAffairs, 2002.

27. Parmar, Inderjeet, *Foundations of the American Century, the Ford, Carnedie, & Rockefeller Foundations In the Rise of American Power*, New York: Columbia University Press, 2012.

28. Philip S. *Golub, Power, Profit & Prestige, A History of American Imperial Expansion*, New York: Pluto Press, 2010.

29. Richmond, Yale, *Cultural Exchange and the Cold War, Rasing the Iron Curtain*, Pennsyvania: Pennsyvania Unversity Press, 2003.

30. Rosenberg, Emily S., *Financial Missionaries to the World: The Politics and Culture of Dollar Diplomacy, 1900-1930*, Durham: Duke University Press, 2003.

31. Rosenberg, Emily S., *Spreading the American Dream, American Economic and Cultural Expansion 1890-1945*, New York: Hill and Wang, 1982.

32. Sigsgaard, Jens Nielsen, *The New Era of Diplomacy, the Effects of Public Diplomacy, Nation Branding and Coltural Diplomacy*, Lambert: Academic Publishing, 2011.

33. Snow, Nancy, *Propaganda, Inc. Selling American's Culture to the World*, New York:

Seven Stories Press, 2010.

34. Snow, Nancy, *Information War, American Propaganda, Free Speech and Opinion Control since 9-11*, New York: Seven Stories Press, 2003.

35. Sommer, Doris, *Cultural Agency in the Americas*, Durham: Duke University Press, 2006.

36. Tuch, Hans N., *Communicationg with the World, U.S. Public Diplomacy Overseas*, New York: ST. Martin's Press, 1980.

37. Wilson, James Q., *Bureaucracy: What Government Agencies Do and Why They Do it*, Basic Books, Inc., 1989.

38. Winkler, Allan M., *The Politics of Propaganda: The Office of War Information, 1942-1945*, New Haven, CT: Yale University Press, 1978.

# 三、英文论文

## （一）英文学位论文

1. Aguilar, Manuela, "Cultural diplomacy and foreign policy: German-American relations, 1955-1968", http://search.proquest.com.ezproxy.lib.uh.edu/

2. Amzat Assani, "Cultural Imagery and Exchange Programs as Sources of U. S. Soft Power in West Africa: Unfolding U.S. Cultural Relations with West Africa from 1957 to 1991", http://search.proquest.com.ezproxy.lib.uh.edu/

3. Aziz Douai, "International Broadcasting and the Management of Foergn Public Opinion: the Case of Al-Hurra Television in the 'Arab Street'", A Dissertation in Mass Communications.

4. Bennett, Michael Todd, "Reel relations: Culture, diplomacy, and the grand alliance, 1939-1946", http://search.proquest.com.ezproxy.lib.uh.edu/

5. Chun, Myung Hye, "The United States government's cultural presentations program in Korea from 1955 to 1992", http://search.proquest.com.ezproxy.lib.uh.edu/docview/230821474/fulltextPDF/7B22F7433300410FPQ/106?accountid=7107

6. Christopher Medalis, "American Cultural Diplomacy, the Fulbright Program, and U.S.-Hungarian Higher Education Relations in the Twentieth Century", http://search.proquest.com.ezproxy.lib.uh.edu/

7. David Shamus McCarthy, "The CIA & The Cult of Secrecy", http://search.proquest.com.ezproxy.lib.uh.edu/

8. Diana Jean Kleiner, "The Invisible managers: Corporate Expansion and American Culture, 1870-1940", http://search.proquest.com.ezproxy.lib.uh.edu/

9. Kackman, Michael, "Secret agents, civil subjects: Espionage, television, and Cold War nationalism", http://search.proquest.com.ezproxy.lib.uh.edu/

10. Kelley, John Robert, "Towards introspection: Rethinking United States public diplomacy in the Arab world after 9/11", http://search.proquest.com.ezproxy.lib.uh.edu/

11. Franzius, Andrea Georgia Marina, "Soul call: Music, race and the creation of American cultural policy", http://search.proquest.com.ezproxy.lib.uh.edu/

12. Garrett, Amy C., "Marketing America: Public culture and public diplomacy in the Marshall Plan era, 1947-1954", http://search.proquest.com.ezproxy.lib.uh.edu/

13. Huang, Cecilia Siqiong, "International scholars as participants in American international educational exchange", http://search.proquest.com.ezproxy.lib.uh.edu/

14. Jason W. Stevens Warding Off Innocence:Original Sin and American Culture in the Cold War http://search.proquest.com.ezproxy.lib.uh.edu/

15. Joana Rene É Carison, "Blurring the Boundaries of Cold War Foreign Reltions: Popular Diplomacy Trsnationalism, and U.S. Policy toward Post-Revolutionary China and Cuba",http://search.proquest.com.ezproxy.lib.uh.edu/

16. John T. Nelson, "American Cultural Icons Defining the Cold War: A Study of the Attributes Embodied in the Rosenthal Iwo Jima Photograph, the John Wayne Screen Persona,ApolloImages, and Berlin Wall", http://search.proquest.com.ezproxy.lib.uh.edu/

17. Justin W. Hart, "Empire of Ideas: Mass Communications and the Transformation of U.S. Foreign Relations, 1936-1953", http://search.proquest.com.ezproxy.lib.uh.edu/

18. Mary Frances Casper, "American Dreaming and Cultural Ethnocentrism: A Critical Discourse of the Mythic Discourse in the U.S. State Department's Shared Values Initiative", http://search.proquest.com.ezproxy.lib.uh.edu/

19. McCallum, Caleb Edward, "Soft power in a hard country: American cultural diplomacy in Iran, 1950-1955", http://search.proquest.com.ezproxy.lib.uh.edu/

20. McCarthy, David Shamus, "The CIA & the cult of secrecy", http://search.proquest.com.ezproxy.lib.uh.edu/

21. McKenzie, Brian Angus, "Deep impact: The cultural policy of the United States in France, 1948 to 1952", http://search.proquest.com.ezproxy.lib.uh.edu/

22. McKevitt, Andrew C., "Consuming Japan: Cultural relations and the globalizing of America, 1973-1993", http://search.proquest.com.ezproxy.lib.uh.edu/

23. Medalis, Christopher, "American cultural diplomacy, the Fulbright Program, and U.S.-

Hungarian higher education relations in the twentieth century", http://search.proquest.com. ezproxy.lib.uh.edu/

24. Middlebrook, Geoffrey Cole, "The Bureau of Educational and Cultural Affairs and American public diplomacy during the Reagan years: Purpose, policy, program, and performance", http://search.proquest.com.ezproxy.lib.uh.edu/

25. Nier, Scott L, "The relationship between organizational culture and organizational performance in a large federal government agency", http://search.proquest.com.ezproxy.lib.uh.edu/

26. Nicole Murphy Holland, "Worlds on View: Visual Art Exhibitions and State Identity in the Late Cold War", http://search.proquest.com.ezproxy.lib.uh.edu/

27. Pierre Cyril Cyrus Teymour Pahlavi, "Mass Diplomacy: Foreign Policy in the Global Information Age", http://search.proquest.com.ezproxy.lib.uh.edu/

28. Schlombs, Corinna, "Productivity machines: Transatlantic transfers of computing technology and culture in the Cold War", http://search.proquest.com.ezproxy.lib.uh.edu/

29. Scott L. Nier, "The Relationship Between Organizational Culture and Organizational Performance in a Large Federal Government Agency", http://search.proquest.com.ezproxy.lib. uh.edu/

30. Stecopoulos, Harilaos, "The world elsewhere: United States propaganda and the cultural politics of race and nation, 1945-1968", http://search.proquest.com.ezproxy.lib.uh.edu/

31. Stephen Machaiia Magu, "Soft Power Strategies in US Foreign Policy: Assessing the Impac of Citizen Diplomacy on Foreign States' Behavior", http://search.proquest.com.ezproxy. lib.uh.edu/

32. Stephen Wainwright Twing, "American Culture and the Cold War: An Exploration of the Cultural Shaping of Three Cold Warriors", http://search.proquest.com.ezproxy.lib.uh.edu/

33. Walter Alan Levin, "The Efficacy of Propaganda in Global Conflict During the Twentieth Century: When is Propaganda Likely to be Effective?", http://search.proquest.com.ezproxy. lib.uh.edu/

34. Yu Taifa, "A neglected dimension of the Sino - U.S. cultural relationship: Cultural exchanges, cultural diplomacy, and cultural interaction", http://search.proquest.com.ezproxy.lib. uh.edu/

## （二）英文期刊论文

1. Andrew J. Falk, "Upstaging the Cold War: American Dissent and Cultural Diplomacy, 1940–1960", *Journal of Cold War Studies,* Volume 13, Number 4, Fall 2011, pp.233-235. http://

muse.jhu.edu.ezproxy.lib.uh.edu/journals/journal_of_cold_war_studies/v013/134.whitfield.pdf.

2. Brett Spencer, "Rise of the Shadow Libraries: America's Quest to Save Its Information and Culture from Nuclear Destruction during the Cold WarInformation & Culture", *A Journal of History,* Volume 49, Number 2, 2014, pp.145-176. http://muse.jhu.edu.ezproxy.lib.uh.edu/journals/libraries_and_culture/v049/49.2.spencer.pdf.

3. Carol Bellamy, Adam Weinberg, "Educational and Cultural Exchanges to Restore America's Image", *The Washington Quarterly,* Volume 31, Number 3, Summer 2008, pp.55-68. http://muse.jhu.edu.ezproxy.lib.uh.edu/journals/washington_quarterly/v031/31.3.bellamy.pdf.

4. Cheng Li, "Shaping China's Foreign Policy:The Paradoxical Role of Foreign-Educated Returnees", *Asia Policy,* Number 10, July 2010, pp.65-85. http://muse.jhu.edu/journals/asp/summary/v010/10.li.html

5. Christopher Medalis, "The Strength of Soft Power: American Cultural Diplomacy and the Fulbright Program during the 1989–1991 Transition Period in Hungary", *The International Journal of Higher Education and Democracy,* Volume 3, 2012, pp.144-163. http://muse.jhu.edu.ezproxy.lib.uh.edu/journals/audem/v003/3.medalis.pdf.

6. Clayton Funk, "Popular Culture, Art Education, and the Committee on Public Information During World War I, 1915–1919", *Visual Arts Research,* Volume 37, Number 1, Issue 72, Summer 2011, pp.67-78. http://muse.jhu.edu.ezproxy.lib.uh.edu/journals/visual_arts_research/v037/37.1.funk.pdf.

7. Darlene J. Sadlier, "Americans All: Good Neighbor Cultural Diplomacy in World War II", *Register of the Kentucky Historical Society,* Volume 112, Number 1, Winter 2014, pp.145-147. http://muse.jhu.edu.ezproxy.lib.uh.edu/journals/register_of_the_kentucky_historical_society/v112/112.1.rankin.pdf.

8. David T. Barstow, "The Freedom of Information Act and the Press: Obstruction or Transparency?" *Social Research: An International Quarterly,* Volume 77, Number 3, Fall 2010, pp.805-810.

9. Edward Kaufman, "A Broadcasting Strategy to Win Media Wars", *The Washington Quarterly,* Volume 25, Number 2, Spring 2002, pp.115-127. http://muse.jhu.edu.ezproxy.lib.uh.edu/journals/washington_quarterly/v025/25.2kaufman.pdf.

10. Greg Barnhisel, "Perspectives USA and the Cultural Cold War: Modernism in Service of the State", *Modernism/modernity,* Volume 14, Number 4, November 2007, pp.729-754. http://muse.jhu.edu.ezproxy.lib.uh.edu/journals/modernism-modernity/v014/14.4barnhisel.pdf.

11. James Critchlow, "Public Diplomacy during the Cold War, The Record and Its Implications", *Journal of Cold War Studies,* Volume 6, Number 1, Winter 2004, pp.75-89. http://

muse.jhu.edu.ezproxy.lib.uh.edu/journals/journal_of_cold_war_studies/v006/6.1critchlow.pdf.

12. Jonathan Reed Winkler, "Information Warfare in World War I", The Journal of Military History, Volume 73, Number 3, July 2009, pp. 845-867. http://muse.jhu.edu.ezproxy.lib.uh.edu/journals/journal_of_military_history/v073/73.3.reed-winkler.pdf.

13. Kathy, Lee Peiss, "Cultural Policy in a Time of War: The American Response to Endangered Books in World War II", *Library Trends,* Volume 55, Number 3, Winter 2007, pp.370-386. http://muse.jhu.edu.ezproxy.lib.uh.edu/journals/library_trends/v055/55.3peiss.pdf.

14. Matthew G.Yeager, "The Freedom of Information Act as a Methodological Tool: Suing the Government for Data", *Canadian Journal of Criminology and Criminal Justice,* Volume 48, Number 4, July/juillet 2006, pp. 499-521. http://muse.jhu.edu.ezproxy.lib.uh.edu/journals/canadian_journal_of_criminology_and_criminal_justice/v048/48.4yeager.pdf.

15. Sarah Quigley, "Cultural Record Keepers The National Archives of the United States", *Libraries & the Cultural Record,* Volume 42, Number 1, 2007, pp.80-83. http://muse.jhu.edu.ezproxy.lib.uh.edu/journals/libraries_and_culture/v042/42.1quigley.pdf.

# 四、中文论著

1. 王立新：《意识形态与美国外交政策》，北京大学出版社 2007 年版。

2. 朱世达：《当代美国文化》，社会科学文献出版社 2001 年版。

3. 杨生茂：《美国外交政策史 1775—1989》，人民出版社 1991 年版。

4. 刘金质：《美国国家战略》，辽宁人民出版社 1997 年版。

5. 刘国柱：《美国文化的新边疆》，中国社会科学出版社 2005 年版。

6. 王晓德：《美国文化与外交》，世界知识出版社 2002 年版。

7. 董小川：《美国文化概论》，人民出版社 2006 年版。

8. 董小川：《20 世纪美国宗教与政治》，人民出版社 2002 年版。

9. 董小川：《现代欧美国家宗教多元化的历史与现实》，三联出版社 2008 年版。

10. 俞新天：《国际关系中的文化：类型、作用与命运》，上海社会科学出版社 2005 年版。

11. 周琪：《意识形态与美国外交政策》，上海人民出版社 1997 年版。

12. 程光泉：《全球化与文化整合》，湖南人民出版社 2003 年版。

13. 韩召颖：《输出美国：美国新闻署与美国文化外交》，天津人民出版社 2000 年版。

14. 江宁康：《美国当代文化阐释：全球视野中的美国社会与文化变迁》，辽宁教育出版社 2005 年版。

15. 李智：《文化外交：一种传播学的解读》，北京大学出版社 2005 年版。

16. 刘伟胜：《文化霸权概论》，河北人民出版社 2002 年版。

17. 张洪注：《中美文化关系的历史轨迹》，南开大学出版社 2001 年版。

18. 胡文涛：《美国文化外交及其在中国的运用》，世界知识出版社 2008 年版。

# 五、中文译著

1. [英] 汤林森：《文化帝国主义》，上海人民出版社 1999 年版。

2. [美] 马特拉·阿芒：《世界传播与文化霸权》，中央编译出版社 2001 年版。

3. [美] 亨利·基辛格：《美国需要外交政策吗？21 世纪的外交》，友谊出版公司 2003 年版。

4. [美] 迈克尔·H.亨特：《意识形态与美国外交政策》，世界知识出版社 1999 年版。

5. [美] 塞缪尔·亨廷顿：《文明的冲突与世界秩序的重建》，新华出版社 1999 年版。

# 六、中文论文

## （一）中文博士学位论文

1. 简涛洁：《冷战后美国文化外交及其对中美关系的影响》，复旦大学 2010 年。

2. 崔建立：《冷战时期富布赖特项目与美国文化外交》，东北师范大学 2011 年。

3. 刘明筝：《美国公共外交研究 1917—2009》，吉林大学 2011 年。

4. 黄慧玲：《美国文化价值观与文化霸权之研究》，暨南大学 2007 年。

5. 潘海英：《美国文化与外交政策关系研究——兼论美国对华政策的文化因素》，吉林大学 2010 年。

6. 廖宏斌：《文化、利益与美国公共外交》，外交学院 2005 年。

## （二）中文硕士学位论文

1. 黄鑫：《冷战后美国文化外交战略研究》，电子科技大学 2010 年。

2. 牛健：《美国新闻署：产生的理由，消失的依据》，吉林大学 2007 年。

3. 王丽：《20 世纪 60—70 年代美国和平队研究》，陕西师范大学 2011 年。

4. 赵红权：《超越冷战：神话还是现实？——非冷战视角下的和平队》，北京大学 2005 年。

5. 王雪菲：《富布赖特项目与美国文化外交》，东北师范大学 2008 年。

6. 曹雪梅：《和平队与美国的冷战战略：1961—1969》，陕西师范大学 2005 年。

7. 卢雨柔：《论当代美国文化外交的实施——以美国政府的对外文化交流项目为例》，暨南大学 2011 年。

8. 梁倩：《评冷战后美国的文化外交现象——以美国和平队为例的案例研究》，华东师范大学 2007 年。


## （三）中文期刊论文

1. 陈奔、陈洁菲：《从美国的文化外交看其文化扩张》，《历史教学》2008 年第 10 期。

2. 刘国柱：《和平队的历史文化渊源》，《安徽史学》2005 年第 3 期。

3. 刘国柱：《和平队与美国文化外交》，《学海》2009 年第 3 期。

4. 刘国柱：《美国学术界对和平队的研究概况》，http://www.china001.com/show_hdr.php?xname=PPDDMV0&dname=CULED41&xpos=105。

5. 李春凯：《基于国际视野下的美国对外文化扩张》，《消费导刊》2010 年第 10 期。

6. 胡文涛：《冷战时期美国文化外交的演变》，《史学集刊》2007 年第 1 期。

7. 廖志成：《论美国文化霸权的产生根源及其实现形式》，《福建论坛》2007 年第 2 期。

8. 王晓德：《美国大众文化的全球扩张及其实质》，《世界经济与政治》2004 年第 4 期。

9. 方立：《美国对外文化交流中的政治因素》，《高校理论战线》1994 年第 3 期。

10. 胡文涛：《美国文化外交的复兴》，《现代国际关系》2008 年第 1 期。

11. 李新华：《美国文化外交浅析》，《思想理论教育导刊》2004 年第 11 期。

12. 胡文涛：《美国早期文化外交的机制构建：过程、动因及启示》，《国际论坛》2005 年第 4 期。

13. 金元浦：《美国政府的文化外交及其特点》，《国外理论动态》2005 年第 4 期。

14. 唐士其：《美国政治文化的二元结构及其影响》，《美国研究》2008 年第 2 期。

15. 翟雪松、王光照：《浅析 21 世纪初美国多元文化外交的现状及启示》，《中共福建省委党校学报》2008 年第 8 期。

16. 李新华：《美国文化外交浅析》，《形势与政策》2004 年第 11 期。

17. 刘乃京：《文化外交——国家意志的柔性传播》，《新视野》2002 年第 3 期。

18. 李智：《论文化外交对国家国际威望树立的作用》，《学术探索》2004 年第 100 期。

19. 李智：《试论美国的文化外交：软力量的作用》，《太平洋学报》2004 年第 2 期。

20. 李新华:《美国文化外交浅析》,《思想理论教育导刊》2004 年第 11 期。

21. 冯敬鸿、陈得印:《美国公共外交分析》,《沈阳工程学院学报（社会科学版）》2007 年第 1 期。

22. 杜艳:《美国的公共外交与文化霸权战略》,《科教文汇》2008 年第 1 期。

23. 唐小松、王义桅:《试析美国公共外交及其局限》,《现代国际关系》2003 年第 5 期。

# 七、相关网站

http://www.archives.gov/research/guide-fed-records/groups/063.html#63.2

http://www.archives.gov/research/guide-fed-records/groups/208.html

http://www.archives.gov/research/guide-fed-records/groups/353.html

http://www.archives.gov/research/guide-fed-records/groups/229.html

http://www.archives.gov/research/guide-fed-records/groups/208.html

http://www.archives.gov/research/foreign-policy/related-records/rg-306.html

http://homepage.mac.com/oldtownman/20th/usia.html

http://exchanges.state.gov/programs/professionals.html

http://www.sourcewatch.org/index.php?title=Operations_Coordinating_Board

http://www.archives.gov/research/foreign-policy/related-records/rg-306.html

http://people.ku.edu/~dguth/Jackson1.html

http://www.constitution.org/uslaw/statutes_at_large.pdf

http://libinfo.uark.edu/specialcollections/findingaids/cuaid/index.html

http://congressional.proquest.com.ezproxy.lib.uh.edu/

http://congressional.proquest.com.ezproxy.rice.edu/

# 后　记

　　本书为 2013 年国家社科基金项目"美国对外文化事务机构的历史变迁研究（1917—2006）"的最终研究成果。

　　需要说明的是，在申报课题的时候，课题组仅掌握 2006 年以前美国对外文化事务机构的情况，所以当时确定的课题研究时间断线为 1917—2006 年 。但是后来在课题研究过程中发现了 2006—2010 年的资料，所以最终成果的专著涵盖时间改为 1917—2010 年。

　　参加本项目研究工作的有我的博士生辛兆义，硕士生孟莹、马跃、孙长城、崔冯娟。他们的毕业论文与本课题直接相关，本书使用了他们毕业论文中的一些内容和资料，其中包括博士生辛兆义的《史密斯—蒙特法及其修正案研究》、硕士生孟莹的《美国政府对华教育交流问题评析（1911—2011）》、马跃的《1996 年美国〈电子信息自由法修正案〉探究》、孙长城的《公共外交咨询委员会的建立及其在美国公共外交中的作用（1979—2013)》、崔冯娟的《美国公共信息委员会宣传活动探析（1917—1919)》，在此表示感谢。

　　由于美国对外文化事务机构既有独立的政府直接管理的，又有分属某个部门的，有时更名，有时替代，还有时重叠，要把 100 多年来 70 多个美国对外文化事务机构全部理清是非常困难的。因此，本书肯定有所疏漏，或者错误，甚至有张冠李戴的可能，敬请读者原谅。

最后，感谢东北师范大学历史文化学院对本书的资金资助。

董小川

2016 年 3 月 15 日

责任编辑：柴晨清

封面设计：姚　菲

## 图书在版编目（CIP）数据

美国对外文化事务机构的历史变迁：1917—2010 / 董小川 著．—北京：
　人民出版社，2016.11
ISBN 978 – 7 – 01 – 016803 – 6

I. ①美…　II. ①董…　III. ①文化交流 – 对外关系 – 文化机构 – 历史 –
研究 – 美国 – 1917–2010　IV. ① G171.25

中国版本图书馆 CIP 数据核字（2016）第 240570 号

## 美国对外文化事务机构的历史变迁（1917—2010）
MEIGUO DUIWAI WENHUA SHIWU JIGOU DE LISHI BIANQIAN（1917–2010）

董小川　著

**人民出版社** 出版发行

（100706　北京市东城区隆福寺街 99 号）

北京明恒达印务有限公司印刷　新华书店经销

2016 年 11 月第 1 版　2016 年 11 月北京第 1 次印刷
开本：710 毫米 ×1000 毫米 1/16　印张：24.75
字数：355 千字

ISBN 978 – 7 – 01 – 016803 – 6　定价：69.00 元

邮购地址 100706　北京市东城区隆福寺街 99 号

人民东方图书销售中心　电话：（010）65250042　65289539